판례 · Q&A · 서식과 함께 알아보는

자동차사고 로 인한

손해배상

편 저: 대한법률편찬연구회

법문북스

판례 · Q&A · 서식과 함께 알아보는

자동차사고 로 인한
손해배상

편 저: 대한법률편찬연구회

법문북스

머 리 말

생활환경이 급속하게 변하면서 현대사회는 자동차가 없어서는 안 되는 생활필수품이 되어 이에 따라서 하루에도 여러 가지 유형의 사고가 발생하고 있습니다. 자동차사고를 당하면 당황하여 피해를 보고도 가해자로 몰리는 수가 있습니다. 그래서 운전자는 본의 아니게 교통사고의 피해자가 되기도 하고, 가해자가 되기도 합니다.

자기를 위하여 자동차를 운행하는 자는 그 운행으로 인하여 다른 사람을 사망·부상하게 한 때에는 그 손해를 배상할 책임을 집니다. 이 손해배상에는 정신적 손해·재산적 손해, 적극적 손해·소극적 손해, 통상손해·특별손해가 있습니다. 이러한 손해를 산정하는 문제는 매우 복잡하고 까다롭기 때문에 법률 전문가에 의뢰하여 그 해결을 해야만 했습니다.

그래서 이 책에서는 자동차사고를 당했을 경우 손해배상을 청구하는 복잡한 처리 문제들을 기본법들인 도로교통법과 자동차손해배상법 및 교통사고처리특례법에 의해 그동안 특히 많이 발생한 교통사고들을 분야별로 정리하여 사고가 발생하였을 경우 신속하고 정확하게 손해배상을 청구할 수 있도록 대법원 및 대한법률구조공단에 나타 난 자료들을 참고하여 누구나 알기 쉽게 문답식으로 일목요연하게 꾸몄습니다.

이러한 자료들은 대법원의 판례와 법제처의 생활법령, 대한법률구조공단의 상담사례와 서식 등을 참고하였으며, 이를 종합적으로 정리·분석하여 일목요연하게 편집하였습니다. 여기에 수록된 사례들은 개인의 법률문제 해결에 도움을 주고자 게재하였음으로 참고자료로 활용하시기 바랍니다.

이 책이 자동차사고의 피해자가 되어 손해배상을 청구하려고 하는데 어려움에 처해 있는 분들에게 조그마한 도움이 되리라 믿으며, 열악한 출판시장임에도 불구하고 흔쾌히 출간에 응해주신 법문북스 김현호 대표에게 감사를 드립니다.

2021

편저자

목   차

제1장 자동차사고로 인한 손해배상

제2장 자동차사고에 대한 손해배상 상담사례

제3장 강화된 음주운전 처벌기준(윤창호법)

부 록

제1장
자동차사고로 인한 손해배상

제1장 자동차사고로 인한 손해배상

1. 자동차운행자의 책임

1-1. 의 의

① 자동차사고에 의한 손해배상책임에 관하여는 피해자의 보호를 위하여 자동차손해배상보장법이 제정되어 있습니다. 즉 자동차의 운행으로 사람이 사망하거나 부상한 경우의 손해배상에 관해서는 자동차손해배상보장법이 특별법으로서 민법에 우선하여 적용됩니다.

② 법원은 피해자가 자동차손해배상보장법에 의한 손해배상을 주장하지 않더라도 민법에 우선하여 자동차손해배상보장법을 적용하여야 합니다.

1-2. 자동차손해배상보장법의 적용범위

① 자동차손해배상보장법(이하 '자배법'이라 줄여 씁니다)은 '자동차의 운행으로 사람이 사망 또는 부상하거나 재물이 멸실 또는 훼손된 경우에 손해배상을 보장하는 제도를 확립하여 피해자를 보호하고, 자동차사고로 인한 사회적 손실을 방지함으로써 자동차운송의 건전한 발전을 촉진함을 목적'으로 제정되었습니다(동법 제1조).

② 따라서 자동차가 아닌 것, 자동차라도 운행 중의 사고가 아닌 것, 운행 중의 사고라도 물적 손해에 대하여는 자배법은 적용되지 않는다. 그러므로 물적 손해나 자배법으로 배상받지 못하는 손해에 대하여는 민법상 일반 불법행위 또는 사용자책임 등이 적용됩니다.

2. 자동차운행자 책임의 성립요건

2-1. 성립요건

① 자기를 위하여 자동차를 운행하는 자는 그 운행으로 다른 사람을 사망하게 하거나 부상하게 한 경우에는 그 손해를 배상할 책임을 집니다.

② 다만, 다음 각 호의 어느 하나에 해당하면 그러하지 아니합니다.

1) 승객이 아닌 자가 사망하거나 부상한 경우에 자기와 운전자가 자동차의 운행에 주의를 게을리 하지 아니하였고, 피해자 또는 자기 및 운전자 외의 제3자에게 고의 또는 과실이 있으며, 자동차의 구조상의 결함이나 기능상의 장해가 없었다는 것을 증명한 경우

2) 승객이 고의나 자살행위로 사망하거나 부상한 경우

2-2. 자동차를 운행하는 자일 것

2-2-1. 의 의

① 책임을 부담하는 자는 '자기를 위하여 자동차를 운행하는 자', 즉 자동차운행자입니다. 자기를 위하여 자동차를 운행하는 자란 자배법 제3조가 위험책임과 보상책임의 원리를 바탕으로 하여 자동차에 대한 '운행지배'와 '운행이익'을 가지는 자에게 그 운행으로 인한 손해를 부담케 하자는 데 그 취지가 있어, 자동차에 대한 운행을 지배하여 그 이익을 향수하는 책임주체로서의 지위에 있는 자를 말합니다.

② 자동차의 운행자는 자배법 제2조 제3호에서 말하는 자동차의 보유자(소유자 내지는 임차인)보다는 넓은 개념입니다. 즉 소유자이더라도 운행지배로부터 떠나 있는 때에는 운행자가 아니며, 소유자가 아니더라도 운행지배와 운행이익을 가지는 때에는 운행자가 됩니다.

③ 따라서 타인을 위하여 자동차를 운전하는 피용자인 '운전자'는 운행지배도 없고 운행이익도 없기 때문에 운행자는 아닙니다.

2-2-2. 누가 운행자인지 여부가 문제되는 경우
① 무단운전의 경우
㉮ 자동차의 소유자 기타 정당한 권리자의 승낙 없이 운전하는 것이 무단운전입니다. 무단운전자의 경우 소유자의 운행지배와 운행이익의 상실 여부는 평소의 자동차나 열쇠의 보관 및 관리상태, 소유자의 의사와 관계없이 운행이 가능하게 된 경위, 소유자와 운전자의 인적 관계, 운전자의 차량 반환의사의 유무, 무단운행 후 소유자의 사후승낙 가능성, 무단운전에 대한 피해자의 인식 유무 등 객관적이고 외형적인 여러 사정을 사회통념에 따라 종합적으로 평가하여 판단하여야 한다는 것이 판례의 태도입니다.

㉯ 따라서 이 기준에 따라 무면허인 미성년자가 아버지가 출타한 사이에 바지 호주머니에 넣어 둔 열쇠를 꺼내어 그 무단운행 사실을 알고 있는 친구를 태우고 운전하다가 사고를 낸 사안에서 아버지의 자동차 운행자로서의 책임을 인정하였습니다(대법원 1998.7.10.선고 98다1072판결).

㉰ 그러나 자동차 소유자인 회사의 피용자가 회사의 승낙을 받지 않고 제3자와 함께 같이 음주상태에서 회사에서 멀리 떨어진 곳에서 술을 마실 목적으로 그 자동차를 운전해 가다가 무상동승자인 제3자가 사고로 부상을 입은 사안에서, 위 자동차의 운행경위에 비추어 볼 때 그 운행은 자동차소유자인 회사의 운행지배와 운행이익의 범위를 완전히 벗어난 것으로 보았습니다(대법원 1994.9.23.선고 94다9085판결).

② 절도운전의 경우
㉮ 이 경우에는 그 도둑이 운행자의 책임을 지고, 소유자의 운

행지배가 상실된다고 보는 것이 통설입니다.

㉴ 다만 차량의 키를 뽑지 않고 출입문도 잠그지 않은 채 노상에 주차시킨 과실로 제3자가 그 차량을 절취하여 운전하던 중 사고를 일으킨 경우, 소유자의 위 과실과 손해 사이에는 상당인과관계가 있어 제750조에 의한 일반불법행위책임을 지는 것은 별개입니다(대법원 1988.3.22.선고 86다카2747판결).

③ **사용대차.임대차의 경우**

㉮ 자동차의 소유자가 그 친구 등 밀접한 인적관계에 있는 자에게 자동차를 무상으로 대여한 사안에서(사용대차), 판례는 그 자동차에 대한 운행지배나 운행이익은 여전히 자동차 소유자에게 있고 자동차를 빌린 자는 이를 이용했다는 사정만으로 운행자로 볼 수 없다고 하였습니다(대법원 1991.5.10.선고 691다3918판결).

㉯ 자동차대여업자가 1일간 자동차를 유상으로 대여한 사안(임대차)에서는 대여업자가 운행자가 된다고 보았지만 임차인도 운행자가 되는지에 관해서는 명시적으로 밝히지 않고 있습니다(대법원 1991.7.12.선고 91다8418판결).

④ **대리운전의 경우**

자동차의 소유자가 또는 보유자가 음주 등의 사유로 일시적으로 타인에게 대리운전을 시킨 경우에는 자동차의 소유자 또는 보유자가 운행자가 됩니다(대법원 1994.4.15.선고 94다5502판결).

⑤ **자동차의 소유권유보부 매매의 경우**

자동차를 매수하고 이전등록을 하지 않은 상태에서 매수인이 운행하다가 사고가 난 경우에는 매수인이 운행자가 됩니다(대법원 1994.2.22.선고 93다37052판결). 즉 등록명의가 매도인에게 남아 있더라도 운행지배권은 이미 그에게서 이탈한 것이므로 그는 운행자가 아닙니다(대법원 1985.4.23.선고 84다카1484판결).

⑥ 자동차 정비의 경우
  ㉮ 자동차정비업체의 직원이 자동차 보유자로부터 차를 인도받아 직접 운전하여 가져가 수리를 마친 다음 이를 반환하기 위하여 운반하는 도중에 일어난 사고에 대하여 자동차 보유자에게 운행지배권이 있다고 보아 운행공용자로서의 책임이 인정됩니다(대법원 1993.2.9.선고 92다40167판결).
  ㉯ 자동차의 수리를 위해 정비업자에게 자동차를 맡긴 동안에는 그 정비업자만이 운행자가 되고, 그의 피용자가 그 자동차를 무단운전하다가 일으킨 사고에 대하여는 그 정비업자가 운행자로서 배상책임을 집니다(대법원 1995.2.17.선고 94다카21856판결).
  ㉰ 자동차 소유자의 피용자가 수리업자에게 자동차의 수리를 맡기고서도 자리를 뜨지 않고 부품 교체작업을 보조.간섭하였을 뿐만 아니라, 위 교체작업의 마지막 단계에서는 수리업자의 부탁으로 시동까지 걸어준 경우(그 과정에서 수리업자가 벨트에 손을 다친 사안임), 자동차 소유자는 수리작업 동안 수리업자와 공동으로 자동차에 대한 운행지배를 하고 있다고 봅니다(대법원 2000.4.11.선고 98다56645판결).

⑦ 운전학원에서 피교습자가 운전학원의 자동차로 운전연습을 하는 경우
  판례는 이러한 경우의 법률관계를 사용대차 또는 임대차로 보면서, 이 때에는 차주인 피교습자가 자동차를 사용할 권리가 있고 그래서 자동차손해보상보장법의 운행자에 해당한다고 하였습니다(대법원 2000.1.9.선고 2000다12533판결).

⑧ 양도담보의 경우
  채권담보의 목적으로 자동차 등록원부에 소유자로 등록된 자는 자동차에 관한 운행지배나 운행이익을 가지고 있다고 볼 수 없

어 운행자가 아닙니다(대법원 1980.4.8.선고 79다302판결).

⑨ **명의대여의 경우**

빌라건설회사가 빌라 입주자들의 교통편의를 위하여 차량을 매입하여 준 뒤 그 운행은 빌라입주자들의 자치기구인 빌라관리회에서 운전사를 고용하고 입주자들로부터 일정 요금을 받아 연료비, 보수비, 보험료, 제세공과금 등의 차량운영관리비에 충당하여 왔으나, 그 등록명의는 위 관리회가 법인이 아니어서 위 회사 명의로 소유권이전등록을 하여 둔 것이라면, 비록 회사가 위 차량의 운행에 관하여 실제로는 별다른 이해 관계가 없다고 하더라도 위 차량은 대외적으로는 여전히 위 회사의 소유인 것이고, 또 위 차량의 등록명의를 그 명의로 유보하여 둔 채 운행할 것을 허용한 것으로 볼 것이므로 위 회사는 자동차손해배상보장법 제3조 소정의 "자기를 위하여 자동차를 운행하는 자"에 해당합니다(대법원 1991.2.26. 선고 90다6460 판결).

2-2-3. 자동차의 운행에 의하여 인적손해가 발생하였을 것

① '**운행**'의 의의

㉮ 자동차의 '운행'이라 함은 사람 또는 물건의 운송 여부에 관계없이 자동차를 그 용법에 따라 사용 또는 관리하는 것을 말합니다(자배법 제2조 제2호).

㉯ 운행 중의 사고가 아닌 것, 이를테면 주차·정차중의 사고에 대해서는 자배법에 의한 운행자의 책임은 발생하지 않습니다. 다만 판례는 "동승자가 주차한 자동차에서 하차하다가 차량 밖의 터널바닥으로 떨어져 다친 사고는 자동차의 운행으로 인한 사고에 해당한다"고 하였습니다(대법원 1998.9.4. 선고98다22604, 22611판결).

② 운행에 해당하지 않는 사례

㉮ "화물 하차작업 중 화물고정용 밧줄에 오토바이가 걸려 넘어져 사고가 발생한 경우에 그 사고는 자동차의 운행으로 인한 것이라고는 볼 수 없다"고 합니다(대법원 1996.5.31.선고 95다19232판결).

㉯ 방한 목적으로 자동차에서 시동과 히터를 켜놓은 상태에서 잠을 자다 질식사한 경우, 이 사고는 자동차의 운송수단으로서의 본질이나 위험과는 무관하게 사용된 경우로서 운행에 포함되지 않습니다(대판 2000.1.21. 99다41824).

2-2-4. 타인에게 인적 손해(사망, 부상)가 발생하였을 것

① 타인의 의미

㉮ 피해자에 해당하는 '타인'에는 책임의 주체인 운행자는 포함되지 않으며, 운전자도 이에 포함되지 않습니다(대법원 2000.3.28.선고 99다53827판결). 결국 위 '타인'에는 위에서와 같이 이에 포함되지 않는 자를 제외한 자, 즉 승객과 그 이외의 제3자를 의미한다고 할 것입니다(자배법 제3조 참조). ㉯ 따라서 예컨대 친구나 지인 등을 호의로 동승케 한 때, 이를 이른바 '호의동승자'가 타인에 속함은 물론입니다(대법원 1987.12.22.선고 86다카2994판결).

㉰ 판례는 "차량의 운행자가 아무런 대가를 받지 않고 오직 동승자의 편의와 이익을 위하여 동승을 허용하고 동승자로서도 그 자신의 편의와 이익을 위하여 그 제공을 받은 경우 그 운행의 목적, 동승자와 운행자와의 인적 관계, 동승의 경위 등 제반 사정에 비추어 가해자에게 일반의 교통사고와 같은 책임을 지우는 것이 신의칙이나 형평의 원칙상 매우 불합리하다고 인정되는 경우에는 그 배상액을 감경할 수 있

다"고 하였습니다(대법원 1992.5.12.선고 94다40993판결).

㉱ 그리고 동일한 자동차에 대하여 복수로 존재하는 운행자 중 1인이 당해 자동차의 사고로 피해를 입은 경우에도 사고를 당한 그 운행자는 다른 운행자에 대하여 자신이 자배법 제3조 소정의 타인임을 주장할 수 없는 것이 원칙이고, 다만 사고를 당한 운행자의 운행지배 및 운행이익에 비하여 상대방의 그것이 보다 주도적이거나 직접적이고 구체적으로 나타나 있어 상대방이 용이하게 사고의 발생을 방지할 수 있었다고 보여지는 경우에 한하여 비로소 자신이 타인임을 주장할 수 있을 뿐입니다(대법원 2002.12.10. 선고 2002다51654 판결).

② 인적 손해

자배법이 적용되는 것은 타인을 사망하게 하거나 부상케 한 인적 손해에 한합니다. 따라서 충돌사고의 자동차나 운행 중의 사고로 타인의 물건을 훼손한 경우처럼 물적 손해에 대해서는 동법은 적용되지 않습니다.

2-2-5. 면책사유가 없을 것

① 자배법은 자동차의 운행이라는 위험성에 근거하여 이를 지배하고 이용하는 운행자에게 사실상 무과실책임에 가까운 무거운 책임을 부과합니다.

② '승객'이 사상한 경우에는 '승객 아닌 자'가 사상한 때와 달리 면책요건이 더욱 까다로운데, 승객의 경우에는 운행자의 지배하에 있는 자동차에 탑승함으로써 직접적인 위험에 수용된 점에서 승객이 아닌 자와는 본질적인 차이가 있고, 한편 자배법이 위험책임의 법리에 기초한 것인 점에서 위와 같은 차별에는 합리적 이유가 있기 때문에, 위 규정이 헌법이 보장한 재산권을 침해하는 규정이라고 볼 수 없습니다(대법원 1998.7.10.선고 97다52653판결).

③ 운행자가 그 책임을 면하기 위해서는 피해자가 승객이 아닌 자와 승객인 경우에 따라 다음의 사유를 입증하여야 합니다.

㉮ 승객이 아닌 자가 사상한 경우

다음 3가지를 모두 증명한 때, 즉 ⓐ 자기와 운전자가 자동차의 운행에 관하여 주의를 게을리 하지 아니하고, ⓑ 피해자 또는 자기 및 운전자 외의 제3자에게 고의 또는 과실이 있으며, ⓒ 자동차에 구조상의 결함 또는 기능에 장해가 없었다는 사실(동법 3조 1호).

㉯ 승객이 사상한 경우

그 승객의 고의나 자살행위로 인한 것인 때(자배법 제3조 제2호).

3. 손해배상의 종류

3-1. 자동차 운전에 따른 손해 배상

자동차를 운행 중 타인의 신체나 재물을 손상시켰을 때에는 그 손해를 배상해야 합니다.

3-2. 자동차손해배상 보장법에 따른 손해배상

① 자동차손해배상 보장법은 자동차의 운행으로 사람이 사망 또는 부상하거나 재물이 멸실 또는 훼손된 경우에 있어서의 손해배상을 보장하는 제도를 확립함으로써 피해자를 보호하고 자동차운행의 건전한 발전을 촉진하려고 제정된 법으로 민법의 특별법입니다.

② 자기를 위하여 자동차를 운행하는 자의 손해배상책임에 대하여는 자동차손해배상 보장법 제3조에 따른 경우 외에는 민법에 따릅니다.

3-3. 자동차 보유자의 손해배상 책임

① 자기를 위해 자동차를 운행하는 자는 그 운행으로 다른 사람을 사망하게 하거나 부상하게 한 경우에는 그 손해를 배상할 책임을 집니다.

② 다만, 다음의 경우에는 손해배상책임을 지지 않습니다.

    1) 승객이 아닌 자가 사망하거나 부상한 경우에는 다음을 증명하는 경우

        - 자기와 운전자가 자동차의 운행에 주의를 게을리 하지 않았을 것

        - 피해자 또는 자기 및 운전자 외의 제3자에게 고의 또는 과실이 있음

        - 자동차의 구조상의 결함이나 기능상의 장해가 없었다는 것

    2) 승객이 고의나 자살행위로 사망하거나 부상한 경우

3-4. 민법에 따른 손해배상

① 자기를 위해 자동차를 운행하는 자의 손해배상책임에 관해서는 자동차손해배상 보장법 제3조에 따르는 경우 외에는 민법을 따릅니다. 여기서 말하는 민법은 주로 같은 법 제3편제5장 불법행위(제750조부터 제766조까지)의 규정을 말합니다.

② 따라서 손해배상의 성립 요건, 손해배상의 범위, 손해배상의 방법, 과실상계, 손해배상자의 대위, 손해배상청구권자의 범위, 손해배상청구권의 상속, 법정대리, 손해배상청구권의 소멸, 손익상계, 감액청구, 공동불법행위, 사용자책임 등에 관하여도 민법의 규정이 적용됩니다.

③ 고의 또는 과실로 인한 위법행위로 타인에게 손해를 가한 자는 그 손해를 배상할 책임이 있습니다.

4. 자동차손해배상 보장사업

4-1. 정부의 자동차사고 피해자 보상

① 정부는 다음 어느 하나에 해당하는 경우에는 피해자의 청구에 따라 책임보험의 보험금 한도에서 그가 입은 피해를 보상합니다.

1. 자동차보유자를 알 수 없는 자동차의 운행으로 사망하거나 부상한 경우

2. 보험가입자 등이 아닌 자가 자동차손해배상 보장법 제3조에 따라 손해배상의 책임을 지게 되는 경우. 다만, 다음의 자동차 운행으로 인한 경우는 제외합니다.
   - 대한민국에 주둔하는 국제연합군대가 보유하는 자동차
   - 대한민국에 주둔하는 미합중국군대가 보유하는 자동차
   - 위의 두 가지에 해당하지 않는 외국인으로서 국토교통부장관이 지정하는 자가 보유하는 자동차
   - 견인되어 육지를 이동할 수 있도록 제작된 피견인자동차
   - 도로(도로교통법 제2조제1호에 따른 도로를 말함)가 아닌 장소에서만 운행하는 자동차

② 다만, 정부는 피해자가 청구하지 않는 경우에도 직권으로 조사하여 책임보험의 보험금 한도에서 그가 입은 피해를 보상할 수 있습니다.

4-2. 교통사고 피해자의 지원

① 정부는 자동차의 운행으로 인한 사망자나 중증 후유장애인의 유자녀 및 피부양가족이 경제적으로 어려워 생계가 곤란하거나 학업을 중단해야 하는 문제 등을 해결하고 중증 후유장애인이 재활할 수 있도록 지원할 수 있습니다.

② 지원대상자

정부가 지원할 수 있는 대상자는 중증 후유장애인, 사망자 또는 중증 후유장애인의 유자녀와 피부양가족으로서 생계를 같이 하는 가족의 생활형편이 국민기초생활 보장법에 따른 기준 중위소득을 고려하여 국토교통부장관이 정하는 기준에 해당되어 생계 유지, 학업 또는 재활치료(중증 후유장애인인 경우만 해당함)를 계속하기 곤란한 상태에 있는 자로서 자동차손해배상 보장법 시행령 제23조제2항에 따라 지원대상자로 결정된 사람입니다.

③ 지원 기준

1. 중증후유장애인의 경우:
   - 의료법에 따른 의료기관 또는 장애인복지법에 따른 재활시설을 이용하거나 그 밖에 요양을 하기 위하여 필요한 비용의 보조
   - 학업의 유지를 위한 장학금의 지급

2. 유자녀의 경우:
   - 생활자금의 대출
   - 학업의 유지를 위한 장학금의 지급
   - 자립지원을 위하여 유자녀의 보호자(유자녀의 친권자, 후견인, 유자녀를 보호·양육·교육하거나 그 의무가 있는 자 또는 업무·고용 등의 관계로 사실상 유자녀를 보호·감독하는자를 말함)가 유자녀의 명의로 저축한 금액에 따른 지원자금(이하 '자립지원금'이라 함)의 지급

3. 피부양가족:
   노부모 등의 생활의 정도를 고려한 보조금의 지급

4. 위의 1.부터 3.까지의 규정에 해당하는 사람에 대한 심리치료 등의 정서적 지원 사업

④ 지원금액

지원을 위한 재원을 고려하여 국토교통부장관이 기준금액의 2분의 1의 범위에서 가감하여 정하는 금액을 지원합니다.

지원 대상	지원 구분	기준금액
1. 중증 후유장애인	가. 재활보조금 지급	월 20만원
	나. 장학금 지급	분기 30만원
2. 유자녀	가. 생활자금의 무이자 대출	월 15만원
	나. 장학금 지급	분기 30만원
	다. 자립지원금 지급	월 6만원
3. 피부양가족	보조금 지급	월 20만원

4-3. 피해자의 배상 청구

4-3-1. 보험금 등의 청구

① 교통사고가 발생하는 경우 피해자는 보험사업자 등에 대해 보험금 등을 자기에게 직접 지급할 것을 청구할 수 있고, 자동차보험 진료수가에 해당하는 금액을 진료를 한 의료기관에 직접 지급할 것을 청구할 수 있습니다.

② 의무보험에 가입한 자와 그 의무보험 계약의 피보험자(이하 '보험가입자 등'이라 함) 또는 자동차손해배상 보장법 제10조 제1항 후단에 따른 피해자가 청구하거나 그 밖의 원인으로 교통사고환자가 발생한 것을 안 경우에는 지체 없이 그 교통사고환자를 진료하는 의료기관에 해당 진료에 따른 자동차보험진료수가의 지급 의사 유무와 지급 한도를 알려야 합니다.

③ 보험가입자 등은 보험회사(공제사업자를 포함함. 이하 '보험회사 등'이라 함)가 보험금등을 지급하기 전에 피해자에게 손해에 대한 배상금을 지급한 경우에는 보험회사 등에게 보험금 등의 보상한도에서 그가 피해자에게 지급한 금액의 지급을 청구할 수 있습니다.

4-3-2. 피해자에 대한 가불금

① 보험가입자 등이 자동차의 운행으로 다른 사람을 사망하게 하거나 부상하게 한 경우에는 피해자는 자동차손해배상 보장법 시행령 제7조의 절차에 따라 보험회사 등에게 자동차보험 진료수가에 대하여는 그 전액을 가불금(假拂金)으로 지급할 것을 청구할 수 있습니다.

② 그 외의 보험금 등에 대하여는 다음과 같이 정한 금액을 자동차손해배상 보장법 제10조에 따른 보험금 등을 지급하기 위한 가불금으로 지급할 것을 청구할 수 있습니다.

> ※ 피해자 1명당 다음의 구분에 따른 금액의 범위에서 피해자에게 발생한 손해액의 100분의 50에 해당하는 금액

1) 사망의 경우: 1억원
2) 부상한 경우: 자동차손해배상 보장법 시행령 별표 1에서 정하는 상해내용별 한도금액

[별표1] 상해의 구분과 책임보험금의 한도금액
1. 상해 구분별 한도금액

상해 급별	한도 금액	상해내용
1급	3천만원	1. 수술 여부와 상관없이 뇌손상으로 신경학적 증상이 고도인 상해(신경학적 증상이 48시간 이상 지속되는 경우에 적용한다)
		2. 양안 안구 파열로 안구 적출술 또는 안구내용 제거술과 의안 삽입술을 시행한 상해
		3. 심장 파열로 수술을 시행한 상해
		4. 흉부 대동맥 손상 또는 이에 준하는 대혈관 손상으로 수술 또는 스탠트그라프트 삽입술을 시행한 상해
		5. 척주 손상으로 완전 사지마비 또는 완전 하반신 마비를 동반한 상해
		6. 척수 손상을 동반한 불안정성 방출성 척추 골절
		7. 척수 손상을 동반한 척추 신연손상 또는 전위성 (회전성) 골절
		8. 상완신경총 완전 손상으로 수술을 시행한 상해
		9. 상완부 완전 절단(주관절부 이단을 포함한다) 소실로 재접합술을 시행한 상해
		10. 불안정성 골반골 골절로 수술을 시행한 상해
		11. 비구 골절 또는 비구 골절 탈구로 수술을 시행한 상해
		12. 대퇴부 완전 절단(슬관절부 이단을 포함한다) 소실로 재접합술을 시행한 상해
		13. 골의 분절 소실로 유리생골 이식술을 시행한 상해(근육, 근막 또는 피부 등 연부 조직을 포함한 경우에 적용한다)
		14. 화상·좌창·괴사창 등 연부 조직의 심한 손상이 몸 표면의 9퍼센트 이상인 상해
		15. 그 밖에 1급에 해당한다고 인정되는 상해
		1. 뇌손상으로 신경학적 증상이 중등도인 상해(신경학적 증상이 48시간 이상 지속되는 경우로 수술

2급	1,500 만원	을 시행한 경우에 적용한다)
		2. 흉부 기관, 기관지 파열, 폐 손상 또는 식도 손상으로 절제술을 시행한 상해
		3. 내부 장기 손상으로 장기의 일부분이라도 적출 수술을 시행한 상해
		4. 신장 파열로 수술한 상해
		5. 척주 손상으로 불완전 사지마비를 동반한 상해
		6. 신경 손상 없는 불안정성 방출성 척추 골절로 수술적 고정술을 시행한 상해 또는 경추 골절(치돌기 골절을 포함한다) 또는 탈구로 할로베스트나 수술적 고정술을 시행한 상해
		7. 상완 신경총 상부간부 또는 하부간부의 완전 손상으로 수술을 시행한 상해
		8. 전완부 완전 절단(완관절부 이단을 포함한다) 소실로 재접합술을 시행한 상해
		9. 고관절의 골절성 탈구로 수술을 시행한 상해(비구 골절을 동반하지 않은 경우에 적용한다)
		10. 대퇴 골두 골절로 수술을 시행한 상해
		11. 대퇴골 경부 분쇄 골절, 전자하부 분쇄 골절, 과부 분쇄 골절, 경골 과부 분쇄 골절 또는 경골 원위 관절내 분쇄 골절
		12. 슬관절의 골절 및 탈구로 수술을 시행한 상해
		13. 하퇴부 완전 절단(족관절부 이단을 포함한다) 소실로 재접합술을 시행한 상해
		14. 사지 연부 조직에 손상이 심하여 유리 피판술을 시행한 상해
		15. 그 밖에 2급에 해당한다고 인정되는 상해
		1. 뇌손상으로 신경학적 증상이 고도인 상해(신경학적 증상이 48시간 미만 지속되는 경우로 수술을 시행한 경우에 적용한다)
		2. 뇌손상으로 신경학적 증상이 중등도인 상해(신경학적 증상이 48시간 이상 지속되는 경우로 수술을 시행하지 않은 경우에 적용한다)
		3. 단안 안구 적출술 또는 안구 내용 제거술과 의안 삽입술을 시행한 상해
		4. 흉부 대동맥 손상 또는 이에 준하는 대혈관 손상

3급	1,200 만원	으로 수술을 시행하지 않은 상해
		5. 절제술을 제외한 개흉 또는 흉강경 수술을 시행 한 상해(진단적 목적으로 시행한 경우는 4급에 해당한다)
		6. 요도 파열로 요도 성형술 또는 요도 내시경을 이 용한 요도 절개술을 시행한 상해
		7. 내부 장기 손상(장간막 파열을 포함한다)으로 장 기 적출 없이 재건수술 또는 지혈수술 등을 시행 한 상해
		8. 척주 손상으로 불완전 하반신마비를 동반한 상해
		9. 견관절 골절 및 탈구로 수술을 시행한 상해
		10. 상완부 완전 절단(주관절부 이단을 포함한다) 소 실로 재접합술을 시행하지 않은 상해
		11. 주관절부 골절 및 탈구로 수술을 시행한 상해
		12. 수근부 완전 절단 소실로 재접합술을 시행한 상해
		13. 대퇴골 또는 경골 골절(대퇴골 골두 골절은 제외 한다)
		14. 대퇴부 완전 절단(슬관절부 이단을 포함한다) 소 실로 재접합술을 시행하지 않은 상해
		15. 슬관절의 전방 및 후방 십자인대의 파열
		16. 족관절 골절 및 탈구로 수술을 시행한 상해
		17. 족근관절의 손상으로 족근골의 완전탈구가 동반 된 상해
		18. 족근부 완전 절단 소실로 재접합술을 시행한 상해
		19. 그 밖에 3급에 해당한다고 인정되는 상해
		1. 뇌손상으로 신경학적 증상이 고도인 상해(신경학 적 증상이 48시간 미만 지속되는 경우로 수술을 시행하지 않은 경우에 적용한다)
		2. 각막 이식술을 시행한 상해
		3. 후안부 안내 수술을 시행한 상해(유리체 출혈, 망 막 박리 등으로 수술을 시행한 경우에 적용한다)
		4. 흉부 손상 또는 복합 손상으로 인공호흡기를 시 행한 상해(기관절개술을 시행한 경우도 포함한다)
		5. 진단적 목적으로 복부 또는 흉부 수술을 시행한 상해(복강경 또는 흉강경 수술도 포함한다)

4급	1천만원	6. 상완신경총 완전 손상으로 수술을 시행하지 않은 상해
		7. 상완신경총 불완전 손상(2개 이상의 주요 말초신경 장애를 보이는 손상에 적용한다)으로 수술을 시행한 상해
		8. 상완골 경부 골절
		9. 상완골 간부 분쇄성 골절
		10. 상완골 과상부 또는 상완골 원위부 관절내 골절(경과 골절, 과간 골절, 내과 골절, 소두 골절에 적용한다)로 수술을 시행한 상해
		11. 요골 원위부 골절과 척골 골두 탈구가 동반된 상해(갈레아찌 골절을 말한다)
		12. 척골 근위부 골절과 요골 골두 탈구가 동반된 상해(몬테지아 골절을 말한다)
		13. 전완부 완전 절단(완관절부 이단을 포함한다) 소실로 재접합술을 시행하지 않은 상해
		14. 요수근관절 골절 및 탈구(수근골간 관절 탈구, 원위 요척관절 탈구를 포함한다)로 수술을 시행한 상해
		15. 수근골 골절 및 탈구가 동반된 상해
		16. 무지 또는 다발성 수지의 완전 절단 소실로 재접합술을 시행한 상해
		17. 불안정성 골반골 골절로 수술하지 않은 상해
		18. 골반환이 안정적인 골반골 골절(천골 골절 및 미골 골절을 포함한다)로 수술을 시행한 상해
		19. 골반골 관절의 이개로 수술을 시행한 상해
		20. 비구 골절 또는 비구 골절 탈구로 수술을 시행하지 않은 상해
		21. 슬관절 탈구로 수술을 시행한 상해
		22. 하퇴부 완전 절단(족관절부 이단을 포함한다) 소실로 재접합술을 시행하지 않은 상해
		23. 거골 또는 종골 골절
		24. 무족지 또는 다발성 족지의 완전 절단 소실로 재접합술을 시행한 상해
		25. 사지의 연부 조직에 손상이 심하여 유경 피판술 또는 원거리 피판술을 시행한 상해

		26. 화상, 좌창, 괴사창 등으로 연부 조직의 손상이 몸 표면의 약 4.5퍼센트 이상인 상해
		27. 그 밖에 4급에 해당한다고 인정되는 상해
5급	900만원	1. 뇌손상으로 신경학적 증상이 중등도에 해당하는 상해(신경학적 증상이 48시간 미만 지속되는 경우로 수술을 시행한 경우에 적용한다)
		2. 안와 골절에 의한 복시로 안와 골절 재건술과 사시 수술을 시행한 상해
		3. 복강내 출혈 또는 장기 파열 등으로 중재적 방사선학적 시술을 통하여 지혈술을 시행하거나 경피적 배액술 등을 시행하여 보존적으로 치료한 상해
		4. 안정성 추체 골절
		5. 상완 신경총 상부 간부 또는 하부 간부의 완전 손상으로 수술하지 않은 상해
		6. 상완골 간부 골절
		7. 요골 골두 또는 척골 구상돌기 골절로 수술을 시행한 상해
		8. 요골과 척골의 간부 골절이 동반된 상해
		9. 요골 경상돌기 골절
		10. 요골 원위부 관절내 골절
		11. 수근 주상골 골절
		12. 수근부 완전 절단 소실로 재접합술을 시행하지 않은 상해
		13. 무지를 제외한 단일 수지의 완전 절단 소실로 재접합술을 시행한 상해
		14. 고관절의 골절성 탈구로 수술을 시행하지 않은 상해(비구 골절을 동반하지 않은 경우에 적용한다)
		15. 고관절 탈구로 수술을 시행한 상해
		16. 대퇴골두 골절로 수술을 시행하지 않은 상해
		17. 대퇴골 또는 근위 경골의 견열골절
		18. 슬관절의 골절 및 탈구로 수술을 시행하지 않은 상해
		19. 슬관절의 전방 또는 후방 십자인대의 파열
		20. 슬개골 골절
		21. 족관절의 양과 골절 또는 삼과 골절(내과, 외과,

		후과를 말한다)
		22. 족관절 탈구로 수술을 시행한 상해
		23. 그 밖의 족근골 골절(거골 및 종골은 제외한다)
		24. 중족족근관절 손상(리스프랑 관절을 말한다)
		25. 3개 이상의 중족골 골절로 수술을 시행한 상해
		26. 족근부 완전 절단 소실로 재접합술을 시행하지 않은 상해
		27. 무족지를 제외한 단일 족지의 완전 절단 소실로 재접합술을 시행한 상해
		28. 아킬레스건, 슬개건, 대퇴 사두건 또는 대퇴 이두건 파열로 수술을 시행한 상해
		29. 사지 근 또는 건 파열로 6개 이상의 근 또는 건 봉합술을 시행한 상해
		30. 다발성 사지의 주요 혈관 손상으로 봉합술 또는 이식술을 시행한 상해
		31. 사지의 주요 말초 신경 손상으로 수술을 시행한 상해
		32. 23치 이상의 치과보철을 필요로 하는 상해
		33. 그 밖에 5급에 해당한다고 인정되는 상해
		1. 뇌손상으로 신경학적 증상이 경도인 상해(수술을 시행한 경우에 적용한다)
		2. 뇌손상으로 신경학적 증상이 중등도에 해당하는 상해(신경학적 증상이 48시간 미만 지속되는 경우로 수술을 시행하지 않은 경우에 적용한다)
		3. 전안부 안내 수술을 시행한 상해(외상성 백내장, 녹내장 등으로 수술을 시행한 경우에 적용한다)
		4. 심장 타박
		5. 폐좌상(일측 폐의 50퍼센트 이상 면적을 흉부 CT 등에서 확인한 경우에 한정한다)
		6. 요도 파열로 유치 카테타, 부지 삽입술을 시행한 상해
		7. 혈흉 또는 기흉이 발생하여 폐쇄식 흉관 삽관수술을 시행한 상해
		8. 견관절의 회전근개 파열로 수술을 시행한 상해
		9. 외상성 상부관절와순 파열로 수술을 시행한 상해
		10. 견관절 탈구로 수술을 시행한 상해

6급	700만원	11. 견관절의 골절 및 탈구로 수술을 시행하지 않은 상해
		12. 상완골 대결절 견열 골절
		13. 상완골 원위부 견열골절(외상과 골절, 내상과 골절 등에 해당한다)
		14. 주관절부 골절 및 탈구로 수술을 시행하지 않은 상해
		15. 주관절 탈구로 수술을 시행한 상해
		16. 주관절 내측 또는 외측 측부 인대 파열로 수술을 시행한 상해
		17. 요골간부 또는 원위부 관절외 골절
		18. 요골 경부 골절
		19. 척골 주두부 골절
		20. 척골 간부 골절(근위부 골절은 제외한다)
		21. 다발성 수근중수골 관절 탈구 또는 다발성 골절 탈구
		22. 무지 또는 다발성 수지의 완전 절단 소실로 재접합술을 시행하지 않은 상해
		23. 슬관절 탈구로 수술을 시행하지 않은 상해
		24. 슬관절 내측 또는 외측 측부인대 파열로 수술을 시행한 상해
		25. 반월상 연골 파열로 수술을 시행한 상해
		26. 족관절 골절 및 탈구로 수술을 시행하지 않은 상해
		27. 족관절 내측 또는 외측 측부인대의 파열 또는 골절을 동반하지 않은 원위 경비골 이개
		28. 2개 이하의 중족골 골절로 수술을 시행한 상해
		29. 무족지 또는 다발성 족지의 완전 절단 소실로 재접합술을 시행하지 않은 상해
		30. 사지 근 또는 건 파열로 3개 이상 5개 이하의 근 또는 건 봉합술을 시행한 상해
		31. 19치 이상 22치 이하의 치과보철을 필요로 하는 상해
		32. 그 밖에 6급에 해당한다고 인정되는 상해
		1. 다발성 안면 두개골 골절 또는 뇌신경 손상과 동반된 안면 두개골 골절

| 7급 | 500만원 | 2. 복시를 동반한 마비 또는 제한 사시로 사시수술을 시행한 상해
3. 안와 골절로 재건술을 시행한 상해
4. 골다공증성 척추 압박골절
5. 쇄골 골절
6. 견갑골 골절(견갑골극, 체부, 흉곽내 탈구, 경부, 과부, 견봉돌기, 오구돌기를 포함한다)
7. 견봉 쇄골인대 및 오구 쇄골인대 완전 파열
8. 상완신경총 불완전 손상으로 수술을 시행하지 않은 상해
9. 요골 골두 또는 척골 구상돌기 골절로 수술을 시행하지 않은 상해
10. 척골 경상돌기 기저부 골절
11. 삼각섬유연골 복합체 손상
12. 요수근관절 탈구(수근골간관절 탈구, 원위 요척관절 탈구를 포함한다)로 수술을 시행한 상해
13. 요수근관절 골절 및 탈구(수근골간관절 탈구, 원위 요척관절 탈구를 포함한다)로 수술을 시행하지 않은 상해
14. 주상골 외 수근골 골절
15. 수근부 주상골·월상골간 인대 파열
16. 수근중수골 관절의 탈구 또는 골절탈구
17. 다발성 중수골 골절
18. 중수수지관절의 골절 및 탈구
19. 무지를 제외한 단일 수지의 완전 절단 소실로 재접합술을 시행하지 않은 상해
20. 골반골 관절의 이개로 수술을 시행하지 않은 상해
21. 고관절 탈구로 수술을 시행하지 않은 상해
22. 비골 간부 골절 또는 골두 골절
23. 족관절 탈구로 수술을 시행하지 않은 상해
24. 족관절 내과, 외과 또는 후과 골절
25. 무족지를 제외한 단일 족지의 완전 절단 소실로 재접합술을 시행하지 않은 상해
26. 16치 이상 18치 이하의 치과보철을 필요로 하는 |

		상해
		27. 그 밖에 7급에 해당한다고 인정되는 상해
8급	300만원	1. 뇌손상으로 신경학적 증상이 경도인 상해(수술을 시행하지 않은 경우에 적용한다)
		2. 상악골, 하악골, 치조골 등의 안면 두개골 골절
		3. 외상성 시신경병증
		4. 외상성 안검하수로 수술을 시행한 상해
		5. 복합 고막 파열
		6. 혈흉 또는 기흉이 발생하여 폐쇄식 흉관 삽관수술을 시행하지 않은 상해
		7. 3개 이상의 다발성 늑골 골절
		8. 각종 돌기 골절(극돌기, 횡돌기) 또는 후궁 골절
		9. 견관절 탈구로 수술을 시행하지 않은 상해
		10. 상완골 과상부 또는 상완골 원위부 관절내 골절(경과 골절, 과간 골절, 내과 골절, 소두 골절 등을 말한다)로 수술을 시행하지 않은 상해
		11. 주관절 탈구로 수술을 시행하지 않은 상해
		12. 중수골 골절
		13. 수지골의 근위지간 또는 원위지간 골절 탈구
		14. 다발성 수지골 골절
		15. 무지 중수지관절 측부인대 파열
		16. 골반환이 안정적인 골반골 골절(천골 골절 및 미골 골절을 포함한다)로 수술을 시행하지 않은 상해
		17. 슬관절 십자인대 부분 파열로 수술을 시행하지 않은 상해
		18. 3개 이상의 중족골 골절로 수술을 시행하지 않은 상해
		19. 수족지골 골절 및 탈구로 수술을 시행한 상해
		20. 사지의 근 또는 건 파열로 하나 또는 두 개의 근 또는 건 봉합술을 시행한 상해
		21. 사지의 주요 말초 신경 손상으로 수술을 시행하지 않은 상해
		22. 사지의 감각 신경 손상으로 수술을 시행한 상해
		23. 사지의 다발성 주요 혈관손상으로 봉합술 혹은

		이식술을 시행한 상해
		24. 사지의 연부 조직 손상으로 피부 이식술이나 국소 피판술을 시행한 상해
		25. 13치 이상 15치 이하의 치과보철을 필요로 하는 상해
		26. 그 밖에 8급에 해당한다고 인정되는 상해
9급	240만원	1. 안면부의 비골 골절로 수술을 시행한 상해
		2. 2개 이하의 단순 늑골골절
		3. 고환 손상으로 수술을 시행한 상해
		4. 음경 손상으로 수술을 시행한 상해
		5. 흉골 골절
		6. 추간판 탈출증
		7. 흉쇄관절 탈구
		8. 주관절 내측 또는 외측 측부 인대 파열로 수술을 시행하지 않은 상해
		9. 요수근관절 탈구(수근골간관절 탈구, 원위 요척관절 탈구를 포함한다)로 수술을 시행하지 않은 상해
		10. 수지골 골절로 수술을 시행한 상해
		11. 수지관절 탈구
		12. 슬관절 측부인대 부분 파열로 수술을 시행하지 않은 상해
		13. 2개 이하의 중족골 골절로 수술을 시행하지 않은 상해
		14. 족지골 골절 또는 족지관절 탈구로 수술을 시행한 상해
		15. 그 밖에 견열골절 등 제불완전골절
		16. 아킬레스건, 슬개건, 대퇴 사두건 또는 대퇴 이두건 파열로 수술을 시행하지 않은 상해
		17. 수족지 신전건 1개의 파열로 건 봉합술을 시행한 상해
		18. 사지의 주요 혈관손상으로 봉합술 혹은 이식술을 시행한 상해
		19. 11치 이상 12치 이하의 치과보철을 필요로 하는 상해
		20. 그 밖에 9급에 해당한다고 인정되는 상해
		1. 3cm 이상 안면부 열상

10급	200만원	2. 안검과 누소관 열상으로 봉합술과 누소관 재건술을 시행한 상해
		3. 각막, 공막 등의 열상으로 일차 봉합술만 시행한 상해
		4. 견관절부위의 회전근개 파열로 수술을 시행하지 않은 상해
		5. 외상성 상부관절와순 파열 중 수술을 시행하지 않은 상해
		6. 수족지관절 골절 및 탈구로 수술을 시행하지 않은 상해
		7. 하지 3대 관절의 혈관절증
		8. 연부조직 또는 피부 결손으로 수술을 시행하지 않은 상해
		9. 9치 이상 10치 이하의 치과보철을 필요로 하는 상해
		10. 그 밖에 10급에 해당한다고 인정되는 상해
11급	160만원	1. 뇌진탕
		2. 안면부의 비골 골절로 수술을 시행하지 않는 상해
		3. 수지골 골절 또는 수지관절 탈구로 수술을 시행하지 않은 상해
		4. 족지골 골절 또는 족지관절 탈구로 수술을 시행하지 않은 상해
		5. 6치 이상 8치 이하의 치과보철을 필요로 하는 상해
		6. 그 밖에 11급에 해당한다고 인정되는 상해
12급	120만원	1. 외상 후 급성 스트레스 장애
		2. 3cm 미만 안면부 열상
		3. 척추 염좌
		4. 사지 관절의 근 또는 건의 단순 염좌
		5. 사지의 열상으로 창상 봉합술을 시행한 상해(길이에 관계없이 적용한다)
		6. 사지 감각 신경 손상으로 수술을 시행하지 않은 상해
		7. 4치 이상 5치 이하의 치과보철을 필요로 하는 상해
		8. 그 밖에 12급에 해당한다고 인정되는 상해
		1. 결막의 열상으로 일차 봉합술을 시행한 상해

13급	80만원	2. 단순 고막 파열 3. 흉부 타박상으로 늑골 골절 없이 흉부의 동통을 동반한 상해 4. 2치 이상 3치 이하의 치과보철을 필요로 하는 상해 5. 그 밖에 13급에 해당한다고 인정되는 상해
14급	50만원	1. 방광, 요도, 고환, 음경, 신장, 간, 지라 등 내부 장기 손상(장간막파열을 포함한다)으로 수술을 시행하지 않은 상해 2. 수족지 관절 염좌 3. 사지의 단순 타박 4. 1치 이하의 치과보철을 필요로 하는 상해 5. 그 밖에 14급에 해당한다고 인정되는 상해

2. 영역별 세부지침

영역	내용
공통	가. 2급부터 11급까지의 상해 내용 중 2가지 이상의 상해가 중복된 경우에는 가장 높은 등급에 해당하는 상해부터 하위 3등급(예: 상해내용이 2급에 해당하는 경우에는 5급까지) 사이의 상해가 중복된 경우에만 가장 높은 상해 내용의 등급보다 한 등급 높은 금액으로 배상(이하 "병급"이라 한다)한다. 나. 일반 외상과 치과보철을 필요로 하는 상해가 중복된 경우에는 각각의 상해 등급별 금액을 배상하되, 그 합산액이 1급의 금액을 초과하지 않는 범위에서 배상한다. 다. 1개의 상해에서 2개 이상의 상향 또는 하향 조정의 요인이 있을 때 등급 상향 또는 하향 조정은 1회만 큰 폭의 조정을 적용한다. 다만, 상향 조정 요인과 하향 조정 요인이 여러 개가 함께 있을 때에는 큰 폭의 상향 또는 큰 폭의 하향 조정 요인을 각각 선택하여 함께 반영한다. 라. 재해 발생 시 만 13세 미만인 사람은 소아로 인정한다. 마. 연부 조직에 손상이 심하여 유리 피판술, 유경 피판술, 원거리 피판술, 국소 피판술이나 피부 이식술을 시행할 경우 안면부는 1등급 상위등급을 적용하고, 수부, 족부

	에 국한된 손상에 대해서는 한 등급 아래의 등급을 적용한다.
두부	가. "뇌손상"이란 국소성 뇌손상인 외상성 두개강안의 출혈(경막상·하 출혈, 뇌실 내 및 뇌실질 내 출혈, 거미막하 출혈 등을 말한다) 또는 경막하 수활액낭종, 거미막낭종, 두개골 골절(두개 기저부 골절을 포함한다) 등과 미만성 축삭손상을 포함한 뇌좌상을 말한다.
	나. 4급 이하(4급에서 14급까지를 말한다)에서 의식 외에 뇌신경 손상이나 국소성 신경학적 이상 소견이 있는 경우 한 등급을 상향 조정할 수 있다.
	다. 신경학적 증상은 글라스고우 혼수척도(Glasgow coma scale)로 구분하며, 고도는 8점 이하, 중등도는 9점 이상 12점 이하, 경도는 13점 이상 15점 이하를 말한다.
	라. 글라스고우 혼수척도는 진정치료 전에 평가하는 것을 원칙으로 한다.
	마. 글라스고우 혼수척도 평가 시 의식이 있는 상태에서 기관지 삽관이 필요한 경우는 제외한다.
	바. 의무기록 상 의식상태가 혼수(coma)와 반혼수(semicoma)는 고도, 혼미(stupor)는 중등도, 기면(drowsy)은 경도로 본다.
	사. 두피 좌상, 열창은 14급으로 본다.
	아. 만성 경막하 혈종으로 수술을 시행한 경우에는 6급 2호를 적용한다.
	자. 외상 후 급성 스트레스 장애는 다른 진단이 전혀 없이 단독 상병으로 외상 후 1개월 이내 발병된 경우에 적용한다.
흉·복부	심장타박(6급)의 경우, ①심전도에서 Tachyarrythmia 또는 ST변화 또는 부정맥, ②심초음파에서 심낭액증가소견이 있거나 심장벽운동저하, ③심장효소치증가(CPK-MB, and Troponin T)의 세가지 요구 충족 시 인정한다.
척추	가. 완전 마비는 근력등급 3 이하인 경우이며, 불완전 마비는 근력등급 4인 경우로 정한다.
	나. 척추관 협착증이나 추간판 탈출증이 외상으로 증상이 발생한 경우나 악화된 경우는 9급으로 본다.
	다. 척주 손상으로 인하여 신경근증 이나 감각이상을 호소하는 경우는 9급으로 본다.
	라. 마미증후군은 척수손상으로 본다.
	가. 2급부터 11급까지의 내용 중 사지 골절에서 별도로 상

상·하지	공통	해 등급이 규정되지 않은 경우, 보존적 치료를 시행한 골절은 해당 등급에서 2급 낮은 등급을 적용하며, 도수 정복 및 경피적 핀고정술을 시행한 경우에는 해당 등급에서 1급 낮은 등급을 적용한다.
		나. 2급부터 11급까지의 상해 내용 중 개방성 골절 또는 탈구에서 거스틸로 2형 이상(개방창의 길이가 1cm 이상인 경우를 말한다)의 개방성 골절 또는 탈구에서만 1등급 상위 등급을 적용한다.
		다. 2급부터 11급까지의 상해 내용 중 "수술적 치료를 시행하지 않은"이라고 명기되지 않은 각 등급 손상 내용은 수술적 치료를 시행한 경우를 말하며, 보존적 치료를 시행한 경우가 따로 명시되지 않은 경우는 두 등급 하향 조정함을 원칙으로 한다.
		라. 양측 또는 단측을 별도로 규정한 경우에는 병합하지 않으나, 별도 규정이 없는 양측 손상인 경우에는 병합한다.
		마. 골절에 주요 말초신경의 손상 동반 시 해당 골절보다 1등급 상위 등급을 적용한다.
		바. 재접합술을 시행한 절단소실의 경우 해당부위의 절단보다 2급 높은 등급을 적용한다.
		사. 아절단은 완전 절단에 준한다.
		아. 관절 이단의 경우는 상위부 절단으로 본다.
		자. 골절 치료로 인공관절 치환술 시행할 경우 해당부위의 골절과 동일한 등급으로 본다.
		차. 사지 근 또는 건의 부분 파열로 보존적으로 치료한 경우 근 또는 건의 단순 염좌(12급)로 본다.
		카. 사지 관절의 인공관절 치환 후 재치환 시 해당 부위 골절보다 1등급 높은 등급을 적용한다.
		타. 보존적으로 치료한 사지 주요관절 골절 및 탈구는 해당관절의 골절 및 탈구보다 3등급 낮은 등급을 적용한다.
		파. 수술을 시행한 사지 주요 관절 탈구는 해당 관절의 보존적으로 치료한 탈구보다 2등급 높은 등급을 적용한다.
		하. 동일 관절 혹은 동일 골의 손상은 병합하지 않으며 상위 등급을 적용한다
		거. 분쇄 골절을 형성하는 골절선은 선상 골절이 아닌 골절선으로 판단한다.

	너. 수족지 절단 시 절단부위에 따른 차이는 두지 않는다.
	더. "근, 건, 인대 파열"이란 완전 파열을 말하며, 부분 파열은 수술을 시행한 경우에 완전 파열로 본다.
	러. 사지골 골절 중 상해등급에서 별도로 명시하지 않은 사지골 골절(견열골절을 포함한다)은 제불완전골절로 본다. 다만, 관혈적 정복술을 시행한 경우는 해당 부위 골절 항에 적용한다.
	머. 사지골 골절 시 시행한 외고정술도 수술을 한 것으로 본다.
	버. 소아의 경우, 성인의 동일 부위 골절보다 1급 낮게 적용한다. 다만, 성장판 손상이 동반된 경우와 연부조직 손상은 성인과 동일한 등급을 적용한다.
	서. 주요 동맥 또는 정맥 파열로 봉합술을 시행한 상해의 경우, 주요 동맥 또는 정맥이란 수술을 통한 혈행의 확보가 의학적으로 필요한 경우를 말하며, "다발성 혈관 손상"이란 2개 부위 이상의 주요 동맥 또는 정맥의 손상을 말한다.
상지	가. 상부관절순 파열은 외상성 파열만 인정한다.
	나. 회전근개 파열 개수에 따른 차등을 두지 않는다.
	다. 6급의 견관절 탈구에서 재발성 탈구를 초래할 수 있는 해부학적 병변이 병발된 경우는 수술 여부에 상관없이 6급을 적용한다.
	라. 견봉 쇄골간 관절 탈구, 관절낭 또는 견봉 쇄골간 인대 파열은 견봉 쇄골인대 및 오구 쇄골인대의 완전 파열에 포함되고, 견봉 쇄골인대 및 오구 쇄골인대의 완전 파열로 수술한 경우 7급을 적용하며, 부분 파열로 보존적 치료를 시행한 경우 9급을 적용하고, 단순 염좌의 경우 12급을 적용한다.
	가. 양측 치골지 골절, 치골 상하지 골절 등에서는 병급하지 않는다.
	나. 천골 골절, 미골 골절은 골반골 골절로 본다.
	다. 슬관절 십자인대 파열은 전후방 십자인대의 동시 파열이 별도로 규정되어 있으므로 병급하지 않으나 내외측 측부인대 동시 파열, 십자인대와 측부인대 파열, 반월상 연골판 파열 등은 병급한다.
	라. 후경골건 및 전경골건 파열은 족관절 측부인대 파열로 수술을 시행한 경우의 등급으로 본다.

하지	마.	대퇴골 또는 경비골의 견열성 골절의 경우, 동일 관절의 인대 손상에 대하여 수술적 치료를 시행한 경우는 인대 손상 등급으로 본다.
	바.	경골 후과의 단독 골절 시 족관절 내과 또는 외과의 골절로 본다.
	사.	고관절이란 대퇴골두와 골반골의 비구를 포함하며, "골절 탈구"란 골절과 동시에 관절의 탈구가 발생한 상태를 말한다.
	아.	불안정성 골반 골절은 골반환을 이루는 골간의 골절 탈구를 포함한다.
	자.	"하지의 3대 관절"이란 고관절, 슬관절, 족관절을 말한다.
	차.	슬관절의 전방 또는 후방 십자인대의 파열은 완전파열(또는 이에 준하는 파열)로 인대 복원수술을 시행한 파열에 적용한다.
	카.	골반환이 안정적인 골반골의 수술을 시행한 골절은 치골 골절로 수술한 경우 등을 포함한다.

3. 후유장애가 생긴 경우: 자동차손해배상 보장법 시행령 별표 2에서 정하는 신체장애 내용별 한도금액

[별표 2] 후유장애의 구분과 책임보험금의 한도금액

장애 급별	한도금액	신체장애 내용
1급	1억5천만원	1. 두 눈이 실명된 사람 2. 말하는 기능과 음식물을 씹는 기능을 완전히 잃은 사람 3. 신경계통의 기능 또는 정신기능에 뚜렷한 장애가 남아 항상 보호를 받아야 하는 사람 4. 흉복부 장기의 기능에 뚜렷한 장애가 남아 항상 보호를 받아야 하는 사람 5. 반신불수가 된 사람 6. 두 팔을 팔꿈치관절 이상의 부위에서 잃은 사람 7. 두 팔을 완전히 사용하지 못하게 된 사람 8. 두 다리를 무릎관절 이상의 부위에서 잃은 사람 9. 두 다리를 완전히 사용하지 못하게 된 사람

2급	1억3,500 만원	1. 한쪽 눈이 실명되고 다른 쪽 눈의 시력이 0.02 이하로 된 사람 2. 두 눈의 시력이 각각 0.02 이하로 된 사람 3. 두 팔을 손목관절 이상의 부위에서 잃은 사람 4. 두 다리를 발목관절 이상의 부위에서 잃은 사람 5. 신경계통의 기능 또는 정신기능에 뚜렷한 장애가 남아 수시로 보호를 받아야 하는 사람 6. 흉복부 장기의 기능에 뚜렷한 장애가 남아 수시로 보호를 받아야 하는 사람
3급	1억2천 만원	1. 한쪽 눈이 실명되고 다른 쪽 눈의 시력이 0.06 이하로 된 사람 2. 말하는 기능이나 음식물을 씹는 기능을 완전히 잃은 사람 3. 신경계통의 기능 또는 정신기능에 뚜렷한 장애가 남아 일생 동안 노무에 종사할 수 없는 사람 4. 흉복부 장기의 기능에 뚜렷한 장애가 남아 일생 동안 노무에 종사할 수 없는 사람 5. 두 손의 손가락을 모두 잃은 사람
4급	1억500 만원	1. 두 눈의 시력이 0.06 이하로 된 사람 2. 말하는 기능과 음식물을 씹는 기능에 뚜렷한 장애가 남은 사람 3. 고막이 전부 결손되거나 그 외의 원인으로 인하여 두 귀의 청력을 완전히 잃은 사람 4. 한쪽 팔을 팔꿈치관절 이상의 부위에서 잃은 사람 5. 한쪽 다리를 무릎관절 이상의 부위에서 잃은 사람 6. 두 손의 손가락을 모두 제대로 못쓰게 된 사람 7. 두 발을 족근중족(Lisfranc) 관절 이상의 부위에서 잃은 사람
5급	9천만원	1. 한쪽 눈이 실명되고 다른 쪽 눈의 시력이 0.1 이하로 된 사람 2. 한쪽 팔을 손목관절 이상의 부위에서 잃은 사람 3. 한쪽 다리를 발목관절 이상의 부위에서 잃은 사람 4. 한쪽 팔을 완전히 사용하지 못하게 된 사람 5. 한쪽 다리를 완전히 사용하지 못하게 된 사람 6. 두 발의 발가락을 모두 잃은 사람

		7. 신경계통의 기능 또는 정신기능에 뚜렷한 장애가 남아 특별히 손쉬운 노무 외에는 종사할 수 없는 사람 8. 흉복부 장기의 기능에 뚜렷한 장애가 남아 특별히 손쉬운 노무 외에는 종사할 수 없는 사람
6급	7,500만원	1. 두 눈의 시력이 0.1 이하로 된 사람 2. 말하는 기능이나 음식물을 씹는 기능에 뚜렷한 장애가 남은 사람 3. 고막이 대부분 결손되거나 그 외의 원인으로 인하여 두 귀의 청력이 귀에 입을 대고 말하지 않으면 큰 말소리를 알아듣지 못하게 된 사람 4. 한 귀가 전혀 들리지 않게 되고 다른 귀의 청력이 40센티미터 이상의 거리에서는 보통의 말소리를 알아듣지 못하게 된 사람 5. 척주에 뚜렷한 기형이나 뚜렷한 운동장애가 남은 사람 6. 한쪽 팔의 3대 관절 중 2개 관절을 못 쓰게 된 사람 7. 한쪽 다리의 3대 관절 중 2개 관절을 못 쓰게 된 사람 8. 한쪽 손의 5개 손가락을 잃거나 한쪽 손의 엄지손가락과 둘째손가락을 포함하여 4개의 손가락을 잃은 사람
7급	6천만원	1. 한쪽 눈이 실명되고 다른 쪽 눈의 시력이 0.6 이하로 된 사람 2. 두 귀의 청력이 모두 40센티미터 이상의 거리에서는 보통의 말소리를 알아듣지 못하게 된 사람 3. 한쪽 귀가 전혀 들리지 않게 되고 다른 쪽 귀의 청력이 1미터 이상의 거리에서는 보통의 말소리를 알아듣지 못하게 된 사람 4. 신경계통의 기능 또는 정신기능에 장애가 남아 손쉬운 노무 외에는 종사하지 못하는 사람 5. 흉복부 장기의 기능에 장애가 남아 손쉬운 노무 외에는 종사하지 못하는 사람 6. 한쪽 손의 엄지손가락과 둘째손가락을 잃은 사람 또는 한쪽 손의 엄지 손가락이나 둘째손가락을 포함하여 3개 이상의 손가락을 잃은 사람

		7. 한쪽 손의 5개의 손가락 또는 한쪽 손의 엄지손가락과 둘째손가락을 포함하여 4개의 손가락을 제대로 못쓰게 된 사람 8. 한쪽 발을 족근중족 관절 이상의 부위에서 잃은 사람 9. 한쪽 팔에 가관절이 남아 뚜렷한 운동장애가 남은 사람 10. 한쪽 다리에 가관절이 남아 뚜렷한 운동장애가 남은 사람 11. 두 발의 발가락을 모두 제대로 못쓰게 된 사람 12. 외모에 뚜렷한 흉터가 남은 사람 13. 양쪽의 고환을 잃은 사람
8급	4,500만원	1. 한쪽 눈이 시력이 0.02 이하로 된 사람 2. 척추에 운동장애가 남은 사람 3. 한쪽 손의 엄지손가락을 포함하여 2개의 손가락을 잃은 사람 4. 한쪽 손의 엄지손가락과 둘째손가락을 제대로 못쓰게 된 사람 또는 한쪽 손의 엄지손가락이나 둘째손가락을 포함하여 3개 이상의 손가락을 제대로 못쓰게 된 사람 5. 한쪽 다리가 5센티미터 이상 짧아진 사람 6. 한쪽 팔의 3대 관절 중 1개 관절을 제대로 못 쓰게 된 사람 7. 한쪽 다리의 3대 관절 중 1개 관절을 제대로 못쓰게 된 사람 8. 한쪽 팔에 가관절이 남은 사람 9. 한쪽 다리에 가관절이 남은 사람 10. 한쪽 발의 발가락을 모두 잃은 사람 11. 비장 또는 한쪽의 신장을 잃은 사람
		1. 두 눈의 시력이 각각 0.6 이하로 된 사람 2. 한쪽 눈의 시력이 0.06 이하로 된 사람 3. 두 눈에 반맹증 · 시야협착 또는 시야결손이 남은 사람 4. 두 눈의 눈꺼풀에 뚜렷한 결손이 남은 사람 5. 코가 결손되어 그 기능에 뚜렷한 장애가 남은 사람 6. 말하는 기능과 음식물을 씹는 기능에 장애가 남은

		사람
9급	3,800만원	7. 두 귀의 청력이 모두 1미터 이상의 거리에서는 보통의 말소리를 알아듣지 못하게 된 사람 8. 한쪽 귀의 청력이 귀에 입을 대고 말하지 않으면 큰 말소리를 알아듣지 못하고 다른 쪽 귀의 청력이 1미터 이상의 거리에서는 보통의 말소리를 알아듣지 못하게 된 사람 9. 한쪽 귀의 청력을 완전히 잃은 사람 10. 한쪽 손의 엄지손가락을 잃은 사람 또는 둘째손가락을 포함하여 2개의 손가락을 잃은 사람 또는 엄지손가락과 둘째손가락 외의 3개의 손가락을 잃은 사람 11. 한쪽 손의 엄지손가락을 포함하여 2개의 손가락을 제대로 못쓰게 된 사람 12. 한쪽 발의 엄지발가락을 포함하여 2개 이상의 발가락을 잃은 사람 13. 한쪽 발의 발가락을 모두 제대로 못쓰게 된 사람 14. 생식기에 뚜렷한 장애가 남은 사람 15. 신경계통의 기능 또는 정신기능에 장애가 남아 노무가 상당한 정도로 제한된 사람 16. 흉복부 장기의 기능에 장애가 남아 노무가 상당한 정도로 제한된 사람
10급	2,700만원	1. 한쪽 눈이 시력이 0.1 이하로 된 사람 2. 말하는 기능이나 음식물을 씹는 기능에 장애가 남은 사람 3. 14개 이상의 치아에 대하여 치과보철을 한 사람 4. 한쪽 귀의 청력이 귀에 입을 대고 말하지 않으면 큰 말소리를 알아듣지 못하게 된 사람 5. 두 귀의 청력이 모두 1미터 이상의 거리에서 보통의 말소리를 듣는 데 지장이 있는 사람 6. 한쪽 손의 둘째손가락을 잃은 사람 또는 엄지손가락과 둘째 가락 외의 2개의 손가락을 잃은 사람 7. 한쪽 손의 엄지손가락을 제대로 못쓰게 된 사람 또는 한쪽 손의 둘째손가락을 포함하여 2개의 손가락을 제대로 못쓰게 된 사람 또는 한 쪽 손의 엄지손가락과 둘째손가락 외의 3개의 손가락을 제대로 못쓰게 된 사람

		8. 한쪽 다리가 3센티미터 이상 짧아진 사람 9. 한쪽 발의 엄지발가락 또는 그 외의 4개의 발가락을 잃은 사람 10. 한쪽 팔의 3대 관절 중 1개 관절의 기능에 뚜렷한 장애가 남은 사람 11. 한쪽 다리의 3대 관절 중 1개 관절의 기능에 뚜렷한 장애가 남은 사람
11급	2,300만원	1. 두 눈이 모두 근접반사 기능에 뚜렷한 장애가 남거나 뚜렷한 운동장애가 남은 사람 2. 두 눈의 눈꺼풀에 뚜렷한 장애가 남은 사람 3. 한쪽 눈의 눈꺼풀에 결손이 남은 사람 4. 한쪽 귀의 청력이 40센티미터 이상의 거리에서는 보통의 말소리를 알아듣지 못하게 된 사람 5. 두 귀의 청력이 모두 1미터 이상의 거리에서는 작은 말소리를 알아듣지 못하게 된 사람 6. 척주에 기형이 남은 사람 7. 한쪽 손의 가운데손가락 또는 넷째손가락을 잃은 사람 8. 한쪽 손의 둘째손가락을 제대로 못쓰게 된 사람 또는 한쪽 손의 엄지손가락과 둘째손가락 외의 2개의 손가락을 제대로 못쓰게 된 사람 9. 한쪽 발의 엄지발가락을 포함하여 2개 이상의 발가락을 제대로 못쓰게 된 사람 10. 흉복부 장기의 기능에 장애가 남은 사람 11. 10개 이상의 치아에 대하여 치과보철을 한 사람
12급	1,900만원	1. 한쪽 눈의 근접반사 기능에 뚜렷한 장애가 있거나 뚜렷한 운동장애가 남은 사람 2. 한쪽 눈의 눈꺼풀에 뚜렷한 운동장애가 남은 사람 3. 7개 이상의 치아에 대하여 치과보철을 한 사람 4. 한쪽 귀의 귓바퀴가 대부분 결손된 사람 5. 쇄골, 흉골, 늑골, 견갑골 또는 골반골에 뚜렷한 기형이 남은 사람 6. 한쪽 팔의 3대 관절 중 1개 관절의 기능에 장애가 남은 사람 7. 한쪽 다리의 3대 관절 중 1개 관절의 기능에 장애가 남은 사람

		8. 장관골에 기형이 남은 사람 9. 한쪽 손의 가운데손가락이나 넷째손가락을 제대로 못쓰게 된 사람 10. 한쪽 발의 둘째발가락을 잃은 사람 또는 한쪽 발의 둘째발가락을 포함하여 2개의 발가락을 잃은 사람 또는 한쪽 발의 가운데 발가락 이하의 3개의 발가락을 잃은 사람 11. 한쪽 발의 엄지발가락 또는 그 외의 4개의 발가락을 제대로 못쓰게 된 사람 12. 국부에 뚜렷한 신경증상이 남은 사람 13. 외모에 흉터가 남은 사람
13급	1,500만원	1. 한쪽 눈의 시력이 0.6 이하로 된 사람 2. 한쪽 눈에 반맹증, 시야협착 또는 시야결손이 남은 사람 3. 두 눈의 눈꺼풀의 일부에 결손이 남거나 속눈썹에 결손이 남은 사람 4. 5개 이상의 치아에 대하여 치과보철을 한 사람 5. 한쪽 손의 새끼손가락을 잃은 사람 6. 한쪽 손의 엄지손가락 마디뼈의 일부를 잃은 사람 7. 한쪽 손의 둘째손가락 마디뼈의 일부를 잃은 사람 8. 한쪽 손의 둘째손가락의 끝관절을 굽히고 펼 수 없게 된 사람 9. 한쪽 다리가 1센티미터 이상 짧아진 사람 10. 한쪽 발의 가운데발가락 이하의 발가락 1개 또는 2개를 잃은 사람 11. 한쪽 발의 둘째발가락을 제대로 못쓰게 된 사람 또는 한쪽 발이 둘째발가락을 포함하여 2개의 발가락을 제대로 못쓰게 된 사람 또는 한쪽 발의 가운데 발가락 이하의 발가락 3개를 제대로 못쓰게 된 사람
		1. 한쪽 눈의 눈꺼풀의 일부에 결손이 있거나 속눈썹에 결손이 남은 사람 2. 3개 이상의 치아에 대하여 치과보철을 한 사람 3. 한쪽 귀의 청력이 1미터 이상의 거리에서는 보통의 말소리를 알아듣지 못하게 된 사람 4. 팔의 노출된 면에 손바닥 크기의 흉터가 남은 사람

		5. 다리의 노출된 면에 손바닥 크기의 흉터가 남은 사람
14급	1천만원	6. 한쪽 손의 새끼손가락을 제대로 못쓰게 된 사람
		7. 한쪽 손의 엄지손가락과 둘째손가락 외의 손가락 마디뼈의 일부를 잃은 사람
		8. 한 손의 엄지손가락과 둘째손가락 외의 손가락 끝 관절을 제대로 못쓰게 된 사람
		9. 한 발의 가운데발가락 이하의 발가락 1개 또는 2개를 제대로 못쓰게 된 사람
		10. 국부에 신경증상이 남은 사람

비 고

1. 신체장애가 둘 이상 있는 경우에는 중한 신체장애에 해당하는 장애 등급보다 한 등급 높은 금액으로 배상한다.
2. 시력의 측정은 국제식 시력표로 하며, 굴절 이상이 있는 사람에 대해서는 원칙적으로 교정시력을 측정한다.
3. "손가락을 잃은 것"이란 엄지손가락은 지관절, 그 밖의 손가락은 제1지관절 이상을 잃은 경우를 말한다.
4. "손가락을 제대로 못쓰게 된 것"이란 손가락 끝부분의 2분의 1 이상을 잃거나 중수지관절 또는 제1지관절(엄지손가락의 경우에는 지관절을 말한다)에 뚜렷한 운동장애가 남은 경우를 말한다.
5. "발가락을 잃은 것"이란 발가락의 전부를 잃은 경우를 말한다.
6. "발가락을 제대로 못쓰게 된 것"이란 엄지발가락은 끝관절의 2분의 1 이상을, 그 밖의 발가락은 끝관절 이상을 잃거나 중족지관절 또는 제1지관절(엄지발가락의 경우에는 지관절을 말한다)에 뚜렷한 운동장애가 남은 경우를 말한다.
7. "흉터가 남은 것"이란 성형수술을 한 후에도 육안으로 식별이 가능한 흔적이 있는 상태를 말한다.
8. "항상 보호를 받아야 하는 것"이란 일상생활에서 기본적인 음식섭취, 배뇨 등을 다른 사람에게 의존해야 하는 것을 말한다.
9. "수시로 보호를 받아야 하는 것"이란 일상생활에서 기본적인 음식섭취, 배뇨 등은 가능하나, 그 외의 일은 다른 사람에게 의존해야 하는 것을 말한다.
10. "항상보호 또는 수시보호를 받아야 하는 기간"은 의사가 판정하는 노동능력상실기간을 기준으로 하여 타당한 기간으로 정한다.
11. "제대로 못 쓰게 된 것"이란 정상기능의 4분의 3 이상을 상실한 경우를 말하고, "뚜렷한 장애가 남은 것"이란 정상기능의 2분의 1 이

상을 상실한 경우를 말하며, "장애가 남은 것"이란 정상기능의 4분의 1 이상을 상실한 경우를 말한다.

12. "신경계통의 기능 또는 정신기능에 뚜렷한 장애가 남아 특별히 손쉬운 노무 외에는 종사할 수 없는 것"이란 신경계통의 기능 또는 정신기능의 뚜렷한 장애로 노동능력이 일반인의 4분의 1 정도만 남아 평생 동안 특별히 쉬운 일 외에는 노동을 할 수 없는 사람을 말한다.

13. "신경계통의 기능 또는 정신기능에 장애가 남아 노무가 상당한 정도로 제한된 것"이란 노동능력이 어느 정도 남아 있으나 신경계통의 기능 또는 정신기능의 장애로 종사할 수 있는 직종의 범위가 상당한 정도로 제한된 경우로서 다음 각 목의 어느 하나에 해당하는 경우를 말한다.

   가. 신체적 능력은 정상이지만 뇌손상에 따른 정신적 결손증상이 인정되는 경우

   나. 전간(癲癎) 발작과 현기증이 나타날 가능성이 의학적·타각적(他覺的) 소견으로 증명되는 사람

   다. 사지에 경도(輕度)의 단마비(單痲痺)가 인정되는 사람

14. "흉복부 장기의 기능에 뚜렷한 장애가 남아 특별히 손쉬운 노무 외에는 종사할 수 없는 것"이란 흉복부 장기의 장애로 노동능력이 일반인의 4분의 1 정도만 남은 경우를 말한다.

15. "흉복부 장기의 기능에 장애가 남아 손쉬운 노무 외에는 종사할 수 없는 것"이란 중등도(中等度)의 흉복부 장기의 장애로 노동능력이 일반인의 2분의 1 정도만 남은 경우를 말한다.

16. "흉복부 장기의 기능에 장애가 남아 노무가 상당한 정도로 제한된 것"이란 중등도의 흉복부 장기의 장애로 취업가능한 직종의 범위가 상당한 정도로 제한된 경우를 말한다.

4-4. 교통사고 피해자에 대한 손해배상 절차

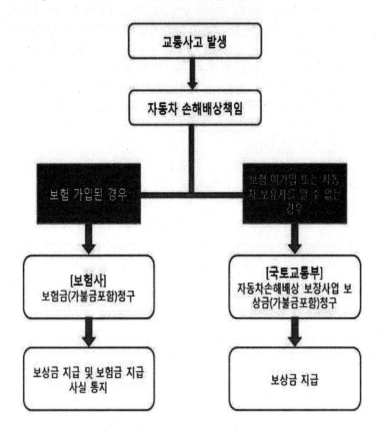

※ **보험금 청구시 구비서류**
- 보험금 지급청구서(①청구인 성명, 주소, ②청구인과 사망자의 관계, ③피해자 및 가해자의 성명, 주소, ④사고발생의 일시·장소·개요, ⑤사고자동차의 종류 및 등록번호, ⑥보험가입자의 성명, 주소, ⑦청구금액과 그 산출기조를 기재함)
- 진단서 또는 검안서
- 증명서류 (②,③,④를 증명하는 서류)
- 치료비의 내역별로 단위,단가,수량 및 금액을 명시해 의료기관이 발행한 치료비 청구명세서 및 치료비 추정서 (주치의의 치료에 대한 의견 표시)

※ 자동차손해배상 보장사업 보상금 청구시 구비서류
- 보험금 지급청구서(① 청구인의 성명 및 주소, ② 청구인과 사망자
  의 관계(피해자가 사망한 경우만 해당함), ③ 피해자 및 가해자(자
  동차보유자를 알 수 없는 자동차의 운행으로 사망하거나 부상한
  경우는 제외함)의 성명 및 주소, ④ 사고 발생의 일시·장소 및 개
  요, ⑤해당 자동차의 종류 및 등록번호(자동차보유자를 알 수 없는
  자동차의 운행으로 사망하거나 부상한 경우는 제외함), ⑥청구금액
  을 기재함)
- 진단서 또는 검안서
- ②,③,④를 증명할 수 있는 서류(④를 증명하는 서류는 사고장소를
  관할하는 경찰서장의 확인이 있을 것)

4-5. 교통사고 과실비율표

1. 보행자 횡단사고

기 본 요 소			과실비율	
			사람	차
횡단보도 상	신호등 있는 곳	푸른 신호등	0	100
		붉은 신호등	70	30
		횡단 중 붉은 신호등	20	80
	신호등 없는 곳	보행자가 좌우를 살핀 경우	0	100
		보행자가 좌우를 살피지 않은 경우	10	90
횡단보도 밖	횡단용 시설물 (육교, 지하도 등) 없는 곳	횡단보도 근처(100m)	20	80
		간선도로(3차선 이상)	40	60
		일반도로	30	70
		횡단보도가 없는 지방도로	20	80
		교차로 및 부근	20	80
	횡단용시설물이 있는 부근		50	50

2. 보행자 사고

기 본 요 소		과실비율	
		사람	차
인도·차도 구별 있는 곳	인도보행	0	100
	차도보행	20	80
인도·차도 구별 없는 곳	좌측통행	0	100
	우측통행	10	90
	단, 골목길의 경우	0	100
	도로 한가운데	20	80
노상에 누워 있는 사람	주간	40	60
	야간	60	40

3. 끼어들기 사고

기 본 요 소	과실비율	
	끼어든 차	추돌차
끼어들기 금지구역	100	0
끼어들기 금지구역 외 장소	70	30

4. 차량의 교차로 사고

기 본 요 소		과실비율	
		"갑"차	"을"차
신호가 있는 곳	"갑"차 신호위반	100	0
신호가 없는 곳	회전금지된 곳 "갑"차 위반 일단정지위반 "갑"차 위반 일반통행위반 "갑"차 위반 양보의무위반 "갑""을"차 동순위 "갑"차 후순위	85 80 80 50 60	15 20 20 50 40

5. 동승의 유형

동승의 유형		운행목적	감액 비율
운전자(운행자) 의 승낙이 없는 경우	강요동승 무단동승		100%
운전자의 승낙이 있는 경우	동승자의 요청	거의 전부 동승자에게 동승자가 주, 운전자가 종 동승자와 운전자에게 공존.평등 운전자가 주, 동승자가 종	50% 40% 30% 20%
	상호의논 합의	동승자가 주, 운전자가 종 동승자와 운전자에게 공존.평등 운전자가 주, 동승자가 종	30% 20% 10%
	운전자의 권유	동승자가 주, 운전자는 종 동승자와 운전자에게 공존.평등 운전자가 주, 동승자는 종 거의 전부 운전자에게	20% 10% 5% 0

※ 수정요소

수 정 요 소	수 정 비 율
동승자의 동승과정에 과실이 있는 경우	+10 ~ 20%

6. 교통사고 피해자 책임기준표

사고상황	피해자 책임
주택가 골목길, 지방국도 무단횡단	20%
차도와 인도가 구분되고 차량이 많은 도로 무단횡단	25%기준으로 1차선마다 5%씩 가산
야간 또는 음주상태 무단횡단	사고상황에 따라 5%씩 가산
부모 감독소흘.어린이의 무단횡단	사고상황에 따라 5~10%씩 가산
노상유희상태에서의 사고	20%
차도에 내려 택시잡기	15%
신호등 없는 횡단보도 보행	10%
신호등 있는 횡단보도서 빨간불 무시	50%
안전벨트 또는 띠 미착용	앞좌석 10%, 뒷좌석 5%
오토바이 무면허 운전	10%
오토바이 야간운행	사고상황에 따라 10% 가산
오토바이를 정지차량 뒷부분에 들이받은 경우	60%

5. 도로의 관리부족으로 차량 파손 등 손해발생시 국가배상 청구

5-1. 국가배상청구

'국가배상청구'란 공무원의 직무상 불법행위나 도로·하천과 같은 영조물의 설치·관리의 잘못으로 손해를 입은 국민이 국가 또는 지방자치단체를 상대로 손해배상을 청구하는 것을 말합니다.

5-2. 도로 관리청의 확인

도로의 관리청은 다음의 구분에 따릅니다.
- 국도(지선을 포함): 국토교통부장관
- 국가지원지방도: 특별자치시장·도지사·특별자치도지사(특별시와 광역시에 있는 구간은 해당 시장)
- 그 밖의 도로: 해당 노선을 인정한 행정청

5-3. 배상심의회에 배상 신청

① 배상금의 지급을 받으려는 사람은 그 사람의 주소지·소재지 또는 배상원인 발생지를 관할하는 지구심의회에 배상신청을 해야 합니다.
② 배상심의회에는 본부배상심의회(법무부)와 그 소속 지구배상심의회(전국 14개)가 있습니다.

■ 교통신호기의 고장으로 교통사고가 발생한 경우 누가 책임을 지는 지요?

Q. 甲지방자치단체장이 횡단보도와 함께 설치하고, 乙지방경찰청장에게 관리권한이 위임된 교통신호기가 낙뢰로 고장이 발생하여 보행자신호기와 차량신호기에 동시에 녹색등이 표시되게 되었는데, 그 관리업무를 담당하는 교통종합관제센터(甲지방자치단체 소속 공무원과 乙지방경찰청 소속 공무원이 합동근무함)에서 신고를 받고 수리업체에 신고하도록 하였으나, 수리업체직원이 고장 난 신호등을 찾지 못하여 위 신호기가 고장 난 채 방치되어 있던 중 보행자신호기의 녹색등을 보고 횡단보도를 건너던 丙이 차량신호기의 녹색등을 보고 도로를 주행하던 丁의 승용차에 충격되어 상해를 입는 교통사고가 발생하였습니다. 그런데 丁은 무보험차량을 운전하였고, 재산도 거의 없습니다. 이 경우 丙은 교통신호기의 관리책임을 물어 국가배상청구를 하려고 하는데, 누구를 상대로 배상청구를 하여야 하는지요?

A. 「국가배상법」 제5조 제1항 전문에서 도로·하천, 그 밖의 공공의 영조물의 설치나 관리에 하자가 있기 때문에 타인에게 손해를 발생하게 하였을 때에는 국가나 지방자치단체는 그 손해를 배상하여야 한다고 규정하고 있습니다. 그러므로 이 사건의 경우 사고가 발생한 도로의 관리하자를 입증할 수 있다면 국가배상을 청구할 수 있습니다.

그리고 「도로교통법」 제3조 제1항에서 특별시장·광역시장·제주특별자치도지사 또는 시장·군수(광역시의 군수를 제외)는 도로에서의 위험을 방지하고 교통의 안전과 원활한 소통을 확보하기 위하여 필요하다고 인정하는 때에는 신호기 및 안전표지를 설치·관리하여야 하고, 「도로교통법시행령」 제86조 제1항 제1호에서는 특별시장·광역시장이 위 법률규정에 의한 신호기 및 안전표지의 설치·관리에 관한 권한을 지방경찰청장에게 위임하는 것으로 규정하고 있습니다. 또한, 법령상 지방자치단체의 장이 처리하도록 하고 있는 사무가 자치사무인지 기관위임사무인지의 판단기준에 관해서 판례를 보면, 법령상 지방자치단체의 장이 처리하도록 하고 있는 사무가 자치사무인지 아니면 기관위임사무인지를 판단함에 있어서는 그에 관한 법령의 규정형식과 취지를 우선 고려하여야 할 것이지만, 그 밖에 그 사무의 성질이 전국적으로 통일적인 처리가 요구되는 사무인지, 그에 관한 경비부담과 최종적인 책임귀속의 주체가 누구인지 등도 함께 고려하여 판단하여야 한다고 하였습니다(대법원 2010.12.9. 선고 2008다71575 판결).

그런데 지방자치단체장이 설치하여 관할지방경찰청장에게 관리권한이 위임된 교통신호기의 고장으로 인하여 교통사고가 발생한 경우, 누가 그 배상책임을 지는지 판례를 보면, 행정권한이 기관위임 된 경우 권한을 위임받은 기관은 권한을 위임한 기관이 속하는 지방자치단체의 산하 행정기관의 지위에서 그 사무를 처리하는 것이므로 사무귀속의 주체가 달라진다고 할 수 없고, 따라서 권한을 위임받은 기관소속의 공무원이 위임사무처리에 있어 고의 또는 과실로 타인에게 손해를 가하였거나 위임사무로 설치·관리하는 영조물의 하자로 타인에게 손해를 발생하게 한 경우에는 권한을 위임한 관청이 소속된 지방자치단체가 「국가배상법」 제2조 또는 제5조에 의한 배상책임을 부담하고, 권한을 위임받은 관청이 속하는 지방자치단체 또는 국가가 국가배상법 제2조 또는 제5조에 의한 배상책임을 부담하는 것이 아니므로, 지방자치단체장이 교통신호기를 설치하여 그 관리권한이 구 「도로교통법」 제71조의2 제1항(현행 도로교통법 시행령 제86조 제1항)의 규정에 의하여 관할지방경찰청장에게 위임되어 지방자치단체소속공무원과 지방경찰청소속공무원이 합동근무 하는 교통종합관제센터에서 그 관리업무를 담당하던 중 위 신호기가 고장난 채 방치되어 교통사고가 발생한 경우, 「국가배상법」 제2조 또는 제5조에 의한 배상책임을 부담하는 것은 지방경찰청장이 소속된 국가가 아니라, 그 권한을 위임한 지방자치단체장이 소속된 지방자치단체라고 할 것이나, 한편「국가배상법」 제6조 제1항은 「국가배상법」 제2조, 제3조 및 제5조의 규정에 의하여 국가 또는 지방자치단체가 손해를 배상할 책임이 있는 경우에 공무원의 선임·감독 또는 영조물의 설치·관리를 맡은 자와 공무원의 봉급·급여 기타의 비용 또는 영조물의 설치·관리의 비용을 부담하는 자가 동일하지 아니한 경우에는 그 비용을 부담하는 자도 손해를 배상하여야 한다고 규정하고 있으므로 교통신호기를 관리하는 지방경찰청장 산하경찰관들에 대한 봉급을 부담하는 국가도 「국가배상법」 제6조 제1항에 의한 배상책임을 부담한다고 하였습니다(대법원 1999.6.25. 선고 99다11120 판결, 2000.1.14. 선고 99다24201 판결). 따라서 위 사안에서도 丙은 국가와 甲지방자치단체를 모두에게 그들의 연대책임을 물어 국가배상청구를 해볼 수 있을 것입니다. 참고로 「국가배상법」에 의한 손해배상청구의 소송은 배상심의회에 배상신청을 하지 아니하고도 이를 제기할 수 있습니다(같은 법 제9조).

※ 관련판례

국가배상법 제5조 제1항 소정의 영조물의 설치 또는 관리의 하자는 영조물이 그 용도에 따라 통상 갖추어야 할 안전성을 갖추지 못한 상태에 있음을 말하는 것으로서, 영조물이 완전무결한 상태에 있지 아니하고 그 기능상 어떠한 결함이 있다는 것만으로 영조물의 설치 또는 관리에 하자가 있다고 할 수는 없다. 그리고 위와 같은 안전성의 구비 여부를 판단함에 있어서는 당해 영조물의 용도, 그 설치 장소의 현황 및 이용 상황 등 제반 사정을 종합적으로 고려하여 설치관리자가 그 영조물의 위험성에 비례하여 사회통념상 일반적으로 요구되는 정도의 방호조치의무를 다하였는지 여부를 그 기준으로 함이 상당하며, 객관적으로 보아 시간적·장소적으로 영조물의 기능상 결함으로 인한 손해발생의 예견가능성과 회피가능성이 없는 경우, 즉 그 영조물의 결함이 영조물의 설치관리자의 관리행위가 미칠 수 없는 상황 아래에 있는 경우에는 영조물의 설치관리상의 하자가 인정되지 아니한다(대법원 2000.2.25. 선고 99다54004 판결 참조).(대법원 2014.4.24. 선고 2014다201087 판결)

■ 상호 모순된 교통신호기의 신호로 교통사고 발생한 경우 국가를 상대로 국가배상청구를 할 수 있는지요?

Q. 甲은 乙지방자치단체에서 설치하여 관리하는 가변차로의 신호등에 이상이 생겨 양방향 모두 진행신호가 켜져 있는 중앙선 쪽 1차선으로 진입하다가 반대방향에서 같은 차로를 달려오는 乙의 차량과 충돌하여 중상을 입고 차량은 거의 모두 파손되었습니다. 이 경우 위 신호등의 설치 또는 관리의 책임을 물어 乙지방자치단체를 상대로 국가배상청구를 할 수 있는지요?

A. 「국가배상법」 제5조 제1항 전문에서 도로·하천, 그 밖의 공공의 영조물의 설치나 관리에 하자가 있기 때문에 타인에게 손해를 발생하게 하였을 때에는 국가나 지방자치단체는 그 손해를 배상하여야 한다고 규정하고 있습니다.

그런데 「국가배상법」 제5조 제1항에 정해진 영조물의 설치 또는 관리의 하자의 의미 및 그 판단기준에 관하여 판례를 보면, 「국가배상법」 제5조 제1항에 정해진 영조물의 설치 또는 관리의 하자라 함은 영조물이 그 용도에 따라 통상 갖추어야 할 안전성을 갖추지 못한 상태에 있음을 말하는 것이며, 다만 영조물이 완전무결한 상태에 있지 아니하고 그 기능상 어떠한 결함이 있다는 것만으로 영조물의 설치 또는 관리에 하자가 있다고 할 수 없는 것이고, 위와 같은 안전성의 구비여부를 판단함에 있어서는 당해 영조물의 용도, 그 설치장소의 현황 및 이용상황 등 제반사정을 종합적으로 고려하여 설치·관리자가 그 영조물의 위험성에 비례하여 사회통념상 일반적으로 요구되는 정도의 방호조치의무를 다하였는지를 그 기준으로 삼아야 하며, 만일 객관적으로 보아 시간적·장소적으로 영조물의 기능상 결함으로 인한 손해발생의 예견가능성과 회피가능성이 없는 경우, 즉 그 영조물의 결함이 영조물의 설치·관리자의 관리행위가 미칠 수 없는 상황 아래에 있는 경우임이 입증되는 경우라면 영조물의 설치·관리상의 하자를 인정할 수 없다고 하면서, 가변차로에 설치된 신호등의 용도와 오작동시에 발생하는 사고의 위험성과 심각성을 감안할 때, 만일 가변차로에 설치된 두 개의 신호기에서 서로 모순되는 신호가 들어오는 고장을 예방할 방법이 없음에도 그러한 신호기를 설치하여 그와 같은 고장을 발생하게 한 것이라면, 그 고장이 자연재해 등 외부요인에 의한 불가항력에 기인한 것이 아닌 한 그 자체로 설치·관리자의 방호조치의무를 다하지 못한 것으로서 신호등이 그 용도에 따라 통상 갖추어야 할 안전성을 갖추지 못한 상태에 있었다고 할 것이고, 설령 적정전압보다 낮은 저전압이 원인이 되어 위와 같은 오작동이 발생하였고 그 고장은 현재의 기술수준상 부득이한 것이라고 가정하더라도 그와 같은 사정만으로 손해발생의 예견가능성이나 회피가능성이 없어 영조물의 하자를 인정할 수 없는 경우라고 단정할 수 없다고 한 사례가 있습니다(대법원 2001.7.27. 선고 2000다56822 판결).

따라서 위 사안에서 甲도 乙지방자치단체를 상대로 국가배상청구를 해볼 수 있을 듯합니다.

■ 교통할아버지의 수신호 잘못으로 교통사고 발생한 경우 손해배상을 지방자치단체가 하여야 하는지요?

Q. 甲지방자치단체는 교통할아버지 봉사활동계획을 수립한 후 봉사원을 선정하여 그들에게 활동시간과 장소까지 지정해주면서 그 활동시간에 비례한 수당을 지급하고, 그 활동에 필요한 모자, 완장 등 물품을 공급함으로써, 甲지방자치단체의 복지행정업무에 해당하는 어린이보호, 교통안내, 거리질서확립 등의 공무를 위탁하였는데, 그 봉사원 乙은 지정된 시간 중에 위탁받은 업무범위를 넘어 교차로 중앙에서 교통정리를 하다가 수신호의 잘못으로 인하여 교통사고가 발생되었습니다. 이 경우 乙의 과실로 인한 손해배상을 甲지방자치단체가 하여야 하는지요?

A. 「국가배상법」 제2조 제1항 본문에서 국가나 지방자치단체는 공무원 또는 공무를 위탁받은 사인이 직무를 집행하면서 고의 또는 과실로 법령을 위반하여 타인에게 손해를 입히거나, 「자동차손해배상 보장법」에 따라 손해배상의 책임이 있을 때에는 이 법에 따라 그 손해를 배상하여야 한다고 규정하고 있습니다. 그런데 공무원의 의미와 관련하여 판례를 보면, 「국가배상법」 제2조에서 정한 '공무원'이란 「국가공무원법」이나 「지방공무원법」에 의하여 공무원으로서의 신분을 가진 자에 국한하지 않고, 널리 공무를 위탁받아 실질적으로 공무에 종사하고 있는 일체의 자를 가리키는 것으로서, 공무의 위탁이 일시적이고 한정적인 사항에 관한 활동을 위한 것이어도 달리 볼 것은 아니라고 하였습니다(대법원 2001.1.5. 선고 98다39060 판결). 그리고 국가배상청구의 요건인 '공무원의 직무'의 범위에 관하여 판례를 보면, 국가배상청구의 요건인 '공무원의 직무'에는 권력적 작용만이 아니라 비권력적 작용도 포함되며, 단지 행정주체가 사경제주체로서 하는 활동만 제외된다고 하였고(대법원 2004.4.9. 선고 2002다10691 판결), 「국가배상법」 제2조 제1항에서 정한 '직무를 집행하면서'의 의미에 관해서는, 구「국가배상법」(2008.3.14. 법률 제8897호로 개정되기 전의 것) 제2조 제1항의 '직무를 집행함에 당하여'라 함은 직접 공무원의 직무집행행위이거나 그와 밀접한 관련이 있는 행위를 말하고, 이를 판단함에 있어서는 행위자체의 외관을 관찰

하여 객관적으로 공무원의 직무행위로 보일 때에는 비록 그것이 실질적으로 직무행위가 아니거나 또는 행위자로서는 주관적으로 공무집행의 의사가 없었다고 하더라도 공무원이 '직무를 집행함에 당하여' 한 행위로 보아야 한다고 하였습니다(대법원 2008.6.12. 선고 2007다64365 판결). 그런데 위 사안과 유사한 사례에 대한 판례를 보면, 지방자치단체가 '교통할아버지 봉사활동계획'을 수립한 후 관할동장으로 하여금 교통할아버지를 선정하게 하여 어린이보호, 교통안내, 거리질서확립 등의 공무를 위탁하여 집행하게 하던 중 '교통할아버지'로 선정된 노인이 위탁받은 업무범위를 넘어 교차로 중앙에서 교통정리를 하다가 교통사고를 발생시킨 경우, 지방자치단체가 「국가배상법」 제2조에서 정한 배상책임을 부담한다고 한 사례가 있습니다(대법원 2001.1.5. 선고 98다39060 판결). 따라서 위 사안에 있어서도 甲지방자치단체는 위 사고에 대하여 배상책임을 부담하여야 할 듯합니다.

■ 보행자 신호기가 고장 난 횡단보도 상에서 교통사고가 발생한 경우 국가배상책임이 인정되는지요?

Q. 보행자 신호기가 고장 난 횡단보도 상에서 교통사고가 발생한 경우, 위 보행자 신호기가 적색등의 전구가 단선되어 있었다면 지방자치단체의 배상책임이 인정될 수 있을까요?

A. 국가배상법 제5조 제1항 에 정해진 영조물의 설치 또는 관리의 하자라 함은 영조물이 그 용도에 따라 통상 갖추어야 할 안전성을 갖추지 못한 상태에 있음을 말하는 것이며, 다만 영조물이 완전무결한 상태에 있지 아니하고 그 기능상 어떠한 결함이 있다는 것만으로 영조물의 설치 또는 관리에 하자가 있다고 할 수 없고, 위와 같은 안전성의 구비 여부를 판단함에 있어서는 당해 영조물의 용도, 그 설치장소의 현황 및 이용 상황 등 제반 사정을 종합적으로 고려하여 설치·관리자가 그 영조물의 위험성에 비례하여 사회통념상 일반적으로 요구되는 정도의 방호조치의무를 다하였는지 여부를 그 기준으로 삼아야 할 것이며, 만일 객관적으로 보아 시간적·장소적으로 영조물의 기능상 결함으로 인한 손해발생의 예견가능성과 회피가능성이 없는 경우, 즉 그 영조물의 결함이 영조물의 설치·관리자의 관리행위가 미칠 수 없는 상황 아래에 있는 경우임이 입증되는 경우라면 영조물의 설치·관리상의 하자를 인정할 수 없다고 할 수 있습니다. (대법원 2000.2.25. 선고 99다54004 판결, 대법원 2001.7.27. 선고 2000다56822 판결 등 참조) 횡단보도에 설치된 보행자 신호기가 고장이 나서 그 신호기의 신호와 차량용 신호기의 신호가 불일치 또는 모순되는 경우 교통사고가 발생할 위험성이 큰 점 등을 고려할 때, 지방자치단체가 자신이 관리하는 영조물인 이 사건 보행자 신호기의 위험성에 비례하여 사회통념상 일반적으로 요구되는 정도의 방호조치의무를 다하였다고는 볼 수 없고, 객관적으로 보아 시간적·장소적으로 영조물의 기능상 결함으로 인한 손해발생의 예견가능성과 회피가능성이 없는 경우에 해당한다고 볼 수도 없다는 이유로, 이 사건 사고 당시 적색등의 전구가 단선되어 있었던 이 사건 보행자 신호기에는 그 용도에 따라 통상 갖추어야 할 안전성을 갖추지 못한 관

리상의 하자가 있었다고 본 판례가 있습니다.(대법원 2007.10.26. 선고 2005다51235 판결)

■ 일반 국도상의 적설로 인한 교통사고가 발생한 경우 손해배상청구을 청구할 수 있는지요?

Q. 저는 야간에 일반도로를 승용차로 정상속도를 유지하여 주행하다가 강설로 인하여 결빙된 지점인 것을 미처 알지 못하여 결빙구간에서 차량이 도로 밖으로 미끄러져 차량이 파손되는 피해를 입었는바, 이러한 경우 위 도로를 설치·관리하는 기관은 제설작업을 하거나 제설제를 살포하는 등의 조치를 하지도 않았고, 결빙구간의 위험표시도 하지 않았으므로 위와 같은 사고에 대해 책임이 인정되지 않는지요?

A. 「민법」제758조 제1항에서 공작물의 설치 또는 보존의 하자로 인하여 타인에게 손해를 가한 때에는 공작물점유자가 손해를 배상할 책임이 있고, 다만 점유자가 손해의 방지에 필요한 주의를 게을리 하지 아니한 때에는 그 소유자가 손해를 배상할 책임이 있다고 규정하고 있으며, 「국가배상법」제5조 제1항 전문에서 도로·하천, 그 밖의 공공의 영조물의 설치나 관리에 하자가 있기 때문에 타인에게 손해를 발생하게 하였을 때에는 국가나 지방자치단체는 그 손해를 배상하여야 한다고 규정하고 있습니다. 「국가배상법」제5조 제1항에 정한 '영조물설치 또는 관리의 하자'의 의미에 관한 판례를 보면, 「국가배상법」제5조 제1항에 정하여진 '영조물 설치·관리상의 하자'란 공공의 목적에 공여된 영조물이 그 용도에 따라 통상 갖추어야 할 안전성을 갖추지 못한 상태에 있음을 말하는바, 영조물의 설치 및 관리에 있어서 항상 완전무결한 상태를 유지할 정도의 고도의 안전성을 갖추지 아니하였다고 하여 영조물의 설치 또는 관리에 하자가 있다고 단정할 수 없는 것이고, 영조물의 설치자 또는 관리자에게 부과되는 방호조치의무는 영조물의 위험성에 비례하여 사회통념상 일반적으로 요구되는 정도의 것을 의미하므로 영조물인 도로의 경우도 다른 생활필수시설과의 관계나 그것을 설치하고 관리하는 주체의 재정적, 인적, 물적 제약 등을 고려하여 그것을 이용

하는 자의 상식적이고 질서 있는 이용방법을 기대한 상대적인 안전성을 갖추는 것으로 충분하다고 하고 있으며(대법원 2002.8.23.선고 2002다9158 판결), 도로의 설치·관리상의 하자는 도로의 위치 등 장소적인 조건, 도로의 구조, 교통량, 사고시에 있어서의 교통사정 등 도로의 이용상황과 본래의 이용목적 등 제반 사정과 물적 결함의 위치, 형상 등을 종합적으로 고려하여 사회통념에 따라 구체적으로 판단하여야 하는데(대법원 2008.3.13. 선고 2007다29287, 29294 판결), 특히 강설은 기본적 환경의 하나인 자연현상으로서 그것이 도로교통의 안전을 해치는 위험성의 정도나 그 시기를 예측하기 어렵고 통상 광범위한 지역에 걸쳐 일시에 나타나고 일정한 시간을 경과하면 소멸되는 일과성을 띠는 경우가 많은 점에 비하여, 이로 인하여 발생되는 도로상의 위험에 대처하기 위한 완벽한 방법으로서 도로자체에 융설설비를 갖추는 것은 현대의 과학기술의 수준이나 재정사정에 비추어 사실상 불가능하고, 가능한 방법으로 인위적으로 제설작업을 하거나 제설제를 살포하는 등의 방법을 택할 수밖에 없는데, 그러한 경우에 있어서도 적설지대에 속하는 지역의 도로라든가 최저속도의 제한이 있는 고속도로 등 특수목적을 갖고 있는 도로가 아닌 일반 보통의 도로까지도 도로관리자에게 완전한 인적·물적 설비를 갖추고 제설작업을 하여 도로통행상의 위험을 즉시 배제하여 그 안전성을 확보하도록 하는 관리의무를 부과하는 것은 도로의 안전성의 성질에 비추어 적당하지 않고, 오히려 그러한 경우의 도로통행의 안전성은 그와 같은 위험에 대면하여 도로를 이용하는 통행자 개개인의 책임으로 확보하여야 한다. 강설의 특성, 기상적 요인과 지리적 요인, 이에 따른 도로의 상대적 안전성을 고려하면 겨울철 산간지역에 위치한 도로에 강설로 생긴 빙판을 그대로 방치하고 도로상황에 대한 경고나 위험표지판을 설치하지 않았다는 사정만으로 도로관리상의 하자가 있다고 볼 수 없다고 한 경우가 있습니다(대법원 2000.4.25. 선고 99다54998 판결).

따라서 위 사안에 있어서도 귀하가 위 도로의 설치·관리상의 하자를 이유로 설치·관리자에 대하여 손해배상을 청구하기는 어려울 것으로 보입니다. 참고로 강설에 대처하기 위하여 완벽한 방법으로 도로자체에 융설 설비를 갖추는 것이 현대의 과학기술수준이나 재정사정에 비추어 사실상 불가능하다고 하더라도, 최저속도의 제한이 있는 고속도로의 경우에 있어서는 도로관리자가 도로의 구조, 기상예보 등을 고려하여 사전에 충분한 인적·물적 설비를 갖추어 강설시 신속한 제설작업을 하고 나아가 필요한 경우 제때에 교통통제 조치를 취함으로써 고속도로로서의 기본적인 기능을 유지하거나 신속히 회복할 수 있도록 하는 관리의무가 있고, 고속도로의 관리상 하자가 인정되는 이상 고속도로의 점유관리자는 그 하자가 불가항력에 의한 것이거나 손해의 방지에 필요한 주의를 게을리 하지 아니하였다는 점을 주장·입증하여야 비로소 그 책임을 면할 수 있으며, 폭설로 차량운전자 등이 고속도로에서 장시간 고립된 사안에서, 고속도로의 관리자가 고립구간의 교통정체를 충분히 예견할 수 있었음에도 교통제한 및 운행정지 등 필요한 조치를 충실히 이행하지 아니하였으므로 고속도로의 관리상 하자가 있다고 한 사례가 있습니다(대법원 2008.3.13. 선고 2007다29287, 29294 판결).

■ 교통사고로 인도에 설치된 전신주가 넘어지면서 화재가 발생한 경우 손해배상을 전주를 설치한 한국전력공사에게 청구할 수는 없는지요?

Q. 甲회사의 11톤 트럭이 시속 50킬로미터로 내리막길을 진행하다가 승객을 승차시키기 위하여 잠시 정차해있던 乙회사의 시내버스를 충격하였고, 그 시내버스가 다시 인도에 설치된 전주를 충격하여 전신주가 넘어지면서 고압선이 떨어져 인근의 공장에서 화재가 발생한 경우, 그 공장의 화재로 인한 손해배상을 甲·乙회사 및 인도에 전주를 설치한 한국전력공사에게 청구할 수는 없는지요?

A. 「민법」 제758조 제1항에서 공작물의 설치 또는 보존의 하자로 인하여 타인에게 손해를 가한 때에는 공작물점유자가 손해를 배상할 책임이 있고, 다만 점유자가 손해의 방지에 필요한 주의를 게을리 하지 아니한 때에는 그 소유자가 손해를 배상할 책임이 있다고 규정하고 있으며, 「실화책임에 관한 법률」(법률 제9648호로 전부개정, 2009.5.8.부터 시행되는 것)은 실화의 특수성을 고려하여 실화자에게 중대한 과실이 없는 경우 그 손해배상액의 경감에 관한 「민법」 제765조의 특례를 정함을 목적으로 하고(같은 법 제1조), 실화로 인하여 화재가 발생한 경우 연소(延燒)로 인한 부분에 대한 손해배상청구에 한하여 적용하고 있습니다(같은 법 제2조). 한편, 판례는 2009.5.8.법률 제9648호로 전부 개정된 실화책임에 관한 법률(이하 '개정 실화책임법'이라고 한다)은 구 실화책임에 관한 법률(2009.5.8.법률 제9648호로 전부 개정되기 전의 것)과 달리 손해배상액의 경감에 관한 특례 규정만을 두었을 뿐 손해배상의무의 성립을 제한하는 규정을 두고 있지 아니하므로, 공작물의 점유자 또는 소유자가 공작물의 설치·보존상의 하자로 인하여 생긴 화재에 대하여 손해배상책임을 지는지는 다른 법률에 달리 정함이 없는 한 일반 민법의 규정에 의하여 판단하여야 한다. 따라서 공작물의 설치·보존상의 하자에 의하여 직접 발생한 화재로 인한 손해배상책임뿐만 아니라 그 화재로부터 연소한 부분에 대한 손해배상책임에 관하여도 공작물의 설치·보존상의 하자와 손해 사이에 상당인과관계가 있는 경우에

는 민법 제758조 제1항이 적용되고, 실화가 중대한 과실로 인한 것이 아닌 한 그 화재로부터 연소한 부분에 대한 손해의 배상의무자는 개정 실화책임 법 제3조 에 의하여 손해배상액의 경감을 받을 수 있다고 보았습니다(대법원 2013.3.28. 선고 2010다71318 판결). 그런데 공작물의 설치·보존의 하자의 판단기준에 관하여 판례를 보면, 「민법」 제758조 제1항에 규정된 공작물의 설치·보존상의 하자란 공작물이 그 용도에 따라 통상 갖추어야 할 안전성을 갖추지 못한 상태에 있음을 말하는 것으로서, 이러한 안전성의 구비여부를 판단함에 있어서는 당해 공작물의 설치·보존자가 그 공작물의 위험성에 비례하여 사회통념상 일반적으로 요구되는 정도의 방호조치의무를 다하였는지를 기준으로 삼아야 할 것이므로, 공작물에서 발생한 사고라도 그것이 공작물의 통상의 용법에 따르지 아니한 이례적인 행동의 결과 발생한 사고라면, 특별한 사정이 없는 한 공작물의 설치·보존자에게 그러한 사고에까지 대비하여야 할 방호조치 의무가 있다고 할 수는 없다고 하였습니다(대법원 2006.1.26. 선고 2004다21053 판결). 또한, 공작물의 설치 또는 보존상의 하자로 인한 사고는 공작물의 설치 또는 보존상의 하자만이 손해발생의 원인이 되는 경우만을 말하는 것이 아니고, 공작물의 설치 또는 보존상의 하자가 사고의 공동원인의 하나가 되는 이상 사고로 인한 손해는 공작물의 설치 또는 보존상의 하자에 의하여 발생한 것이라고 보아야 한다. 그리고 화재가 공작물의 설치 또는 보존상의 하자가 아닌 다른 원인으로 발생하였거나 화재의 발생 원인이 밝혀지지 않은 경우에도 공작물의 설치 또는 보존상의 하자로 인하여 화재가 확산되어 손해가 발생하였다면 공작물의 설치 또는 보존상의 하자는 화재사고의 공동원인의 하나가 되었다고 볼 수 있다고 하였습니다(대법원 2010.4.29. 선고 2009다101343 판결, 대법원 2015.2.12. 선고 2013다61602 판결).

위 사안과 관련하여 인도에 설치한 전신주의 설치·보존상의 하자로 인한 한국전력공사의 책임여부에 관하여 살펴보면, 한국전력공사로서는 전주를 인도에 설치하였다고 하여 그러한 사유만으로 공작물의 설치·보존의 하자가 있다고 할 수 없고, 인도에 설치된 전주를 시내버스가 충격할 것까지 예상하여 안전시설이나 보호장치를 갖추어 전신주 및 변압기를 설치하여야 할 주의의무가 있다고 보기 어려우며, 그밖에 달리

전신주 및 변압기에 설치·보존의 하자가 있음을 인정할 수 없고, 또한 그 전신주에 과전류차단기나 지락전류를 차단하기 위한 중성선 등의 장치 및 접지선과 접지봉 등 접지시설이 설치되어 있었으므로 그러한 시설을 제대로 설치·보존하지 않았다거나 관할변전소의 계전기의 기기 상의 하자가 있었다고 인정할 수 없어, 한국전력공사소유인 그 전신주의 하자로 인하여 화재가 발생하였음을 이유로 한 손해배상청구를 배척한 조치는 정당하다고 하였습니다(대법원 1997.10.10. 선고 96다 52311 판결). 그리고 위 사안의 경우 甲회사운전자가 약 30톤가량의 화물을 적재한 11톤 카고트럭을 운전하여 내리막길을 진행함에 있어 전방 및 좌우를 살피지 아니한 채 기어를 중립에 둔 상태에서 카고트럭 및 화물자체의 중량으로 내리막길에서 미끄러져 내려가는 탄력을 이용하여 시속 약 50킬로미터로 진행한 것은 구「실화책임에 관한 법률」(법률 제9648호로 2009.5.8. 전부개정되기 전의 것)이 규정하는 중과실이라고 단정하기 어렵다고 하였으나, 현행「실화책임에 관한 법률」은 중대한 과실이 아닐 경우에도 손해배상액의 경감을 청구할 수 있음에 그치도록 규정하고 있으므로 일응「실화책임에 관한 법률」의 적용대상이 될 것으로 보이지만, 乙회사운전자는 시내버스를 버스정류장에서 약 19미터 떨어진 지점에 정차하여 승객을 승하차시켰다는 사정만으로 화재발생의 원인이 되는 과실이 있었다고 볼 수 없을 것이므로「실화책임에 관한 법률」의 적용여지도 없을 것으로 보입니다. 그런데 채무불이행으로 인한 손해배상범위에 관하여「민법」제393조 제2항에서 특별한 사정으로 인한 손해는 채무자가 그 사정을 알았거나 알 수 있었을 때에 한하여 배상의 책임이 있다고 규정하고, 이 규정은「민법」제763조에 의하여 불법행위로 인한 손해배상에 준용하도록 규정하고 있는데, 관련판례를 보면 불법행위의 직접적 대상에 대한 손해가 아닌 간접적 손해는 특별한 사정으로 인한 손해로서 가해자가 그 사정을 알았거나 알 수 있었을 것이라고 인정되는 경우에만 배상책임이 있다고 하였습니다(대법원 2006.3.10. 선고 2005다31361 판결). 위 사안과 관련하여 사례를 보면, 甲회사운전자가 카고트럭으로 乙회사 운전자가 운전하는 시내버스를 부딪쳐 그 충격으로 시내버스가 특고압전선이 설치된 전신주를 충격할 경우 전신주에 설치된 특고압전선이 떨어져 지락

전류로 인하여 인근공장에 화재가 발생함으로써 손실을 입게 될지는 불확실할 뿐만 아니라, 이러한 손실은 가해행위와 너무 먼 손해라고 할 것이므로, 당시 甲회사운전자나 乙회사운전자가 인근공장에 그러한 손실이 발생할 것이라는 것을 알거나 알 수 있었다고 보기 어렵다고 하였습니다(대법원 1997.10.10. 선고 96다52311 판결).그렇다면 위 사안에서 공장주가 甲·乙회사 및 그들의 운전자, 한국전력공사에게 손해배상을 청구하기는 어려울 것으로 보입니다.

6. 민사소송으로 손해배상 청구

6-1. 소장의 작성방법

6-1-1. 필수적 기재사항

소장에 기재해야 하는 필수 기재사항은 다음과 같습니다.

1. 당사자의 성명·명칭 또는 상호와 주소
2. 법정대리인의 성명과 주소
3. 사건의 표시
4. 청구 취지
5. 청구 원인
6. 덧붙인 서류의 표시
7. 작성한 날짜
8. 법원의 표시

6-1-2. 청구취지

① '청구취지'란 원고가 소송을 제기해 얻길 원하는 판결의 내용을 말하는 것으로서 소의 결론부분입니다. 따라서 청구취지는 판결의 기준이 됩니다.

② 예를 들어, 신청인이 원하는 것이 전세보증금 5,000만원을 돌려받길 원하는 것이라면 '피고는 원고에게 5,000만원을 지급하라.'가 청구취지가 됩니다.

③ 또한 판사가 5,000만원을 지급해야 할 의무가 있다고 판단되어도 원고가 청구취지에서 1,000만원의 지급을 구하고 있다면 판결은 1,000만원을 지급하라고 결정됩니다. 때문에 청구취지는 정확하게 기재해야 합니다.

6-1-3. 청구원인

① 청구원인은 원고가 주장하는 권리 또는 법률관계의 성립원인으로 소송을 제기하게 된 이유를 자세하게 기재하면 됩니다.

② 청구원인은 6하 원칙에 따라 일목요연하고, 자세하게 작성합니다.

③ 덧붙인 서류의 표시

1) 입증방법

- 입증방법은 소장을 제출할 때 첨부하는 증거서류를 말하는데, 당사자가 주장한 사실을 뒷받침하는 증거자료를 하나씩 기재하면 됩니다.

- 증거부호의 표시는 원고가 제출하는 것은 갑 제 호증이라고 기재합니다.

2) 첨부서류

- '첨부서류'란 소장에 첨부하는 서류들의 명칭과 통수를 기재하는 것을 말합니다.

- 입증방법으로 제시하는 서류의 명칭과 제출하는 통수를 기재하면 되고, 증거방법 등을 열거해 두면 제출 누락을 방지하고 법원에서도 확인하기 쉬우며 후일 문제를 일으킬 염려가 없습니다.

6-1-4. 임의적 기재사항

임의적으로 소장에 기재할 수 있는 것은 공격방법에 관한 것입니다. 즉 자신의 주장과 요청사항 등이 정당함을 주장하고 사실상 주장을 증명하기 위한 증거방법도 함께 기재할 수 있습니다.

6-2. 사건의 표시

손해배상 청구소송은 손해배상을 청구하게 된 이유가 다양하므로 사건의 표시에 청구원인도 표시합니다.

1) 손해배상(자) 청구의 소: 자동차손해배상 보장법에서 정한 자동차·원동기장치자전거·철도차량의 운행으로 인한 손해배상청구

2) 손해배상(산) 청구의 소: 근로자의 업무상 재해로 인한 손해

배상청구

3) 손해배상(의) 청구의 소: 의료과오로 인한 손해배상청구

4) 손해배상(환) 청구의 소: 공해(토지오염, 수질오염, 공기오염, 소음 등), 그 밖의 환경오염 또는 훼손으로 인한 손해배상청구

5) 손해배상(지) 청구의 소: 지식재산권(특허권, 실용신안권, 상표권, 의장권, 프로그램 저작권 등)의 침해로 인한 손해배상청구

6) 손해배상(저) 청구의 소: 프로그램 저작권 이외의 저작권침해로 인한 손해배상청구

7) 손해배상(언) 청구의 소: 언론보도로 인한 손해배상청구

8) 손해배상(건) 청구의 소: 건설·건축 관련 손해배상청구

9) 손해배상(국) 청구의 소: 국가 또는 지방자치단체를 상대로 하는 손해배상청구

10) 손해배상(기) 청구의 소: 기타 사유로 인한 손해배상청구

6-3. 소가 산정

① 손해배상 청구소송은 금전의 지급을 청구하는 소송이므로 소가는 청구금액(이자는 불산입)이 됩니다.

② 1심 소가에 따른 인지액

소 가	인 지 대
소가 1천만원 미만	소가 × 50 / 10,000
소가 1천만원 이상 1억원 미만	소가 × 45 / 10,000 + 5,000
소가 1억원 이상 10억원 미만	소가 × 40 / 10,000 + 55,000
소가 10억원 이상	소가 × 35 / 10,000 + 555,000

※ 인지액이 1천원 미만이면 그 인지액은 1천원으로 하고, 1천원 이상이면 100원 미만은 계산하지 않습니다.

③ 인지액의 납부방법

㉠ 현금납부

소장에 첩부하거나 보정해야 할 인지액(이미 납부한 인지

액이 있는 경우에는 그 합산액)이 1만원 이상인 경우에는 그 인지의 첩부 또는 보정에 갈음해 인지액 상당의 금액 전액을 현금으로 납부해야 합니다. 인지액 상당 금액을 현금으로 납부할 경우에는 송달료 수납은행에 내야 합니다.

㉯ 신용카드납부

신청인은 인지액 상당의 금액을 현금으로 납부할 수 있는 경우 이를 수납은행 또는 인지납부대행기관의 인터넷 홈페이지에서 인지납부대행기관을 통해 신용카드·직불카드 등으로도 납부할 수 있습니다.

㉰ 인지납부일

인지액 상당의 금액을 신용카드 등으로 납부하는 경우에는 인지납부대행기관의 승인일을 인지납부일로 봅니다.

㉱ 신청인은 수납은행이나 인지납부대행기관으로부터 교부받거나 출력한 영수필확인서를 소장에 첩부하여 법원에 제출해야 합니다.

④ 송달료 납부

민사 제1심 단독 또는 합의사건의 송달료는 당사자수 × 4,500원 × 15회분입니다.

6-4. 소장부본

소장 제출 시 송달에 필요한 수의 부본을 함께 제출해야 합니다.

[서식 예] 손해배상(자)청구의 소(농부 사망, 시내버스)

소　장

원　　고　1. 한①○ (주민등록번호)
　　　　　　　○○시 ○○구 ○○길 ○○(우편번호)
　　　　　　　전화.휴대폰번호:
　　　　　　　팩스번호, 전자우편(e-mail)주소:
　　　　　2. 한②○ (주민등록번호)
　　　　　　　○○시 ○○구 ○○길 ○○(우편번호)
　　　　　　　전화.휴대폰번호:
　　　　　　　팩스번호, 전자우편(e-mail)주소:
피　　고　　전국버스운송사업조합연합회
　　　　　　○○시 ○○구 ○○길 ○○(우편번호)
　　　　　　회장 ◇◇◇
　　　　　　전화.휴대폰번호:
　　　　　　팩스번호, 전자우편(e-mail)주소:

손해배상(자)청구의 소

청 구 취 지

1. 피고는 원고 한①○, 원고 한②○에게 각 금 ○○○○원 및 각 이에 대하여 20○○.○.○.부터 이 사건 소장부본 송달일까지는 연 5%의, 그 다음날부터 다 갚는 날까지는 연 15%의 각 비율에 의한 돈을 지급하라.
2. 소송비용은 피고의 부담으로 한다.
3. 위 제1항은 가집행 할 수 있다.
라는 판결을 구합니다.

청 구 원 인

1. 당사자들의 지위

가. 원고 한①○, 원고 한②○는 이 사건 교통사고로 사망한 소외 망 한◉◉의 아들입니다.

나. 피고는 이 사건 교통사고의 가해차량인 소외 ◎◎버스회사 소유의 ○○12타○○○○호 시내버스에 관하여 공제계약을 체결한 공제사업자입니다.

2. 손해배상책임의 발생

가. 소외 조◆◆는 소외 ◎◎버스회사에 고용되어 소외 ◎◎버스회사 소유의 ○○12타○○○○호 시내버스의 운전사로서 20○○.○.○. 19:00경 ○○시 ○○길 소재 ○○공장 앞 편도 2차선도로를 시속 약 70㎞의 속도로 운행 중 같은 방향으로 앞서 가던 소외 망 한◉◉가 운전하는 경운기를 미처 발견하지 못하고 뒤에서 들이받아 같은 경운기가 넘어지도록 함으로써 이를 운전하던 피해자 소외 망 한◉◉를 사망에 이르게 하였는바, 소외 조◆◆는 버스운전자로서 당시 저녁시간으로 어두워 앞이 잘 보이지 않은 상태이고 제한속도가 시속 50㎞ 구간의 위험한 도로를 주행하고 있었으므로 제한속도를 지켜 앞에 장애물이 있는지 잘 살펴 운전해야 할 주의의무가 있음에도 불구하고 이를 게을리 한 채 과속으로 운전함으로써 이 사건 교통사고를 발생시켰습니다.

나. 이 경우 소외 ◎◎버스회사는 자동차손해배상보장법 제3조의 "자기를 위하여 자동차를 운행한 자"에 해당하므로 같은 규정에 따라 이 사건 교통사고로 인한 피해자에 대한 모든 손해를 배상할 책임이 있다 할 것이며, 피고는 위 사고차량에 관하여 공제계약을 체결한 공제사업자로서 손해배상책임이 있습니다.

3. 손해배상책임의 범위

가. 소외 망 한◉◉의 일실수입

소외 망 한◉◉는 19○○.○.○.생으로 사망일 현재 만 58세 6개월 남짓한 신체 건강한 남자로서 한국인표준생명표에 의한 기대여명은 18.98년이므로 76세까지는 생존이 추정됩니다.

위 망인은 ○○ ○○군 ○○면 ○○길에서 태어나 이 사건 사고로 사망할 때까지 평생동안 농사일을 하며 생계를 유지해왔는바, 만약 이 사건 사고가 발생하지 않았더라면 최소한 앞으로 65세까지 6년 6개월간(78개월) 더 일할 수 있습니다.

따라서 사망일에 가까운 20○○.○.의 농협조사월보에 의하면

20○○.○.현재 성인남자의 농촌일용노임은 금 ○○○원으로 매월 25일만 일하는 것으로 하여 위 가동연한까지 소득을 월 12분의 5%의 비율에 의한 중간이자를 단리할인법(호프만식 계산법)에 따라 공제하여 이 사건 사고 당시의 현가로 계산하면 금 ○○○○원{농촌일용노임 금 ○○○원×25일×65세까지 78개월에 대한 단리연금현가표상 수치(=호프만수치)}이 됩니다.

여기서 위 망인의 생계비로 3분의 1정도를 공제하면 이 사건 교통사고로 인한 위 망인의 일실수입 총액은 금 ○○○○원(위 현가 금 ○○○○원×2/3, 원 미만 버림)입니다.

나. 소외 망 한◉◉의 위자료

소외 망 한◉◉가 사망함에 있어 심한 정신적 고통을 입었으리라는 사정은 쉽게 짐작되는 바이므로 피고로서는 이를 위자할 책임이 있다 할 것인데, 망인의 학력과 경력 그리고 이 사건 사고의 경위 및 결과 등 여러 사정을 참작하면 위자료로 금 ○○○원 정도가 상당하다고 할 것입니다.

다. 상속관계

피고의 소외 망 한◉◉에 대한 배상책임의 액수는 앞서와 같이 합계 금 ○○○○원(일실수입 금 ○○○○원＋위자료 금 ○○○원)이 되는바, 그와 같은 손해배상채권은 그의 재산상속인들인 원고 한①○, 원고 한②○에게 각 금 ○○○○원(위 합계 금 ○○○○원×1/2)씩 귀속되었습니다.

라. 원고들의 위자료

앞서와 같이 소외 망 한◉◉가 사망함으로써 그의 아들인 원고들이 심한 정신적 고통을 입었으리라는 것은 쉽게 짐작되는 바이므로 피고로서는 이를 위자할 책임이 있다 할 것인바, 원고들의 학력.경력.신분관계 등 여러 사정을 참작하면 원고 한①○, 원고 한②○에 대한 위자료는 각 금 ○○○원 정도가 상당하다고 생각됩니다.

마. 소외 망 한◉◉의 장례비

원고 한①○은 망인의 장남으로서 금 ○○○원 정도를 지출하여 그 장례를 치루었는바, 이러한 지출도 이 사건 교통사고로 인하여 원고 한①○가 입은 손해라 할 것이므로 피고로서는 이를 원고 한①○에게 배상하여야 할 책임이 있다 할 것입니다.

4. 결론

그렇다면 피고는 원고 한①○에게 금 ○○○○원(상속분 금 ○○○
○원＋위자료 금 ○○○원＋장례비 금 ○○○원), 원고 한②○에게
금 ○○○○원(상속분 금 ○○○○원＋위자료 금 ○○○원)씩을 지
급하여 배상하여야 할 책임이 있다 할 것이므로 그 지급 및 이에
대한 민법과 소송촉진등에관한특례법에서 정한 각 비율에 의한 지
연손해금의 지급을 구하고자 이 사건 청구에 이른 것입니다.

입 증 방 법

1. 갑 제1호증   기본증명서
   (단, 2007.12.31. 이전 사망한 경우 제적등본)
1. 갑 제2호증   가족관계증명서
   (또는, 상속관계를 확인할 수 있는 제적등본)
1. 갑 제3호증   주민등록등본
1. 갑 제4호증   자동차등록원부
1. 갑 제5호증   교통사고사실확인원
1. 갑 제6호증   사망진단서
1. 갑 제7호증의 1, 2   한국인표준생명표 표지 및 내용
1. 갑 제8호증의 1, 2   농협조사월보 표지 및 내용

첨 부 서 류

1. 위 입증서류   각 1통
1. 법인등기사항증명서   1통
1. 소장부본   1통
1. 송달료납부서   1통

20○○. ○. ○.

위 원고   1. 한①○ (서명 또는 날인)
          2. 한②○ (서명 또는 날인)

○○지방법원 귀중

■ 참 고 ■
  ① 관할
    1) 소(訴)는 피고의 보통재판적(普通裁判籍)이 있는 곳의 법원
       의 관할에 속하고, 사람의 보통재판적은 그의 주소에 따라
       정하여지나, 대한민국에 주소가 없거나 주소를 알 수 없는
       경우에는 거소에 따라 정하고, 거소가 일정하지 아니하거나
       거소도 알 수 없으면 마지막 주소에 따라 정하여 집니다.
    2. 불법행위에 관한 소를 제기하는 경우에는 행위지의 법원에
       제기할 수 있습니다.
    3. 따라서 위 사안에서 원고는 피고의 주소지를 관할하는 법원
       이나 교통사고발생지를 관할하는 법원에 소를 제기할 수 있
       습니다. 또한, 금전채권의 경우 의무이행지에 해당하는 원고
       의 주소지를 관할하는 법원에 소를 제기할 수도 있습니다.
  ② 소멸시효
     피해자의 보험자에 대한 직접청구권의 성질은 손해배상청구권
     으로서 민법 제766조의 소멸시효가 적용되므로 손해 및 가해
     자를 안 날로부터 3년 또는 불법행위시부터 10년간 행사하지
     아니하면 소멸시효가 완성됩니다(대법원 2005.10.7. 선고 2003
     다6774 판결)
  ③ 인 지
     소장에는 소송목적의 값에 따라 민사소송등인지법 제2조 제1
     항 각 호에 따른 금액 상당의 인지를 붙여야 합니다. 다만, 대
     법원 규칙이 정하는 바에 의하여 인지의 첩부에 갈음하여 당해
     인지액 상당의 금액을 현금이나 신용카드·직불카드 등으로 납
     부하게 할 수 있는바, 현행 규정으로는 인지첩부액이 1만원 이
     상일 경우에는 현금으로 납부하여야 하고 또한 인지액 상당의
     금액을 현금으로 납부할 수 있는 경우 이를 수납은행 또는 인
     지납부대행기관의 인터넷 홈페이지에서 인지납부대행기관을 통

하여 신용카드 등으로도 납부할 수 있습니다.

※관련판례

농업노동 또는 농업노동을 주로 하는 자의 일실수입산정의 기초가 되는 가동연한은 경험칙상 만 60세가 될 때까지로 보아야 하고, 다만 그의 연령, 직업, 경력, 건강상태 등 구체적인 사정을 고려하여 위와 같은 경험칙을 배제하고 만 60세를 넘어서도 가동할 수 있다는 특별한 사정이 있는 경우에는 그의 가동연한은 만 60세를 넘어서도 인정할 수 있음(대법원 1997.12.26. 선고 96다25852 판결).
1994년경 우리나라 전체 농가인구 중 60세 이상의 농가인구가 차지하는 비율이 25%에 달하고 있고, 사고당시 망인이 거주하고 있던 면에 거주하는 성인 중 농업에 종사하는 전체인구는 약 3,370명인데 그 중 60세 이상 65세 미만은 610명이고, 65세 이상은 547명인 사정에다 농촌인구의 도시 유입으로 인한 농촌인구의 고령화라는 우리나라 농촌의 현실과 망인은 사고당시 만 52세 7개월의 나이로서 실제 농업노동에 종사하여 왔을 뿐 아니라, 농한기인 1994.10.부터 1995.3.까지는 건설현장에서 근무할 정도로 건강하였음에 비추어 볼 때 농업에 종사하는 망인의 가동연한은 65세가 될 때까지로 봄이 상당하다(대법원 1997.12.23. 선고 96다46491 판결).

[서식 예] 손해배상(자)청구의 소(일용직 잡부 사망, 영업용택시)

소　　장

원　고　1. 박○○(주민등록번호)
　　　　2. 김①○(주민등록번호)
　　　　3. 김②○(주민등록번호)
　　　　원고들의 주소:○○시 ○○구 ○○길 ○○ (우편번호)
　　　　　전화.휴대폰번호:
　　　　　팩스번호, 전자우편(e-mail)주소:
피　고　전국택시운송사업조합연합회
　　　　○○시 ○○구 ○○길 ○○(우편번호)
　　　　회장 ◇◇◇
　　　　전화.휴대폰번호:
　　　　팩스번호, 전자우편(e-mail)주소:

손해배상(자)청구의 소

청 구 취 지

1. 피고는 원고 박○○에게 금 ○○○○원, 원고 김①○, 원고 김②○
에게 각 금 ○○○○원 및 각 이에 대하여 200○.○.○.부터 이
사건 소장부본 송달일까지는 연 5%의, 그 다음날부터 다 갚는 날까지
는 연 15%의 각 비율에 의한 돈을 지급하라.
2. 소송비용은 피고의 부담으로 한다.
3. 위 제1항은 가집행 할 수 있다.
라는 판결을 구합니다.

청 구 원 인

1. 당사자들의 지위
　　가. 원고 박○○은 이 사건 교통사고로 사망한 소외 망 김◉◉의
　　　　처이고, 원고 김①○, 원고 김②○는 각 소외 망 김◉◉의 아

들입니다.

나. 피고는 이 사건 교통사고의 가해차량인 소외 ◎◎운수(주) 소유의 ○○32파○○○○호 영업용택시에 관하여 공제계약을 체결한 공제사업자입니다.

2. 손해배상책임의 발생

가. 소외 ◎◎운수(주)의 운전원으로 근무하는 소외 최◆◆는 20○○.○.○. 21:00경 소외 ◎◎운수(주) 소유의 ○○32파○○○○호 영업용택시를 운전하여 ○○방면에서 ○○방면으로 운행 중 ○○시 ○○구 ○○길 ○○은행 앞 노상에 이르렀는바, 이곳은 보행자의 통행이 빈번한 곳이므로 미리 속도를 줄이고 전방좌우를 잘 살펴 보행자가 있는지를 잘 확인한 후 안전하게 운행하여야 할 주의의무가 있음에도 불구하고 이를 게을리한 채 진행한 과실로 때마침 위 가해차량의 진행방향의 우측에서 좌측으로 위 도로상을 건너던 피해자 소외 망 김◉◉를 그대로 치어 현장에서 사망케 하였습니다.

나. 이 경우 소외 ◎◎운수(주)는 자동차손해배상보장법 제3조의 "자기를 위하여 자동차를 운행한 자"에 해당하므로 같은 규정에 따라 이 사건 교통사고로 인한 피해자에 대한 모든 손해를 배상할 책임이 있다 할 것이며, 피고는 위 사고차량에 관한 공제계약에 따라 원고들의 위 모든 손해를 배상할 책임이 있습니다.

3. 손해배상책임의 범위

가. 소외 망 김◉◉의 일실수입
소외 망 김◉◉는 19○○.○.○.생의 신체 건강한 남자로서 통계청 발행의 한국인생명표에 의하면 사망일 현재 기대여명은 ○○년이므로 71세까지는 생존이 추정됩니다.
위 망인은 시골에서 중학교만 졸업하고 위 교통사고로 사망할 때까지 ○○시 ○○동에서 거주하면서 일용직 잡부로 막노동을 하며 생계를 이어온 사람으로 특별한 직업이나 기술은 없었고 일정한 소득을 확인할 수는 없으나 사망일에 가까운 20○○.○.의 대한건설협회 발행의 월간거래가격에 따르면 평균 도시일용노임이 ○○○원인바, 피해자가 사망하지 않았더라면 도시일용노동자로서 적어도 매월 22일씩 일하여 기대여명내인 60세까지 ○○년 ○개월 동안은 근로하여 소득을 얻을 수 있었을 것인데 이 사건 교통사고로 인하여 사망함에 따라 그 소득을 매월 순차적으로 상실하게 되었습니다.

따라서 상실한 위 소득을 이 사건 교통사고 당시를 기준으로 단리 연 5%의 중간이자를 공제하는 호프만식 계산법으로 그 현가를 계산하면 금 ○○○○○원{도시일용노임 ○○○원×22일×60세까지 ○○○개월에 대한 단리연금현가표상 수치(호프만수치)}이 됩니다. 여기서 위 망인의 생계비로 3분의 1정도를 공제하면 이 사건 교통사고로 인한 소외 망 김◉◉의 일실수입의 총액은 금 ○○○○○원(위 현가 금 ○○○○○×2/3, 원 미만 버림)이 됩니다.

나. 소외 망 김◉◉의 위자료

소외 망 김◉◉가 사망함에 있어 심한 정신적 고통을 입었으리라는 사정은 쉽게 짐작되는 바이므로, 피고로서는 이를 위자할 책임이 있다 할 것인데, 망인의 학력과 경력 그리고 이 사건 사고의 경위 및 결과 등 여러 사정을 참작하면 위자료로 금 ○○○○원 정도가 상당하다고 할 것입니다.

다. 상속관계

피고의 소외 망 김◉◉에 대한 배상책임의 액수는 앞서와 같이 합계 금 ○○○○○원(일실수입 금 ○○○○○원 + 위자료 금 ○○○○원)이 되는바, 그와 같은 손해배상채권은 그의 재산상속인들인 원고 박○○에게 금○○○○원(위 합계 금○○○○○원×3/7), 원고 김①○, 원고 김②○에게 각 금 ○○○○원(위 합계 금○○○○○원×2/7)씩 귀속되었습니다.

라. 원고들의 위자료

앞서와 같이 소외 망 김◉◉가 사망함으로써 그의 처 또는 아들인 원고들이 심한 정신적 고통을 입었으리라는 것은 쉽게 짐작되는 바이므로 피고로서는 이를 위자할 책임이 있다 할 것인바, 원고들의 학력.경력.신분관계 등 여러 사정을 참작하면 그의 처인 원고 박○○에 대한 위자료는 금 ○○○, 그의 아들인 원고 김①○, 같은 김②○에 대한 위자료는 각 금 ○○○원 정도가 상당하다고 생각됩니다.

마. 소외 망 김◉◉의 장례비

원고 박○○은 위 망인의 처로서 금 ○○○원 정도를 지출하여 그 장례를 치루었는바, 이러한 지출도 이 사건 교통사고로 인하여 원고 박○○가 입은 손해라 할 것이므로 피고로서는 이를 원고 박○○에게 배상하여야 할 책임이 있다 할 것입니다.

4. 결론

그렇다면 피고는 원고 박○○에게 금 ○○○○원(상속분 금 ○○○○원+위자료 금 ○○○원+장례비 금 ○○○원), 원고 김①○, 원고 김②○에게 각 금 ○○○○원(상속분 금 ○○○○원 + 위자료 각 금 ○○○원)씩을 지급하여 배상하여야 할 책임이 있다 할 것이므로 그 지급 및 이에 대한 민법과 소송촉진등에관한특례법에서 정한 각 비율에 의한 지연손해금의 지급을 구하고자 이 사건 청구에 이른 것입니다.

입 증 방 법

1. 갑 제1호증   기본증명서
                       (단, 2007.12.31. 이전 사망한 경우 제적등본)
1. 갑 제2호증   가족관계증명서
                   (또는, 상속관계를 확인할 수 있는 제적등본)
1. 갑 제3호증   주민등록등본
1. 갑 제4호증   자동차등록원부
1. 갑 제5호증   교통사고사실확인원
1. 갑 제6호증   사망진단서
1. 갑 제7호증의 1, 2   월간거래가격표지 및 내용
1. 갑 제8호증의 1, 2   한국인표준생명표 표지 및 내용

첨 부 서 류

1. 위 입증방법   각 1통
1. 법인등기사항증명서   1통
1. 소장부본   1통
1. 송달료납부서   1통

2000. ○. ○.
위 원고 1. 박○○ (서명 또는 날인)
        2. 김①○ (서명 또는 날인)
        3. 김②○ (서명 또는 날인)

○○지방법원 귀중

※관련판례

택시 운전자인 피고인이 교통신호를 위반하여 4거리 교차로를 진행한 과실로 교차로 내에서 갑이 운전하는 승용차와 충돌하여 갑 등으로 하여금 상해를 입게 하였다고 하여 교통사고처리 특례법 위반으로 기소된 사안에서, 피고인의 택시가 차량 신호등이 적색 등화임에도 횡단보도 앞 정지선 직전에 정지하지 않고 상당한 속도로 정지선을 넘어 횡단보도에 진입하였고, 횡단보도에 들어선 이후 차량 신호등이 녹색 등화로 바뀌자 교차로로 계속 직진하여 교차로에 진입하자마자 교차로를 거의 통과하였던 갑의 승용차 오른쪽 뒤 문짝 부분을 피고인 택시 앞 범퍼 부분으로 충돌한 점 등을 종합할 때, 피고인이 적색 등화에 따라 정지선 직전에 정지하였더라면 교통사고는 발생하지 않았을 것임이 분명하여 피고인의 신호위반행위가 교통사고 발생의 직접적인 원인이 되었다고 보아야 하는데도, 이와 달리 보아 공소를 기각한 원심판결에 신호위반과 교통사고의 인과관계에 관한 법리오해의 위법이 있다고 한 사례(대법원 2012.3.15. 선고 2011도17117 판결).

[서식 예] 손해배상(자)청구의 소
(월급생활자 사망, 보험가입한 승용차)

소 장

원　고　1. 김○○(주민등록번호)
　　　　2. 박①○(주민등록번호)
　　　　3. 박②○(주민등록번호)
　　　　4. 최○○(주민등록번호)
　　　　원고 2, 3은 미성년자이므로 법정대리인 친권자 모 김○○
　　　　원고들의 주소:○○시 ○○구 ○○길 ○○ (우편번호)
　　　　　　　전화.휴대폰번호:
　　　　　　　팩스번호, 전자우편(e-mail)주소:

피　고　◇◇화재해상보험주식회사
　　　　○○시 ○○구 ○○길 ○○(우편번호)
　　　　대표이사 ◇◇◇
　　　　전화.휴대폰번호:
　　　　팩스번호, 전자우편(e-mail)주소:

손해배상(자)청구의 소

청 구 취 지

1. 피고는 원고 김○○에게 금 107,365,776원, 원고 박①○, 원고 박
②○에게 각 금 68,577,184원, 원고 최○○에게 금 7,000,000원
및 각 이에 대한 2000.6.15.부터 이 사건 소장부본 송달일까지는
연 5%의, 그 다음날부터 다 갚는 날까지는 연 15%의 각 비율에
의한 돈을 지급하라.
2. 소송비용은 피고의 부담으로 한다.
3. 위 제1항은 가집행 할 수 있다.
라는 판결을 구합니다.

청 구 원 인

1. 당사자들의 지위
   가. 원고 김○○는 이 사건 교통사고로 사망한 소외 망 박◉◉의
       처, 원고 박①○, 원고 박②○는 소외 망 박◉◉의 자녀들로서
       상속인이고, 원고 최○○는 소외 망 박◉◉의 어머니입니다.
   나. 피고 ◇◇화재해상보험주식회사는 이 사건 가해차량인 소외 이
       ◈◈ 소유의 서울○○바○○○○호 승용차에 관하여 자동차보
       험계약을 체결한 보험자입니다.

2. 손해배상책임의 발생
   가. 교통사고의 발생
       (1) 발생일시: 2000.6.15. 22:30경
       (2) 발생장소: ○○시 ○○구 ○○길 ○○ ○○빌딩 앞 4차선
           도로상 횡단보도
       (3) 사고차량: 서울○○바○○○○호 승용차
       (4) 운전자 겸 소유자: 소외 이◈◈
       (5) 피 해 자: 소외 망 박◉◉
       (6) 피해상황: 위 도로에 설치된 횡단보도를 보행자신호에 따
           라 건너던 피해자 소외 망 박◉◉는 신호를 무시하고 달
           리는 소외 이◈◈가 운전하는 위 승용차가 충격 되어 뇌
           진탕 등의 상해를 입고 같은 날 23:50경 ○○병원에서 사
           망하였음.
   나. 피고의 손해배상책임
       소외 이◈◈는 신호를 무시한 채 사고차량을 운전한 결과로
       피해자 소외 망 박◉◉를 사망하게 하였으므로 민법 제750조
       에 의한 손해배상책임이 있는바, 피고는 위 사고차량에 대하여
       자동차보험계약을 체결한 보험자로서 상법 제726조의2에 의하
       여 손해배상책임이 있습니다.

3. 손해배상책임의 범위
   가. 소외 망 박◉◉의 일실수입
       소외 망 박◉◉가 이 사건 사고로 상실한 가동능력에 대한 금
       전적 총평가액 상당의 일실수입은 다음 (1)과 같은 사실을 기

초로 하여 다음 (2)와 같은 월 5/12%의 비율로 계산한 중간이
자를 공제하는 단리할인법(호프만식 계산법)에 따라 이 사건
사고 당시의 현가로 계산한 금 191,317,302원입니다.
(1)기초사실
(가)성별: 남자
　　생년월일: 1956. 10. 18.생
　　연령: 사고당시 43세 7개월 남짓
　　기대여명: 31.21년
(나)직업 경력: 위 망인은 1990.5.15.부터 소외 ◎◎주식회사에
　　서 근무하여 왔고, 사고 당시 영업과장으로 근무하고 있었음.
(다)정년 및 가동연한: 위 망인의 소외 ◎◎주식회사에서의 정
　　년은 만 55세가 되는 다음날이고, 그 다음날부터 위 망인
　　이 만 60세가 되는 2016. 10. 17.까지는 도시일용노동에
　　종사하여 그 임금 상당의 수입을 얻을 수 있었을 것임.
(라)가동능력에 대한 금전적 평가
　　- 정년시까지: 위 망인은 2000.1.1.부터 2000.3.31.까지
　　　근로소득으로 합계 금 6,900,000원을 지급 받았는바, 장
　　　차 승급에 따라 그 수입이 증가되리라고 예상되므로 위
　　　망인은 적어도 2000.1.1.부터 2000.3.31.까지의 근로소
　　　득을 매월로 환산한 금 2,300,000원(금 6,900,000원÷3
　　　월) 상당의 월급여를 받을 수 있음.
　　- 정년 이후 가동연한까지: 대한건설협회 작성의 2003년
　　　상반기 적용 건설업임금실태조사보고서중 보통인부의
　　　2003.1월 현재 1일 시중노임단가 금 50,683원을 기초로
　　　한 월급여 금 1,115,026원{금 50,683원(시중노임단가)×22
　　　일(월평균가동일수)} 상당을 얻을 수 있다고 봄이 상당함.
(마)생계비 : 수입의 1/3
(2)기간 및 계산(계산의 편의상 월 미만과 원 미만은 버림. 다
　　음부터 같음)
①기간: 2000.6.15.부터 2011.10.19.까지(11년 4개월 남짓)
　　계산: 금 2,300,000원 × 2/3 × 107.5674(136개월에 대한
　　호프만수치) = 금 164,936,679원
②기간: 2011.10.20.부터 2016.10.17.까지(4년 11개월 남짓)
　　계산: 금 1,115,026원×2/3×35.4888{143.0562(사고시부터 60

세까지 196개월에 대한 호프만수치)-107.5674(사고시부터 정년
까지 136개월에 대한 호프만수치)=35.4888}=금 26,380,623원
③합계 : ①+②=금 191,317,302원
나. 일실퇴직금
소외 망 박◉◉의 이 사건 사고로 인한 일실퇴직금 손해는 다
음 (1)과 같은 사실을 기초로 하여 다음 (2)와 같은 월 5/12%
의 비율로 계산한 중간이자를 공제하는 단리할인법(호프만식
계산법)에 따라 이 사건 사고 당시의 현가로 계산한 금
8,202,844원입니다.
(1)기초사실
(가)입사일: 1990.5.25.
(나)정년에 따른 퇴직예정일 및 근속기간: 정년인 2011.10.19.
까지 21년 4개월 남짓
(다)이 사건 사고로 인한 퇴직일 및 근속기간: 2000.6.15.까지
10년 남짓
(라)퇴직금의 근거와 산정방식: 소외 ◎◎주식회사는 근로기준
법의 규정에 따 라 근속년수 1년에 1월분의 평균임금을 퇴
직금으로 지급하고 있음.
(마)보수월액: 금 2,300,000원(※원칙적으로는 퇴직 당시의 평
균임금을 기초로 하여야 하나 편의상 보수월액으로 하였음)
(바)사고시까지의 계산상 퇴직금:
월급여 금 2,300,000원×(10+22/365)년(1990.5.25.부터 2000.6.15.
까지)=금 23,138,630원
(2)계산
(가)정년퇴직시 예상퇴직금:
금 2,300,000원×(21+148/365)= 금 49,232,602원
(나)정년퇴직시 예상퇴직금의 사고당시 현가
금 49,232,602원×0.6366(사고시부터 정년퇴직시까지 11년 5월
에 대한 호프만수치, 1/{1+0.05×(11+5/12)}=금 31,341,474원
(다)사고시까지의 계산상 퇴직금공제:
금 31,341,474원-금 23,138,630원=금 8,202,844원
라. 소외 망 박○○의 위자료
소외 망 박○○는 이 사건 사고로 사망하는 순간 견딜 수 없는
정신적 고통을 겪었을 것이므로 피고는 소외 망 박○○에게 위

자료로 금 30,000,000원을 지급함이 상당하다 할 것입니다.

마. 상속관계

위와 같이 소외 망 박◉◉가 이 사건 사고로 입은 손해액은 합계 금 229,520,146원{금 191,317,302원(일실수입) + 금 8,202,844원(일실퇴직금)+금 30,000,000원(위자료)}인바, 이 손해배상채권은 위 망인의 처인 원고 김○○에게 금 98,365,776원(위 손해액×상속지분 3/7), 위 망인의 아들 원고 박①○, 망인의 딸 원고 박②○에게는 각 금 65,577,184원(위 손해액×상속지분 2/7)이 상속되었습니다.

바. 원고들의 위자료

원고들도 소외 망 박○○의 사망으로 인하여 크나큰 정신적 고통을 받았을 것임은 경험칙상 명백하므로 위 망인의 처인 원고 김◉◉에게 금 7,000,000원, 위 망인의 자녀인 원고 박①○, 원고 박②○에게 각 금 3,000,000원, 위 망인의 어머니인 원고 최○○에게 금 7,000,000원씩을 위자료로 지급함이 상당하다 할 것입니다.

사. 장례비 : 금 2,000,000원

지출자 : 원고 김○○

4. 결론

이와 같이 피고는 원고 김○○에게 금 107,365,776원(상속분 금 98,365,776원+위자료 금 7,000,000원+장례비 금 2,000,000원), 원고 박①○, 원고 박②○에게 각 금 68,577,184원(상속분 금 65,577,184원+위자료 금 3,000,000원), 원고 최○○에게 금 7,000,000원(위자료)씩을 지급할 책임이 있다 할 것인바, 원고들은 피고로부터 위 돈의 지급과 아울러 이에 대한 소외 망 박◉◉가 사망한 사고일인 2000. 6. 15.부터 이 사건 소장부본 송달일까지는 민법에서 정한 연 5%의, 그 다음날부터 다 갚는 날까지는 소송촉진등에관한특례법에서 정한 연 15%의 각 비율에 의한 지연손해금의 지급을 받고자 이 사건 청구에 이른 것입니다.

입 증 방 법

1. 갑 제1호증   기본증명서
    (단, 2007.12.31. 이전 사망한 경우 제적등본)
1. 갑 제2호증   가족관계증명서
    (또는, 상속관계를 확인할 수 있는 제적등본)
1. 갑 제3호증   주민등록등본
1. 갑 제4호증   자동차등록원부
1. 갑 제5호증   교통사고사실확인원
1. 갑 제6호증   사망진단서
1. 갑 제7호증   근로소득원천징수영수증
1. 갑 제8호증의 1, 2   월간거래가격표지 및 내용
1. 갑 제9호증의 1, 2   한국인표준생명표 표지 및 내용

첨 부 서 류

1. 위 입증방법   각 1통
1. 법인등기사항증명서   1통
1. 소장부본   1통
1. 송달료납부서   1통

20○○. ○. ○.
위 원고   1. 김○○(서명 또는 날인)
          2. 박①○
          3. 박②○
          4. 최○○(서명 또는 날인)
      원고 2, 3은 미성년자이므로
법정대리인 친권자 모 김○○(서명 또는 날인)

○○지방법원 귀중

※관련판례

자동차 운전자인 피고인이, 갑이 운전하는 선행차량에 충격되어 도

로에 쓰러져 있던 피해자 을을 다시 역과함으로써 사망에 이르게 하고도 필요한 조치를 취하지 않고 도주하였다고 하여 특정범죄 가중처벌 등에 관한 법률 위반(도주차량)으로 기소된 사안에서, 제출된 증거들만으로는 피고인 운전 차량이 2차로 을을 역과할 당시 아직 을이 생존해 있었다고 단정하기 어렵다는 이유로, 이와 달리 보아 피고인에게 유죄를 인정한 원심판결에 선행 교통사고와 후행 교통사고가 경합하여 피해자가 사망한 경우 후행 교통사고와 피해자의 사망 사이의 인과관계 증명책임에 관한 법리오해 등의 위법이 있다고 한 사례(대법원 2014.6.12. 선고 2014도3163 판결).

[서식 예] 손해배상(자)청구의 소
(개인택시 운전기사 사망, 무보험 승용차)

소   장

원   고 1. 김○○ (주민등록번호)
             ○○시 ○○구 ○○길 ○○(우편번호)
             전화.휴대폰번호:
             팩스번호, 전자우편(e-mail)주소:
         2. 이①○ (주민등록번호)
             ○○시 ○○구 ○○길 ○○(우편번호)
             전화.휴대폰번호:
             팩스번호, 전자우편(e-mail)주소:
         3. 이②○ (주민등록번호)
             ○○시 ○○구 ○○길 ○○(우편번호)
             전화.휴대폰번호:
             팩스번호, 전자우편(e-mail)주소:
피   고 1. 김◇◇ (주민등록번호)
             ○○시 ○○구 ○○길 ○○(우편번호)
             전화.휴대폰번호:
             팩스번호, 전자우편(e-mail)주소:
         2. 정◇◇ (주민등록번호)
             ○○시 ○○구 ○○길 ○○(우편번호)
             전화.휴대폰번호:
             팩스번호, 전자우편(e-mail)주소:

손해배상(자)청구의 소

청 구 취 지

1. 피고들은 각자 원고 김○○에게 금 54,148,911원, 원고 이①○, 원
   고 이②○에게 각 금 29,099,327원 및 각 이에 대하여 2000.7.22.
   부터 이 사건 소장부본 송달일까지는 연 5%의, 그 다음날부터 다

갚는 날까지는 연 15%의 각 비율에 의한 돈을 지급하라.
2. 소송비용은 피고들의 부담으로 한다.
3. 위 제1항은 가집행 할 수 있다.
라는 판결을 구합니다.

청 구 원 인

1. 당사자들의 지위

  소외 망 이◉◉는 이 사건 사고로 사망한 사람인바, 원고 김○○는
  소외 망 이◉◉의 처이고, 원고 이①○, 원고 이②○는 소외 망 이
  ◉◉의 아들이고, 피고 김◇◇는 이 사건 가해차량의 운전자, 정◇
  ◇는 이 사건 가해차량의 소유자입니다.

2. 손해배상책임의 발생

  가. 피고 김◇◇는 2000. 7. 22. 21:20경 소외 정◇◇ 소유인 서울
     ○○고○○○○호 그랜져 승용차를 소외 정◇◇가 시동을 켜둔
     채로 잠시 운전석을 이탈한 사이에 절취하여 운전하던 중 서울
     ○○구 ○○길 ○○교차로 방면에서 ○○방면으로 편도 3차선
     도로를 1차로를 따라 시속 약 80km로 진행하다가 신호등이 있
     는 횡단보도에서 보행자신호를 따라 횡단보도를 횡단하던 소외
     망 이◉◉를 충돌하여 그 충격으로 소외 망 이◉◉가 뇌진탕으
     로 사고현장에서 사망에 이르게 한 것입니다.

  나. 그렇다면 피고 김◇◇는 민법 제750조에 규정한 불법행위자로
     서 이 사건 사고의 피해자인 소외 망 이◉◉ 및 소외 망 이◉
     ◉의 유족인 원고들이 입은 재산적, 정신적 손해를 배상할 책
     임이 있다 할 것이고, 피고 정◇◇는 시동을 켜둔 채로 운전석
     을 이탈함으로써 자동차보유자로서 차량 및 시동열쇠 관리상의
     과실이 중대하고, 시간적으로도 피고 김◇◇가 가해차량을 절
     취한 직후 사고를 야기하였으므로 피고 정◇◇는 자동차손해배
     상보장법 제3조에서 규정한 자동차보유자로서 운행지배와 운행
     이익이 잔존하고 있다고 평가할 수 있는 경우에 해당된다고 보
     아야 할 것이므로 역시 이 사건 사고의 피해자인 소외 망 이◉
     ◉ 및 소외 망 이◉◉의 유족인 원고들이 입은 재산적, 정신적
     손해를 배상할 책임이 있다 할 것입니다.

3. 손해배상의 범위
  가. 일실수입
    소외 망 이◉◉가 이 사건 사고로 입은 일실수입 손해는 다음
    (1)과 같은 인정사실 및 평가내용을 기초로 하여, 다음 (2)와
    같이 월 5/12%비율에 의한 중간이자를 공제하는 단리할인법
    (호프만식 계산법)에 따라 이 사건 사고 당시의 현가로 계산한
    금 57,847,646원입니다.
    (1) 인정사실 및 평가내용
    (가) 성 별 : 남자
        생년월일 : 1945.3.16.생
        연령(사고당시) : 55세 4개월 정도
        기대여명 : 21.26년
    (나) 직업 및 경력
        소외 망 이◉◉는 19○○.○.○○.부터 개인택시운송사업
        면허를 얻어 개인택시운송사업을 하고 있는 사람임.
    (다) 가동기간 : 개인택시운송사업자로서 적어도 만 62세가 될
                    때까지는 가동할 수 있을 것으로 예상됨.
    (라) 가동능력에 대한 금전적인 평가
        개인택시운송사업자인 소외 망 이◉◉는 월평균 20일간 영업
        하면서 1일 평균 금 85,800원씩 월평균 금 1,716,000(85,800
        원 × 20일) 상당의 총수입을 얻는데, 위 영업을 위하여 매월
        평균적 감가상각비를 비롯한 차량유지비, 각종 검사비, 세금,
        각종 보험료, 공과금 등의 경비로 매월 금 353,105원이 소요
        되므로 월간 순수입은 금 1,362,895원이고, 위 개인택시영업
        을 하기 위한 투하자본은 금 9,000,000원 정도이며, 그에 대
        한 자본수익율은 연 12%이므로, 위 월간순수입 금 1,362,895
        원에서 위 투하자본에 대한 자본수입금인 월 금 90,000원
        (9,000,000원×12/100×1/12)을 공제한 금 1,272,895원이 됩
        니다.
    (마) 생계비 : 수입의 1/3
    (2) 계산
    (가) 호프만 수치:
    68.1686{사고일인 2000.7.22.부터 만 62세가 되는 2007.3.15.
    까지 79개월간(월미만은 버림) 해당분}

(나)【계산】

1,272,895원 × 2/3 × 68.1686=57,847,646원(원미만은 버림, 이하 같음)

나. 소외 망 이◉◉의 위자료

소외 망 이◉◉가 사망함에 있어 입은 정신적 고통에 대하여 피고는 이를 위자할 책임이 있다 할 것인데, 위 망인의 학력과 경력 그리고 이 사건 사고의 내용 등 사정을 참작하면 위자료로 금 30,000,000원 정도가 상당하다고 할 것입니다.

다. 상속관계

(1) 재산상속인, 상속비율

원고 김○○ : 3/7

원고 이①○, 원고 이②○ : 각 2/7

(2) 상속재산

금 87,847,646원

(재산상 손해 57,847,646원 + 위자료 30,000,000원)

(3) 상속금액의 계산

원고 김○○ : 금 37,648,911원(87,847,646원×3/7)

원고 이①○, 원고 이②○ :

각 금 25,099,327원 (87,847,646원×2/7)

라. 원고들의 위자료

소외 망 이◉◉가 사망함으로써 그의 처와 아들인 원고들이 심한 정신적 고통을 입었다 할 것이므로 피고는 이를 위자할 책임이 있고, 원고들의 경력.신분관계 등 사정을 참작하면 위 망인의 처인 원고 김○○에 대한 위자료는 금 12,000,000원, 위 망인의 아들인 원고 이①○, 원고 이②○에게 각 금 4,000,000원씩을 위자료로 지급함이 상당하다 할 것입니다.

마. 장례비

이 사건 사고를 당하여 원고 김○○는 소외 망 이◉◉의 장례를 위하여 장례비 및 장례를 위한 제반비용 등으로 금 4,500,000원을 지출하였으므로 피고들은 원고 김○○에게 이를 배상할 책임이 있다 할 것입니다.

4. 결 론

그렇다면 피고는 원고 김○○에게 금 54,148,911원(상속분 금 37,648,911원+본인 위자료 금 12,000,000원+장례비 금 4,500,000원), 원고 이①○, 원고 이②○에게 각 금 29,099,327원(상속분 금 25,099,327원+본인 위자료 금 4,000,000원) 및 각 이에 대하여 이 사건 사고일인 2000. 7. 22.부터 이 사건 소장부본 송달일까지는 민법에서 정한 연 5%의, 그 다음날부터 다 갚는 날까지는 소송촉진등에관한특례법에서 정한 연 15%의 각 비율에 의한 지연손해금을 지급 받고자 이 사건 청구에 이르게 되었습니다.

입 증 방 법

1. 갑 제1호증   기본증명서
   (단, 2007.12.31. 이전 사망한 경우 제적등본)
1. 갑 제2호증   가족관계증명서
   (또는, 상속관계를 확인할 수 있는 제적등본)
1. 갑 제3호증   사망진단서
1. 갑 제4호증   사체검안서
1. 갑 제5호증   교통사고사실확인원
1. 갑 제6호증   자동차등록원부
1. 갑 제7호증의 1, 2   한국인표준생명표 표지 및 내용
1. 갑 제8호증   자동차운송사업면허증
1. 갑 제9호증   사업자등록증
1. 갑 제10호증의 1, 2   사실조회 회신 및 내용

첨 부 서 류

1. 위 입증방법   각 1통
1. 소장부본   2통
1. 송달료납부서   1통

20○○. ○. ○.
위 원고   1. 김○○   (서명 또는 날인)
         2. 이①○   (서명 또는 날인)

3. 이②○ (서명 또는 날인)

○○지방법원 귀중

※**관련판례**
피보험자가 무보험자동차에 의한 교통사고로 인하여 상해를 입었을
때에 손해에 대하여 배상할 의무자가 있는 경우 보험자가 약관에 정
한 바에 따라 피보험자에게 손해를 보상하는 것을 내용으로 하는 무
보험자동차에 의한 상해담보특약(이하 '무보험자동차특약보험'이라
한다)은 상해보험의 성질과 함께 손해보험의 성질도 갖고 있는 손해
보험형 상해보험이므로, 하나의 사고에 관하여 여러 개의 무보험자
동차특약보험계약이 체결되고 보험금액의 총액이 피보험자가 입은
손해액을 초과하는 때에는 손해보험에 관한 상법 제672조 제1항이
준용되어 보험자는 각자의 보험금액의 한도에서 연대책임을 지고,
이 경우 각 보험자 사이에서는 각자의 보험금액의 비율에 따른 보상
책임을 진다. 위와 같이 상법 제672조 제1항이 준용됨에 따라 여러
보험자가 각자의 보험금액의 한도에서 연대책임을 지는 경우 특별한
사정이 없는 한 보험금 지급책임의 부담에 관하여 각 보험자 사이에
주관적 공동관계가 있다고 보기 어려우므로, 각 보험자는 보험금 지
급채무에 대하여 부진정연대관계에 있다(대법원 2016.12.29. 선고
2016다217178 판결).

※**관련판례**
자동차 보유자를 알 수 없는 뺑소니 자동차 또는 무보험 자동차에
의한 교통사고의 경우 자동차손해배상 보장법 제30조 제1항에 따라
피해자가 가지는 보장사업에 의한 보상금청구권은 피해자 구제를 위
하여 법이 특별히 인정한 청구권으로서, 구 국민건강보험법(2011.12.31.
법률 제11141호로 전부 개정되기 전의 것) 제53조 제1항에서 말하는
제3자에 대한 손해배상청구의 권리에 해당한다고 볼 수 없다(대법원
2012.12.13. 선고 2012다200394 판결).

- 89 -

[서식 예] 손해배상(자)청구의 소(미성년 남자고등학생, 부상)

소　　장

원　　고　1. 박○○ (주민등록번호)
　　　　　2. 박◉◉ (주민등록번호)
　　　　　3. 이◉◉ (주민등록번호)
　　　　　4. 박◎◎ (주민등록번호)
　　　　　원고 1, 4는 미성년자이므로
　　　　　법정대리인 친권자 부 박◉◉
　　　　　　　　　　　　　 모 이◉◉
　　　　　원고들의 주소:○○시 ○○구 ○○길 ○○(우편번호)
　　　　　전화.휴대폰번호:
　　　　　팩스번호, 전자우편(e-mail)주소:
피　　고　◇◇화재해상보험주식회사
　　　　　○○시 ○○구 ○○로 ○○(우편번호)
　　　　　대표이사 ◇◇◇
　　　　　전화.휴대폰번호:
　　　　　팩스번호, 전자우편(e-mail)주소:

손해배상(자)청구의 소

청 구 취 지

1. 피고는 원고 박○○에게 금 26,723,065원, 원고 박◉◉, 원고 이◉
◉에게 각 금 2,000,000원, 원고 박◎◎에게 금 1,000,000원 및
각 이에 대하여 2000.8.29.부터 이 사건 소장부본 송달일까지는 연
5%의, 그 다음날부터 다 갚는 날까지는 연 15%의 각 비율에 의한
돈을 지급하라.
2. 소송비용은 피고의 부담으로 한다.
3. 위 제1항은 가집행 할 수 있다.
라는 판결을 구합니다.

청 구 원 인

1. 당사자의 지위
원고 박○○는 이 사건 사고로 인하여 부상을 입고 장해가 발생한 사람인바, 원고 박●●, 원고 이●●는 원고 박○○의 부모이고, 원고 박◎◎는 원고 박○○의 동생이며, 피고 ◇◇화재해상보험주식회사는 이 사건 가해차량의 자동차종합보험이 가입된 보험회사입니다.

2. 손해배상책임의 발생
가. 소외 정◆◆는 2000.8.29. 22:20경 그의 소유인 이 사건 사고차량인 서울 ○○고○○○○호 레간자 자가용승용차를 운전하여 서울 ○○구 ○○동 ○○교차로 방면에서 ○○방면으로 가변차선 편도 3차선 도로를 1차로를 따라 시속 약 40km로 진행 중 ○○시 ○○구 ○○길 ○○ 앞 노상에는 신호등 있는 횡단보도가 설치되어 있는 곳이므로 운전업무에 종사하는 사람으로서 신호에 따라 안전하게 진행함으로써 사고를 미연에 방지하여야 할 업무상 주의의무가 있음에도 불구하고 신호를 위반한 채 진행한 과실로 때마침 보행자신호에 따라 횡단보도를 건너는 원고 박○○를 충돌하여 그에게 우측대퇴골 경부골절, 경부 및 요부 염좌 등의 상해를 입혀 그 후유증으로 고관절 운동제한으로 노동능력 상실이 예상되는 장해가 발생하도록 하였습니다.

나. 그렇다면 위 사고차량의 소유자인 소외 정◆◆는 자동차손해배상보장법 제3조에서 규정한 자기를 위하여 자동차를 운행하는 자로서 이 사건 원고들이 입은 재산적, 정신적 손해를 배상할 책임이 있다 할 것인데, 위 가해 자동차는 피고회사의 자동차종합보험에 가입되어 있으므로 피고회사는 상법 제726조의 2에 의하여 손해배상책임이 있다 할 것입니다.

3. 손해배상의 범위
가. 원고 박○○의 일실수입
(1) 산정요소
(가) 성별: 남자
(나) 생년월일: 1983.3.21.생
(다) 사고당시 나이: 만 17세 5개월 남짓

(라) 기대여명: 55.54년

(마) 거주지: 도시지역

(바) 소득실태(도시일용노임): 금 37,052원(2000년 하반기 시중 노임단가)

(사) 가동연한: 만 60세가 되는 2043.3.20.까지 월 22일씩 가동

(아) 노동능력상실율: 추후 신체감정결과에 의해 확정될 것이나 일응 12%로 예상됨.

(자) 호프만 수치 : 222.0780(=273.1245 - 51.0465)

273.1245{사고일부터 만 60세가 되는 2043.3.20.까지 510 개월간 해당분, (월미만은 버림. 다음부터 같음)}

51.0465(사고일부터 군복무 26개월을 마치는 2005.5.21. 까지 57개월간 해당분)

(2)【계산】

[(37,052원×22일×0.12)×(273.1254-51.0465=222.0780)]

=21,723,065원

(월 미만 및 원 미만은 버림)

나. 향후치료비

향후 신체감정결과에 따라 청구하겠습니다.

다. 위자료

원고 박○○는 ○○고등학교 1학년에 재학 중인 학생으로서 이 사건 사고로 인하여 정상적인 수업을 받지 못하였을 뿐만 아니고, 노동력상실이 예상되는 장해를 입었으므로 감수성이 예민한 시기에 그 정신적 고통이 극심하였을 뿐만 아니라, 앞서 기재한 가족관계에 있는 나머지 원고들도 크나큰 정신적 고통을 받았을 것임은 경험칙상 명백하므로 피고는 그 위자료로서 원고 박○○에게 금 5,000,000원, 부모인 원고 박◉◉, 원고 이◉◉에게 각 금 2,000,000원, 동생인 원고 박◎◎에게 금 1,000,000원을 지급함이 상당합니다.

4. 결 론

그렇다면 피고는 원고 박○○에게 금 26,723,065원(향후 신체감정결과에 따라 확장 하겠음), 원고 박◉◉, 원고 이◉◉에게 각 금 2,000,000원, 원고 박◎◎에게 금 1,000,000원 및 각 이에 대하여 이 사건 사고일인 2000.8.29.부터 이 사건 소장부본 송달일까지는

민법에서 정한 연 5%의, 그 다음날부터 다 갚을 때까지는 소송촉진 등에관한특례법에서 정한 연 15%의 각 비율에 의한 지연손해금을 지급할 의무가 있으므로 그 지급을 구하기 위해 이 사건 소제기에 이르렀습니다.

입 증 방 법

1. 갑 제1호증   가족관계증명서
1. 갑 제2호증   교통사고사실확인원
1. 갑 제3호증   자동차등록원부
1. 갑 제4호증   진단서
1. 갑 제5호증   후유장해진단서
1. 갑 제6호증의 1, 2   한국인표준생명표 표지 및 내용
1. 갑 제7호증의 1, 2   월간거래가격표지 및 내용

첨 부 서 류

1. 위 입증방법   각 1통
1. 법인등기사항증명서   1통
1. 소장부본   1통
1. 송달료납부서   1통

20○○. ○. ○.
위 원고   1. 박○○
2. 박◉◉ (서명 또는 날인)
3. 이◉◉ (서명 또는 날인)
4. 박◎◎
원고 1, 4는 미성년자이므로 법정대리인
친권자 부 박◉◉ (서명 또는 날인)
모 이◉◉ (서명 또는 날인)

○○지방법원 귀중

[서식 예] 손해배상(자)청구의 소(유아사망, 보험가입한 승용차)

소   장

원 고   1. 박◉◉ (주민등록번호)
　　　　　 2. 이◉◉ (주민등록번호)
　　　　　 3. 박◎◎ (주민등록번호)
　　　　　 원고 박◎◎는 미성년자이므로
　　　　　 법정대리인 친권자 부 박◉◉　　 모 이◉◉
　　　　　 원고들의 주소:○○시 ○○구 ○○길 ○○(우편번호)
　　　　　 전화.휴대폰번호:
　　　　　 팩스번호, 전자우편(e-mail)주소:
피 고   ◇◇화재해상보험주식회사
　　　　　 ○○시 ○○구 ○○로 ○○(우편번호)
　　　　　 대표이사 ◇◇◇
　　　　　 전화.휴대폰번호:
　　　　　 팩스번호, 전자우편(e-mail)주소:

손해배상(자)청구의 소

청 구 취 지

1. 피고는 원고 박◉◉에게 금 97,330,558원, 원고 이◉◉에게 금 72,330,558원, 원고 박◎◎에게 금 4,000,000원 및 각 이에 대하여 2000.8.22.부터 이 사건 소장부본 송달일까지는 연 5%의, 그 다음날부터 다 갚을 때까지는 연 15%의 각 비율에 의한 돈을 지급하라.
2. 소송비용은 피고의 부담으로 한다.
3. 위 제1항은 가집행 할 수 있다.
라는 판결을 구합니다.

청 구 원 인

1. 당사자들의 지위

소외 망 박○○는 이 사건 사고로 사망한 사람인바, 원고 박◉◉, 원고 이◉◉는 위 소외 망 박○○의 부모이고, 원고 박◎◎는 소외 망 박○○의 오빠이고, 피고 ◇◇화재해상보험주식회사(다음부터 피고회사라고만 함)는 이 사건 가해차량의 자동차종합보험이 가입된 보험회사입니다.

2. 손해배상책임의 발생

가. 소외 정◆◆는 2000.8.22. 16:20경 소외 ○○관광(주) 소유인 충남 ○○바○○○○호 관광버스를 운전하고 ○○ ○○군 ○○면 ○○길 ○○아파트부근 소외 황◆◆의 집 앞길을 ○○방면에서 ○○아파트 방면으로 시속 약60km의 속도로 진행함에 있어서 그곳은 차선이 그려져 있지 않은 주택가 도로(국도나 지방도 아님)로 사람의 통행이 빈번하여 사고지점 50m 못 미쳐 과속방지턱이 설치되어 있는 도로이고, 당시 피해자 소외 망 박○○(여, 4세)가 다른 아이의 3륜자전거를 뒤에서 밀면서 놀고 있는 것을 보았으므로 이러한 경우 운전업무에 종사하는 사람은 속도를 줄이고 충분한 간격을 두고 피해가거나 일단 정지하여 사고를 미연에 방지하여야 할 업무상 주의의무가 있음에도 불구하고 이를 게을리 한 채 그대로 진행한 과실로 사고차량을 보고 도로 중앙에서 사고차량 진행방향 좌측으로 급히 달려 피하는 피해자 소외 망 박○○를 사고차량 앞 범퍼 좌측부분으로 들이받아 도로에 넘어뜨린 후 계속 진행하여 좌측 앞바퀴로 피해자 소외 망 박○○의 머리부위를 넘어가 피해자 소외 망 박○○로 하여금 두개골 파열에 의한 뇌출혈로 그 자리에서 사망에 이르게 한 것입니다.

나. 그렇다면 위 사고차량의 소유자인 소외 ○○관광(주)는 자동차손해배상보장법 제3조에서 규정한 자기를 위하여 자동차를 운행하는 자로서 이 사건 사고의 피해자인 소외 망 박○○ 및 소외 망 박○○의 유족인 원고들이 입은 재산적, 정신적 손해를 배상할 책임이 있다 할 것이고, 또한 위 가해자동차는 피고회사의 자동차종합보험에 가입되어 있으므로 상법 제726조의 2에 의하여

피고회사에 손해배상책임이 있다 할 것입니다.

3. 손해배상의 범위
  가. 기대수입 상실액
    1) 소외 망 박○○는 1996.1.5.생 신체 건강한 여자로서 이 사
      건 사고당시 만 4년 7개월 남짓한 정도이고, 그 기대여명은
      75.79년이므로 특단의 사정이 없는 한 79세까지는 생존이
      가능하다 할 것입니다.
    2) 소외 망 박○○는 미성년자로서 이 사건 사고가 아니었다면
      성년이 되는 만 20세가 되는 2016.1.5.부터 위 기대여명 내
      가동연한인 만 60세가 되는 2056.1.4.까지 최소한 도시일용
      노동자로서 종사하여 도시일용노임상당의 수입을 얻었을 것
      임에도 불구하고 이 사건 사고로 인하여 매월 순차적으로 이
      를 상실하였다고 할 것인데, 이를 사고당시를 기준하여 일시
      에 청구하므로 호프만식 계산법에 따라 월 12분의 5%의 중
      간이자를 공제하고 이 사건 사고 당시의 현가로 산정하면 아
      래와 같이 금 98,661,117원이 됩니다.
    【계산】 [(37,052원×22일×2/3)×(317.9187-136.3659
            =181.5528)]=98,661,117원
            (월 미만 및 원 미만은 버림)
    ＊성별 : 여자
    ＊생년월일: 1996.1.5.생
    ＊거주지역: 도시지역
    ＊가동연한: 만 60세가 되는 2056.1.4.까지 월 22일씩 가동
    ＊소득실태(도시일용노임): 금 37,052원(2000년 하반기 시중
                              노임단가)
    ＊망인의 생계비공제 : 월수입의 1/3정도
    ＊호프만수치 : 181.5528(=317.9187 - 136.3659)
    - 317.9187(사고일부터 만 60세가 되는 2056.1.4.까지 664
      개월간 해당분)
    - 136.3659(사고일부터 만 20세가 되는 2016.1.4.까지 184
      개월간 해당분)
  나. 소외 망 박○○의 위자료
    소외 망 박○○는 이 사건 사고로 사망하는 순간 견딜 수 없는

고통과 이제 4세의 어린 나이로 부모를 앞에 둔 채 여명을 다하지 못하고 한을 품은 채 운명하였을 것이므로 피고는 소외 망 박○○에게 금 30,000,000원을 위자료로 지급함이 상당하다 할 것입니다.

다. 상속관계

소외 망 박○○의 재산적 손해 및 위자료를 합하면 금 128,661,117원(재산적 손해 금 98,661,117원 + 위자료 금 30,000,000원)인바, 소외 망 박○○의 부모인 원고 박◉◉ 원고 이◉◉에게 각 2분의 1씩 공동상속 되었다 할 것입니다.

라. 위자료

원고들도 소외 망 박○○의 사망으로 인하여 크나큰 정신적 고통을 받았을 것임은 경험칙상 명백하므로 위 망인의 부모인 원고 박◉◉, 원고 이◉◉에게 각 금 8,000,000원, 위 망인의 오빠인 원고 박◎◎에게 금 4,000,000원씩을 위자료로 지급함이 상당하다 할 것입니다.

마. 장례비

이 사건 사고를 당하여 원고 박◉◉는 소외 망 박○○의 장례를 위하여 장례비 및 장례를 위한 제반비용 등으로 금 2,500,000원을 지출하였으므로 피고는 원고 박◉◉에게 이를 배상할 책임이 있다 할 것입니다.

4. 결 론

그렇다면 피고는 원고 박◉◉에게 금 97,330,558원(망인의 일실수익 및 위자료 상속분 금 64,330,558원 + 위자료 금 8,000,000원 + 장례비 금 2,500,000원), 원고 이◉◉에게 금 72,330,558원(망인의 일실수익 및 위자료 상속분 금 64,330,558원 + 위자료 금 8,000,000원), 원고 박◎◎에게 금 4,000,000원 및 각 이에 대하여 이 사건 불법행위일인 2000. 8. 22.부터 이 사건 소장부본 송달일까지는 민법에서 정한 연 5%의, 그 다음날부터 다 갚는 날까지는 소송촉진등에관한특례법에서 정한 연 15%의 각 비율에 의한 지연손해금을 지급할 의무가 있다 할 것이므로, 그 지급을 구하기 위하여 이 사건 청구에 이른 것입니다.

입 증 방 법

1. 갑 제1호증   기본증명서
      (단, 2007.12.31. 이전 사망한 경우 제적등본)
1. 갑 제2호증   가족관계증명서
      (또는, 상속관계를 확인할 수 있는 제적등본)
1. 갑 제3호증   주민등록등본
1. 갑 제4호증   사망진단서
1. 갑 제5호증   사체검안서
1. 갑 제6호증   교통사고사실확인원
1. 갑 제7호증   자동차등록원부
1. 갑 제8호증의 1, 2   한국인표준생명표 표지 및 내용
1. 갑 제9호증의 1, 2   월간거래가격표지 및 내용

첨 부 서 류

1. 위 입증방법   각 1통
1. 법인등기사항증명서   1통
1. 소장부본   1통
1. 송달료납부서   1통

20○○. ○. ○.
      위 원고 1. 박◉◉ (서명 또는 날인)
                2. 이◉◉ (서명 또는 날인)
                3. 박◎◎
      원고 박◎◎는 미성년자이므로 법정대리인
                친권자 부 박◉◉ (서명 또는 날인)
                        모 이◉◉ (서명 또는 날인)

○○지방법원 귀중

[서식 예] 손해배상(자)청구의 소
(여고생사망, 호프만수치 240넘는 경우)

소   장

원   고   1. 김◉◉ (주민등록번호)
        2. 이◉◉ (주민등록번호)
        3. 김◎◎ (주민등록번호)
        원고 김◎◎는 미성년자이므로
        법정대리인 친권자 부 김◉◉
                    모 이◉◉
        원고들의 주소:○○시 ○○구 ○○길 ○○(우편번호)
        전화.휴대폰번호:
        팩스번호, 전자우편(e-mail)주소:
피   고   ◇◇화재해상보험주식회사
        ○○시 ○○구 ○○로 ○○(우편번호)
        대표이사 ◇◇◇
        전화.휴대폰번호:
        팩스번호, 전자우편(e-mail)주소:

손해배상(자)청구의 소

청 구 취 지

1. 피고는 원고 김◉◉에게 금 90,711,520원, 원고 이◉◉에게 금 88,211,520원, 원고 김◎◎에게 금 4,000,000원 및 각 이에 대하여 2000.8.2.부터 이 사건 소장부본 송달일까지는 연 5%의, 그 다음날부터 다 갚는 날까지는 연 15%의 각 비율에 의한 돈을 각 지급하라.
2. 소송비용은 피고의 부담으로 한다.
3. 위 제1항은 가집행 할 수 있다.
라는 판결을 구합니다.

청 구 원 인

1. 당사자들의 관계

피고는 소외 ◆◆◆의 보험사업자이고, 원고 김◉◉는 소외 ◆◆◆의 교통사고에 의하여 사망한 소외 망 김○○의 아버지이고, 원고 이◉◉는 그 어머니이며, 원고 김◎◎는 그 동생입니다.

2. 손해배상책임의 발생

소외 ◆◆◆는 광주○도○○○○호 세피아승용차의 운전업무에 종사하는 사람인바, 2000.8.2. 19:40경 위 차량을 운전하여 ○○시 ○○구 ○○길 소재 ◎◎약국 앞 도로상을 ○○동 방면에서 ◎◎경찰서 방면으로 시속 80㎞로 진행하게 함에 있어 전방주시의무를 게을리 하여 같은 방향으로 위 도로가장자리를 보행하던 소외 망 김○○(여, 18세)를 충격 하여 도로에 넘어지게 함으로써 소외 망 김○○가 현장에서 뇌진탕 등에 의하여 사망하게 한 것입니다.

그렇다면 위 사고차량의 소유자인 소외 ◆◆◆는 자동차손해배상보장법 제3조에서 규정한 자기를 위하여 자동차를 운행하는 자로서 이 사건 사고의 피해자인 소외 망 김○○ 및 소외 망 김○○의 유족인 원고들이 입은 재산적, 정신적 손해를 배상할 책임이 있다 할 것인데, 위 가해 자동차는 피고회사의 자동차종합보험에 가입되어 있으므로 피고회사는 상법 제726조의2에 의하여 손해배상책임이 있다 할 것입니다.

3. 손해배상의 범위

가. 원고 김○○의 일실수입

(1) 산정요소

(가) 성별: 여자

(나) 생년월일: 1982.7.20.생

(다) 사고당시 나이: 만 18세 남짓

(라) 기대여명: 62.02년

(마) 거주지: 도시지역

(바) 소득실태(도시일용노임): 금 37,052원(2000년 하반기 시중 노임단가)

(사) 가동연한: 만 60세가 되는 2042.7.19.까지 월 22일씩 가동

(자) 호프만 수치: 240[270.8755{사고일부터 만 60세가 되는
2042.7.19.까지 503개월(월 미만은 버림)해당분 호프만수치) –
22.8290(만 20세가 되는 2002.7.19.까지 24개월에 대한 호프
만수치)=248.0465이나 240을 초과하므로 240으로 함}
(아) 생계비공제: 월수입의 1/3정도
(2)【계산】
((37,052 × 22) × 240 × 2/3)=130,423,040원(원 미만은 버림)
나. 소외 망 김○○의 위자료
소외 망 김○○는 이 사건 사고로 사망하는 순간 견딜 수 없
는 고통과 여자고등학교 2학년에 재학 중인 학생으로서 부모
를 앞에 둔 채 여명을 다하지 못하고 한을 품은 채 운명하였
을 것이므로 피고는 소외 망 김○○에게 금 30,000,000원을
위자료로 지급함이 상당하다 할 것입니다.
다. 상속관계
소외 망 김○○의 재산적 손해 및 위자료를 합하면 금 160,423,040
원(재산적 손해 금 130,423,040원 + 위자료 금 30,000,000원)인바,
소외 망 김○○의 부모인 원고 김◉◉ 원고 이◉◉에게 각 2
분의 1씩 공동상속 되었다 할 것입니다.
라. 원고들의 위자료
원고들도 소외 망 김○○의 사망으로 인하여 크나큰 정신적
고통을 받았을 것임은 경험칙상 명백하므로 위 망인의 부모인
원고 김◉◉, 원고 이◉◉에게 각 금 8,000,000원, 위 망인의
동생인 원고 김◎◎에게 금 4,000,000원씩을 위자료로 지급함
이 상당하다 할 것입니다.
마. 장례비
이 사건 사고를 당하여 원고 김◉◉는 소외 망 김○○의 장례를
위하여 장례비 및 장례를 위한 제반비용 등으로 금 2,500,000원
을 지출하였으므로 피고는 원고 김◉◉에게 이를 배상할 책임이
있다 할 것입니다.

4. 결 론
그렇다면 피고는 원고 김◉◉에게 금 90,711,520원(망인의 일실수
익 및 위자료 상속분 금 80,211,520원 + 위자료 금 8,000,000원
+ 장례비 금 2,500,000원), 원고 이◉◉에게 금 88,211,520원(망

인의 일실수익 및 위자료 상속분 금 80,211,520원 + 위자료 금 8,000,000원), 원고 김◎◎에게 금 4,000,000원 및 각 이에 대하여 이 사건 불법행위일인 2000.8.22.부터 이 사건 소장부본 송달일까지는 민법에서 정한 연 5%의, 그 다음날부터 다 갚는 날까지는 소송촉진등에관한특례법에서 정한 연 15%의 각 비율에 의한 지연손해금을 지급할 의무가 있다 할 것이므로, 그 지급을 구하기 위하여 이 사건 청구에 이른 것입니다.

입 증 방 법

1. 갑 제1호증   제적등본
   (단, 2008.1.1. 이후 사망한 경우 기본증명서)
1. 갑 제2호증   상속관계를 확인할 수 있는 제적등본
                                  (또는, 가족관계증명서)
1. 갑 제3호증   주민등록등본
1. 갑 제4호증   사망진단서
1. 갑 제5호증   사체검안서
1. 갑 제6호증   교통사고사실확인원
1. 갑 제7호증   자동차등록원부
1. 갑 제8호증의 1, 2   한국인표준생명표 표지 및 내용
1. 갑 제9호증의 1, 2   월간거래가격표지 및 내용

첨 부 서 류

1. 위 입증방법   각 1통
1. 법인등기사항증명서   1통
1. 소장부본   1통
1. 송달료납부서   1통

2000. ○. ○.
위 원고 1. 김◉◉ (서명 또는 날인)
       2. 이◉◉ (서명 또는 날인)
       3. 김◎◎

원고 김◎◎는 미성년자이므로 법정대리인

친권자 부 박◉◉ (서명 또는 날인)

모 이◉◉ (서명 또는 날인)

○○**지방법원 귀중**

[서식 예] 손해배상(자)청구의 소(성년피해자 부상, 일부청구)

소 장

원 고 ○○○ (주민등록번호)
　　　○○시 ○○구 ○○길 ○○(우편번호)
　　　전화.휴대폰번호:
　　　팩스번호, 전자우편(e-mail)주소:
피 고 ◇◇화재해상보험주식회사
　　　○○시 ○○구 ○○로 ○○(우편번호)
　　　대표이사 ◇◇◇
　　　전화.휴대폰번호:
　　　팩스번호, 전자우편(e-mail)주소:

손해배상(자)청구의 소

청 구 취 지

1. 피고는 원고에게 금 15,964,090원 및 이에 대한 2000.5.26.부터 이 사건 소장부본 송달일까지는 연 5%의, 그 다음날부터 다 갚는 날까지 연 15%의 각 비율에 의한 돈을 지급하라
2. 소송비용은 피고의 부담으로 한다.
3. 위 제1항은 가집행 할 수 있다.
라는 판결을 구합니다.

청 구 원 인

1. 당사자들의 지위
　원고는 이 사건 교통사고의 피해자 본인으로 ○○시 라○○○○호 오토바이 운전자이고, 피고 ◇◇화재해상보험주식회사는(다음부터 피고 보험회사라고 함) 이 사건 가해차량인 충남 ○○나○○○○호 승용차의 소유자인 소외 ◆◆주식회사가 피보험자로 하여 가입한 자동차종합보험회사입니다.
2. 손해배상책임의 발생

가. 사고경위

소외 박◆◆는 피보험자인 소외 ◆◆주식회사에 근무하는 직원으로, 위 승용차를 운전하여 2000.5.26. 11:40경 ○○ ○○시 ○○면 ○○ 소재 ○○삼거리로부터 500m 떨어진 지점을 ◎◎ 방면에서 ○○삼거리방면으로 진행 중에 다른 진행차량 여부를 잘 살펴 운전하여야 할 주의의무가 있음에도 불구하고 이를 게을리 한 채 그대로 위 차량을 운전한 과실로 갓길에 정차 중이던 원고의 위 오토바이 중앙부분을 충격 하여 원고로 하여금 방광파열 후부요도파열골반골절 및 혈종 등으로 장해가능성이 예상되는 상해를 입게 하였습니다.

나. 그렇다면 위 승용차의 소유자인 소외 ◆◆주식회사는 자동차손해배상보장법 제3조에서 규정한 자기를 위하여 자동차를 운행하는 자로서 이 사건 사고의 피해자인 원고가 입은 재산적, 정신적 손해를 배상할 책임이 있다 할 것이고, 또한 피고 보험회사는 소외 ◆◆주식회사가 피보험자인 자동차보험자로서 상법 제726조의2에 따라 위 사고로 입은 모든 손해를 지급할 책임이 있다 할 것입니다.

3. 손해배상책임의 범위

가. 일실수입

(1)원고는 19○○.○.○.생으로서 위 사고 당시 34세 10월 남짓한 건강한 남자이고 그 평균여명은 33.56년입니다.

(2)원고는 이 사건 사고 당시 도시일용노동에 종사하여 왔는데, 이 사건 사고로 말미암아 방광파열 후부요도파열골반골절 및 혈종 등의 상해를 입어 장해가능성이 예상되는바, 추후신체감정결과에 따라 정산하기로 하고 우선 금 1,000,000원만 청구합니다.

나. 기왕치료비

원고는 이 사건 사고로 말미암아 사고일인 2000.5.26.부터 이 사건 소제기시까지 ○○시 ○○동 소재 ○○재단 ○○병원에서 입원치료를 받으면서 그 치료비로 금 4,964,090원을 지급하였습니다.

다. 향후치료비

추후 신체감정결과에 따라 청구하겠습니다.

라. 위자료

원고는 이 사건 사고로 말미암아 방광파열 후부요도파열골반골절 및 혈종 등의 상해를 입어 장해가능성이 예상되므로 원고가 상당한 정신상 고통을 받았을 것임은 명백하고, 피고는 이를 금전적으로 위로하고 도와줄 의무가 있다 할 것이므로 금 10,000,000원을 위자료로 지급함이 상당하다 할 것입니다.

4. 결 론

따라서 피고 보험회사는 원고에게 금 15,964,090원 및 이에 대하여 이 사건 불법행위일인 2000.5.26.부터 이 사건 소장부본 송달일까지는 민법에서 정한 연 5%의, 그 다음날부터 다 갚을 때까지는 소송촉진등에관한특례법에서 정한 연 15%의 각 비율에 의한 지연손해금을 지급할 의무가 있으므로, 원고는 피고 보험회사에 대하여 위 돈의 지급을 구하기 위하여 이 사건 청구에 이른 것입니다.

입 증 방 법

1. 갑 제1호증	교통사고사실확인원
1. 갑 제2호증	교통사고보고실황조사서
1. 갑 제3호증	진단서
1. 갑 제4호증의 1 내지 9	각 치료비영수증
1. 갑 제5호증	자동차등록원부
1. 갑 제6호증의 1, 2	한국인표준생명표 표지 및 내용

첨 부 서 류

1. 위 입증방법	각 1통
1. 법인등기사항증명서	1통
1. 소장부본	1통
1. 송달료납부서	1통

20○○. ○. ○.

위 원고   ○○○   (서명 또는 날인)

○○지방법원 귀중

[서식 예] 손해배상(자)청구의 소
(군필자사망, 호프만수치 240넘는 경우)

소 장

원 고 1. 김◉◉
      2. 이◉◉
      3. 김◎◎
      원고 김◎◎는 미성년자이므로
      법정대리인 친권자 부 김◉◉
               모 이◉◉
      원고들의 주소:○○시 ○○구 ○○길 ○○(우편번호)
      전화.휴대폰번호:
      팩스번호, 전자우편(e-mail)주소:
피 고 ◇◇화재해상보험주식회사
      ○○시 ○○구 ○○로 ○○(우편번호)
      대표이사 ◇◇◇
      전화.휴대폰번호:
      팩스번호, 전자우편(e-mail)주소:

손해배상(자)청구의 소

청 구 취 지

1. 피고는 원고 김◉◉에게 금 91,211,520원, 원고 이◉◉에게 금 88,211,520원, 원고 김◎◎에게 금 4,000,000원 및 각 이에 대하여 2000.8.2.부터 이 사건 소장부본 송달일까지는 연 5%의, 그 다음날부터 다 갚는 날까지는 연 15%의 각 비율에 의한 돈을 각 지급하라.
2. 소송비용은 피고의 부담으로 한다.
3. 위 제1항은 가집행 할 수 있다.
라는 판결을 구합니다.

청 구 원 인

1. 당사자들의 관계

피고는 소외 ◆◆◆의 보험사업자이고, 원고 김●●는 소외 ◆◆◆
의 교통사고에 의하여 사망한 소외 망 김○○의 아버지이고, 원고
이●●는 그 어머니이며, 원고 김◎◎는 그 동생입니다.

2. 손해배상책임의 발생

소외 ◆◆◆는 광주○도○○○○호 세피아승용차의 운전업무에 종
사하는 사람인바, 2000.8.2. 19:40경 위 차량을 운전하여 ○○시
○○구 ○○길 소재 ◎◎약국 앞 도로상을 ○○동 방면에서 ◎◎경
찰서 방면으로 시속 80km로 진행하게 함에 있어 전방주시의무를 게
을리 하여 같은 방향으로 위 도로가장자리를 보행하던 소외 망 김
○○(남, 23세)를 충격 하여 도로에 넘어지게 함으로써 소외 망 김
○○가 현장에서 뇌진탕 등에 의하여 사망하게 한 것입니다.

그렇다면 위 사고차량의 소유자인 소외 ◆◆◆는 자동차손해배상보
장법 제3조에서 규정한 자기를 위하여 자동차를 운행하는 자로서
이 사건 사고의 피해자인 소외 망 김○○ 및 소외 망 김○○의 유
족인 원고들이 입은 재산적, 정신적 손해를 배상할 책임이 있다 할
것인데, 위 가해 자동차는 피고회사의 자동차종합보험에 가입되어
있으므로 피고회사는 상법 제726조의2에 의하여 손해배상책임이
있다 할 것입니다.

3. 손해배상의 범위

가. 원고 김○○의 일실수입

(1) 산정요소

(가) 성별: 남자

(나) 생년월일: 1977.7.2.생

(다) 사고당시 나이: 만 23세 1개월

(라) 기대여명: 49.81년

(마) 거주지: 도시지역

(바) 소득실태(도시일용노임): 금 37,052원(2000년 하반기 시중
노임단가)

(사) 가동연한: 만 60세가 되는 2037.7.2.까지 월 22일씩 가동

(자) 호프만 수치: 240{사고일부터 만 60세가 되는 2037.7.2.

까지 443개월(월 미만은 버림) 해당분 호프

만수치는 250.6814이나 240을 초과하므로

240으로 함}

(아) 생계비공제: 월수입의 1/3정도

(2)【계산】

{(37,052 × 22) × 240 × 2/3}=130,423,040원(원 미만은 버림)

나. 장례비

이 사건 사고를 당하여 원고 김◉◉는 소외 망 김○○의 장례를

위하여 장례비 및 장례를 위한 제반비용 등으로 금 3,000,000원

을 지출하였으므로 피고는 원고 김◉◉에게 이를 배상할 책임이

있다 할 것입니다.

다. 위자료

소외 망 김○○는 이 사건 사고로 사망하는 순간 견딜 수 없는

고통과 부모를 앞에 둔 채 여명을 다하지 못하고 한을 품은 채

운명하였을 것이므로 피고는 소외 망 김○○ 및 앞서 본 가족관

계가 인정되는 소외 망 김○○의 유족들을 위로하고 도와줄 의

무가 있다 할 것인바, 소외 망 김○○에게 금 30,000,000원, 원

고 김◉◉에게 금 8,000,000원, 원고 이◉◉에게 금 8,000,000

원, 원고 김◎◎에게 금 4,000,000원씩을 위자료로 지급함이 상

당하다 할 것입니다.

라. 상속관계

소외 망 김○○의 재산적 손해 및 위자료를 합하면 금 160,423,040

원(재산적 손해 금 130,423,040원 + 위자료 금 30,000,000원)인바,

소외 망 김○○의 부모인 원고 김◉◉ 원고 이◉◉에게 각 2분

의 1씩 공동상속 되었다 할 것입니다.

4. 결 론

그렇다면 피고는 원고 김◉◉에게 금 91,211,520원(망인의 일실수입

및 위자료 상속분 금 80,211,520원 + 위자료 금 8,000,000원 + 장

례비 금 3,000,000원), 원고 이◉◉에게 금 88,211,520원(망인의 일

실수입 및 위자료 상속분 금 80,211,520원 + 위자료 금 8,000,000

원), 원고 김◎◎에게 금 4,000,000원 및 각 이에 대하여 이 사건 불

법행위일인 2000. 8. 22.부터 이 사건 소장부본 송달일까지는 민법

에서 정한 연 5%의, 그 다음날부터 다 갚는 날까지는 소송촉진등에 관한특례법에서 정한 연 15%의 각 비율에 의한 지연손해금을 각 지급할 의무가 있다 할 것이므로, 그 지급을 구하기 위하여 이 사건 청구에 이른 것입니다.

입 증 자 료

1. 갑 제1호증	가족관계증명서
1. 갑 제2호증	기본증명서
1. 갑 제2호증	주민등록초본
1. 갑 제3호증	사망진단서
1. 갑 제4호증	사체검안서
1. 갑 제5호증	교통사고사실확인원
1. 갑 제6호증	자동차등록원부
1. 갑 제7호증의 1, 2	한국인표준생명표 표지 및 내용
1. 갑 제8호증의 1, 2	월간거래가격표지 및 내용

첨 부 서 류

1. 위 입증방법	각 1통
1. 법인등기부등본	1통
1. 소장부본	1통
1. 송달료납부서	1통

20○○. ○. ○.

위 원고 1. 김◉◉ (서명 또는 날인)

2. 이◉◉ (서명 또는 날인)

3. 김◎◎

원고 김◎◎는 미성년자이므로 법정대리인

친권자 부 박◉◉ (서명 또는 날인)

모 이◉◉ (서명 또는 날인)

○○지방법원 귀중

[서식 예] 손해배상(자)청구의 소
(일용직 형틀목공 사망, 영업용 화물차)

소   장

원   고   1. 박○○(주민등록번호)
           2. 김○○(주민등록번호)
           원고들의 주소:○○시 ○○구 ○○길 ○○(우편번호)
           전화.휴대폰번호:
           팩스번호, 전자우편(e-mail)주소:
피   고   전국화물자동차운송사업연합회
           ○○시 ○○구 ○○길 ○○(우편번호)
           회장 ◇◇◇
           전화.휴대폰번호:
           팩스번호, 전자우편(e-mail)주소:

손해배상(자)청구의 소

청 구 취 지

1. 피고는 원고 박○○에게 금 ○○○○○원, 원고 김○○에게 금 ○
   ○○○○원 및 각 이에 대하여 20○○.○.○.부터 이 사건 소장부
   본 송달일까지는 연 5%의, 그 다음날부터 다 갚는 날까지는 연
   15%의 각 비율에 의한 돈을 지급하라.
2. 소송비용은 피고의 부담으로 한다.
3. 위 제1항은 가집행 할 수 있다.
라는 판결을 구합니다.

청 구 원 인

1. 당사자들의 지위
   가. 원고 박○○는 이 사건 교통사고로 사망한 소외 망 김◉◉의 처,
       원고 김○○는 소외 망 김◉◉의 아들입니다.

나. 피고는 이 사건 교통사고의 가해차량인 소외 ○○화물주식회사 (다음부터 소외회사라고만 함) 소유의 ○○15타○○○○호 화물 자동차에 관하여 공제계약을 체결한 공제사업자입니다.

2. 손해배상책임의 발생

가. 소외 권◆◆는 소외회사의 운전원으로 재직하고 있는 사람으로서 20○○.○.○. 06:00경 소외회사 소유의 ○○15타○○○○호 화 물자동차를 운전하여 ○○ ○○군 ○○면 ○○길 ○○마을 앞 편도 1차선 도로를 운행하던 중 졸음운전으로 인하여 중앙선을 넘어 마주 오던 반대차선의 소외 망 김◉◉이 운전하던 승용차 를 들이받아 소외 망 김◉◉를 현장에서 사망케 하고 승용차를 손괴하는 사고를 발생시켰는바, 이는 전방주시를 철저히 하여 안 전하게 운행하여야 할 주의의무가 있음에도 불구하고 이를 게을 리 한 채 졸음운전을 하였기 때문입니다.

나. 따라서 소외회사는 자동차손해배상보장법 제3조의 "자기를 위하 여 자동차를 운행한 자"에 해당하므로 같은 규정에 따라 이 사 건 교통사고로 인한 피해자에 대한 모든 손해를 배상할 책임이 있다 할 것이며, 피고는 위 사고차량에 관한 공제계약에 따라 원 고들의 위 모든 손해를 배상할 책임이 있습니다.

3. 손해배상책임의 범위

가. 소외 망 김◉◉의 일실수입

소외 망 김◉◉는 19○○.○.○. 출생한 신체 건강한 남자로서 이 사건 사고일인 20○○.○.○.현재 나이 ○○세로 통계청발행 의 한국인표준생명표에 의하면 기대여명이 ○○년은 되므로 최소 한 72세까지는 생존 가능한 것으로 추정되고 적어도 같은 여명 내의 만 60세가 되는 해인 20○○.○.○.까지 ○○년 ○개월은 더 일할 수 있었을 것입니다.

위 망인은 위 교통사고로 사망할 때까지 약 30년간 각종 공사장 에서 형틀목공으로 일해왔던 자로서 사고일에 가까운 20○○.○. 의 대한건설협회 발행의 월간거래가격에 따르면 형틀목공의 1일 평균임금은 금 ○○○원인바, 피해자가 사망하지 않았더라면 적 어도 매월 22일씩 일하여 기대여명내인 60세까지 ○○년 ○개월 동안은 근로하여 소득을 얻을 수 있었을 것인데, 이 사건 교통사 고로 인하여 사망함에 따라 그 소득을 매월 순차적으로 상실하게 되었습니다.

따라서 위 망인이 상실한 위 소득을 이 사건 교통사고 당시를 기준으로 단리 월 5/12%의 중간이자를 공제하는 호프만식 계산법에 따라 그 현가를 계산하면 금 ○○○○○원{형틀목공 1일 시중노임 금 ○○○원×22일×60세까지 ○○○개월에 대한 단리연금현가표상 수치(호프만수치)}이 됩니다.

여기서 위 망인의 생계비로 3분의 1정도를 공제하면 이 사건 교통사고로 인한 위 망인의 일실수입 총액은 금 ○○○○○원(위 현가 금 ○○○○○원×2/3, 원미만 버림)이 됩니다.

나. 소외 망 김◉◉의 위자료

소외 망 김◉◉가 사망함에 있어 입은 정신적 고통에 대하여 피고는 이를 위자할 책임이 있다 할 것인데 위 망인의 학력과 경력 그리고 이 사건 사고의 내용 등 사정을 참작하면 위자료로 금 ○○○○원 정도가 상당하다고 할 것입니다.

다. 상속관계

피고의 소외 망 김◉◉에 대한 배상책임의 액수는 앞서와 같이 합계 금 ○○○○○원(일실수입 금 ○○○○○원＋위자료 금 ○○○○원)이 되는바, 그와 같은 손해배상채권은 그의 재산상속인들인 원고 박○○에게 금 ○○○○○원(위 합계 금○○○○○원×3/5), 원고 김○○에게 금 ○○○○○원(위 합계 금○○○○○원×2/5)씩 귀속되었습니다.

라. 원고들의 위자료

소외 망 김◉◉가 사망함으로써 그의 처와 아들인 원고들이 심한 정신적 고통을 입었다 할 것이므로 피고는 이를 위자할 책임이 있고, 원고들의 경력.신분관계 등 사정을 참작하면 그의 처인 원고 박○○에 대한 위자료는 금 ○○○원, 그의 아들인 원고 김○○에 대한 위자료는 금 ○○○원 정도가 상당하다고 생각됩니다.

마. 소외 망 김◉◉의 장례비

원고 박○○은 망인의 처로서 그 장례를 치루면서 금 ○○○원을 지출하였는바, 이 또한 이 사건 교통사고로 인하여 원고 박○○가 입은 손해라 할 것이므로 피고로서는 이를 원고 박○○에게 배상하여야 할 책임이 있다 할 것입니다.

4. 결론

그렇다면 피고는 원고 박○○에게 금 ○○○○○원(상속분 금 ○○○ ○○원＋위자료 금 ○○○원＋장례비 금 ○○○원), 원고 김○○에게 금 ○○○○○원(상속분 금 ○○○○○원＋위자료 금 ○○○원)씩을 지급하여 배상하여야 할 책임이 있다 할 것이므로, 원고들은 피고로 부터 위 돈의 지급과 아울러 이에 대하여 피해자가 사망한 사고일부 터 이 사건 소장부본 송달일까지는 민법에서 정한 연 5%의, 그 다음 날부터 다 갚는 날까지는 소송촉진등에관한특례법에서 정한 연 15% 의 각 비율에 의한 지연손해금의 지급을 받고자 이 사건 청구에 이 른 것입니다.

입 증 방 법

1. 갑 제1호증   기본증명서
    (단, 2007.12.31. 이전 사망한 경우 제적등본)
1. 갑 제2호증   가족관계증명서
    (또는, 상속관계를 확인할 수 있는 제적등본)
1. 갑 제3호증   주민등록등본
1. 갑 제4호증   자동차등록원부
1. 갑 제5호증   교통사고사실확인원
1. 갑 제6호증   사망진단서
1. 갑 제7호증의 1, 2   월간거래가격표지 및 내용
1. 갑 제8호증의 1, 2   한국인표준생명표 표지 및 내용

첨 부 서 류

1. 위 입증방법   각 1통
1. 법인등기사항증명서   1통
1. 소장부본   1통
1. 송달료납부서   1통

20○○. ○. ○.
위 원고   1. 박○○ (서명 또는 날인)
          2. 김○○ (서명 또는 날인)

○○지방법원 귀중

- 114 -

[서식 예] 손해배상(자)청구의 소

(성직자 사망, 절도차량, 소유자 책임 없음)

소   장

원   고   1. 김○○ (주민등록번호)
            ○○시 ○○구 ○○길 ○○(우편번호)
            전화.휴대폰번호:
            팩스번호, 전자우편(e-mail)주소:
         2. 이①○ (주민등록번호)
            ○○시 ○○구 ○○길 ○○(우편번호)
            전화.휴대폰번호:
            팩스번호, 전자우편(e-mail)주소:
         3. 이②○ (주민등록번호)
            ○○시 ○○구 ○○길 ○○(우편번호)
            전화.휴대폰번호:
            팩스번호, 전자우편(e-mail)주소:

피   고   ◇◇◇ (주민등록번호)
            ○○시 ○○구 ○○길 ○○(우편번호)
            전화.휴대폰번호:
            팩스번호, 전자우편(e-mail)주소:

손해배상(자)청구의 소

청 구 취 지

1. 피고는 원고 김○○에게 금 169,689,019원, 원고 이①○, 원고
   이②○에게 각 금106,126,012원 및 이에 대하여 2000.7.22.부터
   이 사건 소장부본 송달일까지는 연 5%의, 그 다음날부터 다 갚
   는 날까지는 연 15%의 각 비율에 의한 돈을 각 지급하라.
2. 소송비용은 피고의 부담으로 한다.
3. 위 제1항은 가집행 할 수 있다.

라는 판결을 구합니다.

청 구 원 인

1. 당사자들의 지위
소외 망 이◉◉는 이 사건 사고로 사망한 사람인바, 원고 김○○는 소외 망 이◉◉의 처이고, 원고 이①○, 원고 이②○는 소외 망 이◉◉의 아들이며, 피고 ◇◇◇는 이 사건 가해차량의 운전자입니다.

2. 손해배상 책임의 발생
가. 피고 ◇◇◇는 2000.7.22. 21:20경 소외 정◆◆를 흉기로 위협하여 자동차 열쇠를 **빼앗아** 소외 정◆◆ 소유인 서울 ○○고○○○○호 그랜져 승용차를 강제로 **빼앗아** 운전하던 중 서울 ○○구 ○○길 ○○교차로 방면에서 ○○방면으로 편도 3차선 도로를 1차로를 따라 시속 약 80km로 진행하다가 신호등 있는 횡단보도를 보행자신호에 따라 횡단보도를 건너는 소외 망 이◉◉를 충돌하여 사고차량 앞 범퍼 좌측부분으로 들이받아 도로에 넘어뜨린 후 계속 진행하여 좌측 앞바퀴로 피해자의 머리부위를 넘어가 피해자로 하여금 두개골 파열에 의한 뇌출혈로 그 자리에서 사망에 이르게 한 것입니다.

나. 그렇다면 피고는 민법 제750조에 규정한 불법행위자로서 이 사건 사고의 피해자인 소외 망 이◉◉ 및 소외 망 이◉◉의 유족인 원고들이 입은 재산적, 정신적 손해를 배상할 책임이 있다 할 것입니다.

3. 손해배상의 범위
가. 일실수입
망인이 이 사건 사고로 입은 일실수입 손해는 다음 (1)과 같은 인정사실 및 평가내용을 기초로 하여, 다음 (2)와 같이 월 5/12%의 비율에 의한 중간이자를 공제하는 단리할인법에 따라 이 사건 사고 당시의 현가로 계산한 금327,441,045원입니다.

(1) 인정사실 및 평가내용

(가) 성 별 : 남자

생년월일 : 1950.3.16.생

연령(사고당시) : 50세 4개월 정도

기대여명 : 25.28년

(나) 직업 및 경력

19○○.○.○○. ○○신학교를 졸업하고, 19○○.○.○○. 대한예수교 ○○노회에서 목사임직을 받고 19○○.○.○○.부터 ○○시 ○○구 ○○동 ○○ 소재 ○○교회의 당회장 목사로 부임한 이래 이 사건 사고시까지 위 교회에서 10년 이상 목회를 하고 있었습니다.

(다) 가동기간 : 목사(종교관계종사자)로서 70세까지 가동할 수 있을 것으로 예상됨.

(라) 가동능력에 대한 금전적인 평가

통계청이 고시한 1992년 한국표준직업분류(통계청고시 제1992-1호)에 따르면 목사 및 부흥사는 24. 기타 전문가. 246. 종교전문가에 속하고, 노동부 발행의 1999년 임금구조기본통계조사보고서(조사기준기간 1999.6.1.부터 같은 해 6. 30.까지)에 의하면 24. 기타 전문가, 10년 이상 경력의 남자의 월수입은 금 3,002,300원(월급여액 2,304,775원 + 연간특별 급여액 8,370,310원/12, 원 미만은 버림)이 됩니다. 그런데 소외 망 이◉◉는 10년 이상 목사로서 재직하고 있으나 그 보수가 일정치 않으므로 객관적인 자료에 의해 적정하다고 여겨지는 액수를 소외 망 이◉◉의 금전적인 가동능력으로 평가할 수밖에 없다 할 것인데, 그렇게 볼 때 소외 망 이◉◉과 같은 목사는 앞서 본 한국표준직업분류에 의한 종교전문가(246번)에 속한다 할 것이고 위에서 인정한 임금구조기본통계보고서상의 10년 이상 경력 남자 종교전문가의 월수입을 망인의 가동능력에 대한 금전적인 평가로 인정함이 상당하다고 할 것입니다.

(마) 생계비 : 수입의 1/3

(2) 계산

(가) 호프만 수치: 163.5951{사고일인 2000.7.22.부터 만 70세가 되는 2020.3.15.까지 235개월간(월 미만은 버림) 해당분}

(나)【계산】3,002,300원 × 2/3 × 163.5951=327,441,045(원미만은 버림)

나. 소외 망 이◉◉의 위자료

소외 망 이◉◉가 사망함에 있어 입은 정신적 고통에 대하여 피고는 이를 위자할 책임이 있다 할 것인데, 위 망인의 학력과 경력 그리고 이 사건 사고의 내용 등 사정을 참작하면 위자료로 금 30,000,000원 정도가 상당하다고 할 것입니다.

다. 상속관계

(1) 재산상속인, 상속비율

원고 김○○ : 3/7

원고 이①○, 원고 이②○ : 각 2/7

(2) 상속재산

금 357,441,045원

(재산상 손해 327,441,045원 + 위자료 30,000,000원)

(3) 상속금액의 계산

원고 김○○ : 금 153,189,019원(357,441,045원×3/7)

원고 이①○, 원고 이②○ :

각 금 102,126,012원(357,441,045원×2/7)

라. 원고들의 위자료

소외 망 이◉◉가 사망함으로써 그의 처와 아들인 원고들이 심한 정신적 고통을 입었다 할 것이므로 피고는 이를 위자할 책임이 있고, 원고들의 경력.신분관계 등 사정을 참작하면 위 망인의 처인 원고 김○○에 대한 위자료는 금 12,000,000원, 위 망인의 아들인 원고 이①○, 원고 이②○에게 각 금 4,000,000원씩을 위자료로 지급함이 상당하다 할 것입니다.

마. 장례비

이 사건 사고를 당하여 원고 김○○는 소외 망 이◉◉의 장례를 위하여 장례비 및 장례를 위한 제반비용 등으로 금 4,500,000원을 지출하였으므로 피고는 원고 김○○에게 이를 배상할 책임이 있다 할 것입니다.

4. 결론

그렇다면 피고는 원고 김○○에게 금 169,689,019원(상속분 금 153,189,019원 + 본인 위자료 금 12,000,000원 + 장례비 금 4,500,000원), 원고 이①○, 원고 이②○에게 각 금 106,126,012원(상속분 금 102,126,012원 + 본인 위자료 금 4,000,000원) 및 이에 대하여 이 사

건 사고일인 2000. 7. 22.부터 이 사건 소장부본 송달일까지는 민법
에서 정한 연 5%의, 그 다음날부터 다 갚는 날까지는 소송촉진등에관
한특례법에서 정한 연 15%의 각 비율에 의한 지연손해금을 각 지급
받고자 이 사건 청구에 이르게 되었습니다.

입 증 방 법

1. 갑 제1호증   기본증명서
          (단, 2007.12.31. 이전 사망한 경우 제적등본)
1. 갑 제2호증   가족관계증명서
          (또는, 상속관계를 확인할 수 있는 제적등본)
1. 갑 제3호증   주민등록등본
1. 갑 제4호증   사망진단서
1. 갑 제5호증   사체검안서
1. 갑 제6호증   교통사고사실확인원
1. 갑 제7호증   자동차등록원부
1. 갑 제8호증의 1, 2   한국인표준생명표 표지 및 내용
1. 갑 제9호증의 1, 2   한국표준직업분류 표지 및 내용
1. 갑 제10호증의 1, 2   임금구조기본통계조사보고서 표지 및 내용

첨 부 서 류

          1. 위 입증서류   각 1통
          1. 소장부본   1통
          1. 송달료납부서   1통

                    20○○. ○. ○.
              위 원고   1. 김○○ (서명 또는 날인)
                       2. 이①○ (서명 또는 날인)
                       3. 이②○ (서명 또는 날인)

○○지방법원 귀중

[서식 예] 조정신청서{손해배상(자)청구}

조 정 신 청 서

신 청 일 20○○.○○.○○.
사 건 명 손해배상(자)

신 청 인 ○○○(주민등록번호)
　　　　　○○시○○구○○길○○(우편번호)
　　　　　전화.휴대폰번호:
　　　　　팩스번호, 전자우편(e-mail)주소:
피신청인 ◇◇◇(주민등록번호)
　　　　　○○시○○구○○길○○(우편번호)
　　　　　전화.휴대폰번호:
　　　　　팩스번호, 전자우편(e-mail)주소:

조정신청 사항가액	금 3,736,876원	수수료	금 1,800원	송달료	금 32,500원
(인지첩부란)					

신 청 취 지

1. 피신청인은 신청인에게 금 3,736,876원 및 이에 대한 20○○.○.
　○.부터 이 사건 신청서부본 송달일까지는 연 5%의, 그 다음날부
　터 다 갚는 날까지는 연 15%의 각 비율에 의한 돈을 지급한다.
2. 조정비용은 피신청인의 부담으로 한다.
라는 조정을 구합니다.

신 청 원 인

1. 신분관계

신청인은 이 사건 교통사고의 직접 피해자이고, 피신청인은 울산○○다○○○○호 베스타 승합자동차의 소유자겸 이 사건 교통사고를 야기한 불법행위자입니다.

2. 손해배상책임의 발생

신청인은 ○○시 ○○구 ○○길 소재 올림피아호텔 뒤편 소방도로를 걸어가고 있을 즈음, 피신청인이 울산○○다○○○○호 베스타 승합차를 운행하여 위 호텔 주차장 쪽에서 호텔 뒤편 공터로 진행하게 되었는바, 이러한 경우 운전업무에 종사하는 피신청인으로서는 전후 좌우를 잘 살펴 안전하게 운전함으로써 사고를 미리 방지하여야 할 주의의무가 있음에도 불구하고 이를 게을리 한 채 운전한 과실로 위 차량 운전석 앞 백밀러 부위로 보행 중이던 신청인을 충격, 전도케 하여 신청인으로 하여금 염좌, 견관절, 좌상 등의 중상해를 입게 하였습니다.

그렇다면 피신청인은 자기를 위하여 자동차를 운행하는 자로서, 위 교통사고를 발생시킨 불법행위자로서 신청인이 입게 된 모든 손해를 배상할 책임이 있다 할 것입니다.

3. 손해배상의 범위

가. 일실수입

신청인은 이 사고로 치료를 위하여 통원치료 47일간 아무런 일에도 종사하지 못하여 금 1,736,876원의 일실손해를 입었습니다.

【계 산】

20○○.9.경. 도시일용노임(건설업보통인부): 금 50,683원

월평균 가동일수: 22일

47일의 호프만지수: 1.5577[=1개월의 호프만지수(0.9958) + {2개월의 호프만지수(1.9875) - 1개월의 호프만지수(0.9958)}×17/30]

금 1,736,876원[=금 50,683원×22일×1.5577, 원미만 버림]

나. 치료비

치료비는 피신청인이 가입한 책임보험회사에서 전액 지급하였으므로 향후 치료비 금 1,000,000원을 청구합니다.

다. 위자료

신청인의 나이, 이 사건 사고의 경위 및 그 결과, 치료기간 등 신청인의 모든 사정을 감안하여 금 1,000,000원은 지급되어야 할

것입니다.

4. 결론

그렇다면 피신청인은 신청인에게 금 3,736,876원(일실수입금 1,736,876원＋향후치료비 금 1,000,000원＋위자료 금 1,000,000원) 및 이에 대하여 이 사건 사고발생일인 20○○.○.○.부터 이 사건 신청서부본 송달일까지는 민법에서 정한 연 5%의, 그 다음날부터 다 갚는 날까지는 소송촉진등에관한특례법에서 정한 연 15%의 각 비율에 의한 지연손해금을 지급할 의무가 있다 할 것이므로 이 사건 신청에 이른 것입니다.

입 증 방 법

1. 갑 제1호증	주민등록표등본
1. 갑 제2호증	진단서
1. 갑 제3호증	치료확인서
1. 갑 제4호증	향후치료비추정서
1. 갑 제5호증	자동차등록원부
1. 갑 제6호증의1, 2	월간거래가격표지 및 내용

첨 부 서 류

1. 위 입증방법	각 1통
1. 신청서부본	1통
1. 송달료납부서	1통

20○○. ○○. ○○.

위 신청인 ○○○ (서명 또는 날인)

○○지방법원 귀중

[서식 예] 답변서{손해배상(자)에 대한 항변}

답 변 서

사   건   20○○가단○○○○ 손해배상(자)
원   고   ○○○
피   고   ◇◇보험주식회사

　위 사건에 관하여 피고는 원고의 청구에 대하여 아래와 같이 답변
합니다.

청구취지에 대한 답변

1. 원고의 청구를 기각한다.
2. 소송비용은 원고의 부담으로 한다.
라는 재판을 구합니다.

청구원인에 대한 답변

1. 원고의 주장
　원고는 20○○.○.○. ○○:○○경 소외 ◆◆◆ 운전의 경남 ○고
○○○○호 승용차가 ○○시 ○○구 ○○길 소재 ○○숯불갈비 앞
에서 공사용 가드레일을 들이받아 그 파편이 원고에게 튕기면서
다발성 좌상, 미골탈구, 추간판탈출증 등의 상해를 입게 하였으므
로 위 승용차의 보험자인 피고로서는 원고의 손해를 배상할 책임
이 있다고 주장하고 있습니다.
2. 채무의 부존재
　가. 위와 같은 원고의 주장과는 달리 이 사건 사고로 인하여 원고
　　　가 입은 상해는 장기간의 치료를 요하거나 후유장해를 남기는
　　　상해가 아니라 경미한 좌상에 불과하였습니다.
　나. 이에 피고는 이 사건 소제기 전에 원고의 치료요청에 따라 원
　　　고가 입은 손해의 전부인 치료비 전액 금 3,133,970원을 지급
　　　함으로써 이 사건 사고로 인한 배상책임을 모두 이행하였습니

다. (피고는 추후 신체감정 및 형사기록이 송부되는 대로 원고
가 주장하고 있는 사고발생 경위, 일실수입, 치료비 및 위자료
에 대하여 적극적으로 다툴 예 정입니다)
3. 결 어
피고는 그 지급책임이 있는 범위내의 모든 채무를 이행하였으므로
원고의 이 사건 청구는 마땅히 기각되어야 할 것입니다.

20○○. ○. ○.
위 피고   ◇◇보험주식회사
대표이사   ◇◇◇ (서명 또는 날인)

○○지방법원 제○○민사단독   귀중

[서식 예] 답변서{손해배상(자)}

답 변 서

사　　건　　20○○가단○○○ 손해배상(자)
원　　고　　○○○
피　　고　　◇◇◇

　　위 사건에 관하여 피고는 다음과 같이 답변합니다.

청구취지에 대한 답변

1. 원고의 청구를 기각한다.
2. 소송비용은 원고의 부담으로 한다.
라는 판결을 구합니다.

청구원인에 대한 답변

1. 원고의 주장사실 가운데 이 사건 사고발생사실과 원고가 교통사고로 상해를 입은 사실은 인정합니다.
2. 과실상계의 주장
　　원고는 오토바이를 무면허로 운전하였고, 안전모를 착용하지 않았으며 사고발생시 과속운전을 한 사실로 보아 이 사건 사고발생에 원고의 과실이 경합하여, 원고의 손해발생과 손해범위의 확대에 기여하였으므로 손해배상액산정에 있어서 원고의 과실부분은 참작되어야 할 것입니다.
3. 채무의 부존재
　　가. 원고의 주장과는 달리 이 사건 사고로 인하여 원고가 입은 상해는 장기간의 치료를 요하거나 후유장해를 남기는 상해가 아니라 단순 좌측 팔골절상에 불과하였습니다.
　　나. 이에 피고는 이 사건 소제기 전에 원고의 치료 요청에 따라 원고가 입은 손해의 전부인 치료비 전액 금 ○○○원 및 위자료로 금 ○○○원을 지급함으로써 이 사건 사고로 인한 배상책

임을 모두 이행하였습니다.

(피고는 추후 신체감정 및 형사기록이 송부되는 대로 원고가 주장하고 있는 사고발생 경위, 일실수입, 치료비 및 위자료에 대하여 적극적으로 다툴 예 정입니다)

4. 결 어

피고는 피고에게 지급책임이 있는 범위내의 모든 채무를 이행하였으므로 원고의 이 사건 청구는 마땅히 기각되어야 할 것입니다.

20○○. ○. ○.

위 피고   ◇◇◇ (서명 또는 날인)

○○지방법원 제○민사단독 귀중

[서식 예] 준비서면{손해배상(자), 원고}

준 비 서 면

사　건　20○○가단○○○○ 손해배상(자)
원　고　황○○ 외 2
피　고　◇◇화재해상보험주식회사

위 사건에 관하여 원고들은 다음과 같이 변론을 준비합니다.

다　음

1. 원고 황○○의 과실이라고 주장하는 부분에 관하여
   피고는 '이 사건 교통사고에서 택시운전자 소외 김◆◆를 비롯하여
   원고와 같이 택시에 승차하였던 소외 이◉◉, 소외 박◉◉ 등은 경
   미한 부상을 입은 점, 피해차량의 파손부분 등 대물손해가 손해인
   점에도 불구하고 원고 황○○는 전치 4주간의 요추부 등의 수핵탈
   출증의 중상해를 입은 점에 비추어 볼 때 그 스스로의 안전을 게
   을리 하였다고 추정된다 할 것'이라고 주장하며 원고 황○○의 과
   실비율은 20%를 상회한다는 취지로 주장합니다.
   황○○의 전치 4주의 상해에 비해 소외 이◉◉의 전치 3주의 상해
   (갑 제7호증의 4 범죄인지보고 참조)가 도대체 어떠한 근거에서 경
   미한 부상이라고 주장하는지, 그리고 금 426,690원의 차량손괴가
   어떠한 근거에서 소액이라는 것인지를 알 수 없다는 사실은 차치
   하더라도, 피고의 위와 같은 주장은 탑승위치에 따라서 그 부상의
   정도가 크게 차이가 날 수 있다는 사실을 알지 못하고, 만연이 원
   고 황○○의 상해정도가 다른 탑승인에 비해 심하다는 사실로부터
   원고 황○○에게도 과실이 있다는 식으로 추론을 하여 버림으로서
   그 추론에 있어서 논리적 과오를 범하고 있는 것입니다.

2. 손익공제 주장에 관하여
   피고는 원고 황○○의 치료비로 ○○병원 등에 합계 금 13,848,270
   원을 지급하였으므로 이를 공제하여야 한다고 주장합니다. 그러나

원고들은 그 치료비의 청구에 있어서 피고가 이미 지급한 치료비를 공제하고 원고들 자신이 지급한 치료비만을 청구하고 있으므로 피고의 위 주장은 이유 없는 주장이라 할 것입니다.

20○○. ○. ○.
위 원고   1. 황○○ (서명 또는 날인)
          2. 정○○ (서명 또는 날인)
          3. 황①○ (서명 또는 날인)

○○지방법원 제○○민사단독 귀중

제2장

자동차사고에 대한 손해배상 상담사례

제2장 자동차사고에 대한 손해배상 상담사례

■ 도난당한 차량으로 교통사고를 낸 경우 차량소유자가 배상책임을 져야 하는지요?

Q. 저는 자가용차량을 이용하는 영업사원으로서 영업을 위하여 승용차를 주차시켜두고 문을 잠근 후 열쇠는 제가 관리하고 있으면서 영업을 마치고 돌아와 보니 20대 초반의 주변 불량배들이 차문을 부수고 차를 훔쳐 타고 도주하였습니다. 이들은 1주일 후 교통사고를 내고 붙잡혀 현재 구속 중인데, 저는 차를 구입한지 얼마 되지 않아 보험에 가입되지 않은 상태이고, 차량절도범들은 경제적 능력이 없어 손해에 대한 배상능력이 없는 상태입니다. 피해자들은 저에게 피해배상을 요구하는데 차량소유자인 제가 배상책임을 져야 하는지요?

A. 「자동차손해배상 보장법」 제3조 본문에서 자기를 위하여 자동차를 운행하는 자는 그 운행으로 다른 사람을 사망하게 하거나 부상하게 한 경우에는 그 손해를 배상할 책임을 진다고 규정하고 있으며, 자동차의 소유자나 보유자는 통상 그 차량에 대한 운행의 지배관계 내지 운행이익이 있어서 자기를 위하여 자동차를 운행하는 자로 보아 손해배상책임을 지도록 하고 있습니다(대법원 2009.11.12. 선고 2009다63106 판결). 그런데 차량을 절취 당한 자동차보유자의 운행자성과 관련하여 판례를 보면, 「자동차손해배상 보장법」 제3조에서 정한 '자기를 위하여 자동차를 운행하는 자'란 자동차에 대한 운행을 지배하여 그 이익을 향수하는 책임주체로서의 지위에 있는 자를 의미하므로, 자동차 보유자와 아무런 인적 관계도 없는 사람이 자동차를 보유자에게 되돌려 줄 생각 없이 자동차를 절취하여 운전하는 이른바 절취운전의 경우에는 자동차보유자는 원칙적으로 자동차를 절취 당하였을 때에 운행지배와 운행이익을 잃어버렸다고 보아야 할 것이고, 다만 예외적으로 자동차보유자의 차량이나 시동열쇠관리상의 과실이 중대하여 객관적으로 볼 때에 자동차보유자가 절취운전을 용인하였다고 평가할 수 있을 정도가 되고, 또한 절취운전 중 사고가 일어난 시간과 장소 등에 비추어 볼 때에 자동차보

유자의 운행지배와 운행이익이 잔존한다고 평가할 수 있는 경우에 한하여 자동차를 절취당한 자동차보유자에게 운행자성을 인정할 수 있다고 할 것이라고 하였습니다(대법원 2001.4.24. 선고 2001다3788 판결). 따라서 귀하는 차를 주차시켜 둘 때 문도 잠그고, 자동차열쇠도 귀하가 보관하고 있어 타인이 함부로 운전할 수 없도록 예방조치를 하였으므로 도난차량의 사고에 대한 손해배상책임은 없을 것으로 보입니다.

참고로 「자동차손해배상 보장법」상 손해배상책임이 인정되지 않는 경우, 「민법」상 불법행위책임을 인정할 수 있는지 판례를 보면, 자동차사고로 인한 손해배상청구사건에서 「자동차손해배상 보장법」이 「민법」에 우선 적용되어야 할 것은 물론이지만, 그렇다고 하여 피해자가 「민법」상의 손해배상청구를 하지 못한다고는 할 수 없으므로, 「자동차손해배상 보장법」상의 손해배상책임이 인정되지 않는 경우에도 「민법」상의 불법행위책임을 인정할 수는 있다고 하였으므로, 구체적 사안에 따라 「민법」상 손해배상책임이 성립될 수도 있음을 유의하시기 바랍니다(대법원 2001.6.29. 선고 2001다23201, 23218 판결).

※ 관련판례

구 도로교통법(2016.12.2. 법률 제14356호로 개정되기 전의 것, 이하 '구 도로교통법'이라 한다) 제54조 제1항은 도로에서 일어나는 교통상의 위험과 장해를 방지·제거하여 안전하고 원활한 교통을 확보하는 것을 목적으로 한다. 교통사고를 일으킨 운전자는 사고 내용과 피해 정도 등 구체적 상황에 따라 건전한 양식에 비추어 통상 요구되는 정도의 조치를 취해야 한다. 교통사고를 일으킨 운전자가 자신의 인적 사항이나 연락처를 알려주지 않은 채 사고 후 즉시 차량을 운전하여 현장을 벗어나는 경우에는 도주의 운전 자체는 물론 이를 제지하거나 뒤쫓아 갈 것으로 예상되는 피해자의 추격 운전으로 또 다른 교통상의 위험과 장애가 야기될 수 있다는 점에서 필요한 조치를 다한 것으로 보기 어렵다. 사고로 인하여 피해 차량이 경미한 물적 피해를 입은 데 그치고 파편물이 도로 위에 흩어지지 않았더라도 달리 특별한 사정이 없는 한 마찬가지이다(대법원 1993.11.26. 선고 93도2346 판결, 대법원 2010.2.25.선고 2009도11057 판결 등 참조). (대법원 2019.7.11. 선고 2017도15651 판결)

■ 신원 불상의 도주차량에 교통사고를 당한 피해자는 보상금을 어디에 어떻게 청구해야 하는지요?

Q. 저의 부친은 며칠 전 마을 앞 도로에서 번호를 알 수 없는 승용차에 치어 사망하였습니다. 저는 농사만 짓고 살아왔고, 법에 대해서는 아무것도 모르고 있었기 때문에 의사로부터 사망확인서를 받거나, 경찰에 신고하는 등의 절차를 취하지도 아니한 채 이장과 마을주민들의 보증 하에 곧바로 사망신고를 하고 장례를 마쳤습니다. 장례를 마친 후 주위사람들로부터 들으니 이와 같이 가해자를 알 수 없는 차량에 치어 사망한 경우에도 국가에서 피해보상을 해준다고 하는데 사실인지, 사실이라면 보상금을 어디에 어떻게 청구해야 하는지요?

A. 「자동차손해배상 보장법」제30조 제1항 제1호에서 정부는 자동차보유자를 알 수 없는 자동차의 운행으로 사망하거나 부상한 경우에는 피해자의 청구에 따라 책임보험의 보험금의 한도에서 그가 입은 피해를 보상한다고 규정하고 있으므로, 이를 근거로 피해보상금을 청구할 수 있다고 하겠습니다. 같은 법 시행령 제3조 제1항에 의한 책임보험금 한도를 보면 ①사망한 경우에는 최고 1억 5천만원의 범위에서 피해자에게 발생한 손해액. 다만, 그 손해액이 2천만원 미만인 경우에는 2천만원, ②부상의 경우에는 최고 3,000만원에서 최저 50만원{같은 법 시행령 [별표1] 상해의 구분과 책임보험금의 한도금액(제3조 제1항 제2호 관련)} ③후유장해가 생긴 경우에는 최고 1억원 5천만원에서 최저 1천만원{같은 법 시행령 [별표2] 후유장애의 구분과 책임보험금의 한도금액(제3조 제1항 제3호 관련)}으로 정하고 있습니다. 그리고 피해자가 「자동차손해배상 보장법」에 근거하여 보상을 청구하는 때에는 ①소정양식의 청구서, ②진단서 또는 사망진단서(사체검안서), ③사망으로 인한 청구에 있어서는 청구인과 사망한 자와의 관계를 알 수 있는 증빙서류{제적등본(2008.1.1. 이전에 사망한 자의 경우), 가족관계등록부에 따른 각종 증명서, 주민등록등본·초본 등}, ④사고발생의 일시장소 및 그 개요를 증빙할 수 있는 서류(관할 경찰서장 발행의 보유자불명 교통사고사실확인원 등), ⑤피해자 본인 또는 보상금청구(수령)자의 인감증명서, ⑥그

외 국토해양부장관이 정하는 증빙서류(자동차손해배상보장사업에 의한 손해보상금지급청구권 양도증 및 위임장, 면책사고로 판명되면 수령한 손해보상금을 반환한다는 손해보상금수령자의 각서, 무보험자동차사고의 경우 보유자의 자인서, 치료비영수증 및 명세서, 향후치료비추정서 등) 등을 현재 위 보상에 관한 업무를 위탁받은 보장사업시행 보험회사(삼성화재, 동부화재 등 국내 손해보험회사 중 한 곳)에 제출하면 됩니다. 그런데 귀하의 경우에는 부친의 사망 직후 장례를 치루었기 때문에 의사의 사망확인서와 경찰에서 발급하는 교통사고사실확인원을 발급받지 못하여 보험회사에서 그 보상금의 지급을 거부한다면 귀하로서는 소송을 통하여 구제받는 방법 밖에 없습니다. 소송을 통하여 피해보상금의 지급을 청구하는 방법과 관련하여, 실무상 「자동차손해배상 보장법」 제45조에 따라 자동차손해배상보상사업에 관한 업무를 위탁받은 보험회사 등 또는 보험관련단체를 상대로 민사소송을 제기하여 다투는 것이 통례인 것 같습니다(대법원 2003.7.25. 선고 2002다2454 판결, 2009.3.26. 선고 2008다93964 판결). 물론 어느 쪽을 선택하든 간에 귀하의 부친이 가해자의 신원을 알 수 없는 차량에 의해 사고를 당하여 사망하였다는 사실을 입증할 수 있는 증인이 확보되어야 하겠습니다. 참고로 보유자를 알 수 없는 뺑소니사고나 무보험자동차사고의 경우 구 자동차손해배상 보장법(2008.3.28. 법률 제9065호로 전문 개정되기 전의 것) 제26조 제1항에 의하여 지급하는 피해보상은 실손해액을 기준으로 배상하는 책임보험과는 달리 책임보험의 보험금 한도액 내에서 책임보험의 약관이 정하는 보험금 지급기준에 의한 금액만을 지급하여야 한다고 하였으며(대법원 2009.3.26. 선고 2008다93964 판결), 위의 자동차손해배상보장사업에 의한 보상금의 청구권은 3년간 행사하지 않으면 시효로 소멸한다고 규정되어 있습니다(같은 법 제41조).

※관련판례

피고인이 교통사고를 야기하고 도주한 것이 사실인데도, 갑 등이 '피고인이 교통사고를 일으키고 도망하였다'는 내용으로 피고인을 뺑소니범으로 경찰에 허위로 고소하였으니 갑 등을 무고죄로 처벌해 달라는 내용의 고소장을 작성하여 경찰서에 제출함으로써 갑 등으로 하여금 특정범죄 가중처벌 등에 관한 법률(이하 '특정범죄가중법'이라고 한다) 위반(무고)으로 형사처분을 받게 할 목적으로 무고하였다고 하여 특정범죄가중법 위반(무고)으로 기소된 사안에서, 특정범죄가중법 제14조의 '이 법에 규정된 죄'에 특정범죄가중법 제14조 자체를 위반한 죄는 포함되지 않는데도, 원심이 이와 달리 보아 공소사실에 관하여 특정범죄가중법 제14조를 적용하여 특정범죄가중법 위반(무고)죄로 판단한 것은 특정범죄가중법 제14조의 해석 및 특정범죄가중법 위반(무고)죄의 구성요건에 관한 법리를 오해함으로써 판단을 그르친 것이라고 한 사례(대법원 2018.4.12. 선고 2017도20241, 2017전도132 판결).

※관련판례

특정범죄 가중처벌 등에 관한 법률(이하 '특가법'이라 한다) 제5조의3 제1항에서 정한 '피해자를 구호하는 등 도로교통법 제54조 제1항에 따른 조치를 하지 아니하고 도주한 경우'라 함은 사고 운전자가 사고로 인하여 피해자가 사상을 당한 사실을 인식하였음에도 피해자를 구호하는 등 도로교통법 제54조 제1항에 규정된 의무를 이행하기 이전에 사고현장을 이탈하여 사고를 낸 자가 누구인지 확정될 수 없는 상태를 초래하는 경우를 말한다. 그런데 도로교통법 제54조 제1항의 취지는 도로에서 일어나는 교통상의 위험과 장해를 방지·제거하여 안전하고 원활한 교통을 확보하기 위한 것이므로, 이 경우 운전자가 취하여야 할 조치는 사고의 내용과 피해의 정도 등 구체적 상황에 따라 적절히 강구되어야 하고 그 정도는 건전한 양식에 비추어 통상 요구되는 정도의 것으로서, 여기에는 피해자나 경찰관 등 교통사고와 관계있는 사람에게 사고 운전자의 신원을 밝히는 것도 포함된다 할 것이다. 다만 위 특가법 제5조의3 제1항은 자동차와 교통사고의 급증에 상응하는 건전하고 합리적인 교통질서가 확립되지 못한 현실에서 교통사고를 야기한 운전자가 그 사고로 사상을 당한 피해자를 구호하는 등의 조치를 취하지 않고 도주하는 행위에 강한 윤리적 비난가능성이 있음을 감안하여 이를 가중처벌함으로써 교통의 안전이라는 공공의 이익을 보호함과 아울러 교통사고로 사상을 당한 피해자의 생명과 신체의 안전이라는 개인적 법익을 보호하기 위하여 제정된 것이라는 그 입법취지와 보호법익에 비추어 볼 때, 사고 운전자가 피해자를 구호하는 등 도로교통법 제54조 제1항에 정한 의무를 이행하기 전에 도주의 범의로써 사고현장을 이탈한 것인지 여부를 판정함에 있어서는 그 사고의 경위와 내용, 피해자의 상해 부위와 정도, 사고 운전자의 과실 정도, 사고 운전자와 피해자의 나이와 성별, 사고 후의 정황 등을 종합적으로 고려하여 합리적으로 판단하여야 한다(대법원 2009.6.11. 선고 2008도8627 판결, 대법원 2012.8.30. 선고 2012도3177 판결 등 참조).(대법원 2015.5.28. 선고 2012도9697 판결)

■ 대리운전기사에 의한 대리운전 중 발생한 교통사고에 대한 책임은 누구에게 있나요?

Q. 甲은 동료들과 회식자리에서 술을 마시고 차량을 운전할 수 없다고 판단하여 乙이라는 대리운전회사에 전화를 하였습니다. 乙회사 직원인 대리운전기사 丙이 甲의 차량을 운전하다가 경부고속도로에서 교통사고를 일으켜 甲으로 하여금 상해를 입게 하였습니다. 사고 당시 丙은 제한최고속도인 시속 100 킬로미터를 초과하여 시속 115 킬로미터의 과속으로 운전하였고, 甲도 동승하면서 제한속도를 초과하였음을 알 수 있었습니다. 이 경우 甲은 누구를 상대로 하여 손해배상책임을 추궁할 수 있고, 이 사고에서 甲의 과실이 있음을 전제로 과실상계를 하여야 하는가요?

A. 「자동차손해배상 보장법」 제3조 본문에서 자기를 위하여 자동차를 운행하는 자는 그 운행으로 다른 사람을 사망하게 하거나 부상하게 한 경우에는 그 손해를 배상할 책임을 진다고 규정하고 있습니다. 그리고 자기를 위하여 자동차를 운행하는 자의 의미에 관하여 판례를 보면, 「자동차손해배상보장법」 제3조에서 정한 '자기를 위하여 자동차를 운행하는 자'란 자동차에 대한 운행을 지배하여 그 이익을 향수하는 책임주체로서의 지위에 있는 자를 말하고, 이 경우 운행지배는 현실적인 지배에 한하지 아니하고 사회통념상 간접지배 내지는 지배가능성이 있다고 볼 수 있는 경우도 포함하는 것이고(대법원 2004.4.28. 선고 2004다10633 판결), 「자동차손해배상 보장법」 제3조에 정한 '다른 사람'은 자기를 위하여 자동차를 운행하는 자 및 당해자동차의 운전자를 제외한 그 외의 자를 지칭하는 것이므로, 동일한 자동차에 대하여 복수로 존재하는 운행자 중 1인이 당해자동차의 사고로 피해를 입은 경우에도 사고를 당한 그 운행자는 다른 운행자에 대하여 자신이 같은 법 제3조에 정한 '다른 사람'임을 주장할 수 없는 것이 원칙이지만, 사고를 당한 운행자의 운행지배 및 운행이익에 비하여 상대방의 그것이 보다 주도적이거나 직접적이고 구체적으로 나타나 있어 상대방이 용이하게 사고발생을 방지할 수 있었다고 보이는 경우에 한하여 비로소 자신이 '다른 사람'임을 주장할 수 있을 뿐이라고 하였습니다(대법원 2009.5.28. 선고

2007다87221 판결).

한편, 위 사안과 관련하여 판례를 보면, 자동차대리운전회사와 대리운전약정을 체결한 자는 차량에 대한 운행지배와 운행이익을 공유하고 있다고 할 수 없고 차량의 단순한 동승자에 불과하다고 하였으므로(대법원 2005.9.29. 선고 2005다25755 판결), 甲과 乙회사 사이의 내부관계에 있어서는 乙회사가 유상계약인 대리운전계약에 따라 그 직원 丙을 통하여 위 차량을 운행한 것이라고 봄이 상당하므로 甲은 위 차량에 대한 운행지배와 운행이익을 공유하고 있다고 할 수 없습니다. 또한, 자동차의 단순한 동승자에게 운전자에 대하여 안전운전을 촉구할 의무가 있는지에 관해서 위 판례에서, 자동차의 단순한 동승자에게는 운전자가 현저하게 난폭운전을 한다든가, 그 밖의 사유로 인하여 사고 발생의 위험성이 상당한 정도로 우려된다는 것을 동승자가 인식할 수 있었다는 등의 특별한 사정이 없는 한, 운전자에게 안전운행을 촉구할 주의의무가 있다고 할 수 없다고 하였습니다(대법원 2001.10.12. 선고 2001다48675 판결).

그러므로 甲과 乙회사와의 관계에서 운행지배와 운행이익을 어느 정도 공유하고 있음이 전제되어야 손해부담의 공평성 및 형평과 신의칙의 견지에서 그 배상액을 감경할 수 있는데, 단순한 동승자인 甲이 丙에게 안전운전을 촉구할 주의의무가 있다고 할 수 없으므로, 甲의 손해배상액을 정함에 있어 과실상계를 할 수는 없을 것입니다. 따라서 위 사안의 경우 乙이 丙을 통하여 위 차량에 대한 운행지배와 운행이익을 독점하고 있다고 할 것이므로 甲은 乙에게는 「자동차손해배상 보장법」상의 운행자책임을 물어 손해배상청구를 할 수 있고, 운전자인 丙에 대하여는 「민법」 제750조의 불법행위로 인한 손해배상청구가 가능할 것입니다.

※ 관련판례

독자적인 콜번호를 가지고 콜센터를 운영하는 콜업체 갑 주식회사와 콜번호 공유계약을 체결하여 협력관계에 있는 을 대리운전업체의 운영자가 을 업체를 기명피보험자로 하고 을 업체 소속 대리운전기사들뿐만 아니라 갑 회사의 다른 협력업체 소속 대리운전기사들도 운전자명세서에 기재하여 병 보험회사와 대리운전 중 발생한 사고에 관한 보험계약을 체결하였는데, 갑 회사의 협력업체인 정 대리운전업체 소속으로 위 운전자명세서에 등재된 대리운전기사 무가 정 업체와 협력관계인 다른 콜업체 기 주식회사의 콜센터로부터 직접 개인휴대용단말기로 대리운전기사 배정을 통보받아 고객으로부터 수탁한 자동차를 운행하던 중 교통사고를 일으킨 사안에서, 실질적인 기명피보험자는 무가 소속된 정 업체를 비롯하여 운전명세서에 기재된 대리운전기사들이 소속된 협력업체들이고, 정 업체가 기 회사의 콜센터를 통해 간접적으로 대리운전 의뢰를 받았다고 볼 수 있어 위 자동차는 정 업체가 소속 대리운전기사인 무를 통해 고객으로부터 대리운전을 위하여 수탁받아 관리 중인 자동차에 해당하므로, 결국 무는 고객으로부터 대리운전 의뢰를 받은 실질적 기명피보험자 정 업체의 대리운전업 영위를 위하여 피보험자동차인 위 자동차를 운전하는 자에 해당한다고 보아야 하는데도, 이와 달리 무가 보험계약의 특별약관에서 정한 '기명피보험자를 위하여 피보험자동차를 운전하는 자'에 해당하지 않는다고 본 원심판결에는 보험계약의 해석에 관한 법리오해의 잘못이 있다고 한 사례(대법원 2014.7.10. 선고 2012 다26480 판결).

■ 보험사 지급 가불금이 교통사고 손해배상청구권 중 재산상 손해에 만 미치는지요?

Q. 아버지가 교통사고 상해를 입고 치료를 받다가 사망하셨는데, 치료비는 5000만원이 들었습니다. 돌아가시 전에 보험회사로부터 6000만원의 가불금을 지급받았는데, 별도로 위자료로 계산된 1000만원을 받을 수 있을까요? 치료비와 위자료를 합쳐서 이미 가불금으로 전부 지급받았다고 하면서 보험회사로부터 위자료를 받지 못하는 건가요?

A. 네 그렇습니다. 자동차손해배상 보장법 제11조에 따라 보험회사 등이 피해자에게 지급하는 가불금의 효력이 재산상 손해 외 위자료에도 미치므로, 귀하께서 지급받으신 6000만원의 가불금은 재산상 손해배상 청구권과 위자료 청구권 전부에 미치므로, 별도로 위자료로 계산된 1000만원은 기존의 치료비 5000만원을 넘어서는 6000만원의 가불금에서 지급된 위자료가 되는 것입니다.

대법원 2013.10.11. 선고 2013다42755 판결 역시 자동차손해배상 보장법 제3조에 기한 보험자의 배상책임은 사고와 상당인과관계 있는 법률상 손해 일체를 내용으로 하는 것으로서, 사망사고의 경우 배상의 대상이 되는 손해에는 치료비 등 적극적 손해, 일실 수입 등 소극적 손해 및 정신적 손해 모두를 포함하는 것이라고 하였습니다. 또한 이 판결에서는 자배법 및 자배법 시행령은 보험회사 등이 피해자에게 지급하는 가불금이 피해자에게 발생한 '손해액'으로서 지급되는 것이고, 후에 손해배상액이 확정되면 보험회사 등이 '지급하여야 할 보험금'에서 기지급한 가불금을 공제하여 정산할 것을 전제로 하여 가불금이 초과 지급되었을 경우 그 반환을 청구할 수 있도록 정하고 있을 뿐, 가불금이 사고로 인하여 발생한 손해 중 피해자의 재산상 손해에만 한정하여 지급되는 것이라고 볼 만한 근거는 찾아볼 수 없다고 하였습니다. 따라서 가불금 지급의 효력은 재산상 손해 뿐만 아니라 위자료에도 미치는 것입니다.

■ 운전자들의 공동불법행위로 인한 교통사고로 인해 한쪽 차량에 타고 있던 호의동승자가 사망한 경우, 호의동승을 이유로 한 책임 감경이 공동불법행위자들 모두에게 적용되는지요?

Q. C는 남자친구 A와 벚꽃구경을 가기 위해 A의 승용차에 동승해 이동하던 중 덤프트럭(운전사 B)과의 충돌 사고로 사망했습니다. C의 어머니 甲은 딸의 남자친구 A가 가입한 보험회사와 합의금으로 받고 합의했습니다. 하지만, 그 후 甲은 덤프트럭 운전자 B의 乙보험회사를 상대로도 손해배상 청구를 했습니다. 이 경우, 乙보험회사의 손해배상액에서도 C의 호의동승을 이유로 한 손해배상액 감경이 인정될 수 있는지요?

A. 대법원(대법원 2014.3.27. 선고 2012다87263 판결)은, '2인 이상의 공동불법행위로 인하여 호의동승한 사람이 피해를 입은 경우 공동불법행위자 상호간의 내부관계에서는 일정한 부담부분이 있으나 피해자에 대한 관계에서는 부진정연대책임을 지므로, 동승자가 입은 손해에 대한 배상액을 산정함에 있어서는 먼저 호의동승으로 인한 감액 비율을 참작하여 공동불법행위자들이 동승자에 대하여 배상하여야 할 수액을 정하여야 한다'고 전제하였습니다.

이 사건과 같은 사안에서 '이러한 법리에 비추어 보면 이 사건에서 망인의 사망과 관련한 공동불법행위자들인 소외 2와 소외 1이 부담할 손해배상액을 산정함에 있어서도 먼저 망인의 호의동승으로 인한 감액 비율을 고려하여 두 사람이 원고에 대한 관계에서 연대하여 부담하여야 할 손해액을 산정하여야 하고, 그 당연한 귀결로서 위와 같은 책임제한은 동승 차량 운전자인 소외 2뿐만 아니라 상대방 차량 운전자인 소외 1 및 그 보험자인 피고에게도 적용된다 할 것이다.'고 판시하였습니다. 따라서 C의 호의동승을 이유로 한 손해배상액 감경은 甲과 乙보험회사 사이의 손해배상 청구소송에서도 인정될 것입니다.

※관련판례

교통사고로 인하여 상해를 입은 피해자가 치료를 받던 중 치료를 하던 의사의 과실로 인한 의료사고로 증상이 악화되거나 새로운 증상이 생겨 손해가 확대된 경우, 의사에게 중대한 과실이 있다는 등의 특별한 사정이 없는 한 확대된 손해와 교통사고 사이에도 상당인과관계가 있고, 이 경우 교통사고와 의료사고가 각기 독립하여 불법행위의 요건을 갖추고 있으면서 객관적으로 관련되고 공동하여 위법하게 피해자에게 손해를 가한 것으로 인정되면 공동불법행위가 성립한다(대법원 1997.8.29. 선고 96다46903 판결, 대법원 1998.11.24. 선고 98다32045 판결 등 참조).(대법원 2014.11.27. 선고 2012다11389 판결).

■ 고소작업차의 와이어 단절로 인한 사고의 경우, 보험약관상 '교통 사고로 인한 상해'로 볼 수 있는지요?

Q. 甲은 고소작업차의 작업대에 탑승하여 아파트 10층 높이에서 외벽도장 공사를 하던 중 고소작업차의 와이어가 끊어지면서 추락하여 사망하였습니다. 그러나 甲을 피보험자로 하는 상해보험의 보험회사는 보험약관상 보험금 지급사유인 '탑승 중 교통사고로 인한 상해의 직접결과로써 사망한 경우'에 해당하지 않음을 주장하며 보험금 지급을 거부하고 있는데, 甲은 보험금을 받을 수 있는지요?

A. 교통사고만의 담보특약부 상해보험계약에 적용되는 약관상 '운행'이라 함은 자동차손해배상 보장법 제2조에서 규정하고 있는 바와 같이 자동차를 당해 장치의 용법에 따라 사용하고 있는 것을 말하고, 여기서 '당해 장치'라 함은 자동차에 계속적으로 고정되어 있는 장치로서 자동차의 구조상 설비되어 있는 자동차의 고유의 장치를 뜻하는 것인데, 위와 같은 각종 장치의 전부 또는 일부를 각각의 사용 목적에 따라 사용하는 경우에는 운행 중에 있다고 할 것이나, 자동차에 타고 있다가 사망하였다 하더라도 그 사고가 자동차의 운송수단으로서의 본질이나 위험과는 전혀 무관하게 사용되었을 경우까지 자동차의 운행 중의 사고라고 보기는 어렵다고 할 것입니다(대법원 2000.9.8. 선고 2000다89 판결 등 참조). 그러나 대법원은 유사한 사안으로서 보험약관에서 보험금 지급사유로 '운행 중인 자동차에 운전을 하고 있지 않는 상태로 탑승 중이거나 운행 중인 기타 교통수단에 탑승하고 있을 때에 급격하고도 우연한 외래의 사고('탑승 중 교통사고')로 인한 상해의 직접결과로써 사망한 경우'를 규정한 사안에서, '고소작업차는 자동차관리법 시행규칙 제2조에 따른 특수자동차로 등록된 차량으로, 보험약관에서 '운행 중인 자동차'로 규정한 특수자동차에 해당하는 점 등에 비추어, 위 사고는 고소작업차의 당해 장치를 용법에 따라 사용하던 중에 발생한 사고로서 보험약관에서 정한 자동차 운행 중의 교통사고에 해당한다'고 판단한 사례가 있습니다(대법원 2015.1.29. 선고 2014다73053 판결). 그러므로 단순히 고소작업차 작업 중의 사망이라고 하여 교통사고에 해당

하지 않는 것으로 볼 수 는 없으며, 약관 및 계약의 내용 등에 비추어 당해 장치를 그 용법에 따라 사용하던 중에 발생한 사고인 경우에는 보험계약상 보험금 지급사유인 교통사고에 해당한다고 할 수 있습니다.

※관련판례

갑을 피보험자로 하는 상해보험계약의 보험약관에서 보험금 지급사유로 '운행 중인 자동차에 운전을 하고 있지 않는 상태로 탑승 중이거나 운행 중인 기타 교통수단에 탑승하고 있을 때에 급격하고도 우연한 외래의 사고(탑승 중 교통사고)로 인한 상해의 직접결과로써 사망한 경우'를 규정하고 있는데, 갑이 고소작업차의 작업대에 탑승하여 아파트 10층 높이에서 외벽도장공사를 하던 중 고소작업차의 와이어가 끊어지면서 추락하여 사망한 사안에서, 고소작업차는 자동차관리법 시행규칙 제2조에 따른 특수자동차로 등록된 차량으로, 보험약관에서 '운행 중인 자동차'로 규정한 특수자동차에 해당하는 점 등에 비추어, 위 사고는 고소작업차의 당해 장치를 용법에 따라 사용하던 중에 발생한 사고로서 보험약관에서 정한 자동차 운행 중의 교통사고에 해당한다고 한 사례(대법원 2015.1.29. 선고 2014다73053 판결).

■ 채권담보의 목적으로 자동차등록원부상 자동차의 소유자로 등록된 자가 운행자의 교통사고에 대하여 책임을 부담하는지요?

Q. 저(甲)는 乙의 채권자로서, 채권을 담보하려는 목적으로 乙 소유의 차량에 대하여 자동차등록명의를 이전받았습니다. 그러나 乙은 차량을 운전하다가 과실로 인하여 타인에게 상해를 입힌 후 차량을 버리고 도주하였습니다. 피해자는 乙의 소재를 찾을 수 없자 자동차등록원부상 명의인인 제게 손해배상을 청구하였습니다. 제게 책임이 있는지요?

A. 「자동차손해배상 보장법」 제3조 본문에서 자기를 위하여 자동차를 운행하는 자는 그 운행으로 다른 사람을 사망하게 하거나 부상하게 한 경우에는 그 손해를 배상할 책임을 진다고 규정하고 있습니다. 여기서 '자기를 위하여 자동차를 운행하는 자'는 사회통념상 당해 자동차에 대한 운행을 지배하여 그 이익을 향수하는 책임주체로서의 지위에 있다고 할 수 있는 자를 말하고, 이 경우 운행지배는 현실적인 지배에 한하지 아니하고 간접지배 내지는 지배가능성이 있다고 볼 수 있는 경우도 포함한다고 할 것입니다(대법원 2004.4.28. 선고 2003다24116 판결). 한편 대법원은 채권담보의 목적으로 자동차등록원부상 자동차의 소유자로 등록된 자는 자동차의 운전수의 선임, 지휘 감독이나 기타의 운행에 관한 지배 및 운행이익에 전연 관여한 바 없었다면 특별한 사정이 없는 한 자동차손해배상보장법 제3조에서 말하는 자기를 위하여 자동차를 운행하는 자라고는 볼 수 없다고 판결한 사례가 있습니다(대법원 1980.4.8. 선고 79다302 판결). 따라서 위 사안의 경우, 단순히 채권담보의 목적으로 소유자의 명의로만 등록된 것일 뿐, 실제 운전자 등에 관하여 어떠한 관여한 바 없는바, 「자동차손해배상 보장법」 제3조에서 정한 '자기를 위하여 자동차를 운행하는 자'라고 볼 수 없어, 손해배상 책임이 없을 것으로 보입니다. 참고로 명의대여자가 운행자로서의 책임을 부담하는지에 관한 판례를 보면, 대법원은 자동차소유자가 명의변경등록을 마치기까지 소유자명의로 자동차를 운행할 것을 타인에게 허용하였다면 그 자동차운행에 대한 책임을 부담한다고 할 것이나, 사고를 일으킨 구체적 운행에 있어 자동차등록원부상 소유명의를 대여한 자가

자동차의 운행지배와 운행이익을 상실하였다고 볼 특별한 사정이 있는 경우에는 그 명의대여자는 당해사고에 있어서 「자동차손해배상 보장법」상의 운행자로서의 책임을 부담하지 않는다고 보아야 할 것이라고 하였습니다(대법원 2009.9.10. 선고 2009다37138, 37145 판결).

■ 보행자에 대한 교통사고의 경우 가해자가 전부 배상해야할 책임이 있는지요?

Q. 제가 편도 2차선의 도로를 제한속도 범위에서 주행하던 중 신호등이 없는 횡단보도 부근에서 보행자를 충격하여 사고가 발생하였습니다. 보행자는 횡단보도가 아닌 일단정지선 10m 전방에서 횡단하고 있었으므로 제 책임이 없는 것 같은데, 이러한 경우에도 전부 제가 배상해야할 책임이 있는지요?

A. 도로교통법 제27조에 규정된 바에 따르면, 모든 운전자에게는 보행자에 대한 보호의무가 부여됩니다. 따라서 자동차전용도로, 고속도로 등의 특수한 장소가 아닌 한, 자동차의 보행자에 대한 사고에서는 기본적으로 자동차에게 높은 비율의 과실이 인정됩니다. 다만 도로교통법 제10조에 따르면, 보행자 또한 횡단보도가 설치된 곳에서는 횡단보도를 이용하여야 하는 등 그 횡단방법에 따라 횡단할 의무가 인정되는바, 사안의 경우 보행자는 횡단보도가 설치된 도로에서 그 횡단보도를 이용하지 아니하고 무단히 횡단한 의무위반이 있다고 할 것이어서, 보행자에게도 일정 부분의 과실이 있다고 할 것입니다.

이와 관련하여 대법원은 유사한 사례에서 '횡단보도에 보행자를 위한 보행등이 설치되어 있지 않다고 하더라도 횡단보도표시가 되어 있는 이상 그 횡단보도는 도로교통법에서 말하는 횡단보도에 해당하므로, 이러한 횡단보도를 진행하는 차량의 운전자가 도로교통법 제24조 제1항의 규정에 의한 횡단보도에서의 보행자보호의무를 위반하여 교통사고를 낸 경우에는 교통사고처리특례법 제3조 제2항 단서 제6호 소정의 횡단보도에서의 보행자보호의무 위반의 책임을 지게 되는 것이며, 비록 그 횡단보도가 교차로에 인접하여 설치되어 있고 그 교차로의 차량신호등이 차량진행신호였다고 하더라도 이러한 경우 그 차량신호등은 교차로를 진행할 수 있다는 것에 불과하지, 보행등이 설치되어 있지 아니한 횡단보도를 통행하는 보행자에 대한 보행자보호의무를 다하지 아니하여도 된다는 것을 의미하는 것은 아니므로 달리 볼 것은 아니라고 할 것이다.'라고 판시하였는 바(대법원 2003.10.23. 선고 2003도3529

판결), 원칙적으로는 귀하에게 주된 책임이 있는 것으로 볼 수 있습니다. 다만 자동차사고에 있어서 과실비율 및 그에 따른 손해배상의 책임 분배는 사건양태가 다양하고 복잡한 특수성상 일률적으로 이르기는 어렵습니다. 가령 야간 신호등 없는 편도 3차로 도로에서 차량이 3차로를 따라 운행 중 전방주시의무를 태만한 과실로, 술에 취한 채 위 도로에 설치된 횡단보도를 조금 벗어난 지점을 횡단하던 보행자를 충격한 사안에서 차량의 과실비율을 70%로 본 사례(서울지방법원 2008.9.24. 선고 2008가단43332 판결), 야간에 차량 통행이 빈번한 왕복7차로의 신호등 없는 삼거리 교차로에서 차량이 편도 3차로 중 1차로를 따라 진행하던 중 전방주시의무를 태만히 한 과실로, 횡단보도 부근(20m) 좌측에서 우측으로 무단횡단 하던 보행자를 들이 받은 사고에서 차량의 과실비율을 50%로 본 사례(부산지방법원 2009.4.17. 선고 2008가단 23466) 등을 참조하시기 바랍니다.

※관련판례

특정범죄 가중처벌 등에 관한 법률(이하 '특정범죄가중법'이라 한다) 제5조의10 제1항, 제2항은 운행 중인 자동차의 운전자를 폭행하거나 협박하여 운전자나 승객 또는 보행자 등의 안전을 위협하는 행위를 엄중하게 처벌함으로써 교통질서를 확립하고 시민의 안전을 도모하려는 목적에서 특정범죄가중법이 2007.1.3. 법률 제8169호로 개정되면서 신설된 것이다.

법 해석의 법리에 따라 법률에 사용된 문언의 통상적인 의미에 기초를 두고 입법 취지와 목적, 보호법익 등을 함께 고려하여 살펴보면, 특정범죄가중법 제5조의10의 죄는 제1항, 제2항 모두 운행 중인 자동차의 운전자를 대상으로 하는 범행이 교통질서와 시민의 안전 등 공공의 안전에 대한 위험을 초래할 수 있다고 보아 이를 가중처벌하는 이른바 추상적 위험범에 해당하고, 그중 제2항은 제1항의 죄를 범하여 사람을 상해나 사망이라는 중한 결과에 이르게 한 경우 제1항에 정한 형보다 중한 형으로 처벌하는 결과적 가중범 규정으로 해석할 수 있다. 따라서 운행 중인 자동차의 운전자를 폭행하거나 협박하여 운전자나 승객 또는 보행자 등을 상해나 사망에 이르게 하였

다면 이로써 특정범죄가중법 제5조의10 제2항의 구성요건을 충족한
다(대법원 2015.3.26. 선고 2014도13345 판결).

■ 대물변제로 채권자에게 인도된 채무자 명의차량의 교통사고로 인한 책임은 누가 부담하여야 하는지요?

Q. 甲은 乙에게 금 1,000만원을 차용하고 변제하지 못하여 시가 900만원 상당인 甲소유의 승용차를 대물변제로 乙에게 인도하면서 자동차등록 명의이전에 필요한 서류일체를 교부하였습니다. 그런데 乙은 자기 앞으로 자동차등록명의를 이전하지 않은 채 위 승용차를 운행하다가 丙을 충격하여 丙에게 장해발생이 예상되는 상해를 가하였습니다. 이 경우 위 교통사고로 인한 책임을 甲이 부담하여야 하는지요?

A. 「자동차손해배상 보장법」 제3조 본문에서 자기를 위하여 자동차를 운행하는 자는 그 운행으로 다른 사람을 사망하게 하거나 부상하게 한 경우에는 그 손해를 배상할 책임을 진다고 규정하고 있습니다. 그런데 대물변제를 위하여 채권자에게 자동차를 양도하였으나 아직 채권자명의로 소유권이전등록이 마쳐지지 아니한 경우, 양도인의 운행지배권이나 운행이익 상실여부의 판단기준에 관하여 판례를 보면, 대물변제를 위하여 채권자에게 자동차를 양도하기로 하고 인도까지 하였으나 아직 채권자 명의로 그 소유권이전등록이 마쳐지지 아니한 경우에 아직 그 등록명의가 원래의 자동차소유자에게 남아 있다는 사정만으로 그 자동차에 대한 운행지배나 운행이익이 양도인에게 남아 있다고 단정할 수는 없고, 이러한 경우 법원이 차량의 양도로 인한 양도인의 운행지배권이나 운행이익의 상실여부를 판단함에 있어서는 그 차량의 이전등록서류교부에 관한 당사자의 합의내용, 위 차량을 대물변제로 양도하게 된 경위 및 인도여부, 정산절차를 거쳐야 할 필요성, 인수차량의 운행자, 차량의 보험관계 등 양도인과 양수인 사이의 실질적 관계에 관한 여러 사정을 심리하여 사회통념상 양도인이 양수인의 차량운행에 간섭을 하거나 지배·관리할 책무가 있는 것으로 평가할 수 있는지의 여부를 가려 결정하여야 하고, 차량의 명의수탁자가 실소유자의 명시적인 승낙 없이 실소유자의 채무변제를 위한 대물변제조로 차량을 양도하기로 합의한 후 채권자에게 차량을 인도하고 차량의 이전등록에 필요한 인감증명 등의 서류도 모두 교부한 경우, 비록 명의수탁자가 실소유자의 채권자

에 대한 채무에 관하여 정확한 액수를 알지 못하였다고 할지라도, 대외적으로 차량에 관한 처분권한을 가지고 있는 명의수탁자가 실소유자의 채무변제를 위하여 대물변제에 이르게 되었고, 그 차량의 시가가 실소유자의 채권자에 대한 채무액수에 미치지 못하는 것이 분명한 이상, 위 차량의 운행에 있어서 그 운행지배와 운행이익은 모두 채권자에게 실질적으로 이전되었고, 대물변제계약이 요물계약이며 위 차량에 대한 소유권이전등록이 행해지지 아니하였다고 하더라도 마찬가지라고 한 사례가 있습니다(대법원 1999.5.14. 선고 98다57501 판결, 2002.11.26. 선고 2002다47181 판결).

따라서 위 사안에서도 위 승용차의 시가가 채무액에 미치지 못하므로 정산을 요하지 않을 것이고, 甲은 乙에게 자동차등록명의이전에 소요되는 서류일체를 교부까지 한 경우로서, 甲은 위 승용차에 대한 운행지배권이나 운행이익을 상실하였다고 보아야 할 것이므로 위 사고로 인한 손해배상책임을 부담하지 않을 것으로 보입니다.

■ 자동차의 복수의 운행자 중 1인이 다른 운행자에게 교통사고에 따른 손해배상을 구할 수 있는지요?

Q. 甲은 자동차 소유명의자인 乙로부터 사용허락을 받아 자동차를 운행하던 중 술을 마신 관계로 병에게 대리운전을 의뢰하였다가 丙이 자동차를 운전하다가 교통사고가 발생하였습니다. 甲은 乙이 가입한 보험회사로부터 책임보험금을 수령할 수 있는지요?

A. 자동차손해배상보장법 제3조에서는 " 자기를 위하여 자동차를 운행하는 자는 그 운행으로 다른 사람을 사망하게 하거나 부상하게 한 경우에는 그 손해를 배상할 책임을 진다"라고 규정하고 있습니다. 자동차손해배상 보장법 제3조 소정의 '다른 사람'이란 자기를 위하여 자동차를 운행하는 자 및 당해 자동차의 운전자를 제외한 그 이외의 자를 지칭하는 것이므로, 동일한 자동차에 대하여 복수로 존재하는 운행자 중 1인이 당해 자동차의 사고로 피해를 입은 경우에도 사고를 당한 그 운행자는 다른 운행자에 대하여 자신이 법 제3조 소정의 타인임을 주장할 수 없는 것이 원칙이고, 다만 사고를 당한 운행자의 운행지배 및 운행이익에 비하여 상대방의 그것이 보다 주도적이거나 직접적이고 구체적으로 나타나 있어 상대방이 용이하게 사고의 발생을 방지할 수 있었다고 보이는 경우에 한하여 비로소 자신이 타인임을 주장할 수 있을 뿐입니다(대법원 1997.8.29. 선고 97다12884 판결, 대법원 2000.10.6. 선고 2000다 32840 판결 등 참조).

그런데 이 사건 사고는 甲이 乙로부터 이 사건 승용차를 빌린 다음 대리운전자인 丙으로 하여금 운전하게 하고 자신은 그 차량에 동승하였다가 발생한 것이므로, 甲은 사고 당시 이 사건 승용차에 대하여 현실적으로 운행을 지배하여 그 운행이익을 향수하는 자로서 자동차손해배상보장법 소정의 운행자라고 할 것이나, 공동운행자인 대리운전자와 甲 사이의 내부관계에 있어서는 단순한 동승자에 불과하므로 甲은 丙을 상대로 손해배상을 구할 수 있다 할 것이지만, 그러나 다른 한편, 乙역시 이 사건 승용차의 보유자로서 운행자의 지위를 여전히 가지고 있다고 할 것이고, 이 사건 사고 당시 甲의 운행지배 및 운행이익에 비하

여 이 사건 승용차에 동승하지도 아니한 乙의 그것이 보다 주도적이거
나 직접적이고 구체적으로 나타나 있어 乙이 용이하게 사고의 발생을
방지할 수 있었다고는 보이지 아니하므로, 甲과 乙의 관계에서는 甲은
乙에 대하여 위 법 제3조 소정의 '다른 사람'임을 주장할 수 없다고 할
것이고, 따라서 을이 가입한 보험사는 甲에게 책임보험금을 지급할 의
무를 부담하지 않는다고 할 것입니다.

※관련판례

근로복지공단이 산재보험법 규정에 따라 보험급여를 함으로써 취득
하는 손해배상청구권은 피재근로자의 제3자에 대한 손해배상청구권
과 동일성이 그대로 유지된다. 그런데 구 자배법 시행령 제3조 제1
항 제2호 단서에 의하여, 교통사고 피해자는 교통사고의 발생에 기
여한 자신의 과실의 유무나 다과에 불구하고 제2호 단서 규정에 의
한 책임보험금 한도 내 진료비 해당액을 책임보험금으로 청구할 수
있다. 따라서 피해자에게 보험급여를 지급한 근로복지공단은 그 보
험급여 지급액의 한도 내에서 피해자가 위 제2호 단서 규정에 의하
여 보험회사에 대하여 갖는 동일한 성격의 책임보험금 청구권을 대
위할 수 있다(대법원 2008.12.11. 선고 2006다82793 판결 참조).
(대법원 2019.4.25. 선고 2018다296335 판결).

■ 교통사고 피해자가 자살한 경우 자살에 따른 손해를 교통사고 가해자에게 구할 수 있는지요?

Q. 고등학교 1학년 여학생이 교통사고로 상해 피해를 입고 우울증에 시달리다 자살한 경우 자살에 따른 손해를 교통사고 가해자에게 구할 수 있는지요?

A. 법원은 "교통사고로 오른쪽 하퇴부에 광범위한 압궤상 및 연부조직 손상 등의 상해를 ○○고등학교 1학년 여학생이 사고 후 12개월 동안 병원에서 치료를 받았으나 다리부위에 보기 흉한 흉터가 남았고 목발을 짚고 걸어다녀야 했으며 치료도 계속하여 받아야 했는데 이로 인하여 사람들과의 접촉을 피하고 심한 우울증에 시달리다가 자신의 상태를 비관, 농약을 마시고 자살한 경우, 교통사고와 사망 사이에 상당인과관계가 있다(대법원 1999.7.13. 선고 99다19957 판결)"고 판시한 바 있습니다. 따라서 자살에 따른 손해배상 청구는 가능할 것으로 보입니다. 다만 피해액이 감액될 가능성이 높습니다.

■ 미성년자가 교통사고를 낸 경우 부모에게 손해배상 청구가 가능한지요?

Q. 고등학교 1학년(만 16세)이 가해자가 무면허로 오토바이를 운전하다 사고를 낸 경우 부모에게 손해배상 청구가 가능한지요?

A. 만 16세 ○○고등학교 1학년 학생이 무면허로 오토바이를 운전하다 사고를 낸 경우, 사고 당시의 연령과 수학정도 등에 비추어 불법행위에 대한 책임을 변식할 능력은 있었으나, 경제적인 면에서 전적으로 그의 부모에게 의존하며 그들의 보호·감독을 받고 있었으므로, 부모로서는 그 자에 대하여 면허 없이 오토바이를 운전하지 못하도록 하는 등 보호·감독을 철저히 하여야 할 주의의무가 있는데도 이를 게을리한 잘못이 있다고 하여 그 부모에게도 교통사고에 대한 손해배상책임이 있다할 것입니다. 다만 만16세의 고등학생이 부모와 경제적으로 독립한 상태로 부모의 보호

、감독을 받고 있지 않는 상태였다면 부모에 대한 손해배상청구가 인정되지 않을 수도 있습니다.

■ 교통사고로 정신적 장해가 발생한 경우 개호비 손해가 인정되는지요?

Q. 교통사고의 피해자가 지적 또는 정신적 장해로 타인의 감독 내지 보호가 필요한 경우에도 개호비 손해가 인정되는지요?

A. 개호라 함은 신체적 장해를 가진 자를 위하여 타인의 노동이 직접 필요한 경우에 한정되는 것이 아니라 지적 또는 정신적 장해로 인하여 타인의 감독 내지 보호가 필요한 경우도 포함된다(대법원 2001.9.14. 선고 99다42797 판결 참조) 할 것입니다. 따라서 정신적 장해로 타인의 감독 내지 보호가 필요한 경우 개호비를 손해배상 청구할 수 있습니다.

■ 교통사고 피해자가 손해배상청구 포기 약정을 한 경우, 그 효력이 부모들이 가지는 위자료 청구권에 미치는지요?

Q. 교통사고 피해자 본인이 합의금을 수령하고 손해배상청구권 포기 약정을 한 경우, 그 효력이 부모들이 가지는 위자료 청구권에 미치는지요?

A. 교통사고의 경우, 피해자 본인과는 별도로 그의 부모들도 그 사고로 말미암아 그들이 입은 정신적 손해에 대하여 고유의 위자료청구권을 가진다 할 것이므로, 피해자 본인이 합의금을 수령하고 가해자측과 나머지 손해배상청구권을 포기하기로 하는 등의 약정을 맺었다 하더라도 그의 부모들이 합의 당사자인 피해자 본인과 가해자 사이에 합의가 성립되면 그들 자신은 별도로 손해배상을 청구하지 아니하고 손해배상청구권을 포기하겠다는 뜻을 명시적 혹은 묵시적으로 나타낸 바 있다는 등의 특별한 사정이 없는 한 위 포기 등 약정의 효력이 당연히 고유의 손해배상청구권을 가지는 그의 부모들에게까지 미친다고는 할 수 없다 할 것입니다(대법원 1999.6.22. 선고 99다7046 판결 참조).

■ 고소작업차의 와이어가 끊어지면서 추락하여 사망한 경우 보험약관에서 정한 자동차 운행 중의 교통사고에 해당하는지요?

Q. 甲은 고소작업차의 아파트 10층 높이에서 외벽도장공사를 하던 중 고소작업차의 와이어가 끊어지면서 추락하여 사망하였습니다. 보험수익자인 甲의 유족은 보험사를 상대로 보험금을 청구하였으나, 보험사는 보험계약 체결 당시 자동차의 용도가 자가용으로 정해져 있었는데 위 사고는 차량을 자가용으로 사용하다가 난 사고가 아니라며 보험금지급을 거부하고 있습니다. 이 경우 보험사는 보험금지급책임이 있는지요?

A. 이와 유사한 사례에서 판례는, "교통사고만의 담보특약부 상해보험계약에 적용되는 약관상 '운행'이라 함은 자동차손해배상보장법 제2조에서 규정하고 있는 바와 같이 자동차를 당해 장치의 용법에 따라 사용하고 있는 것을 말하고, 여기서 '당해 장치'라 함은 자동차에 계속적으로 고정되어 있는 장치로서 자동차의 구조상 설비되어 있는 자동차의 고유의 장치를 뜻하는 것인데, 위와 같은 각종 장치의 전부 또는 일부를 각각의 사용 목적에 따라 사용하는 경우에는 운행 중에 있다고 할 것이나, 자동차에 타고 있다가 사망하였다 하더라도 그 사고가 자동차의 운송수단으로서의 본질이나 위험과는 전혀 무관하게 사용되었을 경우까지 자동차의 운행 중의 사고라고 보기는 어렵다(대법원 2000.9.8. 선고 2000다89 판결)"고 설시하면서 "①이 사건 고소작업차는 자동차관리법 시행규칙 제2조에 따른 특수자동차로 등록된 차량으로, 이 사건 보험약관에서 '운행 중인 자동차'로 규정한 특수자동차에 해당하는 사실, ②이 사건 고소작업차는 위 법령상 특수자동차중 견인형 내지 구난형에 속하지 아니하는 특수작업형 차량으로, 트럭에 고정된 크레인 붐대와 그에 고정된 작업대 등의 구조상 설비를 갖추고 그 작업대에 작업자가 탑승한 후 크레인 붐대에 의한 작업대의 상승, 하강을 통하여 높은 곳 (고소)에서의 작업이 가능하도록 하는 자동차인 사실, ③이 사건 사고는 위와 같이 이 사건 고소작업차 고유의 장치인 크레인 붐대와 작업대를 사용하여 아파트 고층에서의 외벽도장작업을 하던 중 발생한 사고인 사실 등을 알 수 있다. 이러한 사실관계를 앞서 본 대법원의 판례에 비추어 볼 때, 이 사건 사고는 이 사건 고소작업차의 당해 장치를 그 용

법에 따라 사용하던 중에 발생한 사고로서 이 사건 보험약관에서 정한 자동차 운행 중의 교통사고에 해당한다"고 판시하였습니다. 따라서 위 사안에서 甲이 고소자동차에서 추락하여 사망한 사고는 고소작업차의 당해 장치를 그 용법에 따라 사용하던 중에 발생한 사고로서 보험약관에서 정한 사동차 운행 중의 교통사고에 해당하므로, 보험사는 甲의 유족에게 보험금지급책임이 있습니다.

■ **책임보험 보험자로부터 보험금을 수령하였음에도 위탁받은 보험사**
  업자로부터 또다시 피해보상금을 수령한 경우, 위 보험사업자의
  부당이득반환청구권의 소멸시효기간은?

Q. 甲은 1997.경 교통사고를 입고 가해차량이 가입된 보험사로부터 치료비로
7OO만원, 합의금으로 3,OOO만원을 지급받았습니다. 甲은 다시 1998.11.
경 정부의 자동차손해배상 보장사업을 위탁받은 보험사 乙에게 가해차량
이 무보험차량이라 보험금을 전혀 받지 못하였다고 주장하여 乙로부터 피
해보상금으로 3,9OO만원을 지급받았습니다. 乙은 뒤늦게 2OO5.5.경 피해
자 甲에게 甲이 乙로부터 지급받은 보상금은 법률상 원인 없는 부당이득
이라 주장하며 그 반환을 청구할 수 있는지요?

A. 이와 유사한 사례에서 판례는, "구 자동차손해배상보장법(1999.2.5.법률
제5793호로 전부 개정되기 전의 것) 제14조 제2항은 보험가입자 등(의
무보험에 가입한 자와 당해 의무보험 계약의 피보험자)이 아닌 자가 같
은 법 제3조의 규정에 의한 손해배상의 책임을 지게 되는 경우에 정부
가 피해자의 청구에 따라 책임보험금의 한도 안에서 그가 입은 피해를
보상한다고 규정하고 있을 뿐이고, 같은 법 제14조 이하에서 규정하고
있는 자동차손해배상 보장사업은 정부가 자동차의 보유자를 알 수 없
거나 무보험 자동차의 운행으로 인한 사고로 인하여 사망하거나 부상
을 입은 피해자의 손해를 책임보험의 보험금의 한도 안에서 보상하는
것을 주된 내용으로 하는 것으로서, 뺑소니 자동차 또는 무보험 자동차
에 의한 교통사고의 피해자 보호를 목적으로 하면서 법률상 가입이 강
제되는 자동차책임보험제도를 보완하려는 것이지 피해자에 대한 신속
한 보상을 주목적으로 하고 있는 것이 아니다(대법원 2007.12.27.선고
2007다54450판결).

따라서 피고가 이 사건 가해차량이 가입한 책임보험의 보험자로부터
이 사건 사고로 인한 보험금을 수령하였음에도 불구하고 자동차손해배
상 보장사업을 위탁받은 원고회사로부터 또다시 피해보상금을 수령한
것을 원인으로 한 원고회사의 피고에 대한 이 사건 부당이득반환청구
권에 관하여는 상법 제64조가 적용되지 아니하고, 그 소멸시효기간은

민법 제162조 제1항에 따라 10년이라고 봄이 상당하다"고 판시하였습니다(대법원 2010.10.14. 선고 2010다32276 판결). 따라서 위 사안에서 보험사 乙은 피해자 甲에게 자신이 지급한 보상금 상당의 부당이득반환채권을 가지게 되고, 이의 소멸시효기간은 10년이라 할 것인데, 부당이득반환채권이 발생한 1998.11.경부터 乙이 甲에 그 반환을 청구한 2005.5.경에는 10년이 도과하지 않았으므로 부당이득반환을 청구할 수 있습니다.

※관련판례

자동차손해배상 보장법 시행령 제3조 제1항 제2호 단서는 피해자에게 발생한 손해액이 자동차손해배상 보장법 제15조 제1항의 규정에 의한 자동차보험 진료수가기준에 따라 산출한 진료비 해당액에 미달하는 경우에는 [별표 1]에서 정하는 금액의 범위에서 그 진료비 해당액을 책임보험금으로 지급하도록 규정하고 있는바, 위 제2호 단서의 규정 취지는 교통사고 피해자가 입은 손해 중 그의 과실비율에 해당하는 금액을 공제한 손해액이 위 규정의 진료비 해당액에 미달하는 경우에도 교통사고로 인한 피해자의 치료 보장을 위해 그 진료비 해당액을 손해액으로 보아 이를 책임보험금으로 지급하라는 것으로 해석되므로, 교통사고 피해자로서는 위 교통사고의 발생에 기여한 자신의 과실의 유무나 다과에 불구하고 위 제2호 단서에 의한 진료비 해당액을 자동차손해배상 보장법에 의한 책임보험금으로 청구할 수 있다 (대법원 2008.12.11. 선고 2006다82793 판결, 대법원 2009.11.26. 선고 2009다57651 판결 등 참조). (대법원 2012.10.11. 선고 2012다44563 판결)

■ 자동차의 소유자로부터 수리를 받은 자가 다시 다른 수리업자에게
  수리를 의뢰하여, 그 수리업자가 자동차를 운전하여 자신의 작업
  장으로 돌아가던 중 교통사고를 일으킨 경우 원래의 수리업자도
  다른 수리업자와 공동으로 손해배상책임을 지는지요?

Q. 카센터를 운영하는 甲은 乙로부터 자동차 수리를 의뢰받은 후 직접 수
리하기가 곤란하자 乙의 의사를 확인하지 않은 채 다시 다른 수리업자
인 丙에게 수리를 의뢰하였습니다. 丙은 甲의 카센터에 들러 위 자동차
를 인도받아 자신의 작업장 방면으로 운행하다가 전방주시를 제대로 하
지 않은 과실로 교통사고를 냈습니다. 이 경우 위 교통사고에 대해 甲
도 손해배상책임을 지는지요?

A. 이와 유사한 사례에서 판례는, "피고는 위 김×현으로부터 이 사건 자동
차의 수리를 의뢰받은 후 위 김×현의 의사를 확인하지 않은 채 다시
다른 수리업자인 소외 권병연에게 전화를 걸어 이 사건 승용차의 수리
를 의뢰하였고, 이에 따라 피고가 운영하는 카센터에 도착한 위 윤◇이
(위 권병연의 동업자이다)는 피고로부터 직접 이 사건 승용차를 건네받
으며, 수리할 부분에 관한 설명과 지시를 받은 사실, 통상적으로 카센
터에서 타 수리업자에게 수리를 의뢰할 경우 카센터 업자는 자신이 받
은 수리비 중 소개비조로 일부를 공제한 후 나머지만을 타 수리업자에
게 지급하는데, 이 사건 당시도 수리비용은 피고가 위 김×현으로부터
직접 받았던 사실을 알 수 있는바, 사정이 이와 같다면, 이 사건 사고
당시 피고는 이 사건 승용차의 운행지배를 완전히 상실하였다고 할 수
는 없고, 다른 수리업자인 위 윤◇이와 공동으로 이 사건 승용차의 운
행지배와 운행이익을 가지고 있었다고 보아야 할 것이다"라고 판시하였
습니다(대법원 2005.4.14. 선고 2004다68175 판결). 위 사안에서 甲이
乙로부터 수리비용을 받았는지는 불명확하나, 乙의 의사를 확인하지 않
은 채 다시 다른 수리업자인 丙에게 수리를 의뢰하였으므로 위 자동차
에 대한 운행지배를 상실하였다고 볼 수 없고 丙과 공동으로 운행지배
와 운행이익을 가진다고 보아야 할 것입니다. 따라서 甲은 위 교통사고
에 대해 丙과 공동으로 자동차손해배상보장법상의 손해배생책임을 진
다 할 것입니다.

■ 교통사고 시 민사 이외에 별도로 형사상 위로금을 청구할 수 있는지요?

Q. 저의 남편은 회사에서 퇴근하여 귀가하던 중 횡단보도상에서 과속으로 질주하던 승용차에 치어 현장에서 사망하였습니다. 가해자는 구속되었고, 그 차량은 종합보험에 가입은 되어 있지만, 가해자 측에서는 한 번도 찾아오지 않고 위로의 말 한마디 없습니다. 저는 보험금 이외에 별도로 형사상 위로금을 청구하고 싶은데 그것이 가능한지요?

A. 교통사고가 발생하면 형사상의 처벌문제와 민사상의 손해배상문제가 동시에 발생하는 경우가 많습니다. 결국 형사상의 처벌문제는 국가와 가해운전자와의 관계이고, 민사상 인사사고에 대한 손해배상문제는 피해자와 가해운전자 및 운행의 지배이익을 가지는 자(통상 차주가 될 것임)와의 관계이므로 교통사고로 인한 인사사고의 피해자는 특별한 사정이 없는 한 가해운전자 및 운행의 지배이익을 가지는 자를 상대로 민사상의 손해배상책임을 물을 수 있습니다. 그러나 형사상 위로금, 이른바 형사합의금은 가해운전자 자신이 형사처벌을 조금이라도 가볍게 받기 위하여 피해자에게 임의로 지급하면 받을 수는 있으나, 그렇지 아니한 경우에 민사상 손해배상금 이외에 별도로 법률상 당연히 청구할 수 있는 성질의 것은 아니라 할 것입니다. 참고로 형사합의금의 성질에 관하여 판례는 "불법행위의 가해자에 대한 수사과정이나 형사재판과정에서, 피해자가 가해자로부터 합의금 명목의 금원을 지급받고 가해자에 대한 처벌을 원치 않는다는 내용의 합의를 한 경우에, 그 합의 당시 지급받은 금원을 특히 위자료 명목으로 지급 받는 것임을 명시하였다는 등의 특별한 사정이 없는 한 그 금원은 재산상 손해배상금의 일부로 지급되었다고 봄이 상당하며(대법원 1994.10.14. 선고 94다14018 판결), 이 점은 가해자가 형사합의금을 피해자에게 직접 지급하지 않고 형사상의 처벌과 관련하여 금원을 공탁한 경우에도 마찬가지라고 할 것이고, 교통사고의 가해자측이 피해자의 유족들을 피공탁자로 하여 위로금 명목으로 공탁한 돈을 위 유족들이 출급한 경우, 공탁서상의 위로금이라는 표현은 민사상 손해배상금 중 정신적 손해인 위자료에 대한 법률가가 아닌 일반인의 소박한 표현에 불과한 것으로서 그 공탁금은

민사상 손해배상금의 성질을 갖고, 자동차종합보험계약에 의한 보험자의 보상범위에도 속한다."라고 한 사례가 있습니다(대법원 1999.1.15. 선고 98다43922 판결).

따라서 형사합의금을 특별히 위로금 등으로 명시하지 아니한 경우에는 민사상 재산적 손해배상으로, 위로금이라고 명시한 경우에는 민사상 정신적 손해배상인 위자료로 보아야 할 것인바, 이 모두가 민사상 손해배상금에 해당하는 것입니다. 결국 형사위로금이라고 하는 것이 민사상 손해배상금 이외에 별도로 청구할 수 있는 그런 권리는 아닌 것입니다.

■ 기획여행계약 중 교통사고가 발생한 경우 여행업자에게 손해배상을 청구할 수 있나요?

Q. 기획여행계약에 따라 해외여행을 하던 중 여행업자가 선정한 현지 운전자의 과실로 교통사고가 발생하였습니다. 여행업자에 대하여 손해배상청구를 할 수 있나요?

A. 기본적으로 여행약관을 살펴보아야겠습니다. 일반적인 여행약관에는 여행중에 일어난 손해에 대해서 포괄적인 손해배상을 하도록 약정하고 있습니다. 약관에 따라 손해배상청구를 할 수 있는지를 우선적으로 검토해야겠습니다. 서울중앙지방법원 2009.6.30. 선고 2008가합107783 판결에서는 '여행업자는 통상 여행 일반은 물론 목적지의 자연적.사회적 조건에 관하여 전문적 지식을 가진 자로서 우월적 지위에서 행선지나 여행시설의 이용 등에 관한 계약 내용을 일방적으로 결정하는 반면, 여행자는 그 안전성을 신뢰하고 여행업자가 제시하는 조건에 따라 여행계약을 체결하게 되는 점을 감안할 때, 여행업자는 기획여행계약의 상대방인 여행자에 대하여 기획여행계약상의 부수의무로서, 여행자의 생명.신체.재산 등의 안전을 확보하기 위하여, 여행목적지ㆍ여행일정ㆍ여행행정ㆍ여행서비스기관의 선택 등에 관하여 미리 충분히 조사ㆍ검토하여 전문업자로서의 합리적인 판단을 하고, 또한 그 계약 내용의 실시에 관하여 조우할지 모르는 위험을 미리 제거할 수단을 강구하거나 또는 여행자에게 그 뜻을 고지하여 여행자 스스로 그 위험을 수용할지 여부에 관하여 선택의 기회를 주는 등의 합리적 조치를 취할 신의칙상의 주의의무를 지고(대법원 1998.11.24. 선고 98다25061 판결 참조), 이 사건 여행약관에서 그 여행업자의 여행자에 대한 책임의 내용 및 범위 등에 관한 규정내용은 여행업자의 위와 같은 안전배려의무를 구체적으로 명시한 것으로 보아야 할 것이다.
위 인정 사실에 의하면, 이 사건 사고는 피고 1 주식회사가 선정한 현지 운전자 소외 1의 과실로 인하여 발생한 것이라 할 것이므로, 피고 1 주식회사는 이 사건 여행약관에 따라 이 사건 사고로 인하여 원고들이 입은 모든 손해를 배상할 책임이 있다.' 고 판시한 바 있습니다.

■ 교통사고로 인한 후유장애와 청구할 수 있는 손해배상의 내용은 어떻게 되는지요?

Q. 甲은 오토바이를 운전하여 신호등에 의해 교통정리가 행하여지고 있는 교차로를 통과하던 중 신호를 위반하고 진행하는 乙의 택시와 충돌하였습니다. 이로 인해 甲은 전치 12주의 개방성 골절 등 상해를 입어 약 4개월간 입원치료를 받았고, 추후 발목에 고정하여 둔 철심을 제거하는 추가적인 수술도 받아야 하며, 근전도 검사 결과 노동능력이 12% 정도 상실되었다는 영구장해진단을 받았습니다. 사고당시 취직 중이었던 회사에서는 월 평균 200만 원 정도의 급여를 받고 있었습니다. 乙은 甲이 입원해있는 동안 350만 원 정도를 치료비조로 지급하였을 뿐인데, 甲이 향후 乙에게 청구할 수 있는 손해배상의 내용은 어떻게 되는지요?

A. 손해배상금은 크게 세 가지 항목으로 나눌 수 있습니다.

① 적극적 재산상 손해

병원에서 수술 등 치료를 받아 지출하게 된 치료비, 입원기간 동안 거동이 불편하여 간병인을 고용하였다면 그에 따라 지출하게 된 개호비 등이 적극적 손해의 대표적인 예입니다. 특히 치료비의 경우에는, 이미 지출하신 기왕의 치료비 외에 장래에 지출하게 될 치료비도 손해배상금에 포함될 수 있습니다. 입원 치료를 받으시면서 지출하신 치료비 외에, 향후 철심 제거 등을 위한 추가적인 수술이 필요하다면 그 비용 등을 청구할 수도 있을 것으로 판단됩니다.

② 소극적 재산상 손해

일실수익은 교통사고 피해로 말미암아 얻을 수 있었던 소득을 얻지 못하게 된 손해를 말합니다. 귀하께서는 사고 당시 월 평균 200만 원 정도의 소득을 얻고 있었으므로, 입원기간인 약 4개월 동안 일을 하지 못해 소득을 얻지 못했다면, 같은 기간 동안의 급여 상당액(약 800만 원)을 손해배상으로 청구할 수 있을 것입니다.

나아가 교통사고로 인하여 영구장해진단을 받았으므로 노동능력상실율에 따른 장래의 일실수익 상당액도 청구할 수 있을 것으로 판단됩니다. 장래 일실수익의 계산방법은, (사고당시의 월 수입액) X (노동능력상실율) X (가동연한까지의 잔여개월 수에 따른 호프만 수치) 의 공식에 의합니다.

③ 정신상 손해에 대한 위자료

정신상 손해에 대한 위자료의 경우 그 구체적인 금액은 법원의 재량에 속하는 사항으로, 재판부에서 사고와 관련된 여러 가지 제반사항을 참작하여 결정하게 됩니다.

다만, 유사한 사건들 사이의 형평성을 고려하여 실무에서는 일정한 기준을 적용하기도 하는데, 일반적으로 (5,000만 원) X (노동능력상실율) X (1 - 피해자의 과실 X 0.6) 의 산출식에 따라 결정하는 경우가 많은 것으로 알려져 있습니다.

결론적으로 위 항목들에 따라 귀하가 청구할 수 있는 손해배상금의 액수는, {(① + ②) X (상대방의 과실비율)} + ③} 의 식에 따라 계산된 금액이 될 것입니다.

다만, 약 350만 원을 치료비조로 이미 지급받았다고 하였으므로, 그 금액은 손해배상금의 일부를 미리 받은 것으로 보아 공제될 것입니다.

※관련판례

자동차상해보험은 피보험자가 피보험자동차를 소유·사용·관리하는 동안에 생긴 피보험자동차의 사고로 인하여 상해를 입었을 때에 보험자가 보험약관에 정한 사망보험금이나 부상보험금 또는 후유장해보험금 등을 지급할 책임을 지는 것으로서 그 성질상 상해보험에 속하므로, 자동차상해보험계약에 따른 보험금을 지급한 보험자는 상법 제729조 단서에 의하여 보험자대위를 허용하는 취지의 약정이 있는 때에 한하여 피보험자의 권리를 해하지 않는 범위 내에서 그 권리를 대위할 수 있다는 것이 대법원판례이다(대법원 2005.9.9. 선고 2004다51177 판결 등 참조).(대법원 2015.11.12. 선고 2013다71227 판결)

■ 교통사고로 상해를 입고 입원 후 치료받던 중 병원시설의 하자로 인하여 사망한 경우 병원은 사망으로 인한 손해 전부에 대하여 배상책임을 지는지요?

Q. 甲은 트럭운전수 乙이 운전하던 트럭에 치어 뇌를 다쳐 丙병원에 입원하여 치료를 받던 중 병실을 빠져나와 비상계단 아래의 땅으로 추락하여 사망하였습니다. 이 경우 운전수 乙과 丙병원은 甲의 사망으로 인한 손해 전부에 대하여 배상책임을 지는지요?

A. 이와 유사한 사례에서 판례는, 공동불법행위가 성립하려면 행위자 사이에 의사의 공통이나 행위공동의 인식이 필요한 것은 아니지만 객관적으로 보아 피해자에 대한 권리침해가 공동으로 행하여졌다고 보여지고 그 행위가 손해발생에 대하여 공통의 원인이 되었다고 인정되는 경우라야 한다고 하면서, 운전수의 불법행위는 피해자를 차로 치어 그 결과 뇌 부위의 상해가 발생한 것이며 병원의 시설하자 및 그 직원의 불법행위는 피해자가 비상계단에서 추락사한 결과를 발생케 한 것이므로 양 행위가 시간과 장소에 괴리가 있고 결과발생에 있어서도 양 행위가 경합하여 단일한 결과를 발생시킨 것이 아니고 각 행위의 결과발생을 구별할 수 있으므로 그러한 경우에는 공동불법행위가 성립한다고 하기 어렵다고 판시하였습니다(대법원 1989. 5. 23. 선고 87다카2723 판결). 따라서 위 사안에서 운전수 乙과 丙병원은 甲의 사망에 대해 공동불법행위가 성립하지 않습니다. 결국 운전수 乙은 피해자가 교통사고로 부상한 결과 입게 된 손해에 대해서만 배상책임을 지고, 丙병원은 피해자가 병원에서 추락사하여 발생된 손해에 대해서만 배상책임(이 경우 교통사고로 인한 손해액과 중첩되지 아니하도록 손해배상액을 정하여야 합니다)을 지게 됩니다.

■ 유치원생이 귀가하던 중 교통사고를 당한 경우 유치원교사 등에게 손해배상을 청구할 수는 없는지요?

Q. 만 4세 9개월 된 저의 딸은 공립인 甲초등학교의 병설유치원에 입학하여 2개월 정도 다니던 중, 학교 앞 50미터 떨어진 4차선도로에서 뺑소니차량에 교통사고를 당하여 중태입니다. 유치원 담임교사는 유치원생을 안전하게 귀가시킬 책임이 있음에도 학교 앞까지만 인솔하여 교통안전교육을 실시하고 위 차도를 저의 딸이 혼자서 건너도록 한바, 담임교사 등에게 손해배상을 청구할 수는 없는지요?

A. 유치원 교사 등의 책임에 관하여 판례를 보면, 학교의 교장이나 교사는 학생을 보호감독 할 의무를 지는 것이나, 그 보호감독의무는 교육관련 법률에 따라 학생들을 친권자 등 법정감독의무자에 대신하여 보호감독하여야 하는 의무로서, 학교의 교육활동 중에 있거나 그것과 밀접·불가분의 생활관계에 있는 학생들에 대하여 인정되며, 보호감독의무를 소홀히 하여 학생이 사고를 당한 경우에도 그 사고가 통상 발생할 수 있다고 예상할 수 있는 것에 한하여 교사 등의 책임을 인정할 것인바, 그 예견가능성은 학생의 연령, 사회적 경험, 판단능력 등을 고려하여 판단하여야 하고, 생후 4년 3개월 남짓 되어 책임능력은 물론 의사능력도 없고, 유치원에 입학하여 45일정도 되어 유치원생활에 채 적응하지도 못한 상태에 있는 유치원생들에 있어서는 다른 각급 학교학생들의 경우와 달리 유치원 수업활동 외에 수업을 마치고 그들이 안전하게 귀가할 수 있는 상태에 이르기까지가 유치원 수업과 밀접·불가분의 관계에 있는 생활관계에 있는 것으로 보아야 하며, 따라서 유치원담임교사는 원생들이 유치원에 도착한 순간부터 유치원으로부터 안전하게 귀가할 수 있는 상태에 이르기까지 법정감독의무자인 친권자에 준하는 보호감독의무가 있다고 하였습니다(대법원 1996.8.23. 선고 96다19833 판결). 또한, 유치원이나 학교교사 등의 보호감독의무가 미치는 범위에 관하여, 유치원이나 학교교사 등의 보호·감독의무가 미치는 범위는 유치원생이나 학생의 생활관계전반이 아니라 유치원과 학교에서의 교육활동 및 이와 밀접·불가분의 관계에 있는 생활관계로 한정되고, 또 보호·감독

의무를 소홀히 하여 학생이 사고를 당한 경우에도 그 사고가 통상 발생할 수 있다고 예상할 수 있는 것에 한하여 교사 등의 책임을 인정할 수 있으며, 이때 그 예상가능성은 학생의 연령, 사회적 경험, 판단능력, 기타의 제반사정을 고려하여 판단하여야 하고, 이러한 법리는 학원의 설립·운영자 및 교습자의 경우라고 하여 다르지 않을 것인바, 대체로 나이가 어려 책임능력과 의사능력이 없거나 부족한 유치원생 또는 초등학교 저학년생에 대해서는 보호·감독의무가 미치는 생활관계의 범위와 사고발생에 대한 예견가능성이 더욱 넓게 인정되어야 한다고 하였습니다(대법원 2008.1.17. 선고 2007다40437 판결). 그러므로 위 사안의 담임교사도 귀하의 딸이 안전하게 귀가할 수 있도록 조치할 의무를 다하지 못한 불법행위책임이 인정될 수도 있을 것입니다.

그런데 교육공무원의 교육업무상 발생한 불법행위로 인한 손해배상책임은 「국가배상법」 제1조, 제2조에서 정한 배상책임이고, 공무원이 직무수행에 당하여 고의 또는 과실로 타인에게 손해를 가한 것으로 주장하는 경우는 특별법인 「국가배상법」이 적용되어 민법상의 사용자책임에 관한 규정은 그 적용이 배제됩니다(대법원 1996.8.23. 선고 96다19833 판결, 2008.1.18. 선고 2006다41471 판결). 그리고 「헌법」 제29조 제1항 본문과 단서 및 「국가배상법」 제2조를 그 입법취지에 조화되도록 해석하면, 공무원이 직무수행 중 불법행위로 타인에게 손해를 입힌 경우에 국가나 지방자치단체가 국가배상책임을 부담하는 외에 공무원 개인도 고의 또는 중과실이 있는 경우에는 불법행위로 인한 손해배상책임을 지지만, 공무원에게 경과실이 있을 뿐인 경우에는 공무원 개인은 불법행위로 인한 손해배상책임을 부담하지 아니하고, 여기서 공무원의 중과실이란 공무원에게 통상 요구되는 정도의 상당한 주의를 하지 않더라도 약간의 주의를 한다면 손쉽게 위법·유해한 결과를 예견할 수 있는 경우임에도 만연히 이를 간과함과 같은 거의 고의에 가까운 현저한 주의를 결여한 상태를 의미합니다(대법원 2003.12.26. 선고 2003다13307 판결).

위 사안의 경우 만약 담임교사가 귀하의 딸에게 매일 실시하던 교통안전교육을 실시하고 나서 위 유치원으로 돌아왔고, 또한 평소에 귀하의 가족들이 직접 데리러 갔다는 사정이 있었다면 위 담임교사는 유치원

교사로서 통상 요구되는 주의를 현저히 게을리 한 것으로는 볼 수 없어 담임교사를 상대로 직접 손해배상을 청구할 수 없을 것이나, 적어도 경과실은 인정된다고 할 것이므로 「국가배상법」 제2조 제1항에 따라 위 공립초등학교병설유치원이 소속된 지방자치단체를 상대로 손해배상을 청구할 수 있을 것으로 보입니다. 참고로 초등학교 1학년인 학원수강생이 쉬는 시간에 학원 밖으로 나갔다가 교통사고로 사망한 사안에서 학원운영자의 보호·감독의무위반을 인정한 사례도 있습니다(대법원 2008.1.17. 선고 2007다40437 판결).

■ 교통사고로 사망한 자가 생명보험에 가입된 경우 생명보험으로부터 받는 보상금액만큼은 제외하고 배상을 하겠다는데 타당한지요?

Q. 저는 1년 전 남편을 피보험자로 생명보험에 가입한 사실이 있는데, 얼마 전 남편이 교통사고로 인하여 사망하였습니다. 현재 가해자 측과 합의를 하려고 하였더니 가해자 측은 생명보험으로부터 받는 보상금액만큼은 제외하고 그 나머지만 배상을 하겠다고 합니다. 그것이 타당한지요?

A. 불법행위로 인한 손해배상은 실손해(實損害)의 전보(塡補)를 목적으로 하는 것인 만큼 피해자로 하여금 실손해 이상의 이익을 취득하게 하는 것은 손해배상의 본질에 반하는 것이므로, 손해를 입은 것과 동일한 원인으로 인하여 이익을 얻을 때에는 그 이익은 공제되어야 하고, 이것을 '손익상계(損益相計)'라고 합니다(대법원 1978.3.14. 선고 76다2168 판결). 따라서 교통사고로 인한 손해배상을 청구할 경우에도 그 사고로 인하여 피해자 측이 이득을 얻었을 경우에는 그 이득을 공제하여야 합니다. 그런데 이러한 경우 생명보험금이 그 이득에 해당하여 공제를 해야 하는지 문제가 되나, 학설은 일치하여 공제대상이 아니라고 합니다. 다만, 그 이론적 근거는 각기 차이가 있습니다.

첫째, 보험계약은 불법한 가해자에게 이익을 주는 객관적 목적을 가진 제도가 아니다라는 정책적 이유라는 것입니다.

둘째, 생명보험금은 손해보험과는 달리 손해의 전보를 목적으로 하는 것이 아니고, 따라서 보험자의 대위가 인정되지 않는다는 것입니다.

셋째, 손익상계를 할 경우 불법행위와 인과관계가 있어야 하는데, 생명보험금은 그 인과관계가 없는 별개의 사유라는 것입니다.

넷째, 생명보험금은 이미 납부한 보험료의 대가일 뿐이라는 이유입니다.

다섯째, 보험청구권의 특수성에 그 근거를 찾아볼 때 생명보험금은 기대권의 변형이며, 불확정기한이 도래된 것으로서 불법행위 그 자체에 의한 이득이 아니라는 것입니다.

일본의 최고재판소의 판례(1980.5.1.)에 의하면 "생명보험금은 이미 불입한 보험료의 대가로서 지급되는 것으로서 불법행위의 원인과 관계없이 지급되는 것이니 손해배상액에서 공제될 것이 아니다."라고 하고 있습니다. 따라서 생명보험금은 손해배상금에서 공제할 항목이 아니라 할 것입니다.

※관련판례

갑과 을 보험회사가 피보험자를 만 7세인 갑의 아들 병으로 하고 보험수익자를 갑으로 하여, 병이 재해로 사망하였을 때는 사망보험금을 지급하고 재해로 장해를 입었을 때는 소득상실보조금 등을 지급하는 내용의 보험계약을 체결하였는데, 병이 교통사고로 보험약관에서 정한 후유장해진단을 받은 사안에서, 갑이 보험계약을 체결한 목적 등에 비추어 갑과 을 회사는 보험계약 중 재해로 인한 사망을 보험금 지급사유로 하는 부분이 상법 제732조에 의하여 무효라는 사실을 알았더라도 나머지 보험금 지급사유 부분에 관한 보험계약을 체결하였을 것으로 봄이 타당하다는 이유로, 위 보험계약이 그 부분에 관하여는 여전히 유효하다고 본 원심판단을 정당하다고 한 사례 (대법원 2013.4.26. 선고 판결).

■ 교통사고와 관련한 형사합의금이 손익상계의 대상이 되는지요?

Q. 저는 횡단보도상에서 甲이 운전하는 자가용 승용차에 충격 당하여 요추부염좌 등으로 노동능력상실율 20%의 장해까지 예상되는 부상을 입었습니다. 甲은 구속되면서 저에게 합의를 간청하여 500만원을 지급받고 합의를 해주었습니다. 그런데 제가 위 차량이 가입된 종합보험회사에 손해배상을 청구할 경우 甲으로부터 형사사건과 관련하여 지급받은 500만원을 공제하여야 하는지요?

A. 불법행위가 피해자에게 손해를 줌과 동시에 이익도 준 경우에는, 그 이익이 불법행위와 상당인과관계에 있는 한, 손익상계에 의하여 배상액에서 공제됩니다. 그런데 형사사건과 관련하여 지급 받은 합의금이 위와 같은 손익상계의 대상이 되는가에 관하여는 그 합의금이 어떤 명목으로 지급되었느냐에 따라서 결론이 달라진다고 보아야 할 것입니다. 왜냐하면 손익상계는 재산적 손해에 대한 수액산정에 있어서의 문제로서 합의금이 위자료명목으로 지급된 것으로 본다면 손익상계의 대상이 될 수는 없고, 불법행위로 입은 정신적 고통에 대한 위자료 액수에 관하여는 사실심 법원이 제반 사정을 참작하여 그 직권에 속하는 재량에 의하여 이를 확정할 수 있기 때문에(대법원 1999.4.23. 선고 98다41377 판결, 2002.11.26. 선고 2002다43165 판결), 위자료산정의 참작사유로 될 뿐입니다. 판례도 "사망한 피해자의 유족인 원고들이 피고로부터 받은 위로금을 재산상 손해배상액에서 공제하지 않은 조치는 정당하다."라고 하였으며(대법원 1990.12.11. 선고 90다카28191 판결), 교통사고 가해자가 피해자의 유족에게 위로금조로 공탁한 금원을 위자료의 일부로 보아 재산상 손해배상금에서 공제하지 않고 위자료 액수의 산정에 있어서 참작한 사례가 있습니다(대법원 1999.11.26. 선고 99다34499 판결).

그런데 형사합의금의 성질에 관하여 판례는 "불법행위의 가해자에 대한 수사과정이나 형사재판과정에서 피해자가 가해자로부터 합의금 명목의 금원을 지급 받고 가해자에 대한 처벌을 원치 않는다는 내용의 합의를 한 경우, 그 합의 당시 지급받은 금원을 특히 위자료 명목으로 지급받은 것임을 명시하였다는 등의 특별한 사정이 없는 한, 그 금원은 재산상 손해배상금의 일부로 지급되었다고 봄이 상당하다."라고 하였는바(대법원

1996.9.20. 선고 95다53942 판결, 2001.2.23. 선고 2000다46894 판결), 형사합의를 하면서 '위로금조' 또는 '보험금과는 별도'라는 등의 표현으로 명시하고 있으면 이는 위자료산정의 참작사유가 될 뿐이고, 재산상 손해에서 공제할 것이 아닌 것으로 보고 있습니다. 그리고 형사합의서나 영수증에 합의금의 성격에 관하여 아무런 기재가 없는 경우에는 이를 어떻게 볼 것인가는 당사자의 의사해석의 문제로 결국은 형사합의를 둘러싼 여러 가지 정황을 종합적으로 고려하여 결정될 것이지만, 대체적으로 호의적, 동정적, 의례적인 금원의 수수(授受)로 인정되는 경우에는 위로금으로 보고, 그 외에 특히 고액인 경우 등은 재산상 손해배상금으로 보아야 할 것입니다(대법원 1991.8.31. 선고 91다18712 판결). 따라서 특별히 위자료 또는 위로금 명목으로 지급하였다고 볼 사정이 있는 경우를 제외하고는 형사합의금도 손익상계의 대상이 된다고 하겠습니다.

※관련판례

교통사고처리 특례법(이하 '특례법'이라고 한다) 제3조 제2항 단서 제6호, 제4조 제1항 단서 제1호는 ' 도로교통법 제27조 제1항의 규정에 의한 횡단보도에서의 보행자 보호의무를 위반하여 운전하는 행위로 인하여 업무상과실치상의 죄를 범한 때'를 특례법 제3조 제2항, 제4조 제1항 각 본문의 처벌 특례 조항이 적용되지 않는 경우로 규정하고, 도로교통법 제27조 제1항은 모든 차의 운전자는 "보행자가 횡단보도를 통행하고 있는 때에는 그 횡단보도 앞에서 일시 정지하여 보행자의 횡단을 방해하거나 위험을 주어서는 아니된다."라고 규정하고 있다. 따라서 차의 운전자가 도로교통법 제27조 제1항에 따른 횡단보도에서의 보행자에 대한 보호의무를 위반하고 이로 인하여 상해의 결과가 발생하면 그 운전자의 행위는 특례법 제3조 제2항 단서 제6호에 해당하게 되는데, 이때 횡단보도 보행자에 대한 운전자의 업무상 주의의무 위반행위와 상해의 결과 사이에 직접적인 원인관계가 존재하는 한 위 상해가 횡단보도 보행자 아닌 제3자에게 발생한 경우라도 위 단서 제6호에 해당하는 데에는 지장이 없다(대법원 2011.4.28. 선고 2009도12671 판결).

■ 일시 체류 중 교통사고로 사망한 재외거주국민의 노동가능연한의 기준을 어느 나라의 것으로 산정하여야 하는지요?

Q. 甲은 일본에서 거주하는 한국인인데, 일시 귀국하여 국내에 있던 중 교통사고를 당하여 사망하게 되었습니다. 이러한 경우 일실소득과 노동가능연한의 기준을 어느 나라의 것으로 산정하여야 하는지요?

A. 일시체류예정인 외국인의 일실소득 산정방법에 관하여 판례는 "일시적으로 국내에 체류한 후 장래 출국할 것이 예정되어 있는 외국인의 일실소득을 산정 함에 있어서는 예상되는 국내에서의 취업가능기간 내지 체류가능기간 동안의 일실소득은 국내에서의 수입(실제 얻고 있던 수입 또는 통계소득)을 기초로 하고, 그 이후에는 외국인이 출국할 것으로 상정되는 국가(대개는 모국)에서 얻을 수 있는 수입을 기초로 하여 일실소득을 산정 하여야 할 것이고, 국내에서의 취업가능기간은 입국목적과 경위, 사고시점에서의 본인의 의사, 체류자격의 유무 및 내용, 체류기간, 체류기간연장의 실적 내지 개연성, 취업의 현황 등의 사실적 내지 규범적 제 요소를 고려하여 인정함이 상당하다고 할 것이며, 이러한 법리는 비록 당해 외국인이 불법체류자라고 하더라도, 당해 외국인의 취업활동자체가 공서양속이나 사회질서에 반하는 것으로서 사법상 당연무효가 되지 않는 이상 마찬가지로 적용된다."라고 하였습니다(대법원 1998.9.18. 선고 98다25825 판결). 그리고 외국거주 피해자의 가동연한 산정기준에 관하여 판례는 "교통사고로 사망한 피해자가 그 사고가 없었으면 앞으로 외국에서 계속 거주할 사정이었다면 그가 그곳에서 얻을 수 있는 수입을 전제로 일실소득을 산정함이 상당하므로, 그 가동연한 또한 외국에서의 그것을 기준으로 하여야 한다."라고 하였습니다(대법원 1995.5.12. 선고 93다48373 판결).

따라서 위 사안에서 甲의 일실소득은 국내에서의 취업가능기간 내지 체류가능기간 동안의 일실소득은 국내에서의 수입을 기초로 하고, 그 이후에는 甲이 출국할 것으로 상정되는 일본에서 얻을 수 있는 수입을 기초로 하여 일실소득을 산정 하여야 할 것이고, 노동가능연한은 위 교통사고로 인하여 사망하지 않았더라면 출국하여 계속 거주하였을 일본의 기준으로 산정하여야 할 것으로 보입니다.

■ 직업이 있었던 장애인이 교통사고로 사망한 경우 일실수입은 어떻게 산정하여야 하는지요?

Q. 甲은 신체장애자로서 노동능력 29%를 상실한 장애인임에도 불구하고 이용사로서 이용업에 종사하면서 가정을 꾸려오던 중 교통사고를 당하여 사망하였는바, 이러한 경우 甲의 일실수입상실액을 산정함에 있어서 기존의 노동능력상실률을 어느 정도 고려하여 위 사고로 인한 손해배상을 산정하여야 하는지요?

A. 이와 유사한 경우에 판례는 "이미 약 30퍼센트 정도의 노동능력을 상실한 기존신체장애자가 상차하역부로 종사하다가 본 건 불법행위로 다시 약 50퍼센트 정도의 농촌일용노동능력을 상실하였음을 이유로 손해배상을 소구한 경우에 기대수입상실액을 계산함에 있어서는 하역부로서 종사하여 얻었던 순수입금액에서 남은 노동능력(20퍼센트)으로 농촌일용노동에 종사하여 벌 수 있는 예상수입만을 공제하면 된다."라고 하였습니다(대법원 1975.6.24. 선고 75다321 판결).

즉, 비록 피해자가 이 사고 이전에 그 사고와는 관계없이 이미 30퍼센트 정도의 농촌일용노동능력을 상실한 상태였다고 할지라도 위와 같이 일정부분 상실된 노동능력으로 벌 수 있는 수입금에서 다시 이중으로 기존의 노동능력상실률을 공제할 수는 없다는 것입니다. 따라서 위 사안의 경우에도 甲이 이용사로서 사망 직전까지 수익한 순수입금액을 전부 상실한 것으로 산정할 수 있을 것으로 보입니다.

※관련판례

손해배상은 손해의 전보를 목적으로 하는 것이므로 피해자로 하여금 근로기준법이나 산업재해보상보험법에 따라 휴업급여나 장해급여 등을 이미 지급받은 경우에 그 급여액을 일실수입의 배상액에서 공제하는 것은 그 손해의 성질이 동일하여 상호보완적 관계에 있는 것 사이에서만 가능하다. 따라서 피해자가 수령한 휴업급여금이나 장애급여금이 법원에서 인정된 소극적 손해액을 초과하더라도 그 초과부분을 기간과 성질을 달리하는 손해배상액에서 공제할 것은 아니며, 휴업급여는 휴업기간 중의 일실수입에 대응하는 것이므로 그것이 지급된 휴업기간 중의 일실수입 상당의 손해액에서만 공제되어야 할 것이다(대법원 1991.7.23. 선고 90다11776 판결, 대법원 1995.4.25. 선고 93다61703 판결 등 참조). (대법원 2012.6.14. 선고 2010다77293 판결)

■ 교사임용 전에 당한 교통사고 후유증으로 교직을 그만 둔 경우 일반통계에 의한 수입의 평균수치 등을 기초로 하여 일실수입을 산정 할 수 있는지요?

Q. 甲(23세)은 횡단보도를 건너던 중 乙회사소속 관광버스에 교통사고를 당하여 그 충격으로 뇌좌상 등의 상해를 입었습니다. 그런데 甲은 위 사고 당시에는 교육대학교 4학년에 재학 중인 여학생이었다가 그 후 졸업을 하고 초등학교에 여교사로 임용되어 근무하다가 위 사고로 인한 후유증으로 퇴직을 하였습니다. 그러므로 乙회사를 상대로 손해배상청구의 소송을 제기하려고 하는데, 이 경우 甲의 일실수입을 대학졸업자 여자 20세 이상 24세 미만의 통계소득을 기준으로 하여 산정하여야 하는지, 아니면 초등학교 교사로 취업할 것을 전제로 한 일반통계에 의한 수입의 평균수치 등을 기초로 하여 일실수입을 산정 할 수 있는지요?

A. 전문직 양성의 대학에 재학 중인 피해자가 상해를 입은 경우, 일실수입의 산정기준에 관하여 판례는 "전문직 양성의 대학에 재학 중인 피해자가 상해를 입은 경우에는 그 일실이익을 산정 함에 있어서 그 피해자가 대학을 졸업한 후 그 전문직을 선택하지 아니할 특별사정이 없는 한 그 전문직 취업자의 일반통계에 의한 수입의 평균수치를 기초사실로 하여 산정 하여야 하고, 이를 특별사정에 속하는 것으로 보고 사고 당시에 그 특별사정을 알았거나 알 수 있었는지의 여부를 심리하여 그 판단여하에 따라 기초사실을 달리할 것은 아니다."라고 하였으며, "피해자가 교통사고 당시 교육대학교 4학년에 재학 중이었고 그 후 대학을 졸업한 다음 초등학교의 교사로 임용되어 근무하다가 교통사고로 인한 후유증으로 퇴직한 경우, 피해자의 일실수입은 초등학교 교사로 취업할 것을 전제로 한 일반통계에 의한 수입의 평균수치 등을 기초로 산정하여야 한다."라고 한 사례가 있습니다(대법원 2000.12.26. 선고 2000다9437 판결).

따라서 위 사안에서도 甲의 후유장해로 인한 일실수입을 산정 할 경우 대학졸업자 여자 20세 이상 24세 미만의 통계소득을 기준으로 하여 산정해서는 안되고, 초등학교 교사로 취업할 것을 전제로 한 일반통계에 의한 수입의 평균수치 등을 기초로 하여 일실수입을 산정하여야 할 것으로 보입니다.

※관련판례

교통사고로 복합부위통증증후군의 장해가 발생한 피해자의 일실수입 손해액 산정 방법이 문제된 사안에서, 복합부위통증증후군 또는 그와 유사한 통증장해에 대해서 따로 판단 기준을 제시하는 아무런 내용이 없어 기존 항목 중 어떤 항목을 어느 정도로 유추적용하는지에 따라 판정 결과에 현저한 차이가 발생하는 맥브라이드표를 사용하여 복합부위통증증후군 환자의 노동능력상실률을 평가하는 것은 합리적이고 객관적이라고 보기 어려움에도, 맥브라이드표만을 유추적용하여 복합부위통증증후군에 의한 노동능력상실률을 평가한 신체감정 결과를 그대로 채택한 원심판결에 자유심증주의의 한계를 벗어난 위법이 있다고 한 사례.(대법원 2012.4.13. 선고 2009다77198,77204 판결)

■ 공상군경이 교통사고로 사망한 경우 손해배상액의 산정에서 유족 보상금이 공제되는지요?

Q. 甲은 공상군경 6급으로서 「국가유공자 등 예우 및 지원에 관한 법률」에 의한 보상금을 지급받고 있었는데, 乙의 과실로 인하여 발생된 교통사고로 사망하였습니다. 이 경우 甲의 상속인이 청구할 손해배상액의 산정에서 유족보상금이 공제되는지요?

A. 전상군경, 공상군경, 4·19혁명부상자, 4·19혁명공로자 및 특별공로상이자로서 상이등급이 6급 이상인 상이자가 사망한 경우 그 유족 중 선순위자 1인에게는 그 사망의 원인을 불문하고 유족보상금이 지급됩니다(국가유공자 등 예우 및 지원에 관한 법률 제12조 제1항 제1호, 같은 법 시행령 제20조 제1항). 그러므로 공상군경으로「국가유공자 등 예우 및 지원에 관한 법률」에 의한 보상금을 지급받고 있던 甲이 교통사고로 사망한 경우 甲의 상속인이 청구할 손해배상액의 산정에 있어서 유족보상금이 공제되는지 문제됩니다.

이에 관하여 판례는 "국가유공자등예우및지원에관한법률상 공상군경이 지급받는 연금이나 그가 사망한 경우에 그 유족이 지급받는 유족연금은 모두 수급권자의 생활안정과 복지향상을 도모하기 위한 동일한 목적과 성격을 지닌 급부라고 할 것이므로, 연금을 지급받던 공상군경이 타인의 불법행위로 인하여 사망한 경우에 그 유족이 망인의 연금 상당의 손해배상청구권을 상속함과 동시에 유족연금을 지급받게 되었다면 그 유족은 동일목적의 급부를 이중으로 취득하게 되고, 따라서 그 상속인의 손해액을 산정함에 있어서는 망인의 연금액에서 유족연금액을 공제하는 것이 형평의 이념에 비추어 상당하다."라고 하였습니다(대법원 1993.10.22. 선고 93다29372 판결). 또한, "국가유공자등예우및지원에관한법률상의 연금을 받던 공상군경이 타인의 불법행위로 사망한 경우, 공상군경의 유족이 지급 받을 손해액을 산정할 때 공상군경의 연금액에서 유족연금액을 공제하는 취지가 동일한 목적과 내용의 급부가 이중으로 지급되는 것을 막는 데 있는 이상, 사망한 사람의 연금액에서 공제하여야 하는 유족연금액의 범위는 사망한 사람의 기대여명기간이 끝날 때까지 그 유족이 받을 금액에 한정되고, 그 뒤 유족이 불법행위로 인한 사망과 관계없이 받을 수 있는 유족연금액은 이에 포함되지 아니한다."라고 하였습니다(대법원 2002.5.28. 선고 2002다5019 판결).

따라서 甲의 일실수입을 산정하면서 보훈보상금을 상실한 손해를 산정할 경우, 甲의 보상금에서 甲의 기대여명기간이 끝날 때까지 甲의 상속인이 수령할 유족보상금은 공제하여야 할 것이나, 甲의 기대여명기간이 끝난 뒤 甲의 상속인의 여명기간까지의 유족보상금까지 공제하여서는 아니 될 것입니다.

■ **교통사고로 인한 손해배상액을 산정할 때 피해자에게 초기 치매 증세가 있다는 이유로 일실소득을 감액할 수 있을까요?**

Q. 甲은 초기 치매 증상을 보이고 있던 중, 교통사고가 발생하였습니다. 이때 일실소득을 산정할 때 초기 치매 증상을 이유로 감액할 수 있을까요?

A. 서울고등법원은 "일반적으로 초기 치매인 경우 가까운 보호자가 아니라면 환자의 기억력 저하를 잘 느끼지 못할 수 있고, 비록 최근 사건에 대한 기억력이 떨어지기는 하지만 그 밖의 인지 기능은 잘 유지되는 경우가 많아 일상생활에 심한 문제를 유발하지는 않는 점을 인정할 수 있다"며 "김씨가 사고 당시 알츠하이머병으로 인해 노동능력이 상당 부분 감퇴된 상태였다고 인정하기 어렵다"고 하면서, 일실소득을 산정할 때 알츠하이머병으로 인한 예상장해율만큼 감액하여서는 안된다고 판단하였습니다. 따라서 甲은 일실소득 전액을 지급받을 수 있을 것입니다.

■ **교통사고 후 근로수당을 계속받는 경우 손해배상액에서 공제되어야 하나요?**

Q. 甲은 교통사고를 당하여 상해를 입었습니다. 그렇지만 甲은 부양해야 할 가족이 있었으므로 상해를 당하였음에도 종전 다니던 회사를 그만두지 않고 계속 다니면서 월급을 받았습니다. 한편 가해자인 乙은 이에 대하여 월급을 받고 있으므로 甲이 별다른 손해를 받고 있지 아니하여 월급 부분 상당액을 손해배상액에서 공제하여야 한다고 주장합니다. 甲의 손해배상액은 공제되어야 하나요?

A. 민사상 손익상계라 함은 손해와 이익이 같은 사안으로 인하여 발생한 경우 이익에서 손해를 공제하겠다는 것입니다. 그러나 손익상계에 의하여 공제하여야 할 이익의 범위는 배상하여야 할 손해의 범위와 마찬가지로 손해배상책임의 원인인 불법행위와 상당인과관계가 있는 것에 국한됩니다. 만약 교통사고의 피해자가 사고로 상해를 입은 후에도 계속하여 종전과 같이 직장에 근무하여 종전과 같은 보수를 지급받고 있다 하더라도 그와 같은 보

수는 사고와 상당인과관계가 있는 이익이라고 볼 수 없습니다(대법원 1992.12.22. 선고 92다31361 판결).

따라서 乙(을)은 甲(갑)의 월급을 손해배상액에서 공제하겠다고 주장할 수 없습니다.

※관련판례

근로복지공단이, 출장 중 교통사고로 사망한 갑의 아내 을에게 요양급여 등을 지급하였다가 갑의 음주운전 사실을 확인한 후 요양급여 등 지급결정을 취소하고 이미 지급된 보험급여를 부당이득금으로 징수하는 처분을 한 사안에서, 위 사고는 망인의 음주운전이 주된 원인으로서 망인의 업무와 사고 발생 사이에는 상당인과관계가 있다고 볼 수 없어 망인의 사망은 업무상 재해에 해당하지 않으므로 요양급여 등 지급결정은 하자 있는 위법한 처분인 점 등을 고려하면, 요양급여 등 지급결정은 취소해야 할 공익상의 필요가 중대하여 을 등 유족이 입을 불이익을 정당화할 만큼 강하지만, 위 사고는 망인이 사업주의 지시에 따라 출장을 다녀오다가 발생하였고, 사고 발생에 망인의 음주 외에 업무로 인한 과로, 과로로 인한 피로 등이 경합하여 발생한 점 등을 고려하면, 이미 지급한 보험급여를 부당이득금으로 징수하는 처분은 공익상의 필요가 을 등이 입게 된 기득권과 신뢰보호 및 법률생활 안정의 침해 등 불이익을 정당화할 만큼 강한 경우에 해당하지 않는다고 본 원심판단을 정당하다고 한 사례(대법원 2014.7.24. 선고 2013두27159 판결).

■ 고속도로에서 보행중 교통사고가 발생한 경우 보행자는 어떤 책임 이 있나요?

Q. 동생이 음주후 고속도로를 보행 중 뒤에 오던 외제차와 추돌하였다는 소 식을 들었습니다. 이로 인하여 동생은 왼손 골절, 다리 양다리 골절, 왼쪽 갈비뼈 7개 골절, 머리 뇌출혈 등으로 사경을 헤메고 있습니다. 그러나 보험사측에서 고속도로 보행자 야간 사고시에는 무조건 보행자가 전부 책임을 져야 한다고 합니다. 이에 동생이 가해자가 되어 동생의 병원치료비는 물론 고가의 외제차 수리비와 운전자 치료비까지 막대한 금액의 소요가 예상됩니다. 그러나 상대 외제차량 블랙박스는 고장이 났 다고 하는 등 어디서 어떻게 사고가 났는지 확인할 방법은 없고, 출동 당시 구급대원과 경찰 진술만 확인할 수 있었으며, 고속도로경찰대에 사 진 확인결과 차량은 갓길에 똑바로 주차되어 있고 운전석 유리가 심하 게 파손된 상태인데, 동생은 가해차량 약 4~5m앞에 갓길에 누워있었습 니다. 이에 사고경위에 관하여 여러 의심이 드는 상황인데, 어찌해야 하는지요?

A. 술에 취한 보행자가 야간에 고속도로상에서 무단횡단을 하여 교통사고가 발생한 경우, 고속도로를 운행하는 운전자에게 어떠한 과실이 인정되기 어 려운 것이 일반적입니다("도로교통법 제58조는 보행자는 고속도로를 통행 하거나 횡단할 수 없다고 규정하고 있으므로 고속도로를 운행하는 자동차 의 운전자로서는 특별한 사정이 없는 한 보행자가 고속도로를 통행하거나 횡단할 것까지 예상하여 급정차를 할 수 있도록 대비하면서 운전할 주의의 무는 없다 할 것이고, 따라서 고속도로를 무단횡단하는 피해자를 충격하여 사고를 발생시킨 경우라도 운전자가 상당한 거리에서 그와 같은 무단횡단 을 미리 예상할 수 있는 사정이 있었고, 그에 따라 즉시 감속하거나 급제 동하는 등의 조치를 취하였다면 피해자와의 충돌을 면할 수 있었다는 등의 특별한 사정이 인정되지 아니하는 한 자동차 운전자에게 과실이 있다고는 볼 수 없다.", 대법원 1996.10.15. 선고 96다22525 판결, 대법원 1998. 4. 28. 선고 98다5135 판결 등 참조). 다만 자동차사고에 있어서 과실비율 및 그에 따른 손해배상의 책임분배는 사건양태가 다양하고 복잡한 특수성상

일률적으로 이르기는 어려운 것이므로, 가령 사고 당사자인 운전자 또한 과속하여 운전(과속운전)하고 있었거나, 술에 취한 상태로 운전(음주운전)을 하고 있던 상태였던 경우, 혹은 본래 주행차로로 인정되지 아니하는 갓길에서 사고가 발생한 경우(갓길주행), 보행자에게 이유가 있는 경우(가령 주간에 편도2차로의 고속도로에서 A차량이 중앙분리대를 들이받은 사고를 내 1, 2차로에 걸쳐 정차한 상태에서 차량에서 내려 수신호를 보낼 뿐 안전표지를 설치하거나 차량의 비상등을 켜는 등의 안전조치의무를 태만히 하고 있는 사이, 마침 2차로에서 주행 중인 B차량이 전방주시의무를 태만하여 뒤늦게 A차량을 발견하고 1차로로 차선을 바꾸었으나 갓길에 있던 A차량 운전자를 충격한 사안에서 B차량의 과실을 60%로 판단한 사례, 대법원 2012.1.12. 선고 2011다80180 판결 참조) 등 구체적인 상황에 따라서는 운전자에게 일정 부분의 책임이 발생할 수도 있습니다.

사안의 경우, 보행자의 음주, 야간(새벽 2-3시)이라는 시기, 고속도로라는 장소(보행자의 존재를 예견하기 어려워 운전자의 주의의무가 경감되는 곳) 등의 요소는 매우 불리한 사정으로 보이나 실제 사고발생의 경위가 의심스러운 사정이 있는 경우, 그에 관한 증거자료가 있다면 책임이 경감될 여지도 있어 보입니다. 즉 사안에서는 사고가 '갓길'에서 발생하였는지 '2차로'에서 발생하였는지가 관건일 것으로 보이는바, 그에 관한 자료확보가 중요할 것으로 보입니다. 따라서 상황에 따라서는 고장난 블랙박스의 복원이나 기타 다양한 자료확보방법을 강구하시는 것도 필요하고 이에 관한 선행 수사절차에서 최대한 유리한 사실확정 및 자료확보에 주력하셔야 하며, 이에 기초하여 민사절차에서도 일관적으로 다투셔야 합니다. 한편 위와 같은 자료확보가 어렵고 관련 수사절차가 불리하게 진행되는 경우에는 상대방과 최대한 협의하는 것이 적절할 것으로 보입니다.

※관련판례

피고인이 피해자 갑과 혼인한 후 피보험자를 갑, 수익자를 피고인으로 하는 다수의 생명보험에 가입하였다가, 경제적 상황이 어려워지자 거액의 보험금을 지급받을 목적으로 자신의 승합차 조수석에 갑을 태우고 고속도로를 주행하던 중 갓길 우측에 정차되어 있던 화물차량의 후미 좌측 부분에 피고인 승합차의 전면 우측 부분을 고의로 추돌시키는 방법으로 교통사고를 위장하여 갑을 살해하였다는 내용으로 주위적으로 기소된 사안에서, 졸음운전인지 고의사고인지 단언할 수 있는 객관적 증거가 없으므로, 충분히 가능성이 있는 여러 의문을 떨쳐내고 고의사고라고 확신할 수 있을 만큼 간접증거나 정황증거가 충분하다거나 그러한 증거들만으로 살인의 공소사실을 인정할 수 있을 정도의 종합적 증명력을 가진다고 보기에는 더 세밀하게 심리하고 확인해야 할 부분이 많은데도, 피고인에게 충분히 수긍할 만한 살인의 동기가 존재하였는지, 범행방법의 선택과 관련하여 제기될 수 있는 의문점을 해소할 만한 특별한 사정이 있는지, 사고 당시의 상황이 고의로 유발되었다는 과학적 근거가 충분한지 등에 대한 치밀하고도 철저한 검증 없이, 피고인이 고의로 갑을 살해하였다는 점이 합리적 의심을 배제할 정도로 증명되었다고 보아 유죄를 인정한 원심판결에 형사재판에서 요구되는 증명의 정도에 관한 법리를 오해하여 필요한 심리를 다하지 아니하거나 논리와 경험의 법칙에 반하여 자유심증주의의 한계를 벗어난 잘못이 있다고 한 사례.(대법원 2017.5.30. 선고 2017도1549 판결)

■ 교통사고 피해자 가족은 위자료 청구가 가능한지요?

Q. 교통사고로 상해 피해를 입은 피해자의 가족들이 가해자가 가입한 자동차보험사를 상대로 그들의 정신적 고통에 대한 위자료의 지급을 청구할 수 있는지요?

A. 자동차손해배상 보장법 제10조는 보험가입자에게 손해배상책임이 발생한 경우에 피해자로 하여금 보험자에게 책임보험금의 한도 내에서 보험금을 직접 청구할 수 있도록 규정하고 있는바, 위 규정에 의한 피해자의 책임보험자에 대한 직접청구권의 법적 성질은 책임보험자가 피보험자의 피해자에 대한 손해배상채무를 병존적으로 인수한 것으로서 피해자가 책임보험자에 대하여 가지는 손해배상청구권이고, 피보험자의 책임보험자에 대한 보험금청구권의 변형 내지 이에 준하는 권리가 아니라고 할 것이므로(대법원 1999.2.12. 선고 98다44956 판결 참조), 피해자가 책임보험자를 상대로 자배법 제10조 에 의한 직접청구권을 행사하는 경우에 있어서 책임보험자가 피해자에게 지급하여야 할 금액은 단순히 보통약관의 보험금 지급기준에 의하여 산출된 보험금이 아니라 자배법시행령에 정하여진 책임보험금의 한도 내에서 피해자가 실제로 입은 손해액이라고 할 것입니다. 또한 민법 제750조 내지 제752조 에 의하면, 불법행위 피해자의 가족은 그 정신적 고통에 관한 입증을 함으로써 가해자에게 위자료의 지급을 청구할 수 있다고 할 것이고, 경험칙상 타인의 불법행위로 부당하게 신체상해를 입은 피해자의 처와 자식은 특별한 사정이 없는 한 그로 인하여 정신적 고통을 받았다고 보아야 할 것이므로, 그 경우 피해자의 처와 자식은 가해자에게 그들의 정신적 고통에 대한 위자료의 지급을 청구할 수 있다고 할 것입니다(대법원 1999.4.23. 선고 98다41377 판결 참조).

따라서 교통사고로 상해 피해를 입은 피해자의 가족들은 자배법 제10조 에 의하여 가해자의 손해배상채무를 병존적으로 인수한 책임보험자인 보험사에게 그들의 정신적 고통에 대한 위자료의 지급을 청구할 권리가 있다고 할 것입니다.

■ 소멸시효를 이유로 공동불법행위자의 구상권을 거절할 수 있는지요?

Q. 乙은 야간에 甲을 그의 차량에 동승시키고 비가 내려 시계가 불량한 상태인 편도 2차선인 고속도로를 달리던 중 차도를 약 1미터 침범한 상태로 갓길에 정차한 트럭을 피하려다 가드레일에 충돌하는 교통사고를 발생시켰습니다. 사고당시 정차되어 있던 트럭은 丙의 소유로 丙은 트럭이 고나 운행을 할 수 없게 되자 전원장치의 고장으로 차폭등과 미등이 들어오지 않았음에도 불구하고 그 후방에 아무런 경고표지나 고장표지를 하지 않은 채 그대로 운전석에 앉아있던 상태였습니다. 甲은 위 교통사고로 인하여 노동력이 상실되는 장애를 입었으나, 丙에게는 전혀 배상청구를 한 사실이 없고, 乙이 가입한 丁보험회사를 상대로 손해배상청구소송을 제기하여 3년이 지난 후 승소하여 승소금을 지급 받았습니다. 그런데 丁보험회사에서는 3년이 지난 후에 甲의 손해배상금을 지급하고서 丙을 상대로 구상금청구소송을 제기해왔는바, 이 경우 丙은 소멸시효가 이미 경과되었다는 사실로 항변할 수 있는지요?

A. 민법 제425조에서 어느 연대채무자가 변제 기타 자기의 출재로 공동면책이 된 때에는 다른 연대채무자의 부담부분에 대하여 구상권을 행사할 수 있고, 이 구상권은 면책된 날 이후의 법정이자 및 피할 수 없는 비용 기타 손해배상을 포함한다고 규정하고 있습니다. 그리고 공동불법행위자 상호간 부담부분 산정방법 및 구상권에 관한 판례를 보면, 공동불법행위자는 채권자에 대한 관계에서는 연대책임(부진정연대채무)을 지되, 공동불법행위자들 내부관계에서는 일정한 부담부분이 있고, 이 부담부분은 공동불법행위자의 과실정도에 따라 정하여지는 것으로서 공동불법행위자 중 1인이 자기의 부담부분 이상을 변제하여 공동의 면책을 얻게 하였을 때에는 다른 공동불법행위자에게 그 부담부분의 비율에 따라 구상권을 행사할 수 있다고 하였습니다(대법원 2002.9.24. 선고 2000다69712 판결).

따라서 위 사안에서 丙에게도 그의 차량의 왼쪽 바퀴부분이 위 차도를 약 1미터 침범한 상태로 갓길에 정차하면서 전원장치고장으로 차폭등과 미등이 들어오지 않았음에도 불구하고 그 후방에 아무런 경고표지나 고장표지를 하지 않은 채 그대로 운전석에 15분 동안이나 앉아 있었으므로, 그에 상응한 과실이 인정될 것으로 보여 乙과 丙은 공동불법행위자로서 부진정연대채무관계에 있다고 할 것인바, 丁보험회사가 甲의 손해를 전액 변제하였다면 丙의 부담부분에 대하여는 구상권을 행사할 수 있을 것입니다. 그런데 연대채무자간의 소멸시효의 효력에 관하여 「민법」 제421조에서는 어느 연대채무자에 대하여 소멸시효가 완성한 때에는 그 부담부분에 한하여 다른 연대채무자도 의무를 면한다고 규정하고 있으므로, 甲이 3년이 다 지나도록 丙에게는 전혀 손해배상을 청구한 사실이 없었고, 그로 인하여 甲의 丙에 대한 손해배상청구권은 소멸시효가 완성된 것으로 보이는데, 이러한 경우 丁보험회사가 甲의 丙에 대한 손해배상청구권이 소멸시효가 완성된 후 甲에게 배상을 하고서도 丙에게 그 부담부분에 대하여 구상을 할 수 있는지 문제됩니다. 그러나 공동불법행위자 중 1인의 손해배상채무가 시효로 소멸한 후 다른 공동불법행위자가 피해자에게 자기 부담부분을 넘는 손해를 배상했을 경우, 손해를 배상한 공동불법행위자는 손해배상채무가 시효소멸 한 다른 공동불법행위자에게 구상권을 행사할 수 있는지 판례를 보면, 공동불법행위자의 다른 공동불법행위자에 대한 구상권은 피해자의 다른 공동불법행위자에 대한 손해배상채권과는 그 발생원인 및 성질을 달리하는 별개의 권리이고, 연대채무에 있어서 소멸시효의 절대적 효력에 관한 「민법」 제421조의 규정은 공동불법행위자 상호간의 부진정연대채무에 대하여는 그 적용이 없으므로, 공동불법행위자 중 1인의 손해배상채무가 시효로 소멸한 후에 다른 공동불법행위자 1인이 피해자에게 자기의 부담부분을 넘는 손해를 배상하였을 경우에도, 그 공동불법행위자는 다른 공동불법행위자에게 구상권을 행사할 수 있다고 하였습니다(대법원 1997.12.23. 선고 97다42830 판결, 2010.12.23. 선고 2010다52225 판결). 이것은 소멸시효가 완성된 공동불법행위자에 대하여 피해자로부터 배상청구를 받고 이를 이행한 다른 공동불법행위자가 위와 같은 소멸시효완성을 이유로 내부분담비율에 따른 구상권을 행사할 수 없다고 한다면 공동불법행위자 상호간의 배상책임을 분담하고자 하는 구상관계 본래의 취지를 몰각시키는 결과가 될 것일 뿐만 아니라, 피해자가 공동불법행위자들 중의 누구를 상대로 소송을 제기하였는지의 우연한 사정에 의하여 소송을 제기 당한 당사자는 손해배상채무전부를 부담하는 반면, 소송을 제기 당하지 않은 당사자는 소멸시효완성을 이유로 그 채무전부를 면하게 한다는 것은 형평을 잃은 부당한 결과가 되어 타당하지 않으므로(소송을 제기 당한 당사자가 소송을 제기 당하지 않은 다른 공동불법행위자의 소멸시효완성을 제지할 수 있는 별다른 방법이 없는 점에 비추어 더욱 그러함) 허용될 수 없다는 취지로 보입니다. 따라서 위 사안에서도 丙은 丁보험회사에게 그의 과실에 따른 부담부분에 한해서는 책임을 면하지 못할 것으로 보입니다.

참고로 부진정연대채무자 중 1인이 한 상계 내지 상계계약이 다른 부진정연대채무자에 미치는 효력에 관해서는, 부진정연대채무자 중 1인이 자신의 채권자에 대한 반대채권으로 상계를 한 경우에도 채권은 변제, 대물변제, 또는 공탁이 행하여진 경우와 동일하게 현실적으로 만족을 얻어 그 목적을 달성하는 것이므로, 그 상계로 인한 채무소멸의 효력은 소멸한 채무전액에 관하여 다른 부진정연대채무자에 대하여도 미친다고 보아야 하고, 이는 부진정연대채무자 중 1인이 채권자와 상계계약을 체결한 경우에도 마찬가지이며, 나아가 이러한 법리는 채권자가 상계 내지 상계계약이 이루어질 당시 다른 부진정연대채무자의 존재를 알았는지 여부에 의하여 좌우되지 아니한다고 하였습니다(대법원 2010.9.16. 선고 2008다97218 전원합의체 판결).

※관련판례

자동차 보유자를 알 수 없는 뺑소니 자동차 또는 무보험 자동차에 의한 교통사고의 경우 구 자배법 제30조 제1항에 의하여 피해자가 가지는 보장사업에 의한 보상금청구권은 피해자 구제를 위하여 법이 특별히 인정한 청구권으로서, 구 국민건강보험법 제53조 제1항에서 말하는 제3자에 대한 손해배상청구의 권리에 해당한다고 볼 수 없다. 따라서 공단은 위 구 국민건강보험법 규정에 의하여 위 보상금청구권을 얻지 못하며, 피해자에게 한 보험급여에 소요된 비용에 관하여 보장사업에 관한 업무를 위탁받은 보장사업자를 상대로 구상권을 행사할 수 없다(대법원 2012.12.13. 선고 판결).

■ 자동차임차인이 운전 중 과실로 사망한 경우 임대회사는 어떤 책임을 지나요?

Q. 甲은 乙회사로부터 乙회사가 보유하고 있는 승용차를 월 20만원에 임차하여 직접 운전하다가 운전부주의로 중앙선을 넘어 반대차선에서 마주오던 차량과 충돌하는 사고를 일으켜 사망하였습니다. 이 경우 망 甲의 유족이 乙회사에 손해배상청구를 할 수 있는지요?

A. 자동차손해배상책임에 관하여 「자동차손해배상 보장법」 제3조는 "자기를 위하여 자동차를 운행하는 자는 그 운행으로 다른 사람을 사망하게 하거나 부상하게 한 경우에는 그 손해를 배상할 책임을 진다. 다만, 다음 각 호의 1에 해당하는 때에는 그러하지 아니하다.

1. 승객이 아닌 자가 사망하거나 부상한 경우에 자기와 운전자가 자동차의 운행에 주의를 게을리 하지 아니하였고, 피해자 또는 자기 및 운전자 외의 제3자에게 고의 또는 과실이 있으며, 자동차의 구조상의 결함이나 기능상의 장해가 없었다는 것을 증명한 경우

2. 승객이 고의나 자살행위로 사망하거나 부상한 경우"라고 규정하고 있습니다.

그런데 동일한 자동차에 대한 복수의 운행자 중 1인이 당해 자동차의 사고로 피해를 입은 경우, 다른 운행자에 대하여 자신이 「자동차손해배상 보장법」 제3조 소정의 '타인(다른 사람)'임을 주장할 수 있는지에 관하여 판례는 "자동차손해배상 보장법 제3조에서 말하는 '다른 사람'이란 '자기를 위하여 자동차를 운행하는 자 및 당해 자동차의 운전자를 제외한 그 이외의 자'를 지칭하는 것이므로, 동일한 자동차에 대하여 복수로 존재하는 운행자 중 1인이 당해 자동차의 사고로 피해를 입은 경우에도 사고를 당한 그 운행자는 다른 운행자에 대하여 자신이 같은 법 제3조 소정의 타인임을 주장할 수 없는 것이 원칙이고, 다만 사고를 당한 운행자의 운행지배 및 운행이익에 비하여 상대방의 그것이 보다 주도적이거나 직접적이고 구체적으로 나타나 있어 상대방이 용이하게 사고의 발생을 방지할 수 있었다고 보여지는 경우에 한하여 비로소 자신이 타인임을 주장할 수 있을 뿐이다."라고 하였습니다(대법원 2000.10.6. 선고 2000다32840 판결, 2002.12.10. 선고

2002다51654 판결). 또한, 자동차 운전자 또는 운전보조자가 「자동차손해배상 보장법」 제3조 소정의 '타인'에 해당하는지에 관하여 "자동차손해배상 보장법 제3조에서 말하는 '다른 사람'이란 '자기를 위하여 자동차를 운행하는 자 및 당해 자동차의 운전자를 제외한 그 이외의 자'를 지칭하므로, 당해 자동차를 현실로 운전하거나 그 운전의 보조에 종사한 자는 자동차손해배상 보장법 제3조 소정의 타인에 해당하지 아니한다고 할 것이나, 당해 자동차의 운전자나 운전보조자라도 사고 당시에 현실적으로 자동차의 운전에 관여하지 않고 있었다면 그러한 자는 자동차손해배상 보장법 제3조 소정의 타인으로서 보호된다."라고 하였습니다(대법원 1999.9.17. 선고 99다22328 판결).

그렇다면 위 사안에서 망 甲은 자동차임차인으로 사고 승용차에 대하여 운행지배와 운행이익을 가지는 운행자이고, 甲에 비하여 자동차보유자인 乙회사가 그 운행지배와 운행이익이 보다 직접적이고 구체적으로 나타나 있어 용이하게 사고의 발생을 방지할 수 있었다고 볼 수 없으므로 망 甲의 유족은 乙회사에 대하여 「자동차손해배상 보장법」 제3조 소정의 타인임을 주장할 수 없어 그에 기한 손해배상청구를 할 수 없을 것으로 보입니다.

■ 피보험자로 취급되는 자가 사고를 낸 경우 보험자의 보험자대위에 의한 구상금을 청구할 수 있는지요?

Q. 甲보험회사는 乙회사의 차량에 대해 업무용자동차종합보험계약을 체결하였습니다. 그런데 乙회사의 직원 丙이 위 차량을 운전하던 중 그의 과실로 丁을 충격 하여 중상을 입히는 교통사고를 야기하였습니다. 이 경우 丁에 대하여 보험금을 지급한 甲보험회사가 회사 직원 丙에 대하여 보험자대위에 의한 구상금을 청구할 수 있는지요?

A. 제3자에 대한 보험대위에 관하여 「상법」 제682조는 "손해가 제3자의 행위로 인하여 생긴 경우에 보험금액을 지급한 보험자는 그 지급한 금액의 한도에서 그 제3자에 대한 보험계약자 또는 피보험자의 권리를 취득한다. 그러나 보험자가 보상할 보험금액의 일부를 지급한 때에는 피보험자의 권리를 해하지 아니하는 범위 내에서 그 권리를 행사할 수 있다."라고 규정하고 있습니다.

그런데 자동차종합보험 보통약관상 피보험자에 포함되어 있는 승낙피보험자 등의 행위로 보험사고가 발생한 경우 보험자가 보험자대위권을 행사할 수 있는지에 관하여 판례는 "보험자대위의 법리에 의하여 보험자가 제3자에 대한 보험계약자 또는 피보험자의 권리를 행사하기 위해서는 손해가 제3자의 행위로 인하여 생긴 경우라야 하고, 이 경우 제3자라고 함은 피보험자 이외의 자가 되어야 할 것인바, 자동차종합보험보통약관에 피보험자는 기명피보험자 외에 기명피보험자의 승낙을 얻어 자동차를 사용 또는 관리중인 자 및 위 각 피보험자를 위하여 피보험자동차를 운전중인 자(운행보조자를 포함함) 등도 포함되어 있다면, 이러한 승낙피보험자 등의 행위로 인하여 보험사고가 발생한 경우 보험자가 보험자대위의 법리에 의하여 그 권리를 취득할 수 없다."라고 하였으며, "자동차종합보험보통약관에서 말하는 '각 피보험자를 위하여 피보험자동차를 운전중인 자(운행보조자를 포함함)'라 함은 통상 기명피보험자 등에 고용되어 피보험자동차를 운전하는 자를 의미하고 있으며, 한편 자동차종합보험보통약관에서 위와 같이 피보험자를 위하여 당해 피보험자동차를 운전하는 자까지 피보험자의 범위를 확대하여 규정하고 있는 취지와 위와 같은 운전자와 '기명피보험자의 승낙을 얻어 자동차를 사용 또는 관리 중인 자'를 별도의 항목에서 피보험자로 보고 있는 점 등에 비추어 본다면, 위와 같은 운전자의 경우에는 당해 운행에 있어서의 구체적이고 개별적인 승낙의 유무에 관계없이 위 약관상의 피보험자에 해당한다고 보아야 한다."라고 하였습니다(대법원 2000.9.29. 선고 2000다33331 판결). 또한, "자신의 계약상 채무이행으로 보험금을 지급한 보험자는 민법 제481조에 의한 변제자 대위를 주장할 수 있는 자에 해당하지 아니한다."라고 하였습니다(대법원 1993.1.12. 선고 91다7828 판결).

따라서 위 사안에서 甲보험회사는 乙회사의 직원인 丙에 대하여 보험자 대위권 또는 민법상의 변제자 대위권을 행사할 수 없을 것으로 보입니다.

※ 관련판례

손해가 제3자의 행위로 인하여 생긴 경우에 손해보험계약에 따라 보험금을 지급한 보험자는 지급한 금액의 한도에서 당연히 제3자에 대한 보험계약자 또는 피보험자의 권리를 취득하지만(상법 제682조 제1항), 피보험자가 무보험자동차에 의한 교통사고로 인하여 상해를 입었을 때에 그 손해에 대하여 배상할 의무자가 있는 경우 보험자가 약관에 정한 바에 따라 피보험자에게 손해를 보상하는 것을 내용으로 하는 무보험자동차에 의한 상해담보특약에 따라 보험금을 지급한 보험자는 상법 제729조 단서에 따라 당사자 사이에 보험자 대위에 관한 약정이 있는 때에 한하여 피보험자의 권리를 해하지 아니하는 범위 안에서 피보험자의 배상의무자에 대한 손해배상청구권을 대위 행사할 수 있다(대법원 2014.10.27. 선고 2013다27343 판결).

■ 면책사유인 '피보험자의 고의에 의한 사고'에서 '고의'에 해당하여 보험금이 지급될 수 없는 경우인지요?

Q. 甲은 승용차를 운행하던 중 제1차 접촉사고를 내고 도주하다가 정지신호에 따라 정차하고 있을 때 접촉사고를 당한 乙이 추격해 와서 승용차 앞을 가로막고 있던 중 교차로의 신호가 진행신호로 바뀌자 甲은 위 승용차를 2-3미터 가량 후진하였고 乙이 이에 놀라 승용차의 앞 유리창의 와이퍼를 붙잡고 보닛 위에 엎드려 매달리게 되었는데, 甲은 그 상태에서 승용차를 지그재그로 운행하는 바람에 乙이 도로로 떨어지면서 승용차 뒷바퀴로 충격 당하여 상해를 입게 된 제2차 사고를 발생하게 하였습니다. 이 경우 甲의 위와 같은 행위가 자동차보험의 약관에서 규정하고 있는 '고의'에 해당하여 보험금이 지급될 수 없는 경우인지요?

A. 상법 제659조 제1항은 "보험사고가 보험계약자 또는 피보험자나 보험수익자의 고의 또는 중대한 과실로 인하여 생긴 때에는 보험자는 보험금액을 지급할 책임이 없다."라고 규정하고 있으며, 자동차보험의 약관에는 '보험계약자, 피보험자의 고의로 인한 손해'에 대하여는 보상하지 아니한다고 정하고 있습니다. 그런데 자동차보험약관상 면책사유인 '피보험자의 고의에 의한 사고'에서의 '고의'의 의미와 그 입증방법에 관하여 판례는 "자동차보험약관상 면책사유인 '피보험자의 고의에 의한 사고'에서의 '고의'라 함은 자신의 행위에 의하여 일정한 결과가 발생하리라는 것을 알면서 이를 행하는 심리상태를 말하고, 여기에는 확정적 고의는 물론 미필적 고의도 포함된다고 할 것이며, 고의와 같은 내심의 의사는 이를 인정할 직접적인 증거가 없는 경우에는 사물의 성질상 고의와 상당한 관련성이 있는 간접사실을 증명하는 방법에 의하여 입증할 수밖에 없고, 무엇이 상당한 관련성이 있는 간접사실에 해당할 것인가는 사실관계의 연결상태를 논리와 경험칙에 의하여 합리적으로 판단하여야 할 것이다."라고 하면서 "출발하려는 승용차 보닛 위에 사람이 매달려 있는 상태에서 승용차를 지그재그로 운행하여 도로에 떨어뜨려 상해를 입게 한 경우, 운전자에게 상해 발생에 대한 미필적 고의가 있다."라고 한 사례가 있습니다(대법원 2001.3.9. 선고 2000다67020 판결).

다만, "책임보험은 피보험자의 법적 책임부담을 보험사고로 하는 손해보험이고 보험사고의 대상인 법적 책임은 불법행위책임이므로 어떠한 것이 보험사고인가는 기본적으로는 불법행위의 법리에 따라 정하여야 할 것인바, 책임보험 계약당사자간의 보험약관에서 고의로 인한 손해에 대하여는 보험자가 보상하지 아니하기로 규정된 경우에 고의행위라고 구분하기 위해서는 특별한 사정이 없는 한 구체적인 정신능력으로서의 책임능력이 전제되어 있다고 볼 것이어서 '피보험자의 고의에 의한 손해'에 해당한다고 하려면 그 피보험자가 책임능력에 장애가 없는 상태에서 고의행위를 하여 손해가 발생된 경우이어야 한다."라고 하면서, "피보험자가 사고 당시 심신미약의 상태에 있었던 경우, 사고로 인한 손해가 '피보험자의 고의로 인한 손해'에 해당하지 아니하여 보험자가 면책되지 아니한다."라고 한 사례도 있습니다(대법원 2001.4.24. 선고 2001다10199 판결).

한편, "사람이 승용차 보닛 위에 엎드려 매달리자 그를 차량에서 떨어지게 할 생각으로 승용차를 지그재그로 운전하다가 급히 좌회전하여 위 사람을 승용차에서 떨어뜨려 사망에 이르게 한 사안에서, 위 사고의 경위, 피해자가 전도된 지점의 도로 여건, 사고 당시 가해차량 운전자의 음주상태, 목격자의 진술 등 여러 사정에 비추어, 가해차량 운전자로서는 피해자가 달리던 차에서 떨어지면서 어느 정도의 큰 상해를 입으리라는 것은 인식·용인하였다고 할 것이나, 나아가 피해자가 사망하리라는 것까지를 인식하고 용인하였다고는 볼 수 없으므로, 피해자의 사망으로 인한 손해는 가해차량 운전자의 '고의에 의한 손해'라고 할 수 없어 자동차보험의 면책약관이 적용되지 않는다."라고 한 사례가 있습니다(대법원 2010.11.11. 선고 2010다62628 판결).

따라서 위 사안에서 甲의 제2차 사고에 관하여는 甲의 미필적 고의에 의한 사고로 보아 보험금이 지급되지 않을 것이지만, 乙이 제2차 사고로 인하여 사망에 이르렀다면 보험금이 지급될 수 있습니다.

■ 뺑소니의 경우 국가가 피해를 보상하면 국가기관이 보험사에게 이를 다시 구상하는 것인가요?

Q. 자동차 보유자를 알 수 없는 뺑소니 자동차 또는 무보험 자동차에 의한 교통사고를 당하게 되었습니다. 이 경우 어떻게 하면 국가로부터 피해를 보상받을 수 있는 것인지요? 국가가 피해를 보상하면 국가기관이 보험사에게 이를 다시 구상하는 것인가요?

A. 자배법 제30조 제1항은 "정부는 다음 각 호의 어느 하나에 해당하는 경우에는 피해자의 청구에 따라 책임보험의 보험금 한도에서 그가 입은 피해를 보상한다. 다만, 정부는 피해자가 청구하지 아니한 경우에도 직권으로 조사하여 책임보험의 보험금 한도에서 그가 입은 피해를 보상할 수 있다."고 규정하고 제1호에 "1. 자동차보유자를 알 수 없는 자동차의 운행으로 사망하거나 부상한 경우"를 규정하여, 뺑소니 또는 무보험 자동차에 의한 사고의 경우 정부가 피해자에게 손해를 보상하도록 정하고 있습니다("피해자에게 손해를 보상하고 있는 근거규정이 바로 자배법 제30조입니다."를 수정). 따라서 국가기관은 해당 법 규정에 따라서 귀하의 피해를 보상할 수 있습니다. 다만, 이와 관련 보상금을 지급한 국민건강보험공단이 보험사에 다시 구상할 수 있는지 문제가 발생합니다. 대법원 (2013. 01.16. 선고 2012다79521)판결에 따르면, 자동차손해배상보장법 (이하 '자배법'이라 한다) 제30조 이하에서 규정하고 있는 보장사업의 목적과 취지, 성격 등에 비추어 보면, 자동차 보유자를 알 수 없는 뺑소니 자동차 또는 무보험 자동차에 의한 교통사고의 경우 자배법 제30조 제1항에 따라 피해자가 가지는 보장사업에 의한 보상금청구권은 피해자 구제를 위하여 법이 특별히 인정한 청구권으로서, 구 국민건강보험법 (2011.12.31. 법률 제11141호로 전부 개정되기 전의 것, 이하 '국민건강보험법'이라 한다) 제53조 제1항에서 말하는 제3자에 대한 손해배상청구의 권리에 해당한다고 볼 수 없습니다(대법원 2012.12.13. 선고 2012다200394 판결 참조). 비록 국민건강보험법 제53조 제1항에서 국민건강보험공단은 제3자의 행위로 보험급여사유가 생겨 가입자 또는 피부양자에게 보험급여를 한 경우에는 그 급여에 들어간 비용 한도에서 그 제3자에

게 손해배상을 청구할 권리를 얻는다고 규정하고 있으나, 자동차손해보상 보장법 제30조 이하에서 규정하고 있는 "보장사업"에는 국민건강보험법 제53조 제1항이 해당하지 않는다고 판단한 것입니다.

따라서 자동차 보유자를 알 수 없는 뺑소니 자동차 또는 무보험 자동차에 의한 교통사고의 경우 보상금을 지급한 국가가 보험사에 구상할 수 없습니다.

※관련판례

자동차손해배상보장법(이하 '자배법'이라 한다) 제30조 이하에서 규정하고 있는 보장사업의 목적과 취지, 성격 등에 비추어 보면, 자동차 보유자를 알 수 없는 뺑소니 자동차 또는 무보험 자동차에 의한 교통사고의 경우 자배법 제30조 제1항에 따라 피해자가 가지는 보장사업에 의한 보상금청구권은 피해자 구제를 위하여 법이 특별히 인정한 청구권으로서, 구 국민건강보험법(2011.12.31. 법률 제11141호로 전부 개정되기 전의 것, 이하 '국민건강보험법'이라 한다) 제53조 제1항에서 말하는 제3자에 대한 손해배상청구의 권리에 해당한다고 볼 수 없다(대법원 2012.12.13. 선고 2012다200394 판결 참조).(대법원 2013.1.16. 선고 판결)

■ 기존 기왕증이 악화된 신체손해에 관한 자동차손해배상청구권 중
해당 기왕증에 대해 자동차손해배상으로 보험회사에 얼마를 청구
할 수 있을까요?

Q. 저는 자동차 사고를 당한 병원 환자로서, 사고로 인한 신체 피해에 대하
여 요추 3-4번 간 추간판을 제거하고 인공디스크를 삽입하는 수술을 시
행한 사실했는데, 사실은 요추 3-4번 간 지속적 통증은 그의기존 퇴행
성 질환이 이 사건 교통사고로 인하여 악화된 것이었습니다. 해당 기왕
증에 대해 자동차손해배상으로 보험회사에 얼마를 청구할 수 있을까요?

A. 대법원 2013.04.26. 선고 2012다107167 판결에 따르면, 피해자의 기왕증
이 교통사고와 경합하여 악화된 경우에는 기왕증이 그 결과 발생에 기여
하였다고 인정되는 정도에 따라 피해자의 손해 중 그에 상응한 배상액을
피해자에게 부담하게 하는 것이 손해의 공평 부담이라는 견지에서 타당하
다는 점과 자동차보험 진료수가의 인정 범위에 관한 위 각 규정의 내용
등을 종합하여 보면, 의료기관은 기왕증을 가지고 있는 교통사고 환자를
진료한 경우에는 교통사고로 인한 기왕증의 악화로 인하여 추가된 진료비
의 범위 내에서 보험회사 등에 자동차보험 진료수가를 청구할 수 있다고
봄이 합리적이라고 판시하였습니다.

자동차손해배상 보장법(이하 '법'이라 한다) 제12조 제2항 역시 '보험회사
등으로부터 자동차보험 진료수가의 지급 의사와 지급 한도를 통지받은 의
료기관은 그 보험회사 등에 국토해양부장관이 고시한 기준에 따라 자동차
보험 진료수가를 청구할 수 있다'고 규정하고 있고, 법 제15조에 따라 국
토해양부장관이 고시한 '자동차보험 진료수가에 관한 기준'(국토해양부 고
시 제2008-39호) 제5조는 제1항에서 '교통사고 환자에 대한 진료 기준과
진료에 따른 비용의 인정 범위는 보건복지가족부장관이 일반 환자의 진료
에 관하여 의학적으로 보편·타당한 방법·범위 및 기술 등으로 인정한 진
료 기준 및 국민건강보험법령에 의하여 보건복지가족부장관이 고시하는
건강보험 요양급여 행위 및 그 상대가치 점수에 의한다'고 규정하면서,
제2항 제2호에서 '제1항의 규정에 의하여 인정되는 범위 내의 비용인 경
우에도 교통사고가 있기 전에 가지고 있던 증상(이하 '기왕증'이라 한다)

에 대한 진료비는 그 인정 범위에서 제외되고, 다만 기왕증이라 하여도 교통사고로 인하여 악화된 경우에는 그 악화로 인하여 추가된 진료비는 그러하지 아니하다'고 규정하고 있습니다.

따라서 귀하의 경우, 자동차 사고로 인한 3-4번 추간판 제거 및 인공디스크 삽입 시술 결과가 인정되기는 하나, 기존 퇴행성 질환이 인정되는 부분을 전체 손해에서 공제한 나머지 부분에 대해 보험회사에 진료비를 청구할 수 있을 것입니다. 의료기관이 진료수가를 보험회사에 직접 청구하는 경우도 마찬가지라고 할 것입니다.

※관련판례

손해배상청구소송에서 기왕증과 관련하여 일실수입 손해를 계산하기 위한 노동능력상실률을 산정함에 있어 기왕증의 기여도를 참작하였다면 특별한 사정이 없는 한 치료비, 개호비 등의 손해를 산정함에 있어서도 그 기왕증의 기여도를 참작하여야 하며, 가해자 측이 피해자가 주장하는 후유장해가 기왕증에 의한 것이라고 다투는 경우에 가해자 측의 그와 같은 주장은 소송법상 인과관계의 부인에 해당하므로 피해자가 적극적으로 그 인과관계의 존재, 즉 당해 사고와 상해 사이에 인과관계가 있다거나 소극적으로 기왕증에 의한 후유장해가 없었음을 증명하여야 한다(대법원 2008.7.24. 선고 2007다52294 판결, 대법원 2016.8.18. 선고 2016다14775 판결 등 참조).(대법원 2019.8.9. 선고 2017다20159 판결)

■ 보험사가 교통사고 가해자에게 구상할 수 있는 범위는 어디까지 입니까?

Q. 제가 교통사고의 가해자이고, 피해자에게 1억원의 손해를 입히게 되었습니다. 자동차상해보험계약에 따른 보험금액 7천만원을 보험사가 지급하고, 자배법 상의 책임공제금 2천만원을 제가 지급한 결과, 피해자는 아직 1천만원의 손해액이 회복이 되지 않은 상태입니다. 이와 같이 피해자가 전부 손해가 배상되지 않은 상황에서 보험사가 가해자인 저에게 보험자대위를 통하여 직접 7천만원을 구상할 수 있는지요?

A. 피해자가 전부 손해를 회복한 것이 아니라 일부 회복하지 못하고 남는 손해가 있게 되므로, 귀하에 대한 관계에서 보험사가 보험자대위로 취득할 수 있는 권리는 존재하지 않는다고 보는 것이 판례입니다. 자동차상해보험은 피보험자가 피보험자동차를 소유·사용·관리하는 동안에 생긴 피보험자동차의 사고로 인하여 상해를 입었을 때에 보험자가 보험약관에 정한 사망보험금이나 부상보험금 또는 후유장해보험금 등을 지급할 책임을 지는 것으로서 그 성질상 상해보험에 속하므로, 자동차상해보험계약에 따른 보험금을 지급한 보험자는 상법 제729조 단서에 의하여 보험자대위를 허용하는 취지의 약정이 있는 때에 한하여 피보험자의 권리를 해하지 않는 범위 내에서 그 권리를 대위할 수 있는 것입니다(대법원 2005.9.9. 선고 2004다51177 판결, 대법원 2015.11.12. 선고 2013다71227 판결 등 참조). 즉, 보험약관에 보험사가 피보험자에게 자동차상해 특별약관에 따라 보험금을 지급한 경우 그 보험금의 한도 내에서 피보험자의 제3자에 대한 권리를 취득한다고 정하고 있다 하더라도, 피보험자인 피해자가 이 사건 교통사고로 인하여 총 1억원의 손해를 입고 보험사로부터 7천만원의 보험금을 지급받아 나머지 1천만의 손해를 회복하지 못하고 있는 이 사례에서, 피해자로서는 자동차손해배상 보장법 시행령 제3조 제1항 제2호 본문에 의하여 귀하께서 지급할 의무가 있는 책임공제금 2천만원을 전부 지급받더라도 역시 회복하지 못하고 남는 손해가 있게 되므로, 가해자인 귀하에 대한 관계에서 보험사가 보험자대위로 취득할 수 있는 권리는 존재하지 않는다고 보아야 하는 것입니다.

무보험자동차에 의한 상해담보특약의 보험자는 피보험자의 실제 손해액을 기준으로 위험을 인수한 것이 아니라 보통약관에서 정한 보험금 지급기준에 따라 산정된 금액만을 제한적으로 인수한 것이므로, 무보험자동차에 의한 상해담보특약을 맺은 보험자가 피보험자에게 보험금을 지급한 경우 상법 제729조 단서에 따라 피보험자의 배상의무자에 대한 손해배상청구권을 대위행사할 수 있는 범위는 피보험자가 배상의무자에 대하여 가지는 손해배상청구권의 한도 내에서 보통약관에서 정한 보험금 지급기준에 따라 정당하게 산정되어 피보험자에게 지급된 보험금액에 한정된다(대법원 2014.10.15. 선고 2012다88716 판결).

■ 자동차손해배상보장법 제3조 '운행으로 인하여'의 판단기준은 무엇인지요?

Q. 甲은 乙의 차량에 동승하여 가던 중 乙의 차량이 교통사고가 발생하였고, 甲은 乙의 지시에 따라 후행차량들에 대한 수신호를 하던 중 후행차량에 충격당한 사고가 발생하였습니다. 甲은 乙의 자동차보험사로부터 보험금을 수령할 수 있는지요?

A. 자동차손해배상 보장법 제3조는 "자기를 위하여 자동차를 운행하는 자는 그 운행으로 인하여 다른 사람을 사망하게 하거나 부상하게 한 때에는 그 손해를 배상할 책임을 진다."라고 규정하고 있고, 위 법조에서 '운행으로 인하여'라 함은 운행과 사고 사이에 상당인과관계를 인정할 수 있는지의 여부에 따라 결정되어야 합니다(대법원 1997.9.30. 선고 97다24276 판결, 대법원 2006.4.13. 선고 2005다73280 판결 등 참조).

한편, 자동차의 운전자는 고장이나 그 밖의 사유로 고속도로나 자동차전용도로에서 그 자동차를 운행할 수 없게 된 때에는 도로교통법 시행규칙에 규정된 '고장 등 경우의 표지'를 그 자동차로부터 100m 이상의 뒤쪽 도로상에 하여야 하고, 특히 야간에는 위 표지와 함께 사방 500m 지점에서 식별할 수 있는 적색의 섬광신호·전기제등 또는 불꽃신호를 그 자동차로부터 200m 이상의 뒤쪽 도로상에 추가로 설치하여야 하며, 그 자동차를 고속도로 또는 자동차전용도로 외의 곳으로 이동하는 등의 필요한 조치를 하여야 합니다.

따라서 乙은 고속도로에는 자동차를 정차할 수 없으므로 다른 차량의 진행에 방해를 주지 않도록 즉시 피보험차를 안전한 장소로 이동시켰어야 함에도 그대로 방치하여 두었을 뿐만 아니라, 단순히 甲으로 하여금 후행차량에 대하여 수신호를 하도록 요구만 한 채 '고장 등 경우의 표지'를 해태하였으므로, 乙의 이러한 형태의 정차는 불법 정차에 해당한다 할 것이고, 따라서 乙로서는 후행차량들이 1차로에 정차한 피보험차를 충돌하고, 나아가 그 주변의 다른 차량이나 사람들을 충돌할 수도 있다는 것을 충분히 예상할 수 있었다고 할 것이므로, 결국 乙의 불법 정차와 이 사건 사고 사이에는 상당인과관계가 있다고 할 것이다. 결국 이 사건 사고는

乙의 차량 운행으로 인하여 발생한 사고이므로 을이 가입한 자동차보험사는 甲의 사고로 인한 보험금을 지급할 의무가 있다고 할 것입니다.

※관련판례

자동차의 소유자는 비록 제3자가 무단히 그 자동차를 운전하다가 사고를 내었다고 하더라도 그 운행에 있어 소유자의 운행지배와 운행이익이 완전히 상실되었다고 볼 특별한 사정이 없는 경우에는 그 사고에 대하여 자동차손해배상 보장법 제3조 소정의 운행자로서의 책임을 부담하고, 그 운행지배와 운행이익의 상실 여부는 평소의 자동차나 그 열쇠의 보관 및 관리상태, 소유자의 의사와 관계없이 운행이 가능하게 된 경위, 소유자와 운전자의 인적 관계, 운전자의 차량반환의사의 유무, 무단운행 후 소유자의 사후승낙 가능성, 무단운전에 대한 피해자의 인식 유무 등 객관적이고 외형적인 여러 사정을 사회통념에 따라 종합적으로 평가하여 이를 판단하여야 하고, 특히 피해자가 무단운전자의 차량에 동승한 자인 경우에는 그가 무단운행의 정을 알았는지의 여부가 자동차 소유자의 운행지배 내지 운행이익의 상실 여부를 판단하는 중요한 요소가 되는 것이지만, 피해자인 동승자가 무단운행에 가담하였다거나 무단운행의 정을 알고 있었다고 하더라도 그 운행 경위나 운행 목적에 비추어 당해 무단운행이 사회통념상 있을 수 있는 일이라고 선해할 만한 사정이 있거나, 그 무단운행이 운전자의 평소 업무와 사실상 밀접하게 관련된 것이어서 소유자의 사후승낙 가능성을 전적으로 배제할 수 없는 사정이 있는 경우에는 소유자가 운행지배와 운행이익을 완전히 상실하였다고 볼 수 없을 것이다(대법원 1998.7.10. 선고 98다1072 판결 등 참조). (대법원 2017.7.11. 선고 2017다222665 판결)

■ 가해자를 알 수 없는 차량에 치어 사망한 경우에 국가에서 피해 보상을 해준다고 하는데 사실인지요?

Q. 저의 부친은 며칠 전 마을 앞 도로에서 번호를 알 수 없는 승용차에 치어 사망하였습니다. 저는 농사만 짓고 살아왔고, 법에 대해서는 아무것도 모르고 있었기 때문에 의사로부터 사망확인서를 받거나, 경찰에 신고하는 등의 절차를 취하지도 아니한 채 이장과 마을주민들의 보증 하에 곧바로 사망신고를 하고 장례를 마쳤습니다. 장례를 마친 후 주위사람들로부터 들으니 이와 같이 가해자를 알 수 없는 차량에 치어 사망한 경우에도 국가에서 피해보상을 해준다고 하는데 사실인지, 사실이라면 보상금을 어디에 어떻게 청구해야 하는지요?

A. 자동차손해배상 보장법 제30조 제1항 제1호에서 정부는 자동차보유자를 알 수 없는 자동차의 운행으로 사망하거나 부상한 경우에는 피해자의 청구에 따라 책임보험의 보험금의 한도에서 그가 입은 피해를 보상한다고 규정하고 있으므로, 이를 근거로 피해보상금을 청구할 수 있다고 하겠습니다. 같은 법 시행령 제3조 제1항에 의한 책임보험금 한도를 보면 ①사망한 경우에는 최고 1억 5천만원의 범위에서 피해자에게 발생한 손해액. 다만, 그 손해액이 2천만원 미만인 경우에는 2천만원, ②부상의 경우에는 최고 3,000만원에서 최저 50만원{같은 법 시행령 [별표1] 상해의 구분과 책임보험금의 한도금액(제3조 제1항 제2호 관련)} ③후유장해가 생긴 경우에는 최고 1억원 5천만원에서 최저 1천만원{같은 법 시행령 [별표2] 후유장애의 구분과 책임보험금의 한도금액(제3조 제1항 제3호 관련)}으로 정하고 있습니다. 그리고 피해자가 자동차손해배상 보장법에 근거하여 보상을 청구하는 때에는 ①소정양식의 청구서, ②진단서 또는 사망진단서(사체검안서), ③사망으로 인한 청구에 있어서는 청구인과 사망한 자와의 관계를 알 수 있는 증빙서류{제적등본(2008.1.1. 이전에 사망한 자의 경우), 가족관계등록부에 따른 각종 증명서, 주민등록등·초본 등}, ④사고발생의 일시장소 및 그 개요를 증빙할 수 있는 서류(관할 경찰서장 발행의 보유자불명 교통사고사실확인원 등), ⑤피해자 본인 또는 보상금청구(수령)자의 인감증명서, ⑥그 외 국토해양부장관이 정하는 증빙서류(자동차손

해배상보장사업에 의한 손해보상금지급청구권 양도증 및 위임장, 면책사고로 판명되면 수령한 손해보상금을 반환한다는 손해보상금수령자의 각서, 무보험자동차사고의 경우 보유자의 자인서, 치료비영수증 및 명세서, 향후치료비추정서 등) 등을 현재 위 보상에 관한 업무를 위탁받은 보장사업시행 보험회사(삼성화재, 동부화재 등 국내 손해보험회사 중 한 곳)에 제출하면 됩니다.

그런데 귀하의 경우에는 부친의 사망 직후 장례를 치루었기 때문에 의사의 사망확인서와 경찰에서 발급하는 교통사고사실확인원을 발급받지 못하여 보험회사에서 그 보상금의 지급을 거부한다면 귀하로서는 소송을 통하여 구제받는 방법 밖에 없습니다. 소송을 통하여 피해보상금의 지급을 청구하는 방법과 관련하여, 실무상 자동차손해배상 보장법 제45조에 따라 자동차손해배상보상사업에 관한 업무를 위탁받은 보험회사 등 또는 보험 관련단체를 상대로 민사소송을 제기하여 다투는 것이 통례인 것 같습니다(대법원 2003.7.25. 선고 2002다2454 판결, 2009.3.26. 선고 2008다93964 판결). 물론 어느 쪽을 선택하든 간에 귀하의 부친이 가해자의 신원을 알 수 없는 차량에 의해 사고를 당하여 사망하였다는 사실을 입증할 수 있는 증인이 확보되어야 하겠습니다.

참고로 보유자를 알 수 없는 뺑소니사고나 무보험자동차사고의 경우 구 자동차손해배상 보장법(2008. 3. 28. 법률 제9065호로 전문 개정되기 전의 것) 제26조 제1항에 의하여 지급하는 피해보상은 실손해액을 기준으로 배상하는 책임보험과는 달리 책임보험의 보험금 한도액 내에서 책임보험의 약관이 정하는 보험금 지급기준에 의한 금액만을 지급하여야 한다고 하였으며(대법원 2009.3.26. 선고 2008다93964 판결), 위의 자동차손해배상보장사업에 의한 보상금의 청구권은 3년간 행사하지 않으면 시효로 소멸한다고 규정되어 있습니다(같은 법 제41조).

■ 무면허운전 중 상대방의 과실에 의해 부상당한 경우 국민건강보험이 적용되는지요?

Q. 저는 저의 오토바이를 운전하던 중 甲이 운전하는 무보험오토바이와 정면충돌하여 다발성늑골골절상의 상해를 입고 乙대학교부속병원에서 입원치료를 받고 있으며, 위 사고는 甲의 과실로 발생되었는데, 국민건강보험공단에서는 사고당시 제가 원동기장치자전거운전면허 없이 오토바이를 운전하다 부상을 입었기 때문에 국민건강보험혜택을 받을 수 없다고 합니다. 위와 같이 무면허운전 중 부상을 당한 경우 무조건 국민건강보험혜택을 받을 수 없는지요?

A. 국민건강보험법 제1조에서, 이 법은 국민의 질병·부상에 대한 예방·진단·치료·재활과 출산·사망 및 건강증진에 대하여 보험급여를 실시함으로써 국민보건을 향상시키고 사회보장을 증진함을 목적으로 한다고 규정하고 있으며, 같은 법 제53조 제1항 제1호에서 공단은 보험급여를 받을 수 있는 자가 '고의 또는 중대한 과실로 인한 범죄행위'에 기인하거나 고의로 사고를 발생시킨 때에는 보험급여를 하지 아니한다고 규정하고 있습니다. 그런데 국민건강보험법 제53조 제1항 제1호에서 보험급여의 제한사유로 규정한 '고의 또는 중대한 과실로 인한 범죄행위에 기인한 경우'의 의미에 관하여 판례를 보면, 국민건강보험법(2011.12.31 법률 제11141호로 개정되기 이전의 것) 제48조 제1항 제1호에서는 고의 또는 중대한 과실로 인한 범죄행위에 기인하거나 고의로 보험사고를 발생시킨 경우 이에 대한 보험급여를 제한하도록 규정하고 있는데, 같은 법 제1조에 명시하고 있는 바와 같이 국민의 질병·부상에 대한 예방·진단·치료·재활과 출산·사망 및 건강증진에 대하여 보험급여를 실시함으로써 국민보건을 향상시키고 사회보장을 증진함을 목적으로 하고 있음에 비추어 볼 때 위 법조 소정의 급여제한사유로 되는 요건은 되도록 엄격하게 해석하여야 할 것이므로, 같은 법 제48조 제1항 제1호에 규정된 '고의 또는 중대한 과실로 인한 범죄행위에 기인한 경우'는 '고의 또는 중대한 과실로 인한 자기의 범죄행위에 전적으로 기인하여 보험사고가 발생하였거나 고의 또는 중대한 과실로 인한 자신의 범죄행위가 주된 원인이 되어 보험사고가 발생한 경

우'를 말하는 것으로 해석함이 상당하다고 하였으며, 타인의 폭행으로 상해를 입고 병원에서 치료를 받으면서, 상해를 입은 경위에 관하여 거짓말을 하여 국민건강보험공단으로부터 보험급여처리를 받아 사기죄로 기소된 사안에서, 위 상해는 '전적으로 또는 주로 피고인의 범죄행위에 기인하여 입은 상해'라고 할 수 없다고 보아 위 공소사실을 무죄로 판단한 원심을 수긍한 사례가 있습니다(대법원 2010.6.10. 선고 2010도1777 판결).또한, 국민건강보험법 제48조 제1항 제1호의 급여제한 사유로 되는 '중대한 과실'이라는 요건은 되도록 엄격하게 해석하여야 할 것이라고 하면서, 甲이 일몰직후 오토바이를 운전하여 편도 1차로 도로를 다소 빠른 속도로 진행하다가 전방에 주차되어 있던 화물차의 적재함뒷부분을 추돌하여 부상을 입었는데, 화물차운전자가 차폭등·미등이나 비상등도 켜지 아니하고 후방에 안전삼각대도 설치하지 아니한 채 도로우측에 화물차를 주차시켜 두었고, 甲은 2종 원동기장치자전거면허를 소지하고 있으며, 이 사고에 대하여 안전운전 의무불이행을 이유로 범칙금납부 통고처분을 받았는바, 이 사고는 甲의 과실과 화물차운전자의 과실이 경합되어 발생한 것일 뿐 甲의 중대한 과실로 발생하였다고는 볼 수 없다고 하여, 같은 법 제48조 제1항 제1호에서 정한 보험급여제한사유에 해당된다고 볼 수 없다고 한 사례가 있습니다(대법원 2003.2.28. 선고 2002두12175 판결).

따라서 귀하의 경우 운전면허 없이 오토바이를 운전하다 부상을 입었더라도 그 보험사고가 전적으로 또는 주로 귀하의 범죄행위에 기인하여 입은 상해가 아니라면 단순히 위 보험사고가 무면허운전 중에 발생하였다는 사실만으로 귀하에 대한 보험급여가 제한된다고 할 수는 없을 것으로 보입니다.

※관련판례

자동차보험에서 피보험자의 명시적·묵시적 승인하에 피보험자동차의 운전자가 무면허운전을 하였을 때 생긴 사고로 인한 손해에 대하여는 보상하지 않는다는 취지의 무면허운전 면책약관은 무면허운전이 보험계약자나 피보험자의 지배 또는 관리가능한 상황에서 이루어진 경우에 한하여 적용되는 것인바(대법원 2000.5.30. 선고 99다66236 판결 등 참조), 위 경우에 묵시적 승인은 무면허에 대한 승인 의도가 명시적으로 표현되는 경우와 동일시할 수 있는 정도로 그 승인 의도를 추단할 만한 사정이 있으면 인정된다. 구체적으로 무면허운전이 보험계약자나 피보험자의 묵시적 승인하에 이루어졌는지 여부는, 보험계약자나 피보험자와 무면허운전자의 관계, 평소 차량의 운전 및 관리 상황, 당해 무면허운전이 가능하게 된 경위와 그 운행목적, 평소 무면허운전자의 운전에 관하여 보험계약자나 피보험자가 취해 온 태도 등의 제반 사정을 함께 참작하여 판단할 것이다(대법원 2002.9.24. 선고 2002다27620 판결 등 참조).(대법원 2013.9.13. 선고 2013다32048 판결)

■ 교통사고의 손해배상청구 시 보험회사를 상대로 바로 할 수 있는 지요?

Q. 저는 교통사고를 당하여 치료를 끝낸 후 가해자를 상대로 손해배상청구 소송을 제기하려고 하였으나 가해자가 주민등록지에 거주하지 아니하고, 소재도 파악이 안 되고 있습니다. 이 경우 보험회사를 상대로 직접 소송을 제기하는 것이 가능한지요?

A. 상법 제724조 제2항은 "제3자는 피보험자가 책임을 질 사고로 입은 손해에 대하여 보험금액의 한도 내에서 보험자에게 직접 보상을 청구할 수 있다. 그러나 보험자는 피보험자가 그 사고에 관하여 가지는 항변으로써 제3자에게 대항할 수 있다."라고 규정하고 있습니다. 이러한 직접청구권의 법적 성질에 관하여 판례는 "상법 제724조 제2항에 의하여 피해자에게 인정되는 직접청구권의 법적 성질은 보험자가 피보험자의 피해자에 대한 손해배상채무를 병존적(竝存的)으로 인수한 것으로서, 피해자가 보험자에 대하여 가지는 손해배상청구권이고 피보험자의 보험자에 대한 보험금청구권의 변형 내지는 이에 준하는 권리가 아니다."라고 하였습니다(대법원 1999.2.12. 선고 98다44956 판결, 2000.6.9. 선고 98다54397 판결). 또한, 위 규정의 취지가 법원이 보험회사가 보상하여야 할 손해액을 산정함에 있어서 자동차종합보험약관상의 지급기준(과실상계, 위자료, 장례비, 일실수입에 관한 기준)에 구속되는 것도 아니며(대법원 1994.5.27. 선고 94다6819 판결), 피보험자에게 지급할 보험금액에 관하여 확정판결에 의하여 피보험자가 피해자에게 배상하여야 할 지연손해금을 포함한 금액으로 규정하고 있는 자동차종합보험약관의 규정 취지에 비추어 보면, 보험자는 피해자와 피보험자 사이에 판결에 의하여 확정된 손해액은 그것이 피보험자에게 법률상 책임이 없는 부당한 손해라는 등의 특별한 사정이 없는 한 원본이든 지연손해금이든 모두 피보험자에게 지급할 의무가 있습니다(대법원 2000.10.13. 선고 2000다2542 판결).

따라서 위 사안에서도 귀하는 가해자가 가입한 보험회사를 상대로 직접 보험금을 청구할 수 있을 것입니다.

■ 지입차량이 교통사고를 낸 경우 지입회사가 피해자에 대하여 손해배상책임이 있는지요?

Q. 甲은 乙의 피용자인데 사실상의 소유자인 乙이 丙운수회사에 지입한 트럭을 운전하다가 횡단보도상을 횡단하던 丁을 치어 중상을 입혔습니다. 이러한 경우 지입회사인 丙이 피해자에 대하여 손해배상책임이 있는지요?

A. 자동차손해배상 보장법 제3조 본문은 "자기를 위하여 자동차를 운행하는 자는 그 운행으로 다른 사람을 사망하게 하거나 부상하게 한 경우에는 그 손해를 배상할 책임을 진다."고 규정하고 있습니다. 그런데 판례는 "자동차손해배상 보장법 제3조에서 자동차사고에 대한 손해배상책임을 지는 자로 규정하고 있는 '자기를 위하여 자동차를 운행하는 자'란 사회통념상 당해 자동차에 대한 운행을 지배하여 그 이익을 향수(享受)하는 책임주체로의 지위에 있다고 할 수 있는 자를 말하고, 이 경우 운행의 지배는 현실적인 지배에 한하지 아니하고 간접지배 내지는 지배가능성이 있다고 볼 수 있는 경우도 포함한다."라고 하였습니다(대법원 2002.11.26.선고 2002다47181 판결). 또한, 운행지배 및 운행이익이 있는지 여부를 판단하는 기준으로 "①평소의 자동차나 자동차열쇠의 관리상태, ②소유자의 의사와 관계없이 운행이 가능하게 된 경우에는 소유자와 운행자의 관계, ③무단운전인 경우 운전자의 차량반환의사의 유무와 무단운전 후의 보유자의 승낙가능성, ④무단운전에 대한 피해자의 주관적 인식유무 등 객관적이고 외형적인 여러 사정을 사회통념에 따라 종합적으로 평가하여 이를 판단해야 한다."라고 하였습니다(대법원 1995.2.24. 선고 94다41232 판결, 1999.4.23. 선고 98다61395 판결). 그리고 "지입차량의 차주 또는 그가 고용한 운전자의 과실로 타인에게 손해를 가한 경우에는 지입회사는 명의대여자로서 제3자에 대하여 지입차량이 자기의 사업에 속하는 것을 표시하였을 뿐 아니라, 객관적으로 지입차주를 지휘·감독하는 사용자의 지위에 있다 할 것이므로 이러한 불법행위에 대하여는 그 사용자책임을 부담한다."라고 판결하고 있습니다(대법원 2000.10.13. 선고 2000다20069 판결).

따라서 丙은 피해자 丁의 인적 피해에 대해 손해배상책임이 있다 할 것입니다. 만약 지입차량의 운전자가 물적 피해를 가한 경우에도 지입회사는 사용자로서 손해배상책임이 인정될 것으로 보입니다.

참고로 위와 달리 "지입차주가 자기 명의로 사업자등록을 하고 사업소득세를 납부하면서 기사를 고용하여 지입차량을 운행하고 지입회사의 배차담당 직원으로부터 물건을 적재할 회사와 하차할 회사만을 지정하는 최초 배차배정을 받기는 하나 그 이후 제품운송에 대하여 구체적인 지시를 받지는 아니할 뿐만 아니라 실제 운송횟수에 따라 운임을 지입회사로부터 지급받아 온 경우, 지입차주가 지입회사의 지시·감독을 받는다거나 임금을 목적으로 지입회사에 종속적인 관계에서 노무를 제공하는 근로자라고 할 수 없다는 이유로 지입회사와 지입차주 사이에 대내적으로 사용자와 피용자의 관계가 있다고 볼 수 없다."고 한 사례도 있습니다(대법원 2000.10.6. 선고 2000다30240 판결).

■ 화물차에서 하역작업 중 부상한 경우 자동차손해배상 보장법이 적용되는지요?

Q. 저는 甲소유 화물자동차가 정차하여 그 적재함에서 철근 하역작업을 하던 중 甲의 피용자 乙이 잘못 떨어뜨린 철근에 맞아 우측다리에 중상해를 입었습니다. 甲과 乙은 집행 가능한 재산이 파악되지 않으므로 甲의 위 차량이 가입된 보험회사를 상대로 손해배상청구를 할 수 있는지요?

A. 자동차손해배상 보장법 제3조 본문은 "자기를 위하여 자동차를 운행하는 자는 그 운행으로 다른 사람을 사망하게 하거나 부상하게 한 경우에는 그 손해를 배상할 책임을 진다."라고 규정하고 있으며, 같은 법 제2조 제2호는 "운행이란 사람 또는 물건의 운송여부에 관계없이 자동차를 당해 장치의 용법에 따라 사용하거나 관리하는 것을 말한다."라고 규정하고 있습니다. 그리고 보험회사는 피보험자인 甲의 자동차 운행으로 인하여 발생한 교통사고에 대하여 자동차손해배상 보장법에 의한 손해배상책임을 짐으로써 입은 손해를 배상하기로 하는 보험계약을 체결한 것이므로, 위 사고가 차량의 운행으로 인한 것인지 문제됩니다.

이에 관하여 판례는 "가해자가 화물차량의 적재함에 철근을 싣고 목적지인 공사장으로 운전하여 가서 골목길 도로상에 차량을 정차시키고 적재함에 올라가 철근다발을 화물차량 우측편 도로상으로 밀어 떨어뜨리는 방법으로 하역작업을 하던 중 그 철근다발을 화물차량의 뒤편에서 다가오던 피해자의 등위로 떨어지게 함으로써 그를 사망에 이르게 한 경우, 그 사고는 가해자가 주위를 잘 살피지 아니하고 철근다발을 밀어 떨어뜨린 행위로 인하여 일어난 것이고, 차량의 적재함이나 기타 차량의 고유장치의 사용으로 인하여 일어난 것이 아니므로, '차량의 운행'으로 말미암아 일어난 것으로 볼 수 없다."라고 하였습니다(대법원 1996.9.20. 선고 96다24675 판결). 이를 해석해 보면, 자동차를 운행하는 자는 운행 중에 일어난 모든 사고에 대하여 자동차손해배상 보장법에 의한 손해배상책임을 지는 것이 아니라 그 중에서 운행으로 말미암아 일어난 사고에 대하여서만 그 책임을 지는 것이라고 할 수 있습니다.

따라서 귀하의 경우에도 차량의 운행으로 인한 사고가 아니어서 보험회사를 상대로 한 교통사고로 인한 손해배상청구는 어려울 것으로 보입니다. 다만, 가해자인 乙에게는 「민법」 제750조에 의한 손해배상을, 乙의 사용자인 甲에게는 같은 법 제756조에 의한 사용자책임을 물어 손해배상청구를 하는 수밖에 없을 것으로 보입니다.

■ 정차한 버스에서 내리던 승객이 넘어져 다친 경우 운행 중의 사고인지요?

Q. 甲은 乙회사 소속 버스를 타고 목적지 버스정류장에 이르러 정차한 후 위 버스의 뒷문으로 하차하다가 넘어져 땅에 머리를 부딪쳐 상해를 입었습니다. 甲은 사고 당시 버스정류장에서 위 버스의 뒷문 출구쪽 맨 앞에서 손잡이를 잡고 서 있다가 버스가 완전히 정차한 후 뒷문이 열리자 하차하기 위하여 출구쪽 계단을 밟고 내려서던 중 몸의 중심을 잃고 넘어져 지면에 머리를 부딪쳐서 위 사고를 당하였고, 위 사고 당시 버스 안에는 승객도 그다지 많지 않았습니다. 이 경우 乙회사는 「자동차손해배상 보장법」에 의하여 甲의 상해로 인한 손해를 배상하여야 하는지요?

A. 자동차손해배상 보장법 제3조는 "자기를 위하여 자동차를 운행하는 자는 그 '운행으로' 다른 사람을 사망하게 하거나 부상하게 한 경우에는 그 손해를 배상할 책임을 진다. 다만, ①승객이 아닌 자가 사망하거나 부상한 경우에 자기와 운전자가 자동차의 운행에 주의를 게을리 하지 아니하였고, 피해자 또는 자기 및 운전자 외의 제3자에게 고의 또는 과실이 있으며, 자동차의 구조상의 결함이나 기능상의 장해가 없었다는 것을 증명한 경우, ②승객이 고의나 자살행위로 사망하거나 부상한 경우에는 그러하지 아니하다."라고 규정하고 있습니다. 그리고 같은 법 제2조 제2호는 "운행이란 사람 또는 물건의 운송여부에 관계없이 자동차를 그 용법에 따라 사용하거나 관리하는 것을 말한다."라고 규정하고 있습니다. 그러므로 위 사안에서 乙회사가 승객인 甲의 상해로 인한 손해를 배상하여야 하는지에 관하여는 위와 같은 사고가 위 버스의 '운행으로 인하여' 발생된 것인지에 따라서 결론이 달라질 것입니다. 왜냐하면 위 사고가 승객인 甲의 고의로 인하여 발생된 것이 아니고 위 버스의 '운행으로 인하여' 발생된 것이라면, 乙회사는 자동차손해배상보장법 제3조에 의하여 배상책임을 부담할 수 있을 것이기 때문입니다.

그런데 버스승객이 버스가 정차한 상태에서 열린 출입문을 통하여 하차하다가 넘어져 사고가 난 경우 자동차 운행으로 인하여 발생된 사고인지에 관하여 판례는 "자동차손해배상 보장법 제2조 제2호는 '운행'이라 함은 사람 또는 물건의 운송여부에 관계없이 자동차를 당해 장치의 용법에 따라 사용하는 것이라고 정의하고 있는바, 자동차를 당해 장치의 용법에 따라 사용한다는 것은 자동차의 용도에 따라 그 구조상 설비되어 있는 각종의 장치를 각각의 장치목적에 따라 사용하는 것을 말하는 것으로서 자동차가 반드시 주행상태에 있지 않더라도 주행의 전후단계로서 주·정차상태에서 문을 열고 닫는 등 각종 부수적인 장치를 사용하는 것도 포함되지만, 자동차를 운행하는 자는 운행 중에 일어난 모든 사고에 대하여 책임을 지는 것이 아니라 그 중에서 운행으로 말미암아 일어난 사고에 대하여만 책임을 지는 것이므로, 버스가 정류소에 완전히 정차한 상태에서 심신장애자복지법(현행 장애인복지법) 소정의 장애 2급 해당자인 승객이 열린 출입문을 통하여 하차하다가 몸의 중심을 잃고 넘어져 부상한 경우, 이것은 자동차 운행중의 사고이기는 하나, 운행으로 말미암아 일어난 것이라고는 볼 수 없다."는 이유로 자동차손해배상책임을 부인한 사례가 있습니다(대법원 1994.8.23. 선고 93다59595 판결, 1999.11.12. 선고 98다30834 판결).따라서 위 사안에서도 乙회사가 「자동차손해배상 보장법」에 의하여 甲의 상해에 대한 손해배상을 하여야 한다고 할 수는 없을 것으로 보입니다.

참고로 자동차의 운행으로 말미암아 발생된 사고인지에 관하여 판례는 "인부가 통나무를 화물차량에 내려놓는 충격으로 지면과 적재함 후미 사이에 걸쳐 설치된 발판이 떨어지는 바람에 발판을 딛고 적재함으로 올라가던 다른 인부가 땅에 떨어져 입은 상해가 자동차의 운행으로 말미암아 일어난 사고가 아니다."라고 한 사례가 있으며(대법원 1993.4.27. 선고 92다8101 판결), "화물하차작업 중 화물고정용 밧줄에 오토바이가 걸려 넘어져 사고가 발생한 경우, 화물고정용 밧줄은 적재함 위에 짐을 실을 때에 사용되는 것이기는 하나 물건을 운송할 때 일반적·계속적으로 사용되는 장치가 아니고 적재함과 일체가 되어 설비된 고유장치라고도 할 수 없다."라고 한 바 있습니다
(대법원 1996.5.31. 선고 95다19232 판결).

※ 관련판례

갑의 남편 을이 병 주식회사와 체결한 자동차종합보험계약에는 '피보험자(그 배우자 포함)가 다른 자동차를 운전 중(주차 또는 정차 중 제외) 생긴 사고로 인하여 손해배상책임을 짐으로써 손해를 입은 때에는 피보험자가 운전한 다른 자동차를 피보험자동차로 간주하여 보통약관에서 규정하는 바에 따라 보상한다.'라는 다른 자동차 운전담보 특별약관이 포함되어 있는데, 갑이 정 소유 차량을 운전하다가 정을 하차시키기 위해 차를 멈춘 상태에서 교통사고가 발생한 사안에서, 운전자가 승객을 하차시키기 위해 차를 세우는 경우는 위 특별약관에서 정한 정차에 해당하고, 정차를 주차와 유사하게 볼 수 있는 정도로 제한적으로 해석하는 것은 주차와 정차에 관한 규정의 문언이나 체계 등에 비추어 타당하지 않으며, 갑이 자동차를 정지시킨 것은 정을 하차시키기 위한 것이었으므로 그러한 정지 상태는 정차에 해당하고, 위 사고는 정차 중 발생한 사고로 볼 수 있다고 한 사례(대법원 2018.7.12. 선고 2016다202299 판결).

■ 친구 아버지의 차량을 무면허로 운전하던 중 사고 낸 경우 보험 회사에 보상을 청구할 수 없는지요?

Q. 저는 丙이 운전하던 차량이 신호를 위반하여 횡단보도를 횡단하던 저를 충격 하는 사고로 인하여 장애가능성이 있는 상해를 입었습니다. 그런데 丙은 친구인 乙의 아버지 甲소유 차량을 乙이 동승한 상태에서 무면허 임에도 불구하고 운전하다가 위와 같은 사고를 야기한 것인바, 甲·乙·丙 모두 재산이 별로 없는 상태이므로 위 차량이 종합보험에 가입되어 있지만 丙이 무면허운전이므로 보험처리 될 수 없다면 저는 손해배상을 받을 수 없는 형편인데, 이러한 경우 제가 보험회사에 보상을 청구할 수 없는지요?

A. 자동차보험의 무면허운전면책약관의 적용범위 및 무면허운전에 대한 보험 계약자나 피보험자의 '묵시적 승인'의 존부에 관한 판단기준에 대하여 판 례는 "자동차보험에 있어서 '피보험자의 명시적·묵시적 승인하에서 피보 험자동차의 운전자가 무면허운전을 하였을 때 생긴 사고로 인한 손해에 대하여는 보상하지 않는다.'는 취지의 무면허운전면책약관은 무면허운전 이 보험계약자나 피보험자의 지배 또는 관리 가능한 상황에서 이루어진 경우에 한하여 적용되는 것으로서, 이 경우에 있어서 묵시적 승인은 명시 적 승인의 경우와 동일하게 면책약관이 적용되므로 무면허운전에 대한 승 인의도가 명시적으로 표현되는 경우와 동일시 할 수 있는 정도로 그 승 인의도를 추단할 만한 사정이 있는 경우에 한정되어야 하고, 무면허운전 이 보험계약자나 피보험자의 묵시적 승인하에 이루어졌는지 여부는 보험 계약자나 피보험자와 무면허운전자의 관계, 평소 차량의 운전 및 관리상 황, 당해 무면허운전이 가능하게 된 경위와 그 운행목적, 평소 무면허운 전자의 운전에 관하여 보험계약자나 피보험자가 취해 온 태도 등의 여러 사정을 함께 참작하여 인정하여야 하며, 보험계약자나 피보험자가 과실로 운전자가 무면허임을 알지 못하였다거나 무면허운전이 가능하게 된 데에 과실이 있었다거나 하는 점은 무면허운전면책약관의 적용에서 고려할 사 항이 아니다."라고 하였습니다(대법원 2000.10.13. 선고 2000다2542 판 결). 또한, "기명피보험자의 승낙을 받아 자동차를 사용하거나 운전하는

자로서 보험계약상 피보험자로 취급되는 자(이른바 승낙피보험자)의 승인만이 있는 경우에는 보험계약자나 피보험자의 묵시적인 승인이 있다고 할 수 없어 무면허운전면책약관은 적용되지 않는다."라고 하였습니다(대법원 2000.5.30. 선고 99다66236 판결). 또한, 최근의 자동차보험약관도 '피보험자 본인이 무면허운전을 하였거나, 기명피보험자의 명시적·묵시적 승인 하에서 피보험자동차의 운전자가 무면허운전을 하였을 때'에 그 손해를 보상하지 아니한다고 정하고 있는 것으로 보입니다.

따라서 위 사안은 승낙피보험자인 丙의 승인만으로 甲의 묵시적 승인이 있다고 할 수 없어 무면허면책약관이 적용되지 않은 경우이므로, 귀하는 해당 보험회사에 손해의 보상을 청구할 수 있을 것으로 보입니다.

※관련판례

교통사고처리 특례법 제3조 제2항 본문, 단서 제6호, 제4조 제1항 본문, 단서 제1호, 도로교통법 제27조 제1항의 내용 및 도로교통법 제27조 제1항의 입법 취지가 차를 운전하여 횡단보도를 지나는 운전자의 보행자에 대한 주의의무를 강화하여 횡단보도를 통행하는 보행자의 생명·신체의 안전을 두텁게 보호하려는 데 있음을 감안하면, 모든 차의 운전자는 신호기의 지시에 따라 횡단보도를 횡단하는 보행자가 있을 때에는 횡단보도에의 진입 선후를 불문하고 일시정지하는 등의 조치를 취함으로써 보행자의 통행이 방해되지 아니하도록 하여야 한다. 다만 자동차가 횡단보도에 먼저 진입한 경우로서 그대로 진행하더라도 보행자의 횡단을 방해하거나 통행에 아무런 위험을 초래하지 아니할 상황이라면 그대로 진행할 수 있다(대법원 2017.3.15. 선고 2016도17442 판결).

■ 도로에서 역주행 중이던 자전거와 자동차가 충돌한 경우의 과실비
율은 어떻게 되는지요?

Q. 저는 날씨가 맑은 날 자동차를 운전하여 직선도로인 편도 2차로 중 2차
로를 시속 약 70km로 진행하던 중, 마침 맞은 편 사거리 교차로에서
중앙선을 넘어 역주행하여 오던 상대방의 자전거를 발견하고 급제동조치
를 취하였으나 충격하여, 상대방을 사망하게 하는 사고를 일으켰습니다.
이 경우 도로를 역주행한 자전거의 과실비율은 어떻게 되는지요?

A. 과실상계에 관하여 민법 제396조는 '채무불이행에 관하여 채권자에게 과
실이 있는 때에는 법원은 손해배상의 책임 및 그 금액을 정함에 이를 참
작하여야 한다.'라고 규정하고 있고, 같은 법 제763조에 의하면 민법 제
396조를 불법행위로 인한 손해배상에 준용하도록 규정하고 있습니다. 한
편, 판례는 "불법행위로 인한 손해배상에 있어서의 피해자의 과실이라는
것은 엄격한 법률상 의의로 새길 것은 아니라고 하더라도 그것이 손해배
상액산정에 참작된다는 점에서 적어도 신의칙(信義則)상 요구되는 결과발
생 회피의무로서 일반적으로 예견 가능한 결과발생을 회피하여 피해자 자
신의 불이익을 방지할 주의를 게을리 함을 말한다."라고 하였습니다(대법
원 1999.9.21. 선고 99다31667 판결). 역주행 중이던 상대방 자동차와 충
돌한 경우에 대하여 판례는 "일반적으로 중앙선이 설치된 도로를 자기 차
로를 따라 운행하는 자동차 운전자로서는 마주 오는 자동차도 자기 차로
를 지켜 운행하리라고 신뢰하는 것이 보통이므로, 상대방 자동차의 비정
상적인 운행을 예견할 수 있는 특별한 사정이 없다면, 상대방 자동차가
중앙선을 침범해 들어올 경우까지 예상하여 미리 2차로나 도로 우측 가
장자리로 붙여 운전하여야 할 주의의무는 없고, 또한 운전자가 제한속도
를 초과하여 운전하는 등 교통법규를 위반하였다고 하더라도 그와 같이
과속운행 등을 하지 아니하였다면 상대방 자동차의 중앙선 침범을 발견하
는 즉시 감속하거나 피행함으로써 충돌을 피할 수 있었다는 사정이 있었
던 경우에 한하여 과속운행을 과실로 볼 수 있다. 중앙선 침범 사고에서
자기 차선을 따라 운행한 자동차 운전자의 지정차로 위반과 과속운행의
과실이 사고발생 또는 손해확대의 한 원인이 되었다."라고 하였습니다(대

법원 2001.2.9.선고 2000다67464 판결).

참고로 판례 중에는, 날씨가 맑은 날에 거의 직선도로인 중앙선을 넘어 역주행하여 오던 자전거를 발견하고 급제동조치를 취하였으나 30.1m의 스키드 마크(skid mark, 노면에 타이어가 미끄러진 검은 자국)을 남기고 이를 충격하여, 상대방을 사망에 이르게 한 사안에서, 상대방은 자전거를 타고 중앙선을 넘어 역주행한 잘못이 있고, 이러한 상대방의 잘못이 이 사건 사고로 인한 손해의 발생에 크게 기여하였다고 할 것이므로, 이를 손해배상액 산정에서 참작하기로 하되 그 과실비율은 80% 정도로 봄이 상당하다고 한 사례(전주지방법원 2014.1.24. 선고 2013가단27536 판결)가 있습니다. 따라서 이 사건 사고의 발생에 기여한 상대방의 과실을 고려하여 귀하의 손해배상책임은 크게 감경될 것으로 판단됩니다.

■ 중앙분리대를 넘어 무단횡단 하던 행인을 차량으로 충격한 경우의 과실비율은 어떻게 되는지요?

Q. 저는 야간에 승용차를 운전하여 도로 양쪽에 공장이 밀집하여 있고 전방에는 횡단보도가 설치된 시속 80㎞이하가 제한속도인 편도 2차로 중 1 차로를 따라 시속 약 60㎞로 진행하던 중, 때마침 승용차 진행방향 왼쪽에서 오른쪽으로 중앙분리대 화단을 넘어 무단 횡단하던 상대방을 저의 승용차 왼쪽 앞부분으로 들이받아 도로에 넘어지게 하여 상해를 입게 하였습니다. 이 경우 무단횡단한 상대방의 과실비율은 어떻게 되는지요?

A. 과실상계에 관하여 민법 제396조는 "채무불이행에 관하여 채권자에게 과실이 있는 때에는 법원은 손해배상의 책임 및 그 금액을 정함에 이를 참작하여야 한다."라고 규정하고 있고, 같은 법 제763조에 의하면 민법 제396조를 불법행위로 인한 손해배상에 준용하도록 규정하고 있습니다. 한편, 판례는 '불법행위로 인한 손해배상에 있어서의 피해자의 과실이라는 것은 엄격한 법률상 의의로 새길 것은 아니라고 하더라도 그것이 손해배상액산정에 참작된다는 점에서 적어도 신의칙(信義則)상 요구되는 결과발생 회피의무로서 일반적으로 예견 가능한 결과발생을 회피하여 피해자 자신의 불이익을 방지할 주의를 게을리 함을 말한다.'라고 하였습니다(대법원 1999.9.21. 선고 99다31667 판결).

귀하와 같이 무단횡단을 하던 보행자를 충격하여 상해를 입힌 사안에서 판례는 '보행자에게도 야간에 시속 80㎞이하가 제한속도인 편도 2차로의 도로에서, 약 70m 떨어진 곳에 횡단보도가 설치되어 있고 도로 중앙에는 가로수가 심어진 중앙분리대가 설치되어 있었음에도 차량의 진행상황을 제대로 살피지 아니한 채 무단 횡단하다가 이 사건 사고를 당한 잘못이 있고, 이러한 보행자의 과실은 가해차량 운전자의 과실과 경합하여 이 사건 사고 발생의 한 원인이 되었으므로, 운전자가 배상할 손해액의 산정에 있어 이를 참작하되, 위 사실관계에 비추어 그 비율을 50%로 보아 운전자의 책임을 50%로 제한한다.' 고 판시한 바 있습니다(전주지방법원 2014.1.24. 선고 2013가단27536 판결).

따라서 이 사건 사고의 발생에 기여한 상대방의 과실을 고려하여 귀하의 손해배상책임은 감경될 것으로 판단됩니다.

※관련판례

도로교통법 제2조 제5호 본문은 '중앙선이란 차마의 통행 방향을 명확하게 구분하기 위하여 도로에 황색 실선이나 황색 점선 등의 안전표지로 표시한 선 또는 중앙분리대나 울타리 등으로 설치한 시설물을 말한다'고 규정하고, 제13조 제3항은 '차마의 운전자는 도로(보도와 차도가 구분된 도로에서는 차도를 말한다)의 중앙(중앙선이 설치되어 있는 경우에는 그 중앙선을 말한다) 우측 부분을 통행하여야한다'고 규정하고, 교통사고처리 특례법 제3조 제1항, 제2항 제2호 전단은 '도로교통법 제13조 제3항을 위반하여 중앙선을 침범'한 교통사고로 인하여 형법 제268조의 죄를 범한 경우는 피해자의 명시한 의사와 상관없이 처벌 대상이 되는 것으로 규정하고 있다.

이와 같이 도로교통법이 도로의 중앙선 내지 중앙의 우측 부분을 통행하도록 하고 중앙선을 침범하여 발생한 교통사고를 처벌 대상으로 한 것은, 각자의 진행방향 차로를 준수하여 서로 반대방향으로 운행하는 차마의 안전한 운행과 원활한 교통을 확보하기 위한 것이므로, 황색 실선이나 황색 점선으로 된 중앙선이 설치된 도로의 어느 구역에서 좌회전이나 유턴이 허용되어 중앙선이 백색 점선으로 표시되어 있는 경우, 그 지점에서 좌회전이나 유턴이 허용되는 신호 상황 등 안전표지에 따라 좌회전이나 유턴을 하기 위하여 중앙선을 넘어 운행하다가 반대편 차로를 운행하는 차량과 충돌하는 교통사고를 내었더라도 이를 교통사고처리 특례법에서 규정한 중앙선 침범 사고라고 할 것은 아니다(대법원 2017.1.25. 선고 2016도18941 판결).

■ 자동차전용도로에서 오토바이 사고난 경우 손해배상의 청구가 가능한지요?

Q. 저는 자동차 전용도로인 ○○순환도로를 따라 귀가하다 ○○시 ○○교 근처에서 상대방 소유 대형화물차와 충돌해 상해를 입었습니다. 사고 지점은 오토바이의 통행이 금지된 자동차 전용도로이기는 하지만 갓길이 갑자기 줄어드는 곳이고, 두 개의 진입로가 있어 비록 불법이라고 하더라도 오토바이의 통행이 잦은 곳이었습니다. 저는 대형화물차 소유자에게 손해배상을 청구하고 싶은데 가능할까요.

A. 대법원은 원동기 장치 자전거의 통행이 금지된 자동차 전용도로이기는 하나 평소 원동기 장치 자전거의 출입이 잦은 곳이고 두개의 진·출입로와 버스정류장이 설치되어 있는 곳에서 대형 화물차량 운전자가 우측에서 근접하던 원동기 장치 자전거를 발견하지 못하고 그대로 진행하다가 사고를 낸 경우 그 운전자는 사고에 따른 손해배상 책임이 있다고 판시한 바 있습니다(대법원 2002.10.11. 선고 2002다43127 판결).

귀하의 경우 비록 자동차 전용도로에서 오토바이를 운전한 것이라 할지라도 전혀 손해배상을 받을 수 없다고 단정할 수는 없습니다. 당시 사고 지점의 상태, 상대방 자동차 운전자의 주의의무가 필요한 정도 및 위반여부 등에 따라 자동차 운전자에게 손해배상을 청구할 수도 있을 것입니다.

■ 교통사고 피해자가 기 지급받은 치료비가 감액될 수 있나요?

Q. 교통사고 피해자인데, 병원 치료비의 경우 가해자의 보험사로부터 이미 지급받았습니다. 기타 손해에 대하여 손해배상 소송을 진행하고자 하는데 기 지급받은 치료비가 감액될 수도 있나요?

A. 판례는 교통사고의 피해자가 가해자가 가입한 자동차보험회사로부터 치료비를 지급받은 경우 그 치료비 중 피해자의 과실비율에 상당하는 부분은 가해자의 재산상 손해배상액에서 공제되어야 한다
(대법원 1999.3.23. 선고 98다64301 판결 , 대법원 2002.9.4. 선고 2001다80778 판결 등 참조)고 보고 있습니다.
따라서 교통사고 발생에 있어서 피해자의 과실이 인정된다면 기 지급받은 치료비가 감액될 수 있습니다. 예를 들어 교통사고 발생에 가해자의 과실이 70%, 피해자의 과실이 30%가 인정되고, 기 지급받은 치료비가 1,000만원이라면 피해자의 과실에 해당하는 30% 상당의 치료비 300만원이 공제되어야 합니다.

■ 교통사고로 인한 손해배상청구권 시효소멸기간의 진행시점은 언제부터인지요?

Q. 甲은 2006년경 교통사고로 상해를 입고 그에 따른 치료비 등을 받았으나, 약 11년후 예기치 못한 교통사고 후유증이 발생하였습니다. 이런 경우에도 손해배상 청구가 가능한지요?

A. 불법행위로 인한 손해배상청구권은 민법 제766조 제1항 에 의하여 피해자나 그 법정대리인이 그 손해 및 가해자를 안 날로부터 3년간 행사하지 아니하면 시효로 인하여 소멸하게 됩니다. 그러나 여기에서 그 손해를 안다는 것은 손해의 발생사실을 알면 되는 것이고 그 손해의 정도나 액수를 구체적으로 알아야 하는 것은 아니므로, 통상의 경우 상해의 피해자는 상해를 입었을 때 그 손해를 알았다고 보아야 할 것이지만, 그 후 후유증 등으로 인하여 불법행위 당시에는 전혀 예견할 수 없었던 새로운 손해가 발생하였다거나 예상외로 손해가 확대된 경우에 있어서는 그러한 사유가

판명된 때에 새로이 발생 또는 확대된 손해를 알았다고 보아야 할 것이고, 이와 같이 새로이 발생 또는 확대된 손해 부분에 대하여는 그러한 사유가 판명된 때로부터 민법 제766조 제1항 에 의한 시효소멸기간이 진행된다고 할 것입니다.

따라서 11년 후에 甲에게 발생한 후유증이 교통사고로 인한 것이고, 그 후유증이 교통사고 시점에 예측할 수 없었던 것이라면 그 후유증이 발생한 때부터 소멸시효기간이 진행된다고 할 것이므로 손해배상 청구가 가능합니다.

※관련판례

교통사고 피해자인 갑이 소멸시효기간 경과 전 가해차량의 책임보험자인 을 보험회사를 상대로 요양종결 뒤 일실수입 상당의 손해배상을 구하는 소를 제기하였다가 근로복지공단으로부터 장해급여를 지급받은 후 소를 취하하였는데, 그때로부터 6월이 지나기 전 근로복지공단이 위 손해배상청구권의 대위취득을 주장하며 을 회사를 상대로 요양종결 뒤 일실수입 상당의 손해배상을 구하는 소를 제기하자, 을 회사가 소멸시효 완성의 항변을 한 사안에서, 갑의 소 제기로 시효중단의 효력이 발생한 후 근로복지공단이 갑에게 장해급여를 지급함으로써 산업재해보상보험법 제87조 제1항에 따라 갑의 요양종결 뒤 일실수입 상당의 손해배상청구권을 대위취득하여 권리를 승계하였고, 갑의 승계인인 근로복지공단이 갑의 소 취하일로부터 6월 이내에 소를 제기하였으므로, 위 손해배상청구권 및 그 지연손해금청구권의 소멸시효는 갑이 을 회사를 상대로 재판상 청구를 한 날에 중단되었다고 보아야 하는데도, 갑의 소 취하로 소멸시효 중단의 효력이 소멸하였다고 본 원심판단에는 소멸시효 중단에 관한 법리오해의 잘못이 있다고 한 사례(대법원 2020.2.13. 선고 2017다234965 판결).

■ 피해자의 후유증이 교통사고와 기왕증이 경합하여 발생한 경우 손해배상 범위는 어떻게 되나요?

Q. 저는 교통사고 이후 입원치료를 받던 중 뇌출혈로 2차 피해를 입게 되었습니다. 그럴 경우 가해자에게 구할 수 있는 손해배상 범위는 어떻게 되나요?

A. 법원은 "교통사고로 인한 피해자의 후유증이 사고와 피해자의 기왕증이 경합하여 나타난 것이라면 사고가 후유증이라는 결과 발생에 기여하였다고 인정되는 정도에 따라 상응한 배상액을 부담하게 하는 것이 손해의 공평한 부담이라는 견지에서 타당하고, 법원이 기왕증의 후유증 전체에 대한 기여도를 정할 때에는 반드시 의학적으로 정확히 판정하여야 하는 것이 아니고 변론에 나타난 기왕증의 원인과 정도, 기왕증과 후유증의 상관관계, 피해자 연령과 직업, 건강상태 등 제반 사정을 고려하여 합리적으로 판단할 수 있다(대법원 2011.5.13. 선고 2009다100920 판결 참조)."고 판시하고 있습니다. 결국 법원에서 피해자의 기왕증과 발생한 후유증의 기여도를 판단하여 손해배상의 범위를 결정하게 될 것입니다.

※관련판례
교통사고로 인한 피해자의 후유증이 사고와 피해자의 기왕증이 경합하여 나타난 경우, 법원이 기왕증의 후유증 전체에 대한 기여도를 정할 때에는 반드시 의학적으로 정확히 판정하여야 하는 것이 아니고 변론에 나타난 기왕증의 원인과 정도, 기왕증과 후유증의 상관관계, 피해자 연령과 직업, 건강상태 등 제반 사정을 고려하여 합리적으로 판단할 수 있다(대법원 2011.5.13. 선고 2009다100920 판결 등 참조).(대법원 2019.8.9. 선고 2017다20159 판결)

■ 불법행위로 훼손된 물건을 수리한 후에도 수리가 불가능한 부분이 남아있는 경우, 수리비 외에 수리불능으로 인한 교환가치의 감소액도 통상의 손해에 해당하는지요?

Q. 甲은 乙의 과실로 발생한 교통사고로 자신의 자동차가 크게 파손되어 수리비가 2,000만원이 넘게 나왔고 현재 위 자동차의 시세는 1억 4,000만원 정도입니다. 甲은 乙이 가입한 보험사에 수리비와 시세 하락분 상당의 손해에 대해 손해배상청구를 하려고 하는데, 보험사에서는 시세 하락분에 대해서는 보상을 해주지 못하겠다고 합니다. 이 경우 시세 하락분 상당의 손해배상도 청구할 수 있는지요?

A. 위와 유사한 사안에서 판례는, "불법행위로 인하여 물건이 훼손되었을 때 통상의 손해액은 수리가 가능한 경우에는 그 수리비, 수리가 불가능한 경우에는 교환가치의 감소액이 되고, 수리를 한 후에도 일부 수리가 불가능한 부분이 남아있는 경우에는 수리비 외에 수리불능으로 인한 교환가치의 감소액도 통상의 손해에 해당한다(대법원 1992.2.11. 선고 91다28719 판결, 대법원 2001.11.13. 선고 2001다52889 판결 참조).

한편 자동차가 사고로 인하여 엔진이나 차체의 주요 골격 부위 등이 파손되는 중대한 손상을 입은 경우에는, 이를 수리하여 차량의 외관이나 평소의 운행을 위한 기능적·기술적인 복구를 마친다고 하더라도, 그로써 완전한 원상회복이 되었다고 보기 어려운 경우가 생긴다. 사고의 정도와 파손 부위 등에 따라서는 수리 후에도 외부의 충격을 흡수·분산하는 안정성이나 부식에 견디는 내식성이 저하되고, 차체 강도의 약화나 수리 부위의 부식 또는 소음·진동의 생성 등으로 사용기간이 단축되거나 고장발생률이 높아지는 등 사용상의 결함이나 장애가 잔존·잠복되어 있을 개연성이 있기 때문이다. 자동차관리법에서도 자동차매매업자가 자동차를 매매 또는 매매 알선을 하는 경우에는 자동차성능·상태점검자가 해당 자동차의 구조·장치 등의 성능·상태를 점검한 내용 등을 그 자동차의 매수인에게 서면으로 고지하도록 하고 있고(제58조 제1항), 그에 따라 발급하는 중고자동차성능·상태점검기록부에는 사고 유무를 표시하되, 단순수리(후드, 프론트 휀더, 도어, 트렁크리드 등 외판 부위 및 범퍼에 대한 판금,

용접수리 및 교환 포함)가 아니라 주요 골격 부위의 판금, 용접수리 및
교환이 있는 경우(쿼터패널, 루프패널, 사이드실패널 부위는 절단, 용접
시에만 해당)에는 사고전력이 있다는 사실 및 그 수리 부위 등을 반드시
표시하도록 하고 있다(자동차관리법 시행규칙 제120조 제1항, 별지 제82
호 서식). 그러므로 자동차의 주요 골격 부위가 파손되는 등의 사유로 중
대한 손상이 있는 사고가 발생한 경우에는, 기술적으로 가능한 수리를 마
치더라도 특별한 사정이 없는 한 원상회복이 안 되는 수리 불가능한 부
분이 남는다고 보는 것이 경험칙에 부합하고, 그로 인한 자동차 가격 하
락의 손해는 통상의 손해에 해당한다고 보아야 한다. 이 경우 그처럼 잠
재적 장애가 남는 정도의 중대한 손상이 있는 사고에 해당하는지 여부는
사고의 경위 및 정도, 파손 부위 및 경중, 수리방법, 자동차의 연식 및 주
행거리, 사고 당시 자동차 가액에서 수리비가 차지하는 비율, 중고자동차
성능·상태점검기록부에 사고 이력으로 기재할 대상이 되는 정도의 수리
가 있었는지 여부 등의 사정을 종합적으로 고려하여, 사회일반의 거래관
념과 경험칙에 따라 객관적·합리적으로 판단하여야 하고, 이는 중대한
손상이라고 주장하는 당사자가 주장·증명하여야 한다"고 판시하였습니다
(대법원 2017.5.17. 선고 2016다248806 판결).

따라서 위 사안에서 사고의 경위 및 정도, 파손 부위 및 경중, 수리방법,
자동차의 연식 및 주행거리, 사고 당시 자동차 가액에서 수리비가 차지하
는 비율, 중고자동차 성능·상태점검기록부에 사고 이력으로 기재할 대상
이 되는 정도의 수리가 있었는지 여부 등을 종합적으로 고려하여 중대한
손상이 있는 사고에 해당하는 사실이 입증될 경우 甲은 乙보이 가입한
보험사에 시세 하락분 상당의 손해배상도 청구할 수 있습니다.

※관련판례
교통사고 피해차량의 소유자인 갑이 가해차량의 보험자인 을 보험회
사를 상대로 차량의 교환가치 감소에 따른 손해에 관해 상법상 직접
청구권을 행사하였으나, 을 회사가 자동차종합보험약관의 대물배상
지급기준에 '자동차 시세 하락의 손해'에 대해서는 수리비용이 사고
직전 자동차 거래가액의 20%를 초과하는 경우에만 일정액을 지급하
는 것으로 규정하고 있다는 이유로 이를 거절한 사안에서, 피해차량

은 교통사고로 통상의 손해에 해당하는 교환가치 감소의 손해를 입었고, 위 약관조항은 보험자의 책임 한도액을 정한 것이 아니라 보험금 지급기준에 불과하여 을 회사가 보상하여야 할 손해액을 산정하면서 법원이 약관조항에서 정한 지급기준에 구속될 것은 아니므로, 을 회사는 갑에게 상법 제724조 제2항에 따라 교환가치 감소의 손해를 배상할 의무가 있는데도, 갑의 교환가치 하락분에 대한 손해가 보험계약에 따른 보험자의 보상범위에 속하지 않는다고 본 원심 판단에 '대법원의 판례에 상반되는 판단'을 하여 판결에 영향을 미친 위법이 있다고 한 사례(대법원 2019.4.11. 선고 2018다300708 판결).

■ 구급차에 비치된 들것으로 환자를 하차시키던 도중 들것을 잘못
  조작하여 환자를 땅에 떨어뜨려 상해를 입게 한 경우, 자동차의
  운행으로 인하여 발생한 사고에 해당하는지요?

Q. 甲은 구급차로 환자 乙을 병원에 후송한 후 구급차에 비치된 들것(간이
   침대)으로 乙을 하차시키던 중 함께 들것을 잡고 있던 간병인과 협력이
   제대로 이루어지지 않아 들것에 누워 있던 乙을 땅에 떨어뜨려 상해를
   입게 하였습니다. 乙은 구급차가 가입된 보험사 丙에게 손해배상을 청
   구하였으나, 丙은 들것은 구급차에 계속적으로 고정된 장치로서 구급차
   의 구조상 설비된 장치가 아니라는 이유로 배상금 지급을 거절하였습니
   다. 乙은 丙에게 손해배상을 청구할 수 있는지요?

A. 이와 유사한 사례에서 판례는, "자동차손해배상보장법 제3조 본문 및 제2
   조 제2호에 의하면, 자기를 위하여 자동차를 운행하는 자는 그 운행으로
   인하여 다른 사람을 사망하게 하거나 부상하게 한 때에는 그 손해를 배
   상할 책임을 지고, 그 '운행'이라 함은 사람 또는 물건의 운송 여부에 관
   계없이 자동차를 그 용법에 따라 사용 또는 관리하는 것을 말한다고 규
   정되어 있는바, 여기서 '자동차를 그 용법에 따라 사용한다.'는 것은 자동
   차의 용도에 따라 그 구조상 설비되어 있는 각종의 장치를 각각의 장치
   목적에 따라 사용하는 것을 말하는 것으로서, 자동차가 반드시 주행 상태
   에 있지 않더라도 주행의 전후단계로서 주·정차 상태에서 문을 열고 닫
   는 등 각종 부수적인 장치를 사용하는 것도 포함하는 것이다(대법원
   1988.9.27. 선고 86다카2270 판결, 1999.11.12. 선고 98다30834 판결,
   2003.12.26. 선고 2003다21865 판결 등 참조).
   한편, 자동차의 용도에 따라 그 구조상 설비되어 있는 각종의 장치는 원
   칙적으로 당해 자동차에 계속적으로 고정되어 사용되는 것이지만 당해 자
   동차에서 분리하여야만 그 장치의 사용목적에 따른 사용이 가능한 경우에
   는, 그 장치가 평상시 당해 자동차에 고정되어 있는 것으로서 그 사용이
   장치목적에 따른 것이고 당해 자동차의 운행목적을 달성하기 위한 필수적
   인 요소이며 시간적·공간적으로 당해 자동차의 사용에 밀접하게 관련된
   것이라면 그 장치를 자동차에서 분리하여 사용하더라도 자동차를 그 용법

에 따라 사용하는 것으로 볼 수 있다 할 것이다"고 설시하면서, "이 사건 들것과 같이 구급차에 장치되는 '간이침대'는 환자후송시 차량에 견고하게 부착된 상태에서 그 위에 누워 있는 환자를 띠로 고정하여 환자를 안전하게 후송하기 위한 목적과 아울러 보행이 불가능한 환자를 위 간이침대에 누워 있는 상태에서 그대로 승하차시키기 위한 목적을 가지고 있다 할 것인바, 원심이 그 채용 증거들에 의하여 적법하게 인정하고 있는 바와 같이 이 사건 사고는 백○○가 병원 입구에서 보행이 불가능한 피고를 이 사건 들것(간이침대)에 누워있는 상태에서 그대로 구급차에서 내리기 위하여 이 사건 들것을 차 밖으로 빼내어 들것 밑에 달려 있는 접이식 다리가 모두 펴진 직후 방향전환을 하는 과정에서 들것을 잘못 조작하여 들것의 앞쪽 다리가 꺾이게 되어 피고가 땅에 떨어지게 됨으로써 발생한 것이므로, 이 사건 사고는 이 사건 들것을 그 장치목적인 하차작업에 사용하던 도중에 발생한 것으로 볼 것이다. 이와 같이 이 사건 들것은 평상시 이 사건 구급차에 고정되어 있는 것으로서 이 사건 당시 백○○는 이 사건 들것을 그 장치목적에 따라 사용하고 있었고, 구급차에 들것을 장치하여 환자를 들것에 뉘어 후송하고 승하차시키는 것은 구급차의 사용목적을 달성하기 위한 필수적인 요소라 할 것이며, 이 사건 사고는 병원에 도착한 직후 이 사건 구급차에서 환자를 하차시키던 도중에 발생하여 시간적·공간적으로 이 사건 구급차의 사용과 밀접한 관계에 있었다고 볼 수 있으므로, 이 사건 들것이 이 사건 사고 당시 이 사건 구급차에서 분리되어 사용되었더라도 이는 자동차를 그 용법에 따라 사용한 것으로서 자동차손해배상보장법 제2조 제2호 소정의 운행에 해당한다고 할 것이고, 따라서 이 사건 사고는 이 사건 구급차의 운행으로 인하여 발생한 사고에 해당한다 할 것이다"고 판시하였습니다(대법원 2004.7.9. 선고 2004다20340 판결).

따라서 위 사안에서도 구급차에 비치된 들것으로 환자 乙을 하차시키던 중 들것을 잘못 조작하여 乙을 땅에 떨어뜨린 경우 이는 구급차를 그 용법에 따라 사용한 것으로서 자동차손해배상보장법 제2조 제2호 소정의 운행에 해당한다고 할 것이고, 乙은 구급차가 가입된 보험사 丙에게 자동차손해배상보장법상의 손해배상을 청구할 수 있습니다.

■ 친목계원이 운전한 차량에 탑승하여 다른 친목계원의 부친상에 다녀오다 사망한 망인의 호의동승감액 비율은 어떻게 되는지요?

Q. 저의 아버지는 절친한 친목계원 甲이 운전한 차량을 타고 다른 친목계원인 乙의 부친상에 다녀오던 중에, 甲이 졸음운전으로 전방주시를 소홀히 한 잘못으로 차량 진행 방향 왼쪽에 있는 중앙분리대 충격흡수대를 충돌하여, 그 충격으로 사망하게 되었습니다. 甲은 가해차량에 관하여 丙보험회사와 자동차종합보험계약을 체결한 상태였으며, 이 사건 사고는 자동차종합보험계약에 따른 보험기간 중에 발생하였습니다. 저를 비롯한 유가족은 丙보험회사를 상대로 보험금을 청구했는데, 보험회사는 아버지께서 무상으로 호의동승하였다는 이유를 내세워 손해배상액 중 40%를 감액 지급하겠다고 합니다. 이러한 보험회사의 주장이 타당한지요?

A. 위 사안은 자동차소유자의 승낙 하에 무상으로 호의동승 한 경우 손해배상액이 감경되느냐 하는 것으로, 이에 관하여 판례는 '사고 차량에 단순히 호의로 동승하였다는 사실만 가지고 바로 이를 배상액 경감사유로 삼을 수 있는 것은 아니나(대법원 1999.2.9. 선고 98다53141 판결 등 참조), 차량의 운행자가 아무런 대가를 받지 아니하고 동승자의 편의와 이익을 위하여 동승을 허락하고, 동승자도 그 자신의 편의와 이익을 위하여 그 제공을 받은 경우, 운행의 목적, 동승자와 운행자의 인적 관계, 그가 차에 동승한 경위, 특히 동승을 요구한 목적과 적극성 등 제반 사정에 비추어 가해자에게 일반의 교통사고와 같은 책임을 지우는 것이 신의칙이나 형평의 원칙에 비추어 매우 불합리한 것으로 인정되는 경우에는 그 배상액을 감경할 사유로 삼을 수 있다(대법원 1997.11.14. 선고 97다35344 판결 등 참조)고 하였습니다.

한편 귀하와 같은 사안에서, 판례는 '망인과 운전자의 관계, 망인이 가해 차량에 동승하게 된 경위, 운전자가 가해 차량을 운행한 목적 등에 비추어 보면, 이 사건사고에 관하여 운전자에게 일반의 교통사고와 같은 책임을 지우는 것은 신의칙이나 형평의 원칙에 비추어 불합리해 보이므로, 보험회사가 배상하여야 할 손해액을 산정함에 있어 이와 같은 사정을 참작하기로 하여, 보험회사의 책임을 90%로 판단하였습니다(울산지방법원 2014.1.24. 선고 2012가단34114 판결 참조).

따라서 귀하의 아버지께서 무상으로 호의동승하였다는 이유를 내세워 손해배상액 중 40%를 감액 지급하겠다는 보험회사의 주장은 지나친 것으로 판단됩니다.

■ 주차장에서의 사고에 대하여 가해자를 알 수 없는 경우, 주차장측
으로부터 보상을 받을 수 있는지요?

Q. 부모님이 거주하며 관리비를 내고 있는 건물의 지하주차장에, 제 소유의
차량을 방문차량으로 등록하여 주차하였는데 다른 차가 사고를 내고 도
망갔습니다. 주차장에는 차단기가 설치되어 있으나 영상녹화장치
(CCTV)는 화질이 좋지 않아 정확한 가해자를 찾기 어려운 상황입니다.
가해자를 찾을 수 없는 경우 주차장측으로부터 보상을 받을 수 있는지
요?

A. 대법원은 "일반적으로 주차장을 관리·운영하는 자가 주차차량의 멸실·훼손
등에 관하여 손해배상책임을 지기 위하여는 주차장 이용객과 사이에 체결
된 계약에서 주차차량의 보관이나 그에 대한 감시의무를 명시적으로 약정
하거나, 혹은 주차장의 관리·운영자가 이용객을 위하여 제공하거나 이용
객이 거래통념상 전형적으로 기대할 수 있었던 안전조치의 정도와 주차요
금의 액수, 차량의 주차상황 및 점유상태 등에 비추어 그러한 보관 혹은
감시의무를 묵시적으로 인수하였다고 볼 수 있는 경우라야 하고, 그렇지
아니한 경우에는 그 주차장이 주차장법의 적용대상이어서 주차장법 제10
조의2 제2항, 제17조 제3항 및 제19조의3 제3항의 규정에 따라 주차차량
에 대한 선량한 관리자의 주의의무가 법률상 당연히 인정되는 경우라야
할 것이다."라고 판시한 바 있습니다(대법원 1998.10.23. 선고 98다31479
판결).
한편 사안의 경우 공동주택의 부설주차장으로 보이는바, 이는 주차장법이
적용될 것으로 보입니다. 동법 제19조의3 및 제17조 제3항 등에 따르면,
부설주차장의 관리자가 주차요금을 받는 경우, 자신의 의무를 해태하지
않았음을 입증하여야 멸실훼손 등에 대한 손해배상책임을 부담하지 않는
것으로 규정되어 있습니다. 그러므로 사안은 부모님께서 지급하신 관리비
에 주차요금이 포함되었는지에 따라 달라질 것인바, 만약 주차요금이 포
함된 경우라면 상대방이 선량한 관리자의 주의의무를 해태하지 않았음을
증명하지 않는 한, 귀하께서는 상대방에게 그 배상을 요구할 수 있을 것
입니다. 반면 이에 관하여 아파트입주자대표회의가 월 3,000원씩 주차비

명목으로 관리비를 지급받은 바 있는 유사한 사안에서, 금액이 소액인 점, 해당 주차비 명목의 금액은 주차선 도색과 아스팔트 포장 등의 주차장 관리를 위한 용도로 사용하고 있는 점, 입주자 외의 방문객 차량에 대하여는 주차요금을 징수하지 않고 있는 점 등의 사정에 비추어, 부설주차장에 주차하는 자동차를 보관·감시해 주기 위한 비용인 주차장법상 '주차요금'으로 보기는 어려우므로, 입주자대표회의에게 자동차의 보관에 대하여 선관주의의무가 있다고 인정하기는 어렵고, 명시적 또는 묵시적인 보관계약에 따른 보관·감시의무도 인정하기 어렵다고 판단한 하급심 판결례가 있는바(대구지방법원 2012.9.20. 선고 2012나11776 판결), 일반적인 소액의 관리비만으로는 위와 같은 '주차요금'이 인정되기는 쉽지 않은 점도 참조하시기 바랍니다.

■ 관광버스의 1차사고로 잠시 갓길에 하차한 승객이 2차 사고로 사
망한 경우, 자동차손해배상보장법상 면책사유에 해당하는지요?

Q. 甲이 승객으로 타고 가던 관광버스가 고속도로상에서 사고가 발생하여
정차하였는데, 이에 甲은 잠시 버스에서 하차하여 갓길에 서서 사고상
황을 살피다가 얼마 지나지 않아 2차 사고를 당하여 사망하였습니다.
그러나 버스회사 및 보험회사는 甲이 관광버스 교통사고로 직접 사망한
것이 아니라는 이유로 보험금 지급을 거부하고 있습니다. 甲 또한 위
사고의 피해자로서 배상받을 수 있나요?

A. 자동차손해배상 보장법 제3조 본문에 따르면 자기를 위하여 자동차를 운
행하는 자는 그 운행으로 인하여 다른 사람을 사망하게 하거나 부상하게
한 때에는 그 손해를 배상할 책임을 진다고 규정되어 있고, 그 단서 제2
호에 따르면 승객이 사망하거나 부상한 경우에 있어서 그 사망 또는 부
상이 그 승객의 고의나 자살행위로 인한 것인 때에 한하여 책임을 지지
아니한다고 규정되어 있습니다. 따라서 자동차 사고로 승객이 사망하거나
부상당한 경우 운행자는 승객의 사망 또는 부상이 그 승객의 고의나 자
살행위로 인한 것임을 주장·입증하지 않는 한 운전상의 과실 유무를 가
릴 것 없이 승객의 사망이나 부상에 따른 손해를 배상할 책임을 부담하
게 됩니다(대법원 1993.5.27. 선고 93다6560 판결 참조).
이에 관하여 대법원은 위 판결과 같은 사안에서 "위 법 제3조 단서 제2
호 소정의 '승객'이란 자동차 운행자의 명시적·묵시적 동의하에 승차한
사람을 의미하는데, 위 법률 조항은 자동차운행을 지배하고 그 운행이익
을 받으면서 승객의 동승에 명시적·묵시적으로 동의하여 승객을 자동차
의 직접적인 위험범위 안에 받아들인 운행자로 하여금 그 과실 유무를
묻지 않고 무상·호의동승자를 포함한 모든 승객의 손해를 배상하도록 하
는 것이 그 취지이므로, 반드시 자동차에 탑승하여 차량 내부에 있는 자
만을 승객이라고 할 수 없고, 운행중인 자동차에서 잠시 하차하였으나 운
행 중인 자동차의 직접적인 위험범위에서 벗어나지 않은 자도 승객의 지
위를 유지할 수 있으며, 그 해당 여부를 판단함에는 운행자와 승객의 의
사, 승객이 하차한 경위, 하차 후 경과한 시간, 자동차가 주·정차한 장소

의 성격, 그 장소와 사고 위치의 관계 등의 제반 사정을 종합하여 사회통념에 비추어 결정하여야 한다."는 전제에서, 사안과 같은 경우, 망인(甲)이 2차 사고시에도 운행중인 관광버스의 직접적인 위험범위에서 벗어나지 않았으므로 자동차손해배상 보장법 제3조 단서 제2호의 승객에 해당한다고 판결한 사례가 있습니다(대법원 2008.2.28. 선고 2006다18303 판결).

그러므로 사안의 경우, 甲이 단순히 관광버스에서 잠시 하차하였다는 이유만으로 승객이 아니라고 할 수는 없고, 관광버스의 소유자 및 운전사에게도 2차 사고의 발생에 관련하여 일정부분의 책임이 인정될 수 있습니다.

■ 고속도로에서 후행 추돌사고로 선행 사고차량에서 흘러나온 휘발유 등에 불이 붙어 화재가 발생한 경우 손해배상 책임은 누구에게 있나요?

Q. 甲이 고속도로에서 차량을 운전하던 중 앞에서 서행하던 차량을 추돌하고 안전조치를 취하지 않은 채 주행차로에 정차해 있는 사이에 뒤따라온 차량들에 의해 추돌사고가 연쇄적으로 발생하였습니다. 이에 뒤따르던 乙의 운전차량이 다른 사고차량을 추돌하면서 앞선 사고차량에서 흘러나온 휘발유 등에 불이 붙어 화재가 발생하였습니다. 이 경우 乙이 화재로 인한 손해배상에 책임이 있는가요?

A. 구 도로교통법(2006.7.19. 법률 제7969호로 개정되기 전의 것, 이하 같습니다.) 제64조에 의하면 고속도로에서 정차 또는 주차할 수 있도록 안전표지를 설치한 곳이나 정류장에서 정차 또는 주차시키는 경우 (제2호), 고장이나 그 밖의 부득이한 사유로 길 가장자리 구역(갓길을 포함한다)에 정차 또는 주차하는 경우(제3호), 교통이 밀리거나 그 밖의 부득이한 사유로 움직일 수 없는 때에 고속도로의 차로에 일시 정차 또는 주차시키는 경우(제7호) 등 특별한 사정이 있는 경우를 제외하고는 차를 정차 또는 주차하여서는 아니 되고, 구 도로교통법 제66조, 구 도로교통법 시행규칙(2006. 10. 19. 행정자치부령 제350호로 개정되기 전의 것) 제40조에 의하면 자동차의 운전자는 고장이나 그 밖의 사유로 고속도로에서 자동차를 운행할 수 없게 된 때에는 도로교통법 시행규칙이 정하는 '고장자동차의 표지'를 그 자동차로부터 100m 이상의 뒤쪽 도로 상에 설치하여야 하며, 그 자동차를 고속도로 외의 곳으로 이동하는 등의 필요한 조치(이하 '안전조치'라 한다)를 하여야 합니다(대법원 2004.2.27.선고2003 다6873 판결, 대법원 2008.5.29. 선고 2008다17359 판결 등 참조).

따라서 선행차량이 사고 등의 사유로 고속도로에서 안전조치를 취하지 아니한 채 주행차로에 정지해 있는 사이에 뒤따라온 자동차에 의하여 추돌사고가 발생한 경우에, 안전조치를 취하지 아니한 정차로 인하여 후행차량이 선행차량을 충돌하고 나아가 그 주변의 다른 차량이나 사람들을 충돌할 수도 있다는 것을 충분히 예상할 수 있으므로, 선행차량 운전자가 정지 후 안전조치를 취할 수 있었음에도 과실로 이를 게을리하였거나, 또는 정지 후 시간적 여유 부족이나 부상 등의 사유로 안전조치를 취할 수 없었다고 하더라도 그 정지가 선행차량 운전자의 과실로 발생된 선행사고로 인한 경우 등과 같이 그의 과실에 의하여 비롯된 것이라면, 그 안전조치 미이행 또는 선행사고의 발생 등으로 인한 정지와 후행 추돌사고 및 그로 인하여 연쇄적으로 발생된 사고들 사이에는 특별한 사정이 없는 한 인과관계가 있다고 할 것이며, 손해의 공평한 분담이라는 손해배상제도의 이념에 비추어 볼 때에 선행차량 운전자의 과실은 후행사고들로 인한 손해배상책임에 관한 분담범위를 정할 때에 참작되어야 합니다(대법원 2009.12.10. 선고 2009다64925 판결, 대법원 2012.3.29. 선고 2011다 110692 판결 등 참조). 나아가 공동불법행위의 성립에는 공동불법행위자 상호 간에 의사의 공통이나 공동의 인식이 필요하지 아니하고 객관적으로 각 그 행위에 관련공동성이 있으면 되며, 그 관련공동성 있는 행위에 의하여 손해가 발생하였다면 그 손해배상책임을 면할 수 없습니다(대법원 1988.4.12. 선고 87다카2951 판결, 대법원 2008.6.26. 선고 2008다22481 판결 등 참조). 이에 대법원은 위와 같은 사안에서, 이 사건 화재는 이 사건 선행사고를 일으키고 사고 후 필요한 조치를 다하지 않은 甲의 과실과 전방주시의무와 안전거리 유지의무 등을 게을리하여 이 사건 후행사고를 일으킨 乙의 과실 등이 경합하여 발생하였다고 할 것임을 인정하면서, 다만 이 사건 선행사고와 이 사건 후행사고는 시간적으로나 장소적으로 근접하여 발생한 일련의 연쇄추돌 사고 중의 일부로서, 객관적으로 보아 그 행위에 관련공동성이 있다고 할 것이므로, 甲과 乙은 공동불법행위자로서 이 사건 화재로 인한 손해에 대하여 연대배상책임을 부담한다고 본 바 있습니다(대법원 2012.8.17. 선고 2010다28390 판결).

그러므로 사안과 같은 경우, 乙이 전방주시의무 및 안전거리유지의무를 다하지 않았다면, 乙 또한 甲과 같이 공동불법행위자로서 연대배상책임을 부담할 수 있습니다.

※관련판례

교통사고처리 특례법 제3조 제2항 단서 제2호에 의하면, 교통사고로 인하여 업무상과실치상죄 등을 범한 운전자가 '도로교통법 제62조를 위반하여 유턴한 경우'에 해당하는 행위로 위 죄를 범한 때에는 피해자의 명시한 의사에 반하여 공소를 제기할 수 있다. 그런데 도로교통법 제62조는 "자동차의 운전자는 그 차를 운전하여 고속도로등을 횡단하거나 유턴 또는 후진하여서는 아니 된다."고 규정하고, 같은 법 제57조에 의하면 '고속도로등'은 고속도로 또는 자동차전용도로만을 의미하므로, 일반도로에서 유턴하는 행위는 '같은 법 제62조를 위반하여 유턴한 경우'에 포함되지 않는다고 할 것이다(대법원 2012.3.15. 선고 2010도3436 판결 참조).(대법원 2014.8.28. 선고 2014도3235 판결)

■ 도로 외 출입차와 직진차와의 사고에서 과실비율은 어떻게 되나요?

Q. 甲의 차량은 도로를 직진하여 달리고 있었는데, 乙의 차량이 甲이 주행하던 도로 우측 노외(주차장)에서 도로로 진입하던 중 사고로 甲차량 우측면과 乙차량 좌측 앞부분이 충돌하였습니다. 이 경우 甲에게도 책임이 있나요?

A. 자동차사고에 있어서 과실비율 및 그에 따른 손해배상의 책임분배는 사건양태가 다양하고 복잡한 특수성상 일률적으로 이르기는 어렵습니다. 다만 문의사안과 동일한 내용은 아니나, 참고적으로 대법원의 판결례 중에는 A차량은 야간에 제한속도 80km의 편도 2차선 도로의 2차로에서 125km의 주행속도로 과속하여 직진하여 달리고 있었는데, B차량이 위 도로에서 식당으로 진입하는 진입로에서 위 도로의 갓길 및 갓길 구분선을 가로질러 2차로까지 진입하여, A차량과 B차량이 충돌한 사안에서, B차량이 뒤에서 진행해 오는 차량의 여부를 주의깊게 살피지 아니한 과실 및 속력을 충분히 높이지 아니한 상태에서 진입한 과실, 전방주시의무를 태만히 한 과실 등을 인정하여, B의 과실을 50%로 인정한 원심(광주고등법원 2009나3509, 목포지원 2007가단13075)을 그대로 인용하는 판결을 한 사례가 있습니다(대법원 2010.7.15. 선고 2010다2428 판결 참조).

한편 이와 같은 경우에 손해보험협회는 乙차량과 같이 길가의 건물이나 주차장등에서 도로에 들어갈 때에는 일단 정지후 안전여부를 확인하고 서행하여야 할 의무를 부담하는 점을 고려하여 乙자동차의 기본과실을 80%로 산정하고, 기타 야간여부, 과속여부, 각 차량의 기타 의무위반여부 등의 요소에 따라서 과실산정을 조정하고 있는 것으로 보입니다(심의접수번호 2016-025577 등 참조).

따라서 사안과 같은 경우, 甲이 모든 주의의무를 다하였어도 乙의 진입에 의한 사고를 피할 수 없었던 경우라면 책임이 없다고 할 수 있겠으나, 甲의 전방주시의무나 과속여부가 경합하는 경우에는 일부 과실비율이 인정될 수 있습니다.

■ 정상주행하는 차량이 무단횡단하는 자전거를 충격한 경우 자전거 운전자가 손해를 배상해야 할 책임이 있는지요?

Q. 제가 편도 1차선의 도로를 제한속도 범위에서 주행하던 중 갑자기 무단 횡단하는 자전거를 보지 못하고 충격하여 사고가 발생하였습니다. 이러한 경우에도 자전거 운전자의 손해를 배상해야할 책임이 있는지요?

A. 도로교통법 제13조 제3항에 따르면 차마의 운전자는 도로(보도와 차도가 구분된 도로에서는 차도를 말한다)의 중앙(중앙선이 설치되어 있는 경우에는 그 중앙선을 말한다. 이하같다) 우측부분을 통행하여야 한다고 규정되어 있고, 같은 법 제18조 제1항에 따르면 차마의 운전자는 보행자나 다른 차마의 정상적인 통행을 방해할 우려가 있는 경우에는 차마를 운전하여 도로를 횡단하거나 유턴 또는 후진하여서는 아니된다고 규정되어 있는바, 사안에서 자전거의 운전자는 위와 같은 통행방법 및 횡단금지 등에 관한 도로교통법상의 의무를 위반한 것으로 볼 수 있습니다. 그러나 운전자 또한 도로교통법상 전방주시의무, 안전운전의무 등이 요구되는바, 자전거의 경우 통상 저속으로 운행하므로 이러한 자전거를 미리 발견하여 충돌을 피하지 못한 과실 또한 인정될 수 있습니다. 이에 편도 2차선 이상의 넓은 도로에서 자전거가 갑자기 근거리에서 고속으로 출몰하여 무단 횡단을 하여 전혀 회피가능성이 없는 등의 사정이 인정되지 않는 한, 사안과 같이 좁은 도로에서는 차량 운전자에게 많은 과실이 인정될 수 있습니다. 다만 자동차사고에 있어서 과실비율 및 그에 따른 손해배상의 책임분배는 사건양태가 다양하고 복잡한 특수성상 일률적으로 이르기는 어려운바, 근처에 자전거도로가 있는지 여부, 야간여부 등 다양한 요소에 의해서 그 비율이 결정될 것입니다. 한편 이와 같은 유형에 관하여 하급심은, 주간에 차도와 인도가 구분되어 있는 편도1차로의 도로에서 차량이 직진하던 중 전방 및 좌우 주시의무를 태만한 과실로, 부모의 보호감독이 태만한 상태에서 자전거(5세)가 오른쪽에서 위 도로로 나오는 것을 뒤늦게 발견하여 충격한 사안에서 차량의 과실을 70%로 판단한 사례(서울중앙지방법원 2007.6.27. 선고 2006가단183342 판결), 주간에 편도3차로의 도로에서 차량이 3차로를 과속하여 운행 중 전방주시의무를 태만한 과실

로, 위 도로에 설치된 횡단보도(보행자 신호기 미설치)를 좌우도 살피지 아니하고 자전거를 탄 채 횡단하던 자전거를 충격한 사안에서 차량의 과실을 80%로 판단한 사례(전주지방법원 2007.10.12. 선고 2005가단25092 판결) 등이 있는바, 참조하시기 바랍니다.

■ 골목길에 주차시킨 오토바이 위에서 어린 아이가 놀다가 깔려 사망한 경우 '운행으로 인한 사고'에 해당하는 것인가요?

Q. 골목길에 주차시킨 오토바이가 앞·뒤 바퀴에 바람이 빠져서 쓰러질 위험성이 높았음에도 오토바이 소유자가 그대로 방치하면서 매일 시동만 걸어준 경우, 위 오토바이 위에서 어린 아이가 놀다가 깔려 사망하였다면, 자동차손해배상보장법 제3조 소정의 '운행으로 인한 사고'에 해당하는 것인가요?

A. 판례는 "… 이 사건 보험계약에 적용되는 보통약관에 의하면, 원고의 보상책임은 소외 1이 이 사건 오토바이의 소유, 사용, 관리로 인하여 남을 죽게 하거나 다치게 하여 자동차손해배상보장법 등에 의한 손해배상책임을 짐으로써 입은 손해를 보상하는 것으로 규정하고 있고, 자동차손해배상보장법은 제3조 본문에서 '자기를 위하여 자동차를 운행하는 자는 그 운행으로 인하여 다른 사람을 사망하게 하거나 부상하게 한 때에는 그 손해를 배상할 책임을 진다.'고 규정하고, 제2조 제2호에서 "운행"이라 함은 '사람 또는 물건의 운송 여부에 관계없이 자동차를 그 용법에 따라 사용 또는 관리하는 것을 말한다.'고 규정하고 있다." 라고 하면서, " … 위 제1항과 같은 원심의 인정 사실에다가 기록에 의하여 알 수 있는바와 같이 소외 1은 어린아이들이 뛰어놀기도 하는 골목길에 위 오토바이를 주차시킨 뒤, 그 오토바이의 앞·뒤 바퀴에 바람이 빠지는 바람에 외발이 받침대에 비하여 오토바이의 차체가 상대적으로 낮아져서 거의 수직으로 세워진 탓으로 오토바이가 쓰러질 위험성이 높아졌음에도 그러한 위험성을 깨닫지 못한 채 위 오토바이를 그대로 방치하면서 매일 오토바이의 시동을 걸어주기만 하였다는 사실을 감안하면, 이 사건 사고는 소외 1이 오토바이를 소유, 사용, 관리함에 있어서 주차시킬 때에 지켜야 할 주의를 소홀히 한 것이 원인이 되어 발생한 것으로 볼 수 있고, 이는 원고가 이 사건 보험계약에 따라 보상책임을 부담하는 '이 사건 오토바이의 소유, 사용, 관리로 인한 사고'라고 보아야 할 것이다." 라고 하여, " … 이 사건 사고가 위 오토바이의 운행으로 인한 사고라고 보기 어렵다고 한 원심의 판단에는 이 사건 보험계약에 적용되는 보통약관의 해석을 그르친 잘못이

있다 할 것이고, 이 점을 지적하는 상고이유에서의 주장은 이유 있다"라
고 판시한 바 있습니다(대법원 2003.9.23. 선고 2002다65936 판결 참조).
그러므로 질문과 같은 경우 자동차손해배상보장법 제3조에 규정된 '운행
으로 말미암아' 차량의 운행으로 인하여 사고가 발생한 것이라고 볼 가능
성이 있다고 보입니다.

■ 고속도로에서 2차 사고가 발생한 경우 과실비율은 어떻게 되나요?

Q. 각자의 차를 운전하여 지방으로 내려가던 甲과 乙. 앞서 가던 甲의 차가 갑자기 급정거를 하는 바람에 乙은 이를 피하지 못하고 甲의 차를 들이받게 되었습니다. 다행히 차만 찌그러졌을 뿐, 甲과 乙 둘 다 크게 다치지는 않았습니다. 서로 찌그러진 차에서 간신히 내려 안부를 묻던 중, 乙을 쫓아오던 丙이 미처 乙을 피하지 못하고 들이받아 乙이 크게 다치게 되었습니다. 乙에게 2차 교통사고를 가한 丙은 누가 자동차 전용도로인 고속도로에 사람이 서 있을 줄 알았냐며 억울하다고, 자신은 잘못이 없다고 합니다. 고속도로에 서 있던 乙때문에 사고가 나게 되었으니 乙의 과실이 더 클까요? 아니면 丙이 乙을 들이받아 乙이 다치게 되었으니 丙의 과실이 더 클까요?

A. 고속도로나 자동차전용도로에서 선행사고로 자동차를 운행할 수 없게 되어 자동차를 안전한 장소로 이동시키거나 관계 법령이 정한 고장자동차의 표지를 설치하는 등의 안전조치를 취하지 않은 채 주행차로에 정지해 있는 사이에 뒤따라온 후행차량에 의한 추돌사고가 발생하였을 때, 선행차량 운전자에게 선행사고 발생에 아무런 과실이 없고 사고 후 안전조치 등을 취할 시간적 여유가 없거나 부상 등으로 그러한 조치를 기대하기 어려운 상황에 처해 있다가 후행사고를 당한 경우에는 후행사고로 인한 손해배상액을 산정하면서 선행차량 운전자의 과실을 참작할 수 있는 여지가 없게 됩니다.

따라서 乙과 丙사이의 2차 교통사고에 있어 사고가 났다는 아무런 표시가 없이 자동차 전용도로인 고속도로에서 서 있던 乙의 과실보다는 운전자로서 주의의무를 다하지 못한 丙의 과실이 더 크다고 볼 수 있습니다.
(참고: 대법원 2014.3.27. 선고 2013다215904 판결)

※관련판례

피고인이 고속도로 2차로를 따라 자동차를 운전하다가 1차로를 진행하던 갑의 차량 앞에 급하게 끼어든 후 곧바로 정차하여, 갑의 차량 및 이를 뒤따르던 차량 두 대는 연이어 급제동하여 정차하였으나, 그 뒤를 따라오던 을의 차량이 앞의 차량들을 연쇄적으로 추돌케 하여 을을 사망에 이르게 하고 나머지 차량 운전자 등 피해자들에게 상해를 입힌 사안에서, 편도 2차로의 고속도로 1차로 한가운데에 정차한 피고인은 현장의 교통상황이나 일반인의 운전 습관·행태 등에 비추어 고속도로를 주행하는 다른 차량 운전자들이 제한속도 준수나 안전거리 확보 등의 주의의무를 완전하게 다하지 않을 수도 있다는 점을 알았거나 충분히 알 수 있었으므로, 피고인의 정차 행위와 사상의 결과 발생 사이에 상당인과관계가 있고, 사상의 결과 발생에 대한 예견가능성도 인정된다는 이유로, 피고인에게 일반교통방해치사상죄를 인정한 원심판단이 정당하다고 한 사례(대법원 2014.7.24. 선고 2014도6206 판결).

■ 이전서류를 받은 자동차매수인이 명의이전을 미루던 중 사고가 난 경우 누구에게 책임이 있나요?

Q. 저는 중고차매매센터에 의뢰하여 저의 승용차를 甲에게 매도하면서 자동차를 인도하고 자동차등록명의 이전에 필요한 모든 서류까지 교부하였는데, 甲은 계속 미루며 명의이전을 해가지 않고 있더니 최근 그 차량을 운전하다가 과실로 인하여 乙에게 상해를 입힌 후 차량을 버리고 도주하였습니다. 피해자 乙은 그 차량이 책임보험에만 가입되어 있을 뿐이며, 가해자인 甲의 소재도 확인할 수 없게 되자 자동차등록원부상의 명의인으로 되어 있는 저에게 손해배상을 청구하여 왔습니다. 제가 책임을 져야 하는지요?

A. 자동차손해배상 보장법 제3조 본문에서 자기를 위하여 자동차를 운행하는 자는 그 운행으로 다른 사람을 사망하게 하거나 부상하게 한 경우에는 그 손해를 배상할 책임을 진다고 규정하고 있습니다. 여기서 '자기를 위하여 자동차를 운행하는 자'는 사회통념상 당해 자동차에 대한 운행을 지배하여 그 이익을 향수하는 책임주체로서의 지위에 있다고 할 수 있는 자를 말하고, 이 경우 운행지배는 현실적인 지배에 한하지 아니하고 간접지배 내지는 지배가능성이 있다고 볼 수 있는 경우도 포함한다고 할 것입니다(대법원 2004.4.28. 선고 2003다24116 판결).

그런데 자동차를 매도하기로 하고 인도까지 하였으나, 아직 매수인명의로 소유권이전등록이 마쳐지지 아니한 경우, 매도인의 운행지배권이나 운행이익상실 여부의 판단기준에 관한 판례를 보면, 자동차를 매도하기로 하고 인도까지 하였으나 아직 매수인명의로 그 소유권이전등록이 마쳐지지 아니한 경우에 아직 그 등록명의가 매도인에게 남아 있다는 사정만으로 그 자동차에 대한 운행지배나 운행이익이 매도인에게 남아 있다고 단정할 수는 없고, 이러한 경우 법원이 차량매매로 인한 매도인의 운행지배권이나 운행이익의 상실여부를 판단함에 있어서는 위 차량의 이전등록서류교부에 관한 당사자의 합의내용, 위 차량의 매매경위 및 인도여부, 인수차량의 운행자, 차량의 보험관계 등 매도인과 매수인 사이의 실질적 관계에 관한 여러 사정을 심리하여 사회통념상 매도인이 매수인의 차량운행에 간섭을 하거나 지배·관리할 책무가 있는 것으로 평가할 수 있는지의 여부를 가려 결정하여야 할 것이라고 하였습니다(대법원 2009.12.24. 선고 2009 다69432 판결).그리고 자동차를 매도하고 등록명의가 이전되지 않은 상태에서 교통사고가 발생된 경우에 관한 사례를 보면, 매도인이 자동차를 매도하여 인도하고 잔대금까지 모두 변제되었더라도 매수인이 그 자동차를 타인에게 전매할 때까지 자동차등록원부상 소유명의를 매도인이 그대로 보유하기로 특약하였을 뿐만 아니라 그 자동차에 대한 할부계약상 채무자의 명의도 매도인이 그대로 보유하며, 자동차보험까지도 매도인명의로 가입하도록 한 채 매수인으로 하여금 자동차를 사용하도록 하여 왔다면, 매도인은 매수인이 그 자동차를 전매하여 명의변경등록을 마치기까지 매도인명의로 자동차를 운행할 것을 허용한 것으로서 그 자동차운행에 대한 책무를 벗어났다고 보기는 어려우므로「자동차손해배상 보장법」제3조에서 정한 자기를 위하여 자동차를 운행하는 자에 해당한다고 하여 운행지배이익이 있다고 한 사례가 있으나(대법원 1995.1.12. 선고 94다38212 판결), 반면에 자동차매도인이 매매대금을 모두 지급받고 차량을 인도한 후 매수인에게 자동차등록원부상 소유명의의 이전등록과 할부구입계약상의 채무자 명의변경 및 보험관계의 명의변경 등에 필요한 일체의 서류를 교부하여 매수인은 그 이전등록과 명의변경이 가능하였는데도, 할부금보증인을 미처 구하지 못한 매수인측 사정으로 보험계약만료일까지 명의변경절차를 미루다가 사고가 발생한 것이라면, 매도인은 차량에 대한 운행지배를 행사하거나 운행이익을 얻는 지위에서 벗어났다고 할 것이고, 매도인이 매수인에게 위 명의변경절차를 미루는 것을 양해하였다는 것만으로 차량의 운행지배나 운행이익을 보유한다고 볼 수 없다고 하여 매도인의 운행지배이익을 부정한 사례도 있습니다(대법원 1992.4.14. 선고 91다41866 판결).

따라서 위 사안의 경우 귀하는 매수인에게 자동차를 인도하고 그 명의이전에 필요한 모든 서류를 교부하였으나 그가 이전등록을 지연하고 있다가 사고가 난 것으로 보이는바,「자동차손해배상 보장법」제3조에서 정한 '자기를 위하여 자동차를 운행하는 자'라고 볼 수 없어 손해배상책임이 없을 것으로 보입니다. 참고로 명의대여자가 운행자로서의 책임을 부담하는지 판례를 보면, 자동차소유자가 명의변경등록을 마치기까지 소유자명의로 자동차를 운행할 것을 타인에게 허용하였다면 그 자동차운행에 대한 책임을 부담한다고 할 것이나, 사고를 일으킨 구체적 운행에 있어 자동차 등록원부상 소유명의를 대여한 자가 자동차의 운행지배와 운행이익을 상실하였다고 볼 특별한 사정이 있는 경우에는 그 명의대여자는 당해사고에 있어서 자동차손해배상보장법상의 운행자로서의 책임을 부담하지 않는다고 보아야 할 것이라고 하였습니다(대법원 2009.9.10. 선고 2009다37138, 37145 판결).

■ 지게차로 적재한 직후 화물이 떨어져 사망 시 '운행으로 인한' 사고인지요?

Q. 甲은 그가 고용되어 있는 丙주식회사 소유인 지게차를 운전하여 1톤 단위로 묶여진 각재다발을 들어올려 乙이 운전하는 11톤 카고트럭의 적재함에 적재하는 작업을 하던 중, 적재된 각재다발 1개가 균형을 잃고 지면에 떨어지면서 때마침 그 밑에 서 있던 乙을 덮쳐 乙이 현장에서 사망하였습니다. 사고 지게차는 丁보험회사에 자동차종합보험이 가입되어 있는데, 乙의 상속인들은 위 사고로 인한 손해배상을 丁보험회사에 청구할 수 있는지요?

A. 자동차손해배상 보장법 제3조 본문은 "자기를 위하여 자동차를 운행하는 자는 그 운행으로 다른 사람을 사망하게 하거나 부상하게 한 경우에는 그 손해를 배상할 책임을 진다."라고 규정하고 있으며, 같은 법 제2조 제2호는 "운행이란 사람 또는 물건의 운송여부에 관계없이 자동차를 당해 장치의 용법에 따라 사용하거나 관리하는 것을 말한다."라고 규정하고 있습니다. 그리고 丁보험회사는 피보험자인 丙주식회사의 지게차의 운행으로 인하여 발생한 교통사고에 대하여 자동차손해배상 보장법에 의한 손해배상책임을 짐으로써 입은 손해를 보상하기로 하는 보험계약을 체결한 것이므로, 위 사고가 위 지게차의 운행으로 인한 것인지 여부가 문제됩니다. 그런데 지게차로 화물차에 각재를 적재한 후 다시 각재를 싣고 오는 사이에 적재된 각재다발이 떨어지면서 밑에 있던 사람을 사망하게 한 사고가 지게차의 운행으로 말미암아 일어난 것인지에 관하여 판례는 "지게차라고 하는 것은 화물을 운반하거나 적재 또는 하역작업을 하는 특수기능을 하는 건설기계이므로, 지게차가 그 당해 장치인 지게발을 이용하여 화물을 화물차에 적재하는 것은 지게차의 고유장치를 그 목적에 따라 사용하는 것으로서 운행에 해당하고, 그 적재된 화물이 떨어진 사고가 지게차의 운행으로 말미암은 사고인지의 여부는 그 적재행위와 화물의 추락 사이에 상당인과관계를 인정할 수 있는지의 여부에 따라서 결정될 문제라고 할 것인바, 사고가 지게차 운전자가 다른 각재다발을 적재하기 위하여 계속 작업을 하던 중에 일어난 것이어서 시간적, 장소적으로 서로 근접되어

있을 뿐만 아니라 적재된 각재다발에 다른 외부의 힘이 작용하여 떨어졌다고는 보이지 않는 경우에는 그 사고는 지게차의 운행으로 인하여 발생하였다고 봄이 상당하고, 각재다발이 적재과정에서 바로 떨어지지 않았다고 하여 이를 달리 볼 것은 아니다."라고 하였습니다(대법원 1997.4.8. 선고 95다26995 판결).

따라서 위 사안에서도 丁보험회사는 위 사고로 인하여 사망한 乙에 대한 손해배상책임을 부담하여야 할 것으로 보입니다.

■ 트레일러에 싣던 불도저가 전복되면서 사망한 경우 운행 중의 사고인지요?

Q. 甲은 乙회사의 트레일러의 지입차주로서, 丙으로부터 불도저의 운송을 의뢰 받았는데, 위 트레일러로는 과적관계로 불도저를 운반하기 곤란하다고 하자 丙은 미리 불도저 앞의 삽과 뒤의 니퍼부분을 떼어 내어 먼저 다른 차량으로 작업장에 운반하였고, 이 때문에 위 불도저는 상하 무게의 불균형으로 인하여 전복될 우려가 있어 甲이 즉시 중단하도록 하였으나 계속 상차작업을 강행하다가 불도저가 적재함에 올라가지 못한 채 균형을 잃고 전복되어, 그 조종석에 있던 丙은 뇌손상 등으로 사망하였습니다. 이와 같은 경우 위 트레일러에 대하여 乙회사가 가입한 화물자동차공제조합에서 보상을 해줄 수 있는지요?

A. 자동차손해배상 보장법 제3조 본문은 "자기를 위하여 자동차를 운행하는 자는 그 운행으로 다른 사람을 사망하게 하거나 부상하게 한 경우에는 그 손해를 배상할 책임을 진다."라고 규정하고 있으며, 같은 법 제2조 제2호는 "운행이란 사람 또는 물건의 운송여부에 관계없이 자동차를 당해 장치의 용법에 따라 사용하거나 관리하는 것을 말한다."라고 규정하고 있습니다. 그리고 「화물자동차 운수사업법」 제50조 제1항에 따라 설립된 '전국화물자동차운송사업연합회'에서 행하고 있는 공제사업의 공제약관상 회원의 사업용화물자동차의 사고로 인하여 발생한 배상책임에 대한 공제는 공제계약청약서에 기재된 자동차의 운행으로 인하여 남을 죽게 하거나 다치게 하여 자동차손해배상 보장법 등에 의한 손해배상책임을 짐으로써 입은 손해를 보상한다고 정하고 있습니다.

그런데 판례는 "자동차손해배상 보장법 제2조 제2호에 의하면 운행이란 사람 또는 물건의 운송 여부와 관계없이 자동차를 당해 장치의 용법에 따라 사용하는 것을 말한다고 규정되어 있는바, 당해 장치란 운전자나 동승자 및 화물과 구별되는 당해 자동차에 계속적으로 고정되어 있는 장치로서 자동차의 구조상 설비되어 있는 당해 자동차 고유의 장치를 말하는 것이고, 그와 같은 각종 장치의 전부 또는 일부를 각각의 사용목적에 따라 사용하는 경우에는 운행 중에 있다고 할 수 있으나, 자동차를 운행하는 자는 그와 같은 운행 중에 일어난 모든 사고에 대하여 자동차손해배상 보장법에 의한 손해배상책임을 지는 것이 아니라 그 중에서 운행으로 말미암아 일어난 사고에 대하여서만 그 책임을 지는 것이다."라고 하면서 "불도저의 운반을 위하여 불도저의 무게를 줄이기 위해 앞의 삽 부분과 뒤의 니퍼 부분을 제거한 상태에서 통상적인 방법대로 트레일러에 상차작업을 하던 중 무게 불균형으로 불도저가 전복되어 불도저 운전자가 사망한 경우, 그 사고는 트레일러의 고정장치인 적재함으로의 상차작업에 즈음하여 발생한 사고라고는 할 수 있어도 트레일러의 운행으로 말미암아 일어난 것이라고는 볼 수 없다."라고 한 사례가 있습니다(대법원 1997.1.21. 선고 96다42314 판결).

따라서 위 사안의 경우 丙의 사망으로 인한 손해를 전국화물자동차운송사업자공제조합에서 보상해줄 수는 없을 것으로 보입니다.

■ 자동차의 소유자가 대리운전을 시킨 경우 운행자책임을 지게 되는 것인지요?

Q. 저는 자동차의 소유자인데 주점에서 음주를 하여 일시적으로 위 주점의 종업원에게 자동차의 열쇠를 맡겨 대리운전을 시켰습니다. 그런데 위 대리운전자의 과실로 인하여 차량사고가 발생하고 말았습니다. 이러한 경우에도 저는 자동차손해배상보장법상의 운행자책임을 지게 되는 것인지요?

A. 판례는 "자동차의 소유자 또는 보유자가 주점에서의 음주 기타 운전장애 사유 등으로 인하여 일시적으로 타인에게 자동차의 열쇠를 맡겨 대리운전을 시킨 경우, 위 대리운전자의 과실로 인하여 발생한 차량사고의 피해자에 대한 관계에서는 자동차의 소유자 또는 보유자가 객관적, 외형적으로 위 자동차의 운행지배와 운행이익을 가지고 있다고 보는 것이 상당하고, 대리운전자가 그 주점의 지배인 기타 종업원이라 하여 달리 볼 것은 아니다." 라고 판시한 바 있습니다(대법원 1994.4.15. 선고 94다5502 판결 참조). 그러므로 대리운전자의 과실로 인하여 발생한 차량사고라 할지라도 피해자에 대한 관계에서는 자동차의 소유자 또는 보유자가 객관적, 외형적으로 위 자동차의 운행지배와 운행이익을 가지고 있다고 보는 것이 상당하고, 대리운전자가 그 주점의 지배인 기타 종업원이라 하여 달리 볼 것은 아니므로, 자동차 소유자에게 운행자성이 인정될 수 있습니다.

■ 정비업자에게 자동차를 맡긴 동안도 운행자 책임을 지게 되는 것인지요?

Q. 저는 자동차 소유자입니다. 그런데 자동차의 수리를 위해 정비업자에게 자동차를 맡겨 놓았는데 위 정비업자의 피용자가 자동차를 무단운전하다가 사고를 일으키고 말았습니다. 이러한 경우에도 제가 자동차손해배상보장법상의 운행자책임을 지게 되는 것인지요?

A. 판례는 "자동차의 수리를 의뢰하는 것은 자동차수리업자에게 자동차의 수리와 관계되는 일체의 작업을 맡기는 것으로서 여기에는 수리나 시운전에 필요한 범위 내에서의 운전행위도 포함되는 것이므로 수리하는 동안의 자동차의 운행지배권은 수리업자에게 맡겨져 있는 것이며, 만일 그 피용자가 수리를 위하여 맡겨진 자동차를 운전하다가 일으킨 사고에 대하여는 수리업자가 자동차손해배상보장법 제3조 의 "자기를 위하여 자동차를 운행하는 자"로서 손해배상책임을 진다고 하여야 할 것이나, 그가 운행자로서의 운행지배와 운행이익을 완전히 상실하였다고 볼 특별한 사정이 있는 경우에는 달리 보아야 할 것이고, 그 운행지배와 운행이익의 상실 여부는 평소의 자동차나 그 열쇠의 보관 및 관리상태, 소유자의 의사와 관계없이 운행이 가능하게 된 경위, 소유자와 운전자의 인적 관계, 운전자의 차량 반환의사 유무, 무단운행 후 소유자의 승낙 가능성, 무단운행에 대한 피해자의 주관적 인식 유무 등 객관적이고 외형적인 여러 사정을 사회통념에 따라 종합적으로 평가하여 판단하여야 하며, 특히 피해자가 운전자의 호의로 무상동승한 경우에는 그가 무단운행의 정을 알았는지의 여부가 운행자의 운행지배 내지 운행이익의 상실 여부를 판단하는 중요한 요소가 된다." 라고 판시한 바 있습니다(대법원 1995.2.17. 선고 94다21856 판결 참조).

그러므로 자동차의 수리를 위해 정비업자에게 자동차를 맡겨 놓았는데 위 정비업자의 피용자가 자동차를 무단운전 하다가 사고를 일으킨 경우에는 자동차 소유자에게 자동차손해배상보장법상의 운행자책임이 있다고 보기는 어려울 수 있습니다.

■ 공중접객업소의 주차요원에게 자동차와 열쇠를 맡긴 경우, 자동차 손해배상보장법 상의 운행자성이 인정되는 것인가요?

Q. 저는 음식점에 고기를 납품하는 업자입니다. 어느 날 모 음식점에 고기를 납품하기 위하여 방문하였는데 주차 공간이 부족해서 제 소유 차량을 위 음식점 앞의 인도에 주차한 다음 열쇠를 평소 위 음식점의 주차관리를 해 오던 甲에게 넘겨주었습니다. 그런데 제가 잠시 외출한 사이 甲이 제 차량을 주차선 내로 이동하려고 운전하다가 인도를 보행하던 乙을 충격하여 사망에 이르게 하고 말았습니다. 이러한 경우에도 저에게 자동차손해배상보장법 상의 운행자성이 인정되는 것인가요?

A. 판례는 "··· 원심이 적법하게 인정한 사실관계에 의하면, 피고 1은 피고 2 경영의 ○○한우전문점에 고기를 납품하기 위하여 방문하였는데 주차 공간이 부족하자 자신 소유 사고차량을 위 음식점 앞의 인도에 주차한 다음 그 시동열쇠를 평소 위 음식점의 주차관리를 해 오던 소외인에게 넘겨준 사실, 피고 1이 사고차량을 그대로 남겨둔 채 피고 2와 함께 외출한 사이에 소외인은 사고차량을 주차선 내로 이동하려고 운전하다가 인도를 보행하던 피해자를 충격하여 사망에 이르게 한 사실을 알 수 있다. 이러한 사실관계를 위 법리에 비추어 살펴보면, 피고 1은 위 음식점에 고기를 납품하기 위한 사업상 목적으로 방문하였을 뿐 위 음식점의 고객이 아님에도 불구하고, 위 음식점의 주차관리를 해 오던 소외인이 위 피고의 편의를 위하여 시동열쇠를 건네받아 주차를 관리하게 된 경우에 해당한다고 볼 수 있으므로, 위 피고가 사고차량의 운행에 대한 운행지배와 운행이익을 완전히 상실하였다고 보기 어렵다고 할 것이고, 이와 같은 취지에서 위 피고에게 '자기를 위하여 자동차를 운행하는 자'로서의 책임을 인정한 원심판결은 정당하며, 거기에 자동차손해배상 보장법상 운행자에 관한 법리오해나 채증법칙 위반 등의 잘못이 있다고 할 수 없다.." 라고 판시한 바 있습니다(대법원 2009.10.15. 선고 2009다42703 판결 참조). 그러므로 귀하가 음식점에 고기를 납품하기 위한 사업상 목적으로 방문하였을 뿐 위 음식점의 고객이 아님에도 불구하고, 위 음식점의 주차관리를 해 오던 甲이 귀하의 편의를 위하여 시동열쇠를 건네받아 주차를 관리하게 된 경우에는 귀하에게 자동차손해배상보장법 상의 운행자성이 인정될 여지가 있습니다.

■ 동승자가 주차한 자동차에서 하차하다가 떨어져 다친 사고의 경우에도 차량의 운행과 상당인과관계가 있다고 보아야 하는지요?

Q. 甲은 乙을 승용차의 조수석에 동승하게 하고 위 차량을 운전하여 목적지에 도착한 다음, 그 곳에는 도로 우측단에 나지막하게 설치된 턱의 아래로 높이 4.3m의 터널이 관통하고 있었는데, 甲은 그 사실을 모른 채 차량 우측 앞바퀴가 도로 우측의 턱에 닿도록 바짝 붙여 주차하였고, 乙도 위와 같은 사실을 모른 채 조수석 문을 열고 차량의 밖으로 나오다가 우측 아래의 위 터널 바닥으로 떨어져 부상을 입고 말았습니다. 이러한 사고의 경우에도 차량의 운행과 상당인과관계가 있다고 보아야 하는지요?

A. 판례는 "… 원심이 확정한 사실과 기록에 의하면, 소외 김□호는 1996.10.28. 19:30경 피고(반소원고, 이하 피고라고만 한다) 최◆식을 이 사건 승용차의 조수석에 동승하게 하고 위 차량을 운전하여 목적지에 도착한 다음, 그 곳에는 도로 우측단에 나지막하게 설치된 턱의 아래로 높이 4.3m의 터널이 관통하고 있었는데, 김□호는 그 사실을 모른 채 차량 우측 앞바퀴가 도로 우측의 턱에 닿도록 바짝 붙여 주차하였고, 피고 최◆식도 위와 같은 사실을 모른 채 조수석 문을 열고 차량의 밖으로 나오다가 우측 아래의 위 터널 바닥으로 떨어져 원심 판시와 같은 부상을 입게 되었음을 알 수 있는바, 사실관계가 위와 같다면, 김□호가 이 사건 차량을 사고 지점에 주차시키고 동승자로 하여금 하차하도록 한 것은 자동차를 당해 장치의 용법에 따라 사용하는 것으로서 차량의 운행에 해당하고, 이 사건 사고는 위 차량의 운행과 상당인과관계가 있다고 보아야 할 것이다. 이와 같은 취지에서 이 사건 사고는 자동차손해배상보장법 제3조에 정한 '자동차의 운행으로 말미암아' 발생한 것이라고 본 원심의 판단은 정당하고, 거기에 이에 관한 법리오해의 위법이 있다고 할 수 없다." 라고 판시한 바 있습니다(대법원 1998.9.4.선고 98다22604 판결 참조).

그러므로 동승자가 주차한 자동차에서 하차하다가 차량 밖의 터널바닥으로 떨어져 다친 사고라고 하더라도 자동차의 운행으로 인한 사고라고 볼 여지가 있습니다.

■ 버스운전사의 과실로 일어난 사고에서 그 차의 안내원이 부상한 경우 누구에게 책임을 물을 수 있는 것인지요?

Q. 甲은 丙 버스회사 소속 버스운전사인 乙이 운전하는 버스의 안내원입니다. 그런데 乙이 버스를 운전하던 중 그의 과실로 사고가 발생하여 甲이 상해를 입고 말았습니다. 이 경우 甲은 위 사고차의 안내원으로서 위 사고버스의 운전보조자에 해당하므로 위 사고에 관하여 자동차 손해배상 보장법 제3조 소정의 "타인"에 해당한다고는 볼 수 없어 丙 버스회사에게 자동차손해배상보장법상의 책임을 물을 수 없는 것인지요? 그렇다면 어떠한 책임을 물을 수 있는 것인지요?

A. 판례는 " … 원심이 인용하고 있는 제1심판결 이유에 의하면 제1심은 그 채택한 증거에 의하여 피고회사 소속 경기 아5208호 버스(이하 본건 버스라 줄여쓴다)의 운전사인 소외 박▼상이 1977.3.4. 11:00경 서울 강남구 천호동에서 위 버스를 운전하여 경기도 광주군 방면으로 운행하던중 그날 11:40경 ○○군 ○○면 ○○리 앞 에스(s)자형 고갯길을 지나다가 운전 부주의로 중앙선을 침범 운행한 탓으로 반대방향에서 진행해 오던 피고회사 소속 경기 아5017호 버스를 충돌직전에야 뒤늦게 발견하고 급제동 조치를 취하였으나 미급하여 본건 버스의 후면의 우측으로 밀리면서 반대방향에서 오던 위 버스의 좌측전면을 정면으로 들이 받아 그 충격으로 본건 버스의 안내원으로 승차하고 있던 원고 이◎자를 차체에 부딪치게 하므로써 동인에게 두개골 골절 및 안부좌상(우안완전실명)등의 상해를 입힌 사실을 인정한후 그렇다면 원고 이◎자는 위 사고차의 안내원으로서 위 사고버스의 운전보조자에 해당하므로 위 사고에 관하여 자동차 손해배상 보장법 제3조 소정의 "타인"에 해당한다고는 볼수 없어 피고에게 동법에 의한 손해배상 책임은 없다고 할 것이나 위 원고가 본건 사고버스이 운전보조자라 하더라도 위에서 본바와 같이 본건 사고가 일어난 원인은 피고의 피용자인 운전사 위 박종삼의 과실에 기인한것인 만큼 피고는 위 박종삼의 사용자로서 민법 제756조 에 의한 손해배상 책임을 면할 수 없다고 판시하고 있는바, 기록과 대조하면 원심의 위와같은 판단조처에 소론과 같은 법리오해나 심리미진 또는 이유불비의 위법사유가 있다고 할 수 없으므로 논지는 이유없다. " 라고 판시한 바 있습니다(대법원 1979.2.13. 선고 78다1536 판결 참조).

그러므로 甲은 위 사고차의 안내원으로서 위 사고버스의 운전보조자에 해당하므로 위 사고에 관하여 자동차 손해배상 보장법 제3조 소정의 "타인"에 해당한다고는 볼 수 없어 丙 버스회사에게 자동차손해배상보장법상의 책임을 물을 수 없을 가능성이 있고, 그러한 경우 민법 제756조에 의한 사용자책임을 물을 가능성이 있다고 보입니다.

■ 이삿짐센터 화물차에 부착된 고가사다리를 조작하던 중 발생한 사고의 경우 자배법 상 '다른 사람'에 해당하는 것인지요?

Q. 甲은 고가사다리가 부착된 화물차의 소유자인 乙이 경영하는 이삿짐센터에서 화물차의 운전과 이에 부착된 고가사다리의 작동을 담당하는 종업원입니다. 그런데 甲은 위 화물차의 고가사다리를 운전면허도 없는 丙에게 조작하도록 지시하였고 사람을 태울 수 없는 위 고가사다리의 깔판에 스스로 올라탔습니다. 그런 상황에서 丙의 고가사다리 작동미숙으로 甲은 지면으로 추락하여 사망하고 말았습니다. 이러한 경우 甲은 자동차손해배상보장법 제3조 의 '다른 사람'에 해당하는 것인지요?

A. 판례는 "… 자동차손해배상보장법 제3조에 의한 배상책임은 자동차의 운행으로 인하여 '다른 사람'을 사망 또는 부상하게 한 때에 인정되는바, 사고 당시 당해 자동차를 운전한 자는 여기서의 '다른 사람'에 포함되지 않으며, 사고 당시 현실적으로 운전을 하지 않았더라도 당해 자동차를 운전하여야 할 지위에 있는 자가 법령상 또는 직무상의 임무에 위배하여 타인에게 운전을 위탁하였고, 상대가 운전무자격자나 운전미숙자인 때에는 역시 마찬가지로 보아야 한다." 고 하면서, "그런데 기록에 의하면, 망 이◈희는 위 화물차의 소유자인 이▲희가 경영하는 형제용역 이삿짐센터에서 화물차의 운전과 이에 부착된 고가사다리의 작동을 담당하던 종업원이고, 원심 공동피고 1은 위 이삿짐센터에서 짐을 나르는 일을 하는 종업원으로서 운전면허도 없었는데, 망 이◈희는 사고 당시 위 화물차에 냉장고를 싣고 사고 장소에 이르러 이를 주차시키고, 자신은 위 냉장고를 판매한 대우전자 충주총판 직원인 망 이▣수와 함께 깔판에 올라탄 다음 원심 공동피고 1에게 고가사다리를 조작하도록 지시하였고, 원심 공동피고 1이 이를 조작하다가 위 깔판이 5층에 도달할 무렵 깔판이 좌우로 흔들리는 것을 보고 작동을 갑자기 정지시키자 그 순간 오히려 중량이 한쪽으로 쏠려 깔판이 기울어지면서 피해자들이 중심을 잃고 지면으로 떨어지게 된 것임을 알 수 있는바, 이에 의하면, 망 이◈희는 사고를 미연에 방지할 의무가 있는 운전자로서 사람을 태울 수 없는 깔판에 스스로 올라타고서 운전자가 아닌 원심 공동피고 1에게 이를 작동하도록 지시하여 원심 공동피고 1의 작동미숙으로 사고가 발생한 것으로 판단되므로 망 이◈희는 앞서 본 법리에 따라 자동차손해배상보장법 제3조 의 '다른 사람'에 해당

하지 않는다고 보아야 할 것이다. " 라고 판시한 바 있습니다(대법원 2000.3.28. 선고 99다53827 판결 참조).

그러므로 甲은 자동차손해배상보장법 제3조의 '다른 사람'에 해당하지 아니할 가능성이 있다고 보입니다.

■ 자동차손해배상보장법 제3조에 규정된 '운행으로 말미암아' 차량의 운행으로 인하여 위 사고가 발생한 것이라고 볼 수 있나요?

Q. 甲은 차량을 20~30km/h의 속도로 운행하면서 위 차량의 운전석 창가에 매달려 쫓아오던 乙의 손목을 쳐 乙을 도로에 떨어뜨리고 도주하였습니다. 그런데 그 직후 丙이 영업용택시를 운전하여 반대방향에서 진행하여 오다가 위 택시의 좌측 앞바퀴로 乙을 역과하여 乙이 사망에 이르게 되었습니다. 이러한 경우 자동차손해배상보장법 제3조에 규정된 '운행으로 말미암아' 차량의 운행으로 인하여 위 사고가 발생한 것이라고 볼 수 있나요?

A. 판례는 "… 구 자동차손해배상보장법(1999.2.5. 법률 제5793호로 전문 개정되기 전의 것) 제3조 는 "자기를 위하여 자동차를 운행하는 자는 그 운행으로 말미암아 다른 사람을 사망하게 하거나 부상하게 한 때에는 그 손해를 배상할 책임을 진다."라고 규정하고 있는바, 위 법조에서 '운행으로 말미암아'라 함은 운행과 사고 사이에 상당인과관계를 인정할 수 있는지의 여부에 따라 결정되어야 할 것이다(대법원 1997.9.30. 선고 97다24276 판결 등 참조). 원심이 확정한 바와 같이, 소외 1이 이 사건 차량을 20~30㎞의 속도로 운행하면서 위 차량의 운전석 창가에 매달려 쫓아오던 乙의 손을 쳐 동인을 도로에 떨어뜨리고 도주하였는데, 그 직후 소외 2가 영업용택시를 운전하여 반대방향에서 진행하여 오다가 위 택시의 좌측 앞바퀴로 乙을 역과하여 사망에 이르게 한 것이라면, 이 사건 차량의 운행과 乙의 사망과는 상당인과관계가 있다고 할 것이므로 이 사건 차량의 운행으로 인하여 위 사고가 발생한 것이라고 할 것이다."라고 판시한 바 있습니다(대법원 2004.10.28. 선고 2004다39689 판결 참조).

그러므로 질문과 같은 경우 자동차손해배상보장법 제3조에 규정된 '운행으로 말미암아' 차량의 운행으로 인하여 사고가 발생한 것이라고 볼 가능성이 있다고 보입니다.

■ 가사도우미의 일실수입은 언제까지 계산해야 하는지요?

Q. 만 60세 10개월가량의 여성으로 가사도우미로 근무하던 갑이 보행 중 교통사고를 당하여 3년간 한시적으로 노동능력 일부를 상실하는 상해를 입게 되자, 가해차량의 보험자인 을 보험회사를 상대로 노동능력 상실에 따른 일실수입의 배상을 구한 사안에서, 갑의 가동 연한을 만 65세라고 보아 일실수입을 산정 가능한지요?

A. 자동차 사고로 인하여 손해배상을 청구하게 되는 경우 상해로 인한 치료비 청구, 정신적 손해에 대한 위자료 청구, 그리고 상해를 치료하는 동안의 일실수입의 청구 등이 가능합니다.

위 사안에서 판례는 만 60세 10개월가량의 여성으로 가사도우미로 근무하던 갑이 보행 중 교통사고를 당하여 3년간 한시적으로 노동능력 일부를 상실하는 상해를 입게 되자, 가해차량의 보험자인 을 보험회사를 상대로 노동능력 상실에 따른 일실수입의 배상을 구한 사안에서, 대법원 1989.12.26. 선고 88다카16867 전원합의체 판결 이후 일반 육체노동자의 가동 연한은 만 60세가 될 때까지라는 경험칙에 의한 추정이 확립되었지만, 위 판결 선고 후 약 26년이 지나는 동안 전체 인구의 평균 수명과 고령 인구의 경제활동참여율 및 고용률이 급격히 증가하였고, 이에 따라 노인에 대한 생계보장 지원제도 또한 점차 그 지원시기를 늦추는 방향으로 변화하고 있는 점 등 여러 사정에 비추어 위 판결에 따라 확립된 기존의 가동 연한에 관한 경험칙은 변경될 필요가 있고, 연령별 인구의 경제활동 참가율과 고용률 및 각종 연금의 수령시기를 고려하면 일반 육체노동 또는 육체노동을 주된 내용으로 하는 생계활동의 가동 연한을 만 65세라고 봄이 타당하므로, 갑의 가동 연한을 만 65세라고 보아 일실수입을 산정하였습니다(수원지방법원 2016.12.22. 선고 2015나44004, 44011 판결).

다만, 이 판례가 모든 직업의 경우에 적용되는 것이라 단정하기는 어려우나 만60세 이후에도 가동이 가능한 직업의 경우에는 만65세를 기준으로 일실수입을 산정할 수도 있을 것입니다.

■ 교통사고 피해자에게 대차비용을 지급할 의무가 있는지요?

Q. 교통사고 피해차량의 소유자 甲이 수리를 위해 피해차량을 서비스센터에 입고한 다음 피해차량과 동종인 승용차를 임차하여 사용하고 가해차량의 보험자인 乙 보험회사에 사용 기간에 대한 대차비용의 지급을 청구하자, 乙 회사가 보험약관의 대차비용 지급기준에서 정한 기간에 대해서만 대차비용을 지급한 사안에서, 乙 회사는 '수리가 실제 시작될 때부터 수리가 완료되어 출고될 때까지의 기간'에 대하여 대차비용을 지급할 의무가 있는지요?

A. 민법 제393조 제1항, 제2항에서는 채무불이행으로 인한 손해배상은 통상의 손해를 그 한도로 하고, 특별한 사정으로 인한 손해는 채무자가 그 사정을 알았거나 알 수 있었을 때에 한하여 배상의 책임이 있다고 규정하고, 상법 제719조는 책임보험계약의 보험자는 피보험자가 보험기간중의 사고로 인하여 제3자에게 배상할 책임을 진 경우에 이를 보상할 책임이 있다고 규정하고 있습니다.

■ 사고로 인하여 중고자동차 값이 하락한 경우 보험회사에게 사고차량의 격락손해를 배상받을 수 있을까요?

Q. 저는 영업용 대형승합차로 신차 등록한 지 2년 정도 지난 차를 소유하고 있었습니다. 그러다 손님들을 태우고 도로를 달리다 사고가 났습니다. ○○ IC 삼거리에서 중앙선을 넘어온 덤프트럭과 충돌한 것인데 사고수리와 대차비용까지는 보험으로 처리됐습니다. 하지만 차량의 중고값 하락은 보상되지 않았습니다. 제가 상대방의 보험회사에게 사고차량의 격락손해를 배상받을 수 있을까요?

A. 판례는 불법행위로 인하여 물건이 훼손되었을 때 통상의 손해액은 수리가 가능한 경우에는 수리비, 수리가 불가능한 경우에는 교환가치의 감소액이 되고, 수리를 한 후에도 일부 수리가 불가능한 부분이 남아있는 경우에는 수리비 외에 수리불능으로 인한 교환가치의 감소액도 통상의 손해에 해당한다고 판시하면서, 자동차의 주요 골격 부위가 파손되는 등의 사유로 중대한 손상이 있는 사고가 발생한 경우에는, 기술적으로 가능한 수리를 마치더라도 특별한 사정이 없는 한 원상회복이 안 되는 수리 불가능한 부

분이 남는다고 보는 것이 경험칙에 부합하고, 그로 인한 자동차 가격 하락의 손해는 통상의 손해에 해당한다고 보아야 한다고 하여 중고차 값의 하락도 통상 손해로 볼 수 있다는 판시를 한 바 있습니다 (대법원 2017.5.17. 선고 2016다248806 판결).

■ 교통사고 합의후 예기치 못한 손해가 발생한 경우 그 합의의 효력은 어떻게 되나요?

Q. 교통사고 이후 피해자와 가해자간 일정한 금액을 지급받고 나머지 청구를 포기하기로 하는 합의를 하였습니다. 그런데 합의 이후 예기치 못한 손해가 발생한 경우 그 합의의 효력은 어떻게 되나요?

A. 일반적으로 불법행위로 인한 손해배상에 관하여 가해자와 피해자 사이에 피해자가 일정한 금액을 지급받고 그 나머지 청구를 포기하기로 합의가 이루어진 때에는 그 후 그 이상의 손해가 발생하였다 하여 다시 그 배상을 청구할 수 없습니다. 그러나 그 합의가 손해의 범위를 정확히 확인하기 어려운 상황에서 이루어진 것이고, 후발손해가 합의 당시의 사정으로 보아 예상이 불가능한 것으로서, 당사자가 후발손해를 예상하였더라면 사회통념상 그 합의금액으로는 화해하지 않았을 것이라고 보는 것이 상당할 만큼 그 손해가 중대한 것일 때에는 당사자의 의사가 이러한 손해에 대해서까지 그 배상청구권을 포기한 것이라고 볼 수 없으므로 다시 그 배상을 청구할 수 있다고 보아야 합니다.

■ 수리비 외에 수리불능으로 인한 교환가치의 감소액도 통상의 손해에 해당하는지요?

Q. 자동차의 주요 골격 부위가 파손되는 등의 사유로 중대한 손상이 있는 사고가 발생하였습니다. 이 경우 기술적으로 가능한 수리를 마친 후에도 원상회복이 안 되는 수리 불가능한 부분이 남는다고 보아야 하는가요? 또 이로 인한 자동차 가격 하락의 손해가 통상의 손해에 해당하는지 여부 및, 이때 중대한 손상이 있는 사고에 해당하는지 판단하는 방법 과 이에 대한 증명책임의 소재도 궁금합니다.

A. 판례는 "불법행위로 인하여 물건이 훼손되었을 때 통상의 손해액은 수리가 가능한 경우에는 그 수리비, 수리가 불가능한 경우에는 교환가치의 감소액이 되고, 수리를 한 후에도 일부 수리가 불가능한 부분이 남아있는 경우에는 수리비 외에 수리불능으로 인한 교환가치의 감소액도 통상의 손해에 해당한다(대법원 1992.2.11. 선고 91다28719 판결, 대법원 2001.11.13. 선고 2001다52889 판결 참조).

한편 자동차가 사고로 인하여 엔진이나 차체의 주요 골격 부위 등이 파손되는 중대한 손상을 입은 경우에는, 이를 수리하여 차량의 외관이나 평소의 운행을 위한 기능적·기술적인 복구를 마친다고 하더라도, 그로써 완전한 원상회복이 되었다고 보기 어려운 경우가 생긴다. 사고의 정도와 파손 부위 등에 따라서는 수리 후에도 외부의 충격을 흡수·분산하는 안정성이나 부식에 견디는 내식성이 저하되고, 차체 강도의 약화나 수리 부위의 부식 또는 소음·진동의 생성 등으로 사용기간이 단축되거나 고장발생률이 높아지는 등 사용상의 결함이나 장애가 잔존·잠복되어 있을 개연성이 있기 때문이다. 자동차관리법에서도 자동차매매업자가 자동차를 매매 또는 매매 알선을 하는 경우에는 자동차성능·상태점검자가 해당 자동차의 구조·장치 등의 성능·상태를 점검한 내용 등을 그 자동차의 매수인에게 서면으로 고지하도록 하고 있고(제58조 제1항), 그에 따라 발급하는 중고자동차성능·상태점검기록부에는 사고 유무를 표시하되, 단순수리(후드, 프론트 휀더, 도어, 트렁크리드 등 외판 부위 및 범퍼에 대한 판금, 용접수리 및 교환 포함)가 아니라 주요 골격 부위의 판금, 용접수리 및 교환이 있는 경우(쿼터패널, 루프패널, 사이드실패널 부위는 절단, 용접시에만 해당)에는 사고전력이 있다는 사실 및 그 수리 부위 등을 반드시 표시하도록 하고 있다(자동차관리법시행규칙 제120조 1항, 별지 제82호 서식). 그러므로 자동차의 주요 골격 부위가 파손되는 등의 사유로 중대한 손상이 있는 사고가 발생한 경우에는, 기술적으로 가능한 수리를 마치더라도 특별한 사정이 없는 한 원상회복이 안 되는 수리 불가능한 부분이 남는다고 보는 것이 경험칙에 부합하고, 그로 인한 자동차 가격 하락의 손해는 통상의 손해에 해당한다고 보아야 한다. 이 경우 그처럼 잠재적 장애가 남는 정도의 중대한 손상이 있는 사고에 해당하는지 여부는 사고의 경위 및 정도, 파손 부위 및 경중, 수리방법, 자동차의 연식 및 주행거리, 사고 당시 자동차 가액에서 수리비가 차지하는 비율, 중고자동차 성능·상태점검기록부에 사고 이력으로 기재할 대상이 되는 정도의 수리가 있었는지 여부 등의 사정을 종합적으로 고려하여, 사회일반의 거래관념과 경험칙에 따라 객관적·합리적으로 판단하여야 하고, 이는 중대한 손상이라고 주장하는 당사자가 주장·증명하여야 한다." 라고 판시한 바 있습니다(대법원 2017.5.17. 선고 2016다248806 판결 참조).

그러므로 불법행위로 훼손된 물건을 수리한 후에도 수리가 불가능한 부분이 남아있는 경우, 수리비 외에 수리불능으로 인한 교환가치의 감소액도 통상의 손해에 해당할 가능성이 있고, 자동차의 주요 골격 부위가 파손되는 등의 사유로 중대한 손상이 있는 사고가 발생한 경우, 기술적으로 가능한 수리를 마친 후에도 원상회복이 안 되는 수리 불가능한 부분이 남는다고 보아야 할 수 있고, 이로 인한 자동차 가격 하락의 손해는 통상의 손해에 해당할 가능성이 높으며, 이때 중대한 손상이 있는 사고에 해당하는지에 대한 증명책임은 중대한 손상이라고 주장하는 당사자에게 있을 것으로 보입니다.

※관련판례

피해자가 사고로 인한 손괴로 수리에 필요한 일정한 기간 동안 자동차를 사용하지 못하게 되었다는 이유로 그 기간 동안 동종·동급의 다른 자동차를 대차한 비용을 가해자나 보험사업자에 대하여 손해배상금이나 보험금으로 청구하는 경우, 당해 자동차의 대차가 필요한 것이어야 함은 물론 나아가 그 대차비용의 액수 또한 상당한 것이어야 그 청구를 인용할 수 있다. 그리고 대차의 필요성과 대차비용 액수의 상당성에 관하여 당사자 사이에 다툼이 있다면 그에 대한 주장·증명책임은 자동차를 대차한 피해자에게 있다(대법원 2009.12.24. 선고 2007다5076 판결 참조).(대법원 2013.2.15. 선고 판결)

■ 안전띠 미착용이 과실상계의 사유가 되는지요?

Q. 저는 안전띠 착용이 강제되지 않는 고속도로가 아닌 도로에서 안전띠를 착용하지 않고 운전하다가 교통사고를 당하였습니다. 이럴 경우 안전띠 미착용이 과실상계의 사유가 되나요?

A. 고속도로나 자동차 전용도로 이외의 도로를 운행하는 승합자동차의 뒷좌석에 탑승한 승객에 대하여는 안전띠의 착용이 법규상 강제되는 것은 아니지만, 안전띠의 착용은 불의의 사고발생시 자신의 안전을 위하여 필요한 것이며 위 고속도로 등의 외에서 운행하는 차량이라 하여 불의의 사고가 발생하지 않는다는 보장이 없으므로, 안전띠가 설치되어 있음에도 이를 착용하지 않고 있다가 사고가 발생하게 되었고 안전띠를 착용하였더라면 그로 인한 피해를 줄일 수 있었던 것으로 인정되는 경우에는 안전띠 미착용의 점은 그 사고장소가 시내인지 또는 시외인지 등을 가릴 것 없이 과실상계의 사유가 된다 할 것입니다.

■ 보험금액의 총액이 피보험자가 입은 손해액을 초과하는 경우 각 보험자가 보험금 지급채무에 대하여 부진정연대관계에 있는지요?

Q. 하나의 사고에 관하여 여러 개의 무보험자동차에 의한 상해담보특약 보험계약이 체결되고 보험금액의 총액이 피보험자가 입은 손해액을 초과하는 경우, 상법 제672조 제1항 이 준용되어, 보험자는 각자의 보험금액의 한도에서 연대책임을 지게 되는지 궁금하며, 이 경우 각 보험자가 보험금 지급채무에 대하여 부진정연대관계에 있는지 여부도 궁금합니다.

A. 판례는 "피보험자가 무보험자동차에 의한 교통사고로 인하여 상해를 입었을 때에 그 손해에 대하여 배상할 의무자가 있는 경우 보험자가 약관에 정한 바에 따라 피보험자에게 그 손해를 보상하는 것을 내용으로 하는 무보험자동차에 의한 상해담보특약(이하 '무보험자동차특약보험'이라 한다)은 상해보험의 성질과 함께 손해보험의 성질도 갖고 있는 손해보험형 상해보험이므로(대법원 2000.2.11.선고 99다50699판결, 대법원 2003.12.26. 선고 2002다61958 판결 참조), 이 사건에서와 같이 하나의 사고에 관하여 여러 개의 무보험자동차특약보험계약이 체결되고 그 보험금액의 총액이 피보험자가 입은 손해액을 초과하는 때에는 손해보험에 관한 상법 제672 조 제1항 이 준용되어 보험자는 각자의 보험금액의 한도에서 연대책임을 지고, 이 경우 각 보험자 사이에서는 각자의 보험금액의 비율에 따른 보상책임을 진다(대법원 2006.11.10. 선고 2005다35516 판결 참조). 위와 같이 상법 제672조 제1항 이 준용됨에 따라 여러 보험자가 각자의 보험금액의 한도에서 연대책임을 지는 경우 특별한 사정이 없는 한 그 보험금 지급책임의 부담에 관하여 각 보험자 사이에 주관적 공동관계가 있다고 보기 어려우므로, 각 보험자는 그 보험금 지급채무에 대하여 부진정연대관계에 있다고 봄이 타당하다."라고 판시한 바 있습니다(대법원 2016.12.29. 선고 2016다217178 판결 참조).

그러므로 특별한 사정이 없는 한 하나의 사고에 관하여 여러 개의 무보험자동차에 의한 상해담보특약 보험계약이 체결되고 보험금액의 총액이 피보험자가 입은 손해액을 초과하는 경우, 상법 제672조 제1항 이 준용되어, 보험자는 각자의 보험금액의 한도에서 연대책임을 지게 되고, 이 경우 각 보험자가 보험금 지급채무에 대하여 부진정연대관계에 있는 것으로 보입니다.

제3장

강화된 음주운전
처벌기준(윤창호법)

제3장 강화된 음주운전 처벌기준(윤창호법)

1. 도로교통법 개정이유

① 음주운전으로 인한 사회적 피해가 증가하고 있는 상황임에도 불구하고 현행법상 처벌은 위반행위의 중대성에 비해 가볍다는 지적이 있었으며, 최근 부산에서 발생한 음주운전 사건(휴가 나온 윤창호일병 사망사건)을 계기로 음주운전자에 대한 강력한 처벌을 요구하는 목소리가 커지게 되었습니다.

② 이에 음주상태의 혈중알코올농도 기준, 법정형 수준, 운전면허 취소 등 행정처분 수준을 강화하고 운전면허 취소 시 재취득이 제한되는 기간을 연장하는 등 음주운전에 대한 처벌규정이 더욱 강화되었습니다.

2. 도로교통법 개정 주요내용

① 운전이 금지되는 술에 취한 상태의 혈중알코올농도의 기준을 현행 0.05퍼센트에서 0.03퍼센트로 강화하였습니다(제44조제4항).

② 음주운전과 관련된 운전면허의 결격기간을 연장(제82조제2항)
음주운전으로 사람을 사망에 이르게 하여 운전면허가 취소된 경우의 운전면허 결격기간을 5년으로 하고, 현행 3회 이상 음주운전 교통사고를 일으켜 운전면허가 취소된 경우의 결격기간을 3년으로 하던 것을 2회 이상 음주운전 교통사고를 일으킨 경우로 강화하였습니다.

③ 현행 3회 음주운전을 한 경우 운전면허를 취소하던 것을 2회 음주운전을 한 경우 운전면허를 취소하도록 하였습니다(제93조제1항제2호).

④ 음주운전의 벌칙 수준 상향(제148조의2)

    1) 현행 3회 이상 음주운전을 한 경우 1년 이상 3년 이하의 징역이나 500만원 이상 1천만원 이하의 벌금에 처하던 것을, 2회 이상 음주운전을 한 경우 2년 이상 5년 이하의 징역 또는 1천만원 이상 2천만원 이하의 벌금에 처하도록 개정하였습니다.

    2) 술에 취한 상태에 있다고 인정할 만한 상당한 이유가 있음에도 경찰공무원의 측정에 불응하는 사람에 대해서는 현행 1년 이상 3년 이하의 징역이나 500만원 이상 1천만원 이하의 벌금에 처하던 것을 1년 이상 5년 이하의 징역이나 500만원 이상 2천만원 이하의 벌금에 처하도록 개정하였습니다.

    3) 음주운전을 한 사람의 혈중알코올농도가 0.2퍼센트 이상인 경우에는 2년 이상 5년 이하의 징역이나 1천만원 이상 2천만원 이하의 벌금, 혈중알코올농도가 0.08퍼센트 이상 0.2퍼센트 미만인 경우에는 1년 이상 2년 이하의 징역이나 500만원 이상 1천만원 이하의 벌금, 혈중알코올농도가 0.03퍼센트 이상 0.08퍼센트 미만인 경우에는 1년 이하의 징역이나 500만원 이하의 벌금에 처하도록 개정하였습니다.

3. 특정범죄 가중처벌 등에 관한 법률 개정이유

① 음주 또는 약물의 영향으로 정상적인 운전이 곤란한 상태에서 자동차를 운전하여 사람을 상해 또는 사망에 이르게 한 사람의 법정형을 치상의 경우 현행 "10년 이하의 징역 또는 500만원 이상 3천만원 이하의 벌금"을 "1년 이상 15년 이하의 징역 또는 1천만원 이상 3천만원 이하의 벌금"에 처하도록 개정하였습니다.

② 치사의 경우 현행 "1년 이상의 유기징역"을 "무기 또는 3년 이상의 징역"으로 상향조정함으로써 실효성을 제고하고, 아울러 음주운전에 대한 경각심을 높이며, 국민의 법감정에 부합하는 제도를 마련하였습니다.

4. 술에 취한 상태에서의 운전 금지

4-1. 음주운전 금지

① 누구든지 술에 취한 상태에서 자동차와 원동기장치자전거(「건설기계관리법」 제26조제1항 단서에 따른 건설기계 외의 건설기계를 포함함, 이하 "자동차 등"이라함)를 운전해서는 안 됩니다(「도로교통법」 제44조제1항 및 제2조제21호).

② 운전이 금지되는 술에 취한 상태의 기준은 운전자의 혈중알코올농도가 0.03퍼센트 이상인 경우입니다(「도로교통법」 제44조제4항).

③ 경찰공무원은 교통의 안전과 위험방지를 위하여 필요하다고 인정하거나 술에 취한 상태에서 자동차 등을 운전하였다고 인정할 만한 상당한 이유가 있는 경우에는 운전자가 술에 취하였는지를 호흡조사로 측정할 수 있습니다. 이 경우 운전자는 경찰공무원의 측정에 응해야 합니다(「도로교통법」 제44조제2항).

④ 술에 취한 상태에서 운전하거나 술에 취한 상태에서 운전했다고 인정할 만한 상당한 이유가 있음에도 불구하고 경찰공무원의 측정 요구에 불응한 때는 운전면허가 취소됩니다(「도로교통법 시행규칙」 제91조, 별표 28 제2호 2. 3. 및 제3호가목 2.).

⑤ 술에 취한 상태에 있다고 인정할 만한 상당한 이유가 있는 사람으로서 위의 경찰공무원의 측정에 응하지 않으면 1년 이상 5년 이하의 징역이나 500만원 이상 2천만원 이하의 벌금에 처해집니다(「도로교통법」 제148조의2제2항).

⑥ 음주운전 호흡조사 측정 결과에 불복하는 운전자에 대하여는 그 운전자의 동의를 받아 혈액 채취 등의 방법으로 다시 측정할 수 있습니다(「도로교통법」 제44조제3항).

4-2. 과로한 때 등의 운전 금지

① 자동차 등의 운전자는 과로, 질병 또는 약물의 영향과 그 밖의

사유로 인해 정상적으로 운전할 수 없는 우려가 있는 상태에서는 자동차 등을 운전해서는 안 됩니다(「도로교통법」 제45조).

② 운전자가 과로 상태에 놓이게 되면 신체가 온전하게 기능하지 못하고 졸 수 있는 가능성이 높으며, 정신질환이 있거나 마약 등의 약물을 복용하면 갑작스럽게 발작을 일으키거나 감각 또는 지각의 평형을 잃을 수 있어 안전운전을 기대하기 어렵기 때문입니다.

4-3. 운전할 때 복용이 금지되는 약물의 종류

① 자동차 등의 운전자가 그 영향으로 인하여 운전이 금지되는 약물은 흥분·환각 또는 마취의 작용을 일으키는 유해화학물질로서 다음과 같은 환각물질을 말합니다(「도로교통법」 제45조, 「도로교통법 시행규칙」 제28조 및 「화학물질관리법 시행령」 제11조).

1) 톨루엔, 초산에틸 또는 메틸알코올

2) 톨루엔, 초산에틸 또는 메틸알코올이 들어있는 시너(도료의 점도를 감소시키기 위하여 사용되는 유기용제를 말함), 접착제, 풍선류 또는 도료

3) 부탄가스

4) 아산화질소(의료용으로 사용되는 경우는 제외)

5. 위반시 제재

5-1. 운전면허 정지·취소 및 운전면허 재취득 제한

① 술에 취한 상태에서 자동차 등을 운전하여 다음에 해당하는 때에는 운전면허가 취소됩니다(「도로교통법」 제93조 및 「도로교통법 시행규칙」 별표 28 제2호 2.).

1) 술에 취한 상태의 기준(혈중알코올농도 0.03퍼센트 이상)을 넘어서 운전을 하다가 교통사고로 사람을 죽게 하거나 다치게 한 때

2) 혈중알코올농도 0.08퍼센트 이상의 상태에서 운전한 때

3) 술에 취한 상태의 기준을 넘어 운전하거나 술에 취한 상태의 측정에 불응한 사람이 다시 술에 취한 상태(혈중알코올농도 0.03퍼센트 이상 0.08퍼센트 미만)에서 운전한 때

② 술에 취한 상태의 기준을 넘어서 운전을 한 때(혈중알코올농도 0.03퍼센트 이상 0.08퍼센트 미만)에는 1년 이내의 범위에서 운전면허가 정지되고 벌점 100점을 부과 받습니다(「도로교통법」 제93조제1항제1호 및 「도로교통법 시행규칙」 별표 28 제3호 가목 2.).

③ 약물(마약·대마·향정신성 의약품 및 「유해화학물질 관리법 시행령」 제25조에 따른 환각물질)의 투약·흡연·섭취·주사 등으로 정상적인 운전을 하지 못할 염려가 있는 상태에서 자동차 등을 운전한 때에는 운전면허가 취소됩니다(「도로교통법」 제93조제1항제4호 및 「도로교통법 시행규칙」 별표 28 제2호 6.).

④ 술에 취한상태 또는 약물의 영향으로 정상적인 운전이 곤란한 상태에서 운전하여 사람을 다치게 하거나 사망에 이르게 한 사람이 사고발생시 조치의무를 위반하여 집행유예를 포함한 벌금 이상의 형의 선고를 받게 되면, 운전면허가 취소된 날로부터 5년 동안 운전면허를 받을 수 없습니다(「도로교통법」 제82조제2항제3호).

⑤ 다만, 벌금 미만의 형이 확정되거나 선고유예의 판결이 확정된 경우 또는 기소유예나 「소년법」 제32조에 따른 보호처분의 결정이 있는 경우에는 위 기간 내라도 운전면허를 받을 수 있습니다(「도로교통법」 제82조제2항 단서).

5-2. 벌칙

① 술에 취한 상태에서 자동차 등을 운전한 사람은 다음의 구분에 따라 처벌받습니다(「도로교통법」 제148조의2제3항).

혈중알코올농도	벌칙
0.2퍼센트 이상	2년 이상 5년 이하의 징역이나 1천만원 이상 2천만원 이하의 벌금
0.08퍼센트 이상 0.2퍼센트 미만	1년 이상 2년 이하의 징역이나 500만원 이상 1천만원 이하의 벌금
0.03퍼센트 이상 0.08퍼센트 미만	1년 이하의 징역이나 500만원 이하의 벌금

② 「도로교통법」 제44조제1항 또는 제2항을 2회 이상 위반한 사람
(자동차 등 또는 노면전차를 운전한 사람으로 한정함)은 2년 이
상 5년 이하의 징역이나 2천만원 이하의 벌금에 처해집니다(「도
로교통법」 제148조의2제1항).

③ 술에 취한 상태에서 있다고 인정할 만한 상당한 이유가 있는 사
람으로서 「도로교통법」 제44조제2항에 따른 경찰공무원의 측정
에 응하지 않는 사람(자동차 등 또는 노면전차를 운전한 사람으
로 한정함)은 1년 이상 5년 이하의 징역이나 500만원 이상 2천
만원 이하의 벌금에 처해집니다(「도로교통법」 제148조의2제2항).

④ 「도로교통법」 제45조를 위반하여 약물로 인해 정상적으로 운전
하지 못할 우려가 있는 상태에서 자동차등 또는 노면전차를 운
전한 사람은 3년 이하의 징역이나 1천만원 이하의 벌금에 처해
집니다(「도로교통법」 제148조의2제4항).

⑤ 과로·질병으로 인하여 정상적으로 운전하지 못할 우려가 있는 상
태에서 자동차 등을 운전한 사람은 30만원 이하의 벌금이나 구
류에 처해집니다(「도로교통법」 제154조제3호).

■ 음주운전을 하다가 교통사고로 사람을 다치게 한 경우 어떤 처벌을 받게 되나요?

Q. 음주운전을 하다가 교통사고로 사람을 다치게 했어요. 어떤 처벌을 받게 되나요?

A. 운전자는 술에 취한 상태 및 과로, 질병 또는 약물의 영향과 그 밖의 사유로 인해 정상적으로 운전할 수 없는 우려가 있는 상태에서는 자동차를 운전해서는 안 됩니다.

◇ 술에 취한 상태에서의 운전 금지

① 누구든지 술에 취한 상태에서 자동차와 원동기장치자전거(「건설기계관리법」 제26조제1항 단서에 따른 건설기계 외의 건설기계를 포함함, 이하 "자동차 등" 이라함)를 운전해서는 안 됩니다.

② 운전이 금지되는 술에 취한 상태의 기준은 운전자의 혈중알코올농도가 0.03% 이상인 경우입니다.

◇ 위반시 제재

① 술에 취한 상태에서 자동차 등을 운전하여 다음에 해당하는 때에는 운전면허가 취소됩니다.

   1) 술에 취한 상태의 기준(혈중알코올농도 0.03% 이상)을 넘어서 운전을 하다가 교통사고로 사람을 죽게 하거나 다치게 한 때

   2) 술에 만취한 상태(혈중알코올농도 0.08% 이상)에서 운전한 때

   3) 2회 이상 술에 취한 상태의 기준을 넘어 운전하거나 술에 취한 상태의 측정에 불응한 사람이 다시 술에 취한 상태(혈중알코올농도 0.03% 이상)에서 운전한 때

② 술에 취한 상태의 기준을 넘어서 운전한때(혈중알코올농도 0.03% 이상 0.08% 미만)에는 1년 이내의 범위에서 운전면허가 정지되고 벌점 100점을 부과 받습니다.

③ 술에 취해 정상적인 운전이 곤란한 상태에서 운전하여 사람을 다치게 하거나 사망에 이르게 한 사람이 사고발생시 조치의무를 위반하여 집행유예를 포함한 벌금 이상의 형의 선고를 받게 되면, 운전면허가 취소된 날로부터 5년 동안 운전면허를 받을 수 없습니다.

④ 다만, 벌금 미만의 형이 확정되거나 선고유예의 판결이 확정된 경우

또는 기소유예나 「소년법」 제32조에 따른 보호처분의 결정이 있는 경우에는 위 기간 내라도 운전면허를 받을 수 있습니다.

⑤ 술에 취한 상태에서 자동차 등을 운전한 사람은 다음의 구분에 따라 처벌받습니다.

혈중알코올농도	벌칙
0.2퍼센트 이상	2년 이상 5년 이하의 징역이나 1천만원 이상 2천만원 이하의 벌금
0.08퍼센트 이상 0.2퍼센트 미만	1년 이상 2년 이하의 징역이나 500만원 이상 1천만원 이하의 벌금
0.03퍼센트 이상 0.08퍼센트 미만	1년 이하의 징역이나 500만원 이하의 벌금

※관련판례

자동차가 대중적인 교통수단이고 그에 따라 자동차운전면허가 대량으로 발급되어 교통상황이 날로 혼잡해짐에 따라 교통법규를 엄격히 지켜야 할 필요성은 더욱 커지는 점, 음주운전으로 인한 교통사고 역시 빈번하고 그 결과가 참혹한 경우가 많아 대다수의 선량한 운전자 및 보행자를 보호하기 위하여 음주운전을 엄격하게 단속하여야 할 필요가 절실한 점 등에 비추어 보면, 음주운전으로 인한 교통사고를 방지할 공익상의 필요는 더욱 중시되어야 하고 운전면허의 취소는 일반의 수익적 행정행위의 취소와는 달리 그 취소로 인하여 입게 될 당사자의 불이익보다는 이를 방지하여야 하는 일반예방적 측면이 더욱 강조되어야 한다(대법원 2019.1.17. 선고 2017두59949 판결).

■ 음주운전의 경우 운전의 개념에 '도로 외의 곳'을 포함하도록 한 도로교통법 규정은 헌법에 위배되지 않나요?

Q. 술에 취한 상태로 도로가 아닌 주차장에서 약 6미터 가량 자동차를 이동한 것이 전부인데 음주운전으로 기소되었습니다. 도로가 아닌 곳에서의 운전도 금지하는 규정은 헌법에 위배되지 않나요?

A. 헌법재판소는, 심판대상조항에 규정된 '도로 외의 곳'이란 '도로 외의 모든 곳 가운데 자동차등을 그 본래의 사용방법에 따라 사용할 수 있는 공간'으로 해석할 수 있다. 따라서 심판대상조항이 죄형법정주의의 명확성원칙에 위배된다고 할 수 없다. 심판대상조항의 입법목적은 도로 외의 곳에서 일어나는 음주운전으로 인한 사고의 위험을 방지하여 국민의 생명과 안전, 재산을 보호하고자 하는 것이다. 이러한 입법목적의 정당성은 충분히 인정되고, 심판대상조항이 장소를 불문하고 음주운전을 금지하고 위반할 경우 처벌함으로써 입법목적을 달성하는 데 기여하므로 수단의 적합성도 인정된다. 음주운전의 경우 운전조작능력과 상황대처능력이 저하되어 일반 교통에 제공되지 않는 장소에 진입하거나 그 장소에서 주행할 가능성이 음주운전이 아닌 경우에 비하여 상대적으로 높다. 따라서 구체적 장소를 열거하거나 일부 장소만으로 한정하여서는 음주운전으로 인한 교통사고를 강력히 억제하려는 입법목적을 달성하기 어렵다. 음주운전은 사고의 위험성이 높고 그로 인한 피해도 심각하며 반복의 위험성도 높다는 점에서 음주운전으로 인한 교통사고의 위험을 방지할 필요성은 절실한 반면, 그로 인하여 제한되는 사익은 도로 외의 곳에서 음주운전을 할 수 있는 자유로서 인격과 관련성이 있다거나 사회적 가치가 높은 이익이라 할 수 없으므로 법익의 균형성 또한 인정된다. 따라서 심판대상조항은 일반적 행동의 자유를 침해하지 아니한다. 자동차의 음주운전은 사람의 왕래나 물건의 운반을 위한 장소적 이동을 수반하는 개념으로서, 다른 기계기구의 음주운전 행위와는 공공의 위험발생 가능성, 위험의 크기 및 경찰권 개입의 필요성에 현저한 차이가 있다. 양자는 도로교통법 및 심판대상조항의 의미와 목적에 비추어 볼 때 본질적으로 같은 집단이라 할 수 없으므로 차별취급의 문제가 발생하지 않는다.

따라서 심판대상조항은 평등원칙에 반하지 않는다.(헌법재판소 2016.2.25. 자 2015헌가11)라고 결정하였습니다. 따라서 도로 외에서의 음주운전도 금지하는 규정은 헌법에 위배되지 않습니다.

※관련판례

운전면허를 받은 사람이 음주운전을 한 경우에 운전면허의 취소 여부는 행정청의 재량행위이나, 음주운전으로 인한 교통사고의 증가와 그 결과의 참혹성 등에 비추어 보면 음주운전으로 인한 교통사고를 방지할 공익상의 필요는 더욱 중시되어야 하고, 운전면허의 취소에서는 일반의 수익적 행정행위의 취소와는 달리 취소로 인하여 입게 될 당사자의 불이익보다는 이를 방지하여야 하는 일반예방적 측면이 더욱 강조되어야 한다(대법원 2018.2.28. 선고 2017두67476 판결).

■ 자동차가 약간 경사진 길을 따라 앞으로 움직여 차량 옆면을 충격한 경우, 음주운전에 해당하는지요?

Q. 甲은 술에 취하여 자동차 안에서 잠을 자다가 추위를 느껴 히터르 가동 시키기 위하여 시동을 걸었고, 실수로 자동차의 제동장치 등을 건드렸거나 처음 주차할 때 안전초치를 제대로 취하지 아니한 탓으로 원동기의 추진력에 의하여 자동차가 약간 경사진 길을 따라 앞으로 움직여 乙의 차량 옆면을 충격한 경우, 甲의 행위를 자동차의 운전으로 보아 도로교통법상의 음주운전에 해당하는지요?

A. 도로교통법에서 의미하는 '운전'의 개념이 무엇인지 그리고 이 사안의 경우와 같이 자동차를 움직이게 할 의도 없이 다른 목적으로 시동을 거는 경우를 '운전'으로 평가할 수 있는지가 문제가 되는 사안입니다. 판례는 "도로교통법 제2조 제19호 는 '운전'이라 함은 도로에서 차를 그 본래의 사용 방법에 따라 사용하는 것을 말한다고 규정하고 있는바, 여기에서 말하는 운전의 개념은 그 규정의 내용에 비추어 목적적 요소를 포함하는 것이므로 고의의 운전행위만을 의미하고 자동차 안에 있는 사람의 의지나 관여 없이 자동차가 움직인 경우에는 운전에 해당하지 않는다."라고 판시하고 있습니다.

따라서 甲이 자동차를 움직이게 할 의도 없이 다른 목적을 위하여 자동차의 원동기(모터)의 시동을 걸었는데, 실수로 기어 등 자동차의 발진에 필요한 장치를 건드려 원동기의 추진력에 의하여 자동차가 움직이거나 또는 불안전한 주차상태나 도로여건 등으로 인하여 자동차가 움직이게 된 경우는 자동차의 운전에 해당하지 아니하므로 도로교통법상 음주운전에 해당하지 않습니다.

※관련판례

음주운전 여부에 관한 조사방법 중 혈액 채취(이하 '채혈'이라고 한다)는 상대방의 신체에 대한 직접적인 침해를 수반하는 방법으로서, 이에 관하여 도로교통법은 호흡조사와 달리 운전자에게 조사에 응할 의무를 부과하는 규정을 두지 아니할 뿐만 아니라, 측정에 앞서 운전자의 동의를 받도록 규정하고 있으므로(제44조 제3항), 운전자의 동의 없이 임의로 채혈조사를 하는 것은 허용되지 아니한다.

그리고 수사기관이 범죄 증거를 수집할 목적으로 운전자의 동의 없이 혈액을 취득·보관하는 행위는 형사소송법상 '감정에 필요한 처분' 또는 '압수'로서 법원의 감정처분허가장이나 압수영장이 있어야 가능하고, 다만 음주운전 중 교통사고를 야기한 후 운전자가 의식불명 상태에 빠져 있는 등으로 호흡조사에 의한 음주측정이 불가능하고 채혈에 대한 동의를 받을 수도 없으며 법원으로부터 감정처분허가장이나 사전 압수영장을 발부받을 시간적 여유도 없는 긴급한 상황이 발생한 경우에는 수사기관은 예외적인 요건하에 음주운전 범죄의 증거 수집을 위하여 운전자의 동의나 사전 영장 없이 혈액을 채취하여 압수할 수 있으나 이 경우에도 형사소송법에 따라 사후에 지체 없이 법원으로부터 압수영장을 받아야 한다.

따라서 음주운전 여부에 대한 조사 과정에서 운전자 본인의 동의를 받지 아니하고 또한 법원의 영장도 없이 채혈조사를 한 결과를 근거로 한 운전면허 정지·취소 처분은 도로교통법 제44조 제3항을 위반한 것으로서 특별한 사정이 없는 한 위법한 처분으로 볼 수밖에 없다(대법원 2016.12.27. 선고 2014두46850 판결).

■ 술에 취한 상태에서 운전할 의사 없이 조작을 잘못하여 차가 움직인 경우 음주운전에 해당하는지요?

Q. 甲은 친구들과 술을 마시고 대리운전을 이용하여 집으로 귀가하였습니다. 그런데 너무 추운 나머지 자동차 히터를 틀어서 몸을 녹이기 위해 차로 다시 들어가 시동을 걸었고, 그러던 중 조작을 잘못하여 차가 움직이게 되었습니다. 이 경우 甲은 음주운전을 한 것인가요?

A. 도로교통법 제44조 제1항은 누구든지 술에 취한 상태에서 자동차등을 '운전'하여서는 아니된다고 규정을 하고 있는데, 위와 같은 갑의 행위가 '운전'에 해당하는지가 문제됩니다. 이와 관련하여 대법원은 "도로교통법 제2조 제19호 는 '운전'이라 함은 도로에서 차를 그 본래의 사용 방법에 따라 사용하는 것을 말한다고 규정하고 있는바, 여기에서 말하는 운전의 개념은 그 규정의 내용에 비추어 목적적 요소를 포함하는 것이므로 고의의 운전행위만을 의미하고 자동차 안에 있는 사람의 의지나 관여 없이 자동차가 움직인 경우에는 운전에 해당하지 않는다. 그러므로 어떤 사람이 자동차를 움직이게 할 의도 없이 다른 목적을 위하여 자동차의 원동기(모터)의 시동을 걸었는데, 실수로 기어 등 자동차의 발진에 필요한 장치를 건드려 원동기의 추진력에 의하여 자동차가 움직이거나 또는 불안전한 주차상태나 도로여건 등으로 인하여 자동차가 움직이게 된 경우는 자동차의 운전에 해당하지 아니한다"고 판시하여 술에 취한 상태에서 실수로 자동차를 움직이게 한 경우 혹은, 주변 환경으로 인하여 자동차가 움직이게 한 경우에는 '운전'에 해당하지 않고, 따라서 도로교통법 상의 음주운전이 아니라고 판시한 바 있습니다(대법원 2004.4.23. 선고 2004도1109 판결). 따라서 甲은 자동차를 움직이게 할 의사 없이 실수로 자동차를 움직인 것이므로 도로교통법 상의 음주운전에 해당하지 않습니다만, 구체적인 사실관계에 따라 조작 실수가 아닌, 운전을 한 것이라는 점이 입증된다면 음주운전을 이유로 처벌 받을 수 있으니 유의하시기 바랍니다.

※관련판례

운전 시점과 혈중알코올농도의 측정 시점 사이에 시간 간격이 있고 그때가 혈중알코올농도의 상승기로 보이는 경우라고 하더라도, 그러한 사정만으로 언제나 실제 운전 시점의 혈중알코올농도가 처벌기준치를 초과한다는 점에 대한 증명이 불가능하다고 볼 수는 없다. 이러한 경우 운전 당시에도 처벌기준치 이상이었다고 볼 수 있는지는 운전과 측정 사이의 시간 간격, 측정된 혈중알코올농도의 수치와 처벌기준치의 차이, 음주를 지속한 시간 및 음주량, 단속 및 측정 당시 운전자의 행동 양상, 교통사고가 있었다면 그 사고의 경위 및 정황 등 증거에 의하여 인정되는 여러 사정을 종합적으로 고려하여 논리와 경험칙에 따라 합리적으로 판단하여야 한다(대법원 2013.10.24. 선고 2013도6285 판결 등 참조). (대법원 2019.7.25. 선고 2018도6477 판결)

■ 음주운전으로 인한 운전면허취소처분의 기준 및 불복절차는 어떻게 되는지요?

Q. 저는 지난 달 오랜만에 동창회에 나갔다가 친구들의 강권에 견디다 못하여 소주 몇 잔을 마시고 차를 몰고 집으로 귀가하던 중 음주운전단속에 적발되어 혈중알콜농도가 0.18%로 나와 운전면허취소처분을 받았습니다. 영업사원인 저의 경우 운전면허가 취소되면 가정의 생계가 곤란하여 운전면허취소처분에 대하여 불복하고자 합니다. 운전면허취소처분의 기준 및 불복절차는 어떻게 되는지요?

A. 「도로교통법 시행규칙」제91조 제1항 [별표28]에 의한 취소처분개별기준을 보면, 혈중알콜농도 0.1% 이상에서 운전한 경우에는 사고를 야기(惹起)시키지 않았어도 면허취소가 가능하도록 되어 있습니다.운전면허를 받은 사람이 음주운전을 하다가 적발된 경우 운전면허의 취소 또는 정지여부는 행정청의 재량행위라 할 것인데, 그 기준은 일률적으로 정할 수 없으나 보통 음주운전의 동기, 음주정도, 무사고운전경력, 음주 후의 운전거리 및 사고 여부, 운전면허의 취소로 입게 될 불이익(생계수단 등)등을 참작하여 판단하고 있습니다.

다만, 위 운전면허행정처분기준은 그 규정의 성질과 내용이 운전면허의 취소처분 등에 관한 행정청 내부의 사무처리기준준칙을 규정한 것에 지나지 아니하여 대외적으로 법원이나 국민을 기속(羈束)하는 효력은 없습니다(대법원 1991.6.11. 선고 91누2083 판결).

위와 같은 행정처분에 대한 불복방법과 관련하여 「도로교통법」제142조는 "이 법에 의한 처분으로서 해당 처분에 대한 행정소송은 행정심판의 재결을 거치지 아니하면 이를 제기할 수 없다."라고 규정하고 있습니다. 행정심판청구는 처분이 있음을 안 날부터 90일 이내에 제기하여야 하고, 처분이 있은 날로부터 180일을 경과하면 제기하지 못합니다(행정심판법 제27조 제1항 및 제3항). 그리고 행정심판의 재결에 불복할 경우에는 행정심판재결서정본을 송달 받은 날로부터 90일, 재결이 있은 날로부터 1년 내에 소를 제기하여야 합니다(행정소송법 제20조 제1항 및 제2항).

한편, 운전면허취소처분과 관련하여 판례는 "가구점 운전기사가 자신의 집에 도착하여 주차할 장소를 찾기 위하여 돌아다니다가 경찰관에게 적발되었고 음주운전으로 인하여 아무런 사고를 일으키지 아니한 경우, 자동차운전면허가 취소되면 그의 생계에 막대한 지장을 입게 되는데 주취운전이 운전면허행정처분의 기준에 해당한다는 점만을 내세워 그 운전면허를 취소까지 한 것은 도로교통법에 의하여 달성하고자 하는 공익목적의 실현보다는 그로 인하여 운전기사가 입게 될 불이익이 너무 커서 이익교량의 원칙에 위배된다."라고 한 판례(대법원 1995.9.29. 선고 95누9686 판결)가 있는 반면, "음주운전으로 인한 교통사고를 방지할 공익상의 필요가 크고 운전면허 취소에 있어서는 일반의 수익적 행정행위의 취소와는 달리 그로 인한 당사자의 불이익보다는 교통사고 등을 방지하여야 하는 일반예방적 측면이 더욱 강조되어야 하는바, 특히 운전자가 자동차운전을 생업으로 삼고 있는 경우에는 더욱 더 그러하다."라고 한 판례(대법원 1996.2.27. 선고 95누16523 판결)도 있습니다.

그러므로 귀하의 경우 운전면허취소처분이 정당한지 여부는 위 처분기준을 고려하여 구체적으로 법원의 판단에 달려있다고 할 것이나, 최근의 판례는 "화물운송업에 종사하며 가족의 생계를 책임지고 있는 장애인운전자가 음주운전으로 적발된 전력이 없다고 하더라도 음주운전으로 인한 교통사고를 방지할 공익상의 필요가 크므로 행정청의 운전면허취소 처분은 정당하다."라고 하였습니다(2006.2.9. 선고 2005두13087 판결). 따라서 공익상 필요를 특히 강조하고 있는 최근의 경향에 비추어 보면 귀하는 구제받기 어려울 것으로 보입니다.

■ 레이카크레인을 음주운전한 경우 1종 보통면허도 취소되는지요?

Q. 저는 제1종 보통면허, 제1종 대형면허, 제1종 특수면허를 각 취득·보유하고 있는데, 레이카크레인을 음주운전하다가 교통사고를 야기하였고 음주측정수치가 면허취소 될 정도입니다. 이 경우 제1종 보통면허, 제1종 대형면허, 제1종 특수면허 모두가 취소되게 되는지요?

A. 「도로교통법 시행규칙」제53조와 관련된 [별표 18] 운전할 수 있는 차의 종류를 보면, '제1종 대형면허'로 운전할 수 있는 차량은 승용자동차, 승합자동차, 화물자동차, 긴급자동차, 건설기계{덤프트럭, 아스팔트살포기, 노상안전기, 콘크리트미서트럭, 콘크리트펌프, 천공기(트럭적재식), 도로를 운행하는 3톤 미만의 지게차}, 특수자동차(트레일러, 레커는 제외), 원동기장치자전거이고, '제1종 보통면허'로 운전할 수 있는 차량은 승용자동차, 15인 이하 승합자동차, 12인 이하 긴급자동차(승용 및 승합자동차에 한함), 적재중량 12톤 미만 화물자동차, 건설기계(도로를 운행하는 3톤 미만의 지게차에 한함), 원동기장치자전거이며, '특수면허'로 운전할 수 있는 차량은 트레일러, 레커, 제2종 보통면허로 운전할 수 있는 차량으로 규정하고 있습니다.

그런데 판례는 "한 사람이 여러 종류의 자동차운전면허를 취득하는 경우뿐 아니라 이를 취소 또는 정지함에 있어서도 서로 별개의 것으로 취급하는 것이 원칙이고, 한 사람이 여러 종류의 자동차운전면허를 취득하는 경우 1개의 운전면허증을 발급하고 그 운전면허증의 면허번호는 최초로 부여한 면허번호로 하여 이를 통합관리하고 있다고 하더라도, 이는 자동차운전면허증 및 그 면허번호 관리상의 편의를 위한 것에 불과할 뿐 그렇다고 하여 여러 종류의 면허를 서로 별개의 것으로 취급할 수 없다거나 각 면허의 개별적인 취소 또는 정지를 분리하여 집행할 수 없는 것은 아니고, 외형상 하나의 행정처분이라 하더라도 가분성이 있거나 그 처분대상의 일부가 특정될 수 있다면 그 일부만의 취소도 가능하고 그 일부의 취소는 당해 취소부분에 관하여 효력이 생긴다고 할 것인바, 이는 한 사람이 여러 종류의 자동차운전면허를 취득한 경우 그 각 운전면허를 취소하거나 그 운전면허의 효력을 정지함에 있어서도 마찬가지이다."라고 하면서 "제1종 보통, 대형 및 특수면허를 가지고 있는 자가 레이카크레인을 음주운전한 행위는 제1종 특수면허의 취소사유에 해당될 뿐 제1종 보통 및 대형면허의 취소사유는 아니므로, 3종의 면허를 모두 취소한 처분 중 제1종 보통 및 대형면허에 대한 부분은 이를 이유로 취소하면 될 것이고, 한편 제1종 보통 및 대형면허에 대한 취소처분이 위법하다고 하여 제1종 특수면허에 대한 취소처분까지 당연히 위법하게 되는 것은 아니다."라고 하였습니다(대법원 1995.11.16. 선고 95누8850 판결, 1997.5.16. 선고 97누1310 판결, 1998.5.29. 선고 98두2515 판결).

따라서 위 사안에서도 귀하의 제1종 특수면허는 취소될 수밖에 없을 것이지만, 제1종 보통면허, 제1종 대형면허는 취소되지 않을 것으로 보입니다.

※관련판례

운전 시점과 혈중알코올농도의 측정 시점 사이에 시간 간격이 있고 그때가 혈중알코올농도의 상승기로 보이는 경우라고 하더라도, 그러한 사정만으로 언제나 실제 운전 시점의 혈중알코올농도가 처벌기준치를 초과한다는 점에 대한 증명이 불가능하다고 볼 수는 없다. 이러한 경우 운전 당시에도 처벌기준치 이상이었다고 볼 수 있는지는 운전과 측정 사이의 시간 간격, 측정된 혈중알코올농도의 수치와 처벌기준치의 차이, 음주를 지속한 시간 및 음주량, 단속 및 측정 당시 운전자의 행동 양상, 교통사고가 있었다면 그 사고의 경위 및 정황 등 증거에 의하여 인정되는 여러 사정을 종합적으로 고려하여 논리와 경험칙에 따라 합리적으로 판단하여야 한다(대법원 2013.10.24. 선고 2013도6285 판결 등 참조). (대법원 2019.7.25. 선고 2018도6477 판결)

■ 12인승 승합차를 음주운전한 경우 1종 특수면허도 같이 취소되는지요?

Q. 저는 자동차운전면허증으로 제1종 보통면허와 대형면허, 특수면허를 모두 취득하고 있습니다. 그런데 제가 12인승 승합차를 음주운전하여 제1종 대형면허가 취소될 경우 다른 면허까지 모두 일괄하여 취소되는지요?

A. 한 사람이 여러 종류의 자동차운전면허를 취득한 경우, 이를 취소함에 있어서 서로 별개로 취급하여야 하는지에 관하여 판례는 "한 사람이 여러 종류의 자동차운전면허를 취득하는 경우뿐만 아니라 이를 취소 또는 정지함에 있어서도 서로 별개의 것으로 취급하는 것이 원칙이고, 한 사람이 여러 종류의 자동차운전면허를 취득하는 경우 1개의 운전면허증을 발급하고 그 운전면허증의 면허번호는 최초로 부여한 면허번호로 하여 이를 통합관리하고 있다고 하더라도, 이는 자동차운전면허증 및 그 면허번호 관리상의 편의를 위한 것에 불과할 뿐 그렇다고 하여 여러 종류의 면허를 서로 별개의 것으로 취급할 수 없다거나 각 면허의 개별적인 취소 또는 정지를 분리하여 집행할 수 없는 것은 아니며, 외형상 하나의 행정처분이라 하더라도 가분성이 있거나 그 처분대상의 일부가 특정될 수 있다면 그 일부만의 취소도 가능하고 그 일부의 취소는 당해 취소부분에 관하여 효력이 생긴다고 할 것인바, 이는 한 사람이 여러 종류의 자동차 운전면허를 취득한 경우 그 각 운전면허를 취소하거나 그 운전면허의 효력을 정지함에 있어서도 마찬가지이다."라고 하였습니다(대법원 1995.11.16. 선고 95누8850 전원합의체 판결).

그러나 "자동차운전면허는 그 성질이 대인적 면허이므로 취소사유가 특정의 면허에 관한 것이 아니고, 다른 면허와 공통된 것이거나 운전면허를 받은 사람에 관한 것일 경우에는 여러 면허를 전부 취소할 수도 있다고 할 것이다."라고 하였습니다(대법원 1997.2.28. 선고 96누17578 판결). 그리고 위 사안과 유사한 경우에 관하여 판례는 "도로교통법 제68조 제6항(현행 도로교통법 제80조 제2항)의 위임에 따라 운전면허를 받은 사람이 운전할 수 있는 자동차 등의 종류를 규정하고 있는 도로교통법시행규칙 제26조 [별표14](현행 도로교통법 시행규칙 제53조 별표 18)에 의하면 제1종 보통, 제1종 대형, 제1종 특수자동차운전면허 소유자가 운전한 12인승 승합자동차는 제1종 보통 및 제1종 대형자동차운전면허로는 운전이 가능하나 제1종 특수자동차운전면허로는 운전할 수 없으므로, 위 운전자는 자신이 소지하고 있는 자동차운전면허 중 제1종 보통 및 제1종 대형 자동차운전면허만으로 운전한 것이 되어, 제1종 특수자동차운전면허는 위 승합자동차의 운전과는 아무런 관련이 없고, 또한 위 [별표14](현행 별표 18)에 의하면 추레라와 레이카는 제1종 특수자동차운전면허를 받은 자만이 운전할 수 있어 제1종 보통이나 제1종 대형자동차운전면허의 취소에 제1종 특수자동차운전면허로 운전할 수 있는 자동차의 운전까지 금지하는 취지가 당연히 포함되어 있는 것은 아니다."라고 하였습니다(대법원 1998.3.24. 선고 98두1031 판결).

따라서 위 사안의 경우 제1종 보통 및 제1종 대형면허는 취소될 것이지만, 제1종 특수면허는 취소되지 않아야 할 것으로 보입니다.

※ 관련판례

자동차가 대중적인 교통수단이고 그에 따라 자동차운전면허가 대량으로 발급되어 교통상황이 날로 혼잡해짐에 따라 교통법규를 엄격히 지켜야 할 필요성은 더욱 커지는 점, 음주운전으로 인한 교통사고 역시 빈번하고 그 결과가 참혹한 경우가 많아 대다수의 선량한 운전자 및 보행자를 보호하기 위하여 음주운전을 엄격하게 단속하여야 할 필요가 절실한 점 등에 비추어 보면, 음주운전으로 인한 교통사고를 방지할 공익상의 필요는 더욱 중시되어야 하고 운전면허의 취소는 일반의 수익적 행정행위의 취소와는 달리 그 취소로 인하여 입게 될 당사자의 불이익보다는 이를 방지하여야 하는 일반예방적 측면이 더욱 강조되어야 한다.(대법원 2019.1.17. 선고 2017두59949 판결)

■ 특정범죄가중처벌 등에 관한 법률상 '위험운전치사상죄'와 도로교통법상 '음주운전죄'는 별도로 성립하여 처벌받게 되는지요?

Q. 甲은 음주의 영향으로 정상적인 운전이 곤란한 상태에서 운전면허 없이 운전하다 사람을 치어 상해를 입히게 되었습니다. 이 때 甲은 특정범죄가중처벌 등에 관한 법률 위반(위험운전치사상)죄 외에 도로교통법상 음주운전죄도 별도로 성립하여 처벌받게 되는지요?

A. 음주로 인한 특정범죄가중처벌 등에 관한 법률 위반(위험운전치사상)죄와 도로교통법 위반(음주운전)죄는 입법 취지와 보호법익 및 적용영역을 달리하는 별개의 범죄이므로, 양 죄가 모두 성립하는 경우 두 죄는 실체적 경합관계에 있습니다(대법원 2008.11.13. 선고 2008도7143 판결).
그러므로 甲에게는 특정범죄가중처벌 등에 관한 법률 위반(위험운전치사상)외에 도로교통법상 음주운전죄도 별도로 성립하며, 두 죄는 실체적 경합관계에 있으므로 甲은 형법 제38조 제1항에 따라 가중처벌받게 됩니다.

※관련판례
음주로 인한 특정범죄 가중처벌 등에 관한 법률 위반(위험운전치사상)죄는 도로교통법 위반(음주운전)죄의 경우와는 달리 형식적으로 혈중알코올농도의 법정 최저기준치를 초과하였는지 여부와는 상관없이 운전자가 '음주의 영향으로 실제 정상적인 운전이 곤란한 상태'에 있어야만 하고, 그러한 상태에서 자동차를 운전하다가 사람을 상해 또는 사망에 이르게 한 행위를 처벌대상으로 하고 있는바, 이는 음주로 인한 특정범죄 가중처벌 등에 관한 법률 위반(위험운전치사상)죄는 업무상과실치사상죄의 일종으로 구성요건적 행위와 그 결과발생 사이에 인과관계가 요구되기 때문이다(대법원 2008.11.13. 선고 2008도7143 판결 등 참조).(대법원 2018.1.25. 선고 2017도15519 판결)

■ 음주운전을 일시 중단한 운전자에게 음주측정불응죄가 성립할 수 있는지요?

Q. 저는 술을 마신 상태에서 운전하고 가다가 경찰관이 음주단속을 하고 있는 것을 보고 단속장소로부터 약 8미터 전방에 있는 공사장 주차장에 차를 정차시키고 차에서 내렸는데, 저를 발견한 경찰관이 따라와 얼굴빛이 다소 붉다면서 지서로 가 음주측정에 응해 줄 것을 요구하여 지서로 갔으나 음주측정기를 불라는 경찰관의 요구를 거절하였다가 경찰관의 거듭된 요구에 따라 음주측정기의 빨대를 입에 물기는 하였으나 음주측정 수치가 나타날 정도로는 충분히 불지 아니하였고 다시 경찰관이 음주측정기를 제대로 불라고 요구하여도 이에 응하지 아니하였습니다. 이에 경찰관은 저를 음주측정불응죄로 입건하였는데, 단속 전에 이미 음주운전을 중단한 저에게 음주측정불응죄가 성립할 수 있나요?

A. 도로교통법 제44조 제2항에서는 "경찰공무원은 교통의 안전과 위험방지를 위하여 필요하다고 인정하거나 제1항을 위반하여 술에 취한 상태에서 자동차등을 운전하였다고 인정할 만한 상당한 이유가 있는 경우에는 운전자가 술에 취하였는지를 호흡조사로 측정할 수 있다. 이 경우 운전자는 경찰공무원의 측정에 응하여야 한다."라고 규정하고 있습니다. 그리고 도로교통법 제148조의2 제1항 제2호에서는 '술에 취한 상태에 있다고 인정할 만한 상당한 이유가 있는 사람으로서 제44조제2항에 따른 경찰공무원의 측정에 응하지 아니한 사람'을 1년 이상 3년 이하의 징역이나 500만원 이상 1천만원 이하의 벌금에 처하는 것으로 규정하고 있습니다.

그러므로, 이 사안에서 귀하에게 음주측정불응죄가 성립하기 위해서는 경찰관이 음주측정을 요구한 행위가 교통의 안전과 위험방지를 위하여 필요하다고 인정되거나 귀하가 술에 취한 상태에서 운전하였다고 인정할 만한 상당한 이유가 있어야 합니다. 이 사안과 유사한 사건에서 판례는 "피고인이 음주측정을 요구받을 당시는 잠시 음주운전을 중단한 상태에 불과하여 더 이상 음주상태로 위 승용차를 운전하지 아니할 것으로는 보이지 아니하고, 위 김00 등이 피고인을 위 지서에 데려가서 두 번에 걸쳐 음주측정을 요구한 방법 또한 적법하다고 할 것이므로, 위 김00 등이 술을 마셨다고 의심할 만한 상당한 이유가 있는 피고인에 대하여 음주측정을 요구한 행위는 도로교통법 제41조 제2항(현행 도로교통법 제44조 제2항)이 규정하는 교통안전과 위험방지를 위하여 필요한 조치였다."라고 판단하였습니다(대법원 1994.9.27. 선고 94도1562 판결). 귀하는 음주운전을 중단하였으므로 음주측정불응죄가 성립하지 않는다고 주장하고 있으나 위 판례에 비추어 볼 때 이는 잠시 음주운전을 중단한 상태에 불과하여 교통의 안전과 위험방지를 위하여 음주측정이 필요한 경우에 해당한다고 보이고 경찰관이 음주단속 현장 근처에서 귀하를 발견했을 때 귀하의 얼굴빛이 붉었기 때문에 귀하가 술에 취한 상태에서 운전하였다고 인정할 만한 상당한 이유도 있다고 보입니다. 따라서 귀하는 음주측정불응죄로 처벌될 것으로 보입니다.

※관련판례

음주운전 여부에 관한 조사방법 중 혈액 채취(이하 '채혈'이라고 한다)는 상대방의 신체에 대한 직접적인 침해를 수반하는 방법으로서, 이에 관하여 도로교통법은 호흡조사와 달리 운전자에게 조사에 응할 의무를 부과하는 규정을 두지 아니할 뿐만 아니라, 측정에 앞서 운전자의 동의를 받도록 규정하고 있으므로(제44조 제3항), 운전자의 동의 없이 임의로 채혈조사를 하는 것은 허용되지 아니한다. 그리고 수사기관이 범죄 증거를 수집할 목적으로 운전자의 동의 없이 혈액을 취득·보관하는 행위는 형사소송법상 '감정에 필요한 처분' 또는 '압수'로서 법원의 감정처분허가장이나 압수영장이 있어야 가능하고, 다만 음주운전 중 교통사고를 야기한 후 운전자가 의식불명 상태에 빠져 있는 등으로 호흡조사에 의한 음주측정이 불가능하고 채혈에 대한 동의를 받을 수도 없으며 법원으로부터 감정처분허가장이나 사전 압수영장을 발부받을 시간적 여유도 없는 긴급한 상황이 발생한 경우에는 수사기관은 예외적인 요건하에 음주운전 범죄의 증거 수집을 위하여 운전자의 동의나 사전 영장 없이 혈액을 채취하여 압수할 수 있으나 이 경우에도 형사소송법에 따라 사후에 지체 없이 법원으로부터 압수영장을 받아야 한다. 따라서 음주운전 여부에 대한 조사 과정에서 운전자 본인의 동의를 받지 아니하고 또한 법원의 영장도 없이 채혈조사를 한 결과를 근거로 한 운전면허 정지·취소 처분은 도로교통법 제44조 제3항을 위반한 것으로서 특별한 사정이 없는 한 위법한 처분으로 볼 수밖에 없다.(대법원 2016.12.27. 선고 2014두46850 판결)

■ 제1차 사고 당시의 음주운전으로 기소되었을 경우 도로교통법 위반(음주운전)죄로 다시 처벌되는지요?

Q. 甲은 음주상태로 자동차를 운전하다가 제1차 사고를 내고 그대로 진행하여 20분 후 제2차 사고를 낸 후 음주측정을 받아 도로교통법 위반(음주운전)죄로 약식명령을 받았고 그 약식명령은 그대로 확정되었습니다. 위 약식명령이 확정된 도로교통법 위반(음주운전)죄의 음주운전 구간 안에는 제1차 사고 지점이 포함되어 있었습니다. 그 후 甲은 제1차 사고 당시의 음주운전으로 기소되었습니다. 이 경우 甲은 도로교통법 위반(음주운전)죄로 다시 처벌되는지요?

A. 판례는 "음주운전을 처벌하는 목적은 음주로 인하여 책임능력이 결여되거나 미약한 상태에서 운전함으로써 교통사고를 유발할 위험성을 방지하기 위한 것이고, 음주운전을 처벌하는 방법으로는 혈중알콜농도의 일정기준치를 초과하면 무조건 처벌하는 방법과 혈중알콜농도의 구체적 수치와 상관없이 운전능력저하 여부를 기준으로 처벌하는 방법이 있을 수 있는데, 도로교통법은 전자의 방법을 취하여 도로교통법 제44조 제4항에서 '술에 취한 상태'의 기준을 혈중알콜농도 0.05% 이상으로 규정한 다음 도로교통법 제44조 제1항에서 '술에 취한 상태에서 자동차 등을 운전'하는 것을 금지하고 있다. 한편, 동일 죄명에 해당하는 수개의 행위 혹은 연속된 행위를 단일하고 계속된 범의 하에 일정기간 계속하여 행하고 그 피해법익도 동일한 경우에는 이들 각 행위를 통틀어 포괄일죄로 처단하여야 할 것인바(대법원 2005.9.30. 선고 2005도4051 판결, 대법원 2006.5.11. 선고 2006도1252 판결 등 참조), 앞서 본 음주운전으로 인한 도로교통법 위반죄의 보호법익과 처벌방법을 고려할 때, 피고인이 혈중알콜농도 0.05% 이상의 음주 상태로 동일한 차량을 일정기간 계속하여 운전하다가 1회 음주측정을 받았다면 이러한 음주운전행위는 동일 죄명에 해당하는 연속된 행위로서 단일하고 계속된 범의하에 일정기간 계속하여 행하고 그 피해법익도 동일한 경우이므로 포괄일죄에 해당한다."라고 판단하였습니다(대법원 2007.7.26. 2007도4404 판결).

이 사안에서 甲은 제1차 사고 이후 제2차 사고에 이르기까지 20여 분 간 단일하고 계속된 범의하에 동일한 차량을 계속하여 음주운전을 한 경우에 해당할 뿐 아니라 위 약식명령이 확정된 도로교통법 위반(음주운전)죄의 음주운전 구간 안에 제1차 사고 지점이 포함되어 있으므로. 제1차 사고 당시의 음주운전에 대한 도로교통법 위반죄는 약식명령이 확정된 도로교통법 위반(음주운전)죄와 포괄일죄 관계에 있습니다. 따라서 위 확정된 약식명령의 기판력은 제1차 사고 당시의 음주운전사실에도 미치게 되어 제1차 사고 당시의 음주운전으로 인한 도로교통법 위반(음주운전)죄에 대해 재판하는 법원으로서는 공소사실에 관하여 '확정판결이 있은 때'에 해당하므로 형사소송법 제326조 제1호에 의하여 면소 판결을 선고하게 될 것입니다. 결국 甲은 음주운전으로 다시 처벌되지 않을 것으로 보입니다.

※관련판례

도로교통법 제148조의2 제1항 제2호(이하 '처벌조항'이라 한다)의 주된 목적은 음주측정을 간접적으로 강제함으로써 교통의 안전을 도모함과 동시에 음주운전에 대한 입증과 처벌을 용이하게 하려는 데 있는 것이지, 측정불응행위 자체의 불법성을 처벌하려는 데 있는 것은 아닌 점, 한편 처벌조항의 음주측정불응죄는 주취운전죄 중에서도 불법성이 가장 큰 유형인 3회 이상 또는 혈중알코올농도 0.2% 이상의 주취운전죄와 동일한 법정형으로 규율되고 있는 점, 경찰청의 교통단속처리지침 제38조 제11항은 처벌조항의 입법 취지 등을 참작하여 "음주측정 요구에 불응하는 운전자에 대하여는 음주측정 불응에 따른 불이익을 10분 간격으로 3회 이상 명확히 고지하고, 고지에도 불구하고 측정을 거부한 때(최초 측정 요구 시로부터 30분 경과)에는 측정결과란에 본문내 삽입된 이미지로 기재하여 주취운전자 적발보고서를 작성한다."고 규정하고 있는 점 등을 고려해 볼 때, 처벌조항에서 말하는 '경찰공무원의 측정에 응하지 아니한 경우'란 전체적인 사건의 경과에 비추어 술에 취한 상태에 있다고 인정할 만한 상당한 이유가 있는 운전자가 음주측정에 응할 의사가 없음이 객관적으로 명백하다고 인정되는 때를 의미하고, 운전자가 경찰공무원의 1차 측정에만 불응하였을 뿐 곧이어 이어진 2차 측정에 응한 경우와 같이 측정거부가 일시적인 것에 불과한 경우까지 측정불응행위가 있었다고 보아 처벌조항의 음주측정불응죄가 성립한다고 볼 것은 아니다.

따라서 술에 취한 상태에 있다고 인정할 만한 상당한 이유가 있는 운전자가 호흡측정기에 숨을 내쉬는 시늉만 하는 등으로 음주측정을 소극적으로 거부한 경우라면, 소극적 거부행위가 일정 시간 계속적으로 반복되어 운전자의 측정불응의사가 객관적으로 명백하다고 인정되는 때에 비로소 음주측정불응죄가 성립하고, 반면 운전자가 명시적이고도 적극적으로 음주측정을 거부하겠다는 의사를 표명한 것이라면 즉시 음주측정불응죄가 성립할 수 있으나, 그 경우 운전자의 측정불응의사가 객관적으로 명백하였는지는 음주측정을 요구받을 당시의 운전자의 언행이나 태도 등을 비롯하여 경찰공무원이 음주측정을 요구하게 된 경위 및 측정요구의 방법과 정도, 주취운전자 적발보고서 등 측정불응에 따른 관련 서류의 작성 여부 및 운전자가 음주측정을 거부한 사유와 태양 및 거부시간 등 전체적 경과를 종합적으로 고려하여 신중하게 판단하여야 한다.(대법원 2015.12.24. 선고 2013도8481 판결)

■ 음주운전에 대한 약식명령이 확정된 후 무면허운전을 처벌할 수 있는지요?

Q. 甲은 무면허 상태에서 음주운전을 하다가 적발되었고 음주운전에 대하여 약식명령이 발령되어 확정되었습니다. 그 후 무면허운전에 대하여 공소가 제기되었는데 甲은 무면허운전으로 처벌되는지요?

A. 판례에 따르면 하나의 운전행위로 무면허, 음주운전을 한 경우에 무면허운전과 음주운전죄는 상상적 경합의 관계에 있습니다(대법원 1987.2.24. 선고 86도2731 판결). 상상적 경합관계란 1개의 행위가 수개의 죄에 해당되는 것을 의미합니다. 상상적 경합관계에 있는 죄들 중 하나의 죄에 대하여 약식명령이 확정된 경우에 그 확정된 약식명령의 기판력은 나머지 범죄에 미칩니다.

따라서 이 사안에서 甲의 음주운전에 대한 확정된 약식명령의 기판력은 甲의 무면허운전죄에 대하여도 미치므로 무면허운전죄에 대해 재판하는 법원으로서는 공소사실에 관하여 '확정판결이 있은 때'에 해당한다고 보아 형사소송법 제326조 제1호에 의하여 면소 판결을 선고하게 될 것이고 甲은 무면허운전으로 처벌되지 않을 것으로 보입니다.

※관련판례

음주운전 중 교통사고를 야기한 후 피의자가 의식불명 상태에 빠져 있는 등으로 도로교통법이 음주운전의 제1차적 수사방법으로 규정한 호흡조사에 의한 음주측정이 불가능하고 혈액 채취에 대한 동의를 받을 수도 없을 뿐만 아니라 법원으로부터 혈액 채취에 대한 감정처분허가장이나 사전 압수영장을 발부받을 시간적 여유도 없는 긴급한 상황이 생길 수 있다. 이러한 경우 피의자의 신체 내지 의복류에 주취로 인한 냄새가 강하게 나는 등 형사소송법 제211조 제2항 제3호가 정하는 범죄의 증적이 현저한 준현행범인의 요건이 갖추어져 있고 교통사고 발생 시각으로부터 사회통념상 범행 직후라고 볼 수 있는 시간 내라면, 피의자의 생명·신체를 구조하기 위하여 사고현장으로부터 곧바로 후송된 병원 응급실 등의 장소는 형사소송법 제216조 제3항의 범죄 장소에 준한다 할 것이므로, 검사 또는 사법경찰관은 피의자의 혈중알코올농도 등 증거의 수집을 위하여 의료법상 의료인의 자격이 있는 자로 하여금 의료용 기구로 의학적인 방법에 따라 필요최소한의 한도 내에서 피의자의 혈액을 채취하게 한 후 그 혈액을 영장 없이 압수할 수 있다. 다만 이 경우에도 형사소송법 제216조 제3항 단서, 형사소송규칙 제58조, 제107조 제1항 제3호에 따라 사후에 지체 없이 강제채혈에 의한 압수의 사유 등을 기재한 영장청구서에 의하여 법원으로부터 압수영장을 받아야 한다. (대법원 2012.11.15. 선고 2011도15258 판결)

■ 주차장에서의 음주운전도 도로교통법상 음주운전인지요?

Q. 甲은 술을 마신 상태에서 출입을 통제하는 차단기가 설치된 아파트 지하 주차장에 주차된 자신의 승용차를 다른 위치로 옮겨 주차하다가 사고를 내어 경찰관에게 적발되었습니다. 도로가 아닌 주차장에서 음주운전을 한 것인데도 甲은 도로교통법상 음주운전으로 처벌되는지요?

A. 종래의 도로교통법(2010.7.23. 법률 제10382호로 개정되어 2011.1.24.부터 시행되기 전의 것) 제2조 제24호는 '운전'을 '도로에서 차마를 그 본래의 사용방법에 따라 사용하는 것(조종을 포함한다)을 말한다.'고 정의하고 제1호에서 '도로'라 함은 '도로법 등에 따른 도로이거나 현실적으로 불특정 다수의 사람 또는 차마가 통행할 수 있도록 공개된 장소로서 안전하고 원활한 교통을 확보할 필요가 있는 장소'라고 정의하고 있었으므로 종래의 판례는 나이트클럽 주차장 등 도로 외에서 음주운전을 한 경우는 도로교통법상 음주운전에 해당되지 않는다고 보고 있었습니다. 그러나 2010.7.23. 법률 제10382호로 개정된 도로교통법 제2조 제24호(현행 도로교통법 제2조 제26호)에서 "'운전'이라 함은 도로(제44조·제45조·제54조 제1항·제148조 및 제148조의2에 한하여 도로 외의 곳을 포함한다)에서 차마를 그 본래의 사용방법에 따라 사용하는 것(조종을 포함한다)을 말한다."고 정의함으로써 음주운전의 경우에는 도로가 아닌 곳에서 운전하는 경우에도 운전으로 보게 되었으므로 이제는 도로가 아닌 주차장이나 아파트 상가 단지 내에서 음주운전을 한 경우에도 도로교통법상 음주운전으로 처벌받게 됩니다. 그러므로 이 사안에서도 주차장을 도로로 볼 수 있는지 여부와 상관없이 甲은 도로교통법상 음주운전으로 처벌받게 될 것으로 보입니다.

한편 헌법재판소는 도로교통법 제2조 제26호에 대한 위헌제청 사건에서, 음주운전의 경우 운전의 개념에 '도로 외의 곳'을 포함하도록 한 도로교통법(2011.6.8. 법률 제10790호로 개정된 것) 제2조 제26호 중 '제44조 제1항 및 제148조의2 제2항의 경우에는 도로 외의 곳을 포함한다' 부분이 명확성원칙에 위배되지 않고, 일반적 행동의 자유를 침해하지도 않으며 평등원칙에 위배되지도 않는다고 보아 헌법에 위반되지 않는다고 판단한 바 있습니다(헌법재판소 2016.2.25. 선고 2015헌가11 결정)

■ 도로교통법 상의 도로 외의 곳에서 음주운전 중 사고가 발생한 경우 피해자와 합의하거나 종합보험에 가입되어 있다면 처벌받지 않는지요?

Q. 甲은 대학교 내에서 술에 취한 채로 운전 중 주의의무를 위반하여 乙을 충돌하였습니다. 이 경우 피해자와 합의하거나 종합보험에 가입되어 있다면 처벌받지 않는지 궁금합니다.

A. 교통사고처리특례법 제3조 제2항 단서 제8호는 도로교통법 제41조 제1항의 규정에 위반하여 주취 중에 운전한 경우를 들고 있으므로 위 특례법 소정의 주취운전이 도로교통법상의 도로가 아닌 곳에서의 주취운전을 포함하는 것으로 해석할 수는 없습니다(대법원 1996.10.25. 선고 96도1848 판결) 따라서 음주운전이 도로교통법상 도로 외에서 발생한 경우 피해자와의 합의나 종합보험 가입에도 불구하고 처벌하여야 한다는 교통사고처리특례법 제3조 제2항 제8호는 적용되지 않으나 그 외의 교통사고처리특례법 제4조 등은 적용므로, 피해자와 합의하거나 종합보험에 가입된 경우 공소권이 없게 되어 형사처벌을 받지 않을 수 있습니다.

※관련판례

자동차종합보험의 약관 중 '피보험자가 음주운전 또는 무면허운전을 하는 동안의 사고로 인하여 보험회사가 보험금을 지급하게 되는 경우 피보험자는 약관에 정한 금액을 자기부담금으로 부담하여야 한다'는 내용의 자기부담금 조항에서 정한 '피보험자'가 기명피보험자에 한정되는지가 문제된 사안에서, 특별한 사정이 없는 한 위 약관조항에서 말하는 '피보험자'는 자동차손해배상 보장법(이하 '법'이라 한다) 제29조 제1항에서 정한 '법률상 손해배상책임이 있는 자'와 동일한 의미라고 보아야 하는데, 이에는 기명피보험자뿐만 아니라 그로부터 사용 승낙을 받은 친족피보험자 등도 포함되는 점 등 여러 사정에 비추어 '피보험자'를 기명피보험자로 한정하여 해석할 것은 아님에도, 이와 달리 본 원심판결에는 법 제29조 제1항 및 이에 따른 위 약관의 자기부담금 조항에 대한 해석을 잘못하여 판결에 영향을 미친 위법이 있다고 한 사례. (대법원 2013.3.14. 선고 2012다90603 판결)

■ 대학 구내에서 음주운전한 것이 도로교통법상 음주운전인지요?

Q. 저는 개강파티에서 약간의 음주를 한 후 귀가하기 위해 자동차를 운전하던 중 대학구내에서 접촉사고를 일으켜 피해자에게 전치 3주의 상해를 입혔습니다. 종합보험에 가입한 상태인데, 이 경우 형사처벌을 받게 되는지요?

A. 「교통사고처리특례법」 제4조 제1항 본문은 종합보험에 가입한 경우에는 차량의 운전으로 인한 교통사고로 업무상과실치상죄를 범하였어도 공소를 제기할 수 없도록 규정하고 있습니다. 그러나 단서 및 같은 법 제3조 제2항 제8호는 "도로교통법 제44조 제1항(술에 취한 상태에서의 운전금지)의 규정에 위반하여 주취 중에 운전을 한 경우에는 예외로 한다."라고 규정하고 있습니다.

그러므로 위 사안의 경우에 「교통사고처리특례법」상의 음주운전에 해당되는지에 따라서 형사처벌 여부가 결정될 것입니다. 구 도로교통법 (2010.7.23. 법률 제10382호로 개정되기 전의 것) 제2조 제24호는 "운전"의 의미를 "도로에서 차마를 그 본래의 사용방법에 따라 사용하는 것(조종을 포함한다)"으로 규정하여 도로교통법 상 도로가 아닌 곳에서의 주취운전은 도로교통법 제44조 제1항의 음주운전에 해당하지 아니하고 결국 교통사고처리특례법 제3조 제2항 단서에도 해당하지 않게 되어 사안과 같은 경우 형사처벌을 받지 아니하였습니다. 그러나 현행 도로교통법 제2조 제24호는 "운전"의 의미를 "도로(제44조·제45조·제54조제1항·제148조 및 제148조의2에 한하여 도로 외의 곳을 포함한다)에서 차마를 그 본래의 사용방법에 따라 사용하는 것(조종을 포함한다)"라고 규정함으로써 도로가 아닌 곳에서의 음주운전, 음주측정거부, 사고 후 미조치 등에 대해서도 처벌할 수 있는 근거를 마련함으로써 사안과 같은 경우 교통사고처리특례법 제3조 제2항 단서 제8호에 해당하여 종합보험에 가입되어 있더라도 교통사고처리특례법위반죄가 성립될 수 있을 것으로 보입니다.

■ 호흡측정기 음주측정결과가 음주운전의 절대적 증거인지요?

Q. 호흡측정기에 의한 음주측정에 있어서 혈중알콜농도가 예상치 못하게 높아 혈액채취에 의한 측정을 적극적으로 요구하였으나, 경찰관이 이에 응하지 않았을 경우 호흡측정기에 의한 음주측정수치가 그대로 인정될 수밖에 없는지요?

A. 「도로교통법」 제44조는 "①누구든지 술에 취한 상태에서 자동차등(건설기계관리법 제26조 제1항 단서의 규정에 의한 건설기계 외의 건설기계를 포함)을 운전하여서는 아니 된다. ②경찰공무원은 교통의 안전과 위험방지를 위하여 필요하다고 인정하거나 제1항을 위반하여 술에 취한 상태에서 자동차등을 운전하였다고 인정할 만한 상당한 이유가 있는 경우에는 운전자가 술에 취하였는지를 호흡조사로 측정할 수 있다. 이 경우 운전자는 경찰공무원의 측정에 응하여야 한다. ③제2항에 따른 측정 결과에 불복하는 운전자에 대하여는 그 운전자의 동의를 얻어 혈액채취 등의 방법으로 다시 측정할 수 있다. ④제1항의 규정에 따라 운전이 금지되는 술에 취한 상태의 기준은 혈중알콜농도가 0.05퍼센트 이상으로 한다."라고 규정하고 있으며, 같은 법 제148조의2 제2항은 "도로교통법 제44조제1항을 위반하여 술에 취한 상태에서 자동차등을 운전한 사람"에 대하여 "1. 혈중알콜농도가 0.2퍼센트 이상인 사람은 1년 이상 3년 이하의 징역이나 500만원 이상 1천만원 이하의 벌금, 2. 혈중알콜농도가 0.1퍼센트 이상 0.2퍼센트 미만인 사람은 6개월 이상 1년 이하의 징역이나 300만원 이상 500만원 이하의 벌금, 3. 혈중알콜농도가 0.05퍼센트 이상 0.1퍼센트 미만인 사람은 6개월 이하의 징역이나 300만원 이하의 벌금"에 처하도록 규정하고 있으며, 같은 조 제1항 제1호는 "제44조제1항을 2회 이상 위반한 사람으로서 다시 같은 조 제1항을 위반하여 술에 취한 상태에서 자동차등을 운전한 사람은 1년 이상 3년 이하의 징역이나 500만원 이상 1천만원 이하의 벌금에 처한다."라고 규정하고 있습니다.

그런데 위 사안과 관련하여 판례는 "호흡측정기에 의한 측정방법은 혈중알콜농도에 대한 간접적인 측정방법으로서 그 기계 자체에 내재적인 측정오차가 있고, 사람마다의 체질에 따라 측정치가 달리 나올 가능성이 있으며, 기계의 오작동 내지 고장의 가능성도 전적으로 배제하기 어렵다고 알려져 있는바, 그러한 사정을 감안하여 도로교통법 제41조 제3항(현행 도로교통법 제44조 제3항)은 술에 취하였는지 여부를 측정한 결과에 불복하는 운전자에 대하여는 운전자의 동의를 얻어 혈액채취 등의 방법으로 다시 측정할 수 있다고 규정하고 있으므로, 피고인이 술을 조금 마셨을 뿐 아니라 술을 마신 후 이미 4시간이 경과하여 그렇게 높은 수치가 나타날 리가 없는데 고지된 수치는 높게 나타났다면서 혈액채취에 의한 측정을 적극적으로 요구하였다면, 단속경찰관으로서는 도로교통법 제41조 제2항(현행 도로교통법 제44조 제2항)의 취지에 따라 불복의 이유를 들어 보고 상당한 이유가 있다고 판단될 경우 다시 호흡측정기로 측정을 하여 그 수치를 직접 확인케 해주든지 아니면 피고인의 요구에 따라 혈액채취를 하는 등의 조치를 취하여야 할 것임에도 불구하고, 재측정수치를 육안으로 확인케 해주지도 않은 채 주취운전자 적발보고서를 작성한 후 20분이 경과한 다음에는 혈액채취에 의한 음주측정이 불가능하다는 이유를 들어 이를 행하지 아니한 이상 음주측정기에 의한 최초의 측정결과는 그 신빙성이 의심스럽다고 할 것이어서 음주측정기에 의한 최초 측정결과가 고지된 사실만으로 피고인의 주취운전을 인정하기 어렵다."라고 하였습니다(대법원 2001.7.13. 선고 2001도769 판결, 2002.10.11. 선고 2002두6330 판결).

따라서 위 판례의 경우와 같은 특별한 사정이 있는 경우에는 호흡측정기에 의한 음주측정결과(음주측정수치)가 인정되지 않을 수도 있습니다. 다만, 판례는 "운전자가 경찰공무원에 대하여 호흡측정기에 의한 측정결과에 불복하고 혈액채취의 방법에 의한 측정을 요구할 수 있는 것은 경찰공무원이 운전자에게 호흡측정의 결과를 제시하여 확인을 구하는 때로부터 상당한 정도로 근접한 시점에 한정된다 할 것이고(경찰청의 교통단속처리지침에 비추어 보면 위 측정결과의 확인을 구하는 때로부터 30분이 경과하기까지를 일응 상당한 시간 내의 기준으로 삼을 수 있을 것이다)..."라고 하였으므로(대법원 2002.3.15. 선고 2001도7121 판결), 위 사안의 경우 혈액채취에 의한 측정요구가 호흡측정기측정 결과를 확인을 구하는 때로부터 30분 내에 이루어졌을 것을 요한다 할 것입니다.

※관련판례

비록 운전 시점과 혈중알코올농도의 측정 시점 사이에 시간 간격이 있고 그때가 혈중알코올농도의 상승기로 보이는 경우라 하더라도,

그러한 사정만으로 무조건 실제 운전 시점의 혈중알코올농도가 처벌기준치를 초과한다는 점에 대한 입증이 불가능하다고 볼 수는 없다. 이러한 경우 운전 당시에도 처벌기준치 이상이었다고 볼 수 있는지 여부는 운전과 측정 사이의 시간 간격, 측정된 혈중알코올농도의 수치와 처벌기준치의 차이, 음주를 지속한 시간 및 음주량, 단속 및 측정 당시 운전자의 행동 양상, 교통사고가 있었다면 그 사고의 경위 및 정황 등 증거에 의하여 인정되는 여러 사정을 종합적으로 고려하여 논리와 경험칙에 따라 합리적으로 판단하여야 한다(대법원 2013.10.24. 선고 2013도6285 판결 참조).(대법원 2013.11.28. 선고 2013도8649 판결)

■ 주차장에서의 음주운전하다가 지나가던 경찰관에게 적발되어 음주
  운전으로 인한「도로교통법」위반으로 벌금형의 약식명령을 받았
  는데, 이것이 정당한지요?

Q. 저의 남편은 친구의 초청으로 가족동반 저녁식사를 하러 승용차를 가지
   고 근교음식점에 갔다가 그 음식점주차장으로 사용하는 공터에 주차한
   후 음주를 겸한 식사를 하였습니다. 그런데 종업원이 남편에게 다른 차
   의 주차가 어렵다며 비스듬히 세워놓은 남편차량을 바로 해달라고 요청
   하였고 남편은 다시 주차를 하였습니다. 그러나 때마침 지나가던 경찰관
   에게 적발되어 음주운전으로 인한 「도로교통법」 위반으로 벌금형의
   약식명령을 받았는데, 이것이 정당한지요?

A. 주취 중 운전금지에 관하여「도로교통법」제44조 제1항은 "누구든지 술
   에 취한 상태에서 자동차 등(건설기계관리법 제26조 제1항 단서의 규정
   에 의한 건설기계외의 건설기계를 포함)을 운전하여서는 아니 된다."라고
   규정하고 있습니다. 그리고 같은 법 제148조의2 제1항 제1호는 "제44조
   제1항의 규정에 위반하여 술에 취한 상태에서 자동차 등을 운전한 사람
   은 1년 이상 3년 이하의 징역이나 500만원 이상 1천만원 이하의 벌금에
   처한다."라고 규정하고 있습니다. 또한,「도로교통법」제2조 제1호는 도로
   교통법에서 사용되는 '도로'라 함은 "도로법에 의한 도로", "유료도로법에
   의한 유료도로", "농어촌도로 정비법에 따른 농어촌도로", "그 밖에 현실
   적으로 불특정 다수의 사람 또는 차마의 통행을 위하여 공개된 장소로서
   안전하고 원활한 교통을 확보할 필요가 있는 장소"로 규정하고 있는데,
   같은 법 제148조 제1항 제1호 소정의 처벌대상자에 해당하기 위해서는
   운전한 장소가 같은 법 제2조 제1호 소정의 도로이어야 하며, 종전 판례
   는 "도로교통법 제2조 제1호에서 도로의 개념으로 정한 '일반교통에 사용
   되는 모든 곳'(현행 "그 밖에 현실적으로 불특정 다수의 사람 또는 차마
   의 통행을 위하여 공개된 장소로서 안전하고 원활한 교통을 확보할 필요
   가 있는 장소")이라 함은 현실적으로 불특정 다수의 사람 또는 차량의 통
   행을 위하여 공개된 장소로서 교통질서유지 등을 목적으로 하는 일반 교
   통경찰권이 미치는 공공성이 있는 곳을 의미하는 것이므로, 특정인들 또
   는 그들과 관련된 특정한 용건이 있는 자들만이 사용할 수 있고 자주적

으로 관리되는 장소는 이에 포함된다고 볼 수 없다."라고 하였습니다(대법원 1999.12.10. 선고 99도2127 판결). 그런데 최근의 판례는 "아파트 단지가 상당히 넓은 구역으로서 비록 여러 곳에 경비실이 설치되어 있고 경비원들이 아파트 주민 이외의 차량에 스티커를 발부해 왔다 하더라도 이는 주민들의 차량으로 하여금 우선 주차할 수 있도록 하기 위한 주차공간확보 차원에서 이루어진 것으로 보일 뿐이고, 그것만으로 아파트 단지 내의 통행로가 특정인들 또는 그들과 관련된 특별한 용건이 있는 자들만이 사용할 수 있는 장소로서 자주적으로 관리되는 장소라고 볼 수는 없고, 현실적으로 볼 때 불특정 다수의 사람이나 차량의 통행을 위하여 공개된 장소라면 교통질서유지 등을 목적으로 하는 일반교통경찰권이 미치는 공공성이 있는 곳으로 도로교통법 제2조 제1호 소정의 '도로'에 해당한다."고 한 사례(2002.9.24. 선고 2002도3190 판결)도 있는 것으로 볼 때 아파트 단지 내의 도로라 해서 무조건 도로교통법 제2조 제1호 소정의 '도로'에서 제외되는 것은 아니며 아파트 단지의 규모와 단지 내 도로의 형태, 불특정 다수의 사람이나 차량의 통행을 위하여 공개된 장소인지 여부, 운전의 목적과 불가피성, 그리고 운행거리 등을 종합적으로 보고 판단해야 할 것입니다. 그리고 주차장에서의 음주운전이 도로교통법상의 처벌대상이 되는지에 관련하여 판례는 ①시청 내의 광장주차장 또는 도로의 노면의 일정구역에 설치된 노상주차장 등에서 운전한 것을 도로에서 차를 그 본래의 사용방법에 따라 사용하는 것에 해당한다고 한 판례가 있는 반면(대법원 1992.9.22. 선고 92도1777 판결), ②주차장으로 사용되는 주점 옆 공터가 일반공중이나 차량들이 자유로이 통행할 수 있는 통행장소가 아니라면 도로법이나 유료도로법 소정의 도로에 해당한다고 할 수 없고 일반교통에 사용되는 곳이라고 보기도 어려워 도로교통법상의 도로라고 할 수 없다는 사례(대법원 1992.10.9. 선고 92도448 판결) 및 나이트클럽 주차장이 도로교통법상의 도로라고 할 수 없다는 사례(대법원 1992.10.9. 선고 92도1330 판결), 아파트의 구내 노상주차장에 주차된 차량을 아파트 구내 지하주차장으로 옮기기 위하여 운전한 경우 도로교통법위반행위에 해당하지 않는다고 한 사례(대법원 1999.12.10. 선고 99도2127 판결), 호텔 및 가든을 경영하는 자의 사유지로서 5대 정도의 차가 주차할 수 있도록 주차선을 구획해놓아 그 호텔 등을 찾는 손님들의 주차장소로만 사용되는 곳을 도로교통법상의 도로라고 할 수 없다고 한 사례(대법원 2001.1.19. 선고 2000도2763 판결)가 있습니다. 따라서 귀하의 남편의 경우는 위 두 번째 대법원 판례의 사례에 해당되는 것으로 볼 수도 있어 약식명령을 받은 후 1주일 내에 법원에 정식재판청구를 하여 다투어 볼 수 있다고 하겠습니다.

■ 대리운전기사의 차량 이탈 후 차를 운전하여 안전한 장소에 주차
하게 되었을 경우 음주운전으로 처벌받게 되는지요?

Q. 甲은 술을 마시고 대리운전기사를 불러 집으로 귀가하던 중 대리운전기
사가 甲과 언쟁을 벌이다가 차를 도로 한복판에 방치하고 떠나는 바람
에 부득이하게 300m 남짓 차를 운전하여 안전한 장소에 주차하게 되었
습니다. 이 경우 甲이 음주운전으로 처벌받게 되는지요?

A. 형법 제21조는 긴급피난이라는 표제 하에 "자기 또는 타인의 법익에 대
한 현재의 위난을 피하기 위한 행위는 상당한 이유가 있는 때에는 벌하
지 아니한다."고 규정하고 있으며, 판례는 이러한 긴급피난이 인정되기
위해서는 "첫째 피난행위는 위난에 처한 법익을 보호하기 위한 유일한 수
단이어야 하고, 둘째 피해자에게 가장 경미한 손해를 주는 방법을 택하여
야 하며, 셋째 피난행위에 의하여 보전되는 이익은 이로 인하여 침해되는
이익보다 우월해야 하고, 넷째 피난행위는 그 자체가 사회윤리나 법질서
전체의 정신에 비추어 적합한 수단일 것을 요하는 등의 요건을 갖추어야
한다.(대법원 2006.4.13.선고 2005도9396판결 등)"고 판시하고 있습니다.
예를 들어 "임신의 지속이 모체의 건강을 해칠 우려가 현저할 뿐더러 기
형아 내지 불구아를 출산할 가능성마저도 없지 않다는 판단 하에 부득이
취하게 된 산부인과 의사의 낙태 수술행위는 정당행위 내지 긴급피난에
해당되어 위법성이 없는 경우에 해당된다."(대법원 1976.7.13. 선고 75도
1205 판결)고 할 것입니다.사안의 경우 甲의 운전은 대리운전기사로부터
초래된 위급 상황을 피하기 위한 행위로서 甲이 직접 운전하지 않고서는
단시간 내에 사고위험을 없애기 어려운 경우에 해당하므로, 위에서 살펴
본 긴급피난 규정에 따라 음주운전에도 불구하고 처벌을 면하게 된다고
할 것입니다.

■ 음주운전 후 지인에게 허위자수를 교사한 자는 어떻게 처벌받게 되나요?

Q. 甲이 음주운전을 하다가 도로변의 가드레일을 들이받는 교통사고를 일으키자, 지인인 乙에게 대신 운전을 한 것으로 하여달라고 부탁하여 乙이 처음에는 이를 거절하였으나, 다음날 乙이 마음을 바꿔 음주운전을 하다가 사고를 일으켰다고 자수한 경우(이후 위와 같은 사실이 모두 발각됨) 甲과 乙은 어떻게 처벌받게 되나요?

A. 먼저 甲은 음주운전과 교통사고를 일으킨데 대하여 관련규정(도로교통법)에 따른 처벌을 받게 되며, 나아가 乙에 대하여 허위로 자수하게 하는 등으로 甲의 범죄사실을 은폐하도록 교사하였기 때문에, 형법 제31조에 의해 乙에 대한 범인도피죄의 교사범으로 처벌받게 됩니다.

즉, "범인이 타인으로 하여금 허위의 자백을 하게 하는 등으로 범인도피죄를 범하게 하는 경우와 같이 그것이 방어권의 남용으로 볼 수 있을 때에는 범인도피교사죄에 해당"(대법원 2014.4.10. 선고 2013도12079 판결)하며, 乙이 처음에는 甲의 제의를 거절하였다고 하더라도 "피교사자가 교사자의 교사행위 당시에는 일응 범행을 승낙하지 아니한 것으로 보여진다 하더라도 이후 그 교사행위에 의하여 범행을 결의한 것으로 인정되는 이상 교사범의 성립에는 영향이 없다."(대법원 2013.9.12. 선고 2012도2744 판결)는 것이 판례의 입장이기 때문입니다. 수사기관에 허위로 자수하여 甲의 음주운전 및 교통사고 범죄사실을 은폐하고자 시도한 乙은 형법상 범인도피죄로 처벌될 것입니다.

■ 운전면허가 정지된 상태에서 운전하였을 경우 무면허운전이므로 무보험자동차에 의한 상해보험금을 지급받을 수 없는지요?

Q. 저는 甲보험회사와 개인용자동차종합보험계약을 체결하면서 무보험자동차에 의한 상해특약을 체결하였습니다. 그 후 저는 피보험차량을 운전하다가 빗길에 미끄러지면서 중앙선을 침범한 乙의 무보험차량에 충돌되어 중증뇌좌상을 입고 입원치료중입니다. 그런데 위 사고 당시 저는 운전면허가 정지된 상태에서 운전하였는바, 이 경우 무면허운전이므로 무보험자동차에 의한 상해보험금을 지급 받을 수 없는지요?

A. 인보험인 생명보험에 관하여 「상법」 제732조의2 제1항에서는 "사망을 보험사고로 한 보험계약에는 사고가 보험계약자 또는 피보험자나 보험수익자의 중대한 과실로 인하여 발생한 경우에도 보험자는 보험금을 지급할 책임을 면하지 못한다."라고 규정하고 있고, 이 규정은 같은 법 제739조에 의하여 상해보험에 관하여도 준용되고 있습니다. 그런데 자동차종합보험계약상 '무보험자동차에 의한 상해특약'의 법적 성질 및 그 보험약관상 무면허운전면책조항의 효력에 관하여 판례는 "자동차종합보험계약상의 '무보험자동차에 의한 상해특약'은 상해보험의 일종으로서, 상법 제732조의2, 제739조, 제663조의 규정에 의하면 사망이나 상해를 보험사고로 하는 '인보험'에 관하여는 보험사고가 고의로 인하여 발생한 것이 아니라면 비록 중대한 과실에 의하여 생긴 것이라 하더라도 보험금을 지급할 의무가 있다고 할 것이므로, 그 약관 중 '피보험자가 무면허운전을 하던 중 그 운전자가 상해를 입은 때에 생긴 손해는 보상하지 아니한다.'고 규정한 무면허운전면책조항이 보험사고가 전체적으로 보아 고의로 평가되는 행위로 인한 경우뿐만 아니라 과실(중과실 포함)로 평가되는 행위로 인한 경우까지 보상하지 아니한다는 취지라면 과실로 평가되는 행위로 인한 사고에 관한 한 무효라고 보아야 한다."라고 하였습니다(대법원 1999.2.12. 선고 98다26910 판결). 또한 "상법 제732조의2는 '사망을 보험사고로 한 보험계약에는 사고가 보험계약자 또는 피보험자나 보험수익자의 중대한 과실로 인하여 발생한 경우에도 보험자는 보험금을 지급할 책임을 면하지 못한다.'라고 규정하고 있고, 위 규정은 상법 제739조에 의해 상해보험계약에도 준용되며, 한편 상법 제663조는 당사자간의 특약으로 보험계약자 또는 피보험자나 보험수익자에게 불이익하게 위 각 규정을 변경하지 못하

도록 규정하고 있는바, 상해 또는 사망을 보험사고로 하는 보험계약상의 무면허·음주 등 면책약관이 만일 보험사고가 전체적으로 보아 고의로 평가되는 행위로 인한 경우뿐만 아니라 과실(중과실 포함)로 평가되는 행위로 인한 경우까지 보상하지 아니한다는 취지라면 과실로 평가되는 행위로 인한 사고에 관한 한 위 각 규정들에 위배되어 무효라고 봄이 상당하다." 라고 하였습니다(대법원 1998.10.20. 선고 98다34997 판결).

따라서 위 사안의 경우에도 무보험자동차에 의한 상해특약상 무면허·음주운전면책조항이 있다고 하여도 위 사고에 있어 질문자분이 무면허운전을 하였다고 하여도 전체적 내용으로 보아 질문자분의 고의로 평가되는 행위로 인한 사고로 볼 수 없으므로, 甲보험회사는 무보험상해보험금을 귀하에게 지급하여야 할 것으로 보입니다.

참고로 무보험자동차에 의한 상해담보특약에 기한 보험금청구권의 소멸시효기간 및 그 기산점에 관하여 판례는 "보험금액의 청구권 등의 소멸시효기간에 관하여 규정한 상법 제662조는 달리 특별한 규정이 없는 한 모든 손해보험과 인보험에 적용되는 규정이고, 무보험자동차에 의한 상해담보특약에 의한 보험이 실질적으로 피보험자가 무보험자동차에 의한 사고로 사망 또는 상해의 손해를 입게 됨으로써 전보되지 못하는 실손해를 보상하는 것이라고 하더라도 그 보험금청구권은 상법 제662조에 의한 보험금액의 청구권에 다름 아니어서 이를 2년 간(※ 2016. 현행 상법상은 3년) 행사하지 아니하면 소멸시효가 완성된다고 할 것이고, 보험금청구권은 보험사고의 발생으로 인하여 구체적으로 확정되어 그 때부터 그 권리를 행사할 수 있게 되는 것이므로, 그 소멸시효는 달리 특별한 사정이 없는 한 민법 제166조 제1항의 규정에 의하여 보험사고가 발생한 때로부터 진행한다."라고 하였습니다(대법원 2000.3.23. 선고 99다66878 판결).

※관련판례

이미 수차례 음주 및 무면허운전으로 처벌받은 전력이 있는 피고인이 같은 범행으로 집행유예 선고와 함께 보호관찰 등을 명받았음에도 보호관찰관의 지도·감독에 불응하여 집행유예취소 청구가 되어 유치되기까지 하였음에도, 위 집행유예취소 청구가 기각된 후에 종전과 같이 보호관찰관의 지도·감독에 불응하며 동종의 무면허운전을 한 사안에서, 보호관찰 대상자로서의 준수사항을 심각하게 위반하였

다고 할 것임에도, 피고인에 대한 집행유예취소 청구를 기각한 원심
결정에 법리오해 및 심리미진의 위법이 있다고 한 사례.
(대법원 2010.5.27. 자 2010모446 결정)

■ 종합보험약관상 자기차량 손해에 있어서 음주운전한 경우 자기차량손해보험금을 지급받을 수 없는지요?

Q. 저는 자가용승용차의 자동차종합보험에 가입하였는데(자기차량손해보험 포함), 최근 음주운전을 하다가 제3자에 대한 피해는 없었지만, 제 차량이 많이 파손되었습니다. 이 경우 자기차량손해보험금을 지급받을 수 없는지요?

A. 「상법」제659조 제1항은 "보험사고가 보험계약자 또는 피보험자나 보험수익자의 고의 또는 중대한 과실로 인하여 생긴 때에는 보험자는 보험금액을 지급할 책임이 없다."라고 규정하고 있으며, 자동차종합보험 표준약관에도 무면허운전이나 음주운전으로 인한 자기차량손해는 보상하지 않는다고 정하고 있습니다. 자동차종합보험약관상 자기차량손해에 있어 음주·무면허면책조항의 효력에 관하여 판례는 "자기차량손해보험은 물건보험으로서 손해보험에 속하기는 하나 보험금이 최종적으로 귀속될 자가 보험계약자 또는 피보험자 자신들이므로 대인·대물배상보험에 있어서와 같이 제3자(피해자)의 보호를 소홀히 할 염려가 없을 뿐만 아니라, 보험계약자나 피보험자의 지배관리가 미치지 못하는 자동차운전자의 음주운전여부에 따라 보호를 받지 못한다고 하더라도 자기차량손해보험의 보상금상한이 제한되어 있어 보험계약자나 피보험자가 이를 인용할 여지도 있는 점 등에 비추어 보면, 보험계약자나 피보험자가 입은 자기차량손해가 자동차종합보험의 음주면책약관 조항과 같이 보험계약자 등이 음주운전을 하였을 때에 생긴 손해에 해당하는 경우에는 그 면책조항의 문언 그대로 아무런 제한 없이 면책되는 것으로 해석하여야 하고, 이러한 법리는 자동차종합보험의 무면허 면책약관 조항의 경우에도 마찬가지로 적용된다."라고 하였습니다(대법원 2000.10.6. 선고 2000다32130 판결).

따라서 위 사안에서도 귀하의 음주운전사고로 인하여 귀하의 차량이 파손된 경우이므로 자기차량손해보험금을 지급받을 수 없을 것으로 보입니다.

■ 종합보험약관상 자기신체사고 손해에 있어서 음주운전한 경우 보험혜택을 받을 수 없는지요?

Q. 저는 자가용 승용차를 구입하면서 자동차종합보험에 가입했는데(자기신체사고자동차보험 포함), 최근 음주운전사고로 사람을 치어 중상을 입히고 저도 중상을 입었습니다. 그런데 제가 가입되어 있는 자동차종합보험회사에서는 제가 음주운전자이므로 자동차종합보험보통약관상 음주운전면책규정을 들어 저에게 자기신체사고보험금(자손사고보험금)을 지급할 수 없다고 합니다. 저는 보험혜택을 받을 수 없는지요?

A. 「상법」 제659조 제1항은 "보험사고가 보험계약자 또는 피보험자나 보험수익자의 고의 또는 중대한 과실로 인하여 생긴 때에는 보험자는 보험금액을 지급할 책임이 없다."라고 규정하고 있으나, 생명보험에 관하여서는 같은 법 제732조의2가 "사망을 보험사고로 한 보험계약에서는 사고가 보험계약자 또는 피보험자나 보험수익자의 중대한 과실로 인하여 발생한 경우에도 보험자는 보험금을 지급할 책임을 면하지 못한다."라고 규정하고 있으며, 상해보험에 관하여서도 같은 법 제739조가 생명보험에 관한 위 규정을 준용하고 있습니다. 판례도 "상법 제732조의2, 제739조가 사망이나 상해를 보험사고로 하는 인보험에 관하여는 보험자의 면책사유를 제한하여 보험사고가 비록 중대한 과실로 인하여 생긴 것이라 하더라도 보험금을 지급하도록 규정하고 있는 점이나 인보험이 책임보험과 달리 정액보험으로 되어 있는 점에 비추어 볼 때, 인보험에 있어서의 무면허운전이나 음주운전면책약관의 해석이 책임보험에 있어서의 그것과 반드시 같아야 할 이유가 없으며, 음주운전의 경우에는 보험사고발생의 가능성이 많을 수도 있으나 그 정도의 사고발생가능성에 관한 개인차는 보험에 있어서 구성원간의 위험의 동질성을 해칠 정도는 아니라고 할 것이고, 또한 음주운전이 고의적인 범죄행위이기는 하나 그 고의는 특별한 사정이 없는 한 음주운전 자체에 관한 것이고 직접적으로 사망이나 상해에 관한 것이 아니어서 그로 인한 손해보상을 해준다고 하여 그 정도가 보험계약에 있어서의 당사자의 선의성·윤리성에 반한다고는 할 수 없으므로, '자기신체사고자동차보험(자손사고보험)과 같은 인보험'에 있어서의 음주운전면책약관이 보험사고가 전체적으로 보아 고의로 평가되는 행위로 인한 경우뿐만 아니라 과실(중과실 포함)로 평가되는 행위로 인한 경우까지 포함하는 취

지라면 과실로 평가되는 행위로 인한 사고에 관한 한 무효라고 보아야한다."라고 하여 음주운전 중 과실로 인하여 발생한 사고에 대하여는 보통약관의 규정에도 불구하고 보험자가 면책되지 않는다고 보았고(대법원 1998.4.28. 선고 98다4330 판결, 1998.12.22. 선고 98다35730 판결), 헌법재판소는 위 상법 규정들에 대한 헌법소원에 대해 합헌 결정을 내린바 있습니다(헌법재판소 1999.12.23. 자 98헌가12 결정).

위와 같은 상법상의 관련 규정들과 대법원의 판결내용에 비추어 보면, 귀하의 경우 음주운전 중 고의로 피해자를 충격하여 상해의 결과를 발생시킨 것이 아닌 이상 보험금을 지급받을 권리가 인정될 것으로 보입니다.

■ 형사상 불기소처분 받아도 보험계약의 음주운전 면책약관 적용이 가능한지요?

Q. 저는 제 소유의 승용차에 관하여 보험회사와 자동차보험계약을 체결한 상태에서 야간에 피보험차량을 운전하고 가다가 중앙분리대를 충격하는 등 교통사고를 일으켜 피보험차량이 심하게 파손되는 등 손해를 입었습니다. 보험회사를 상대로 자기차량손해 보험금 등을 청구하였는데, 보험회사는 제가 음주운전을 하다가 사고를 냈으므로 보험계약의 음주운전 면책약관에 따라 자기차량손해 보험금 부분이 면책된다고 주장하며 보험금을 주지 않고 있습니다. 당시 제가 음주운전 관련 형사사건에서는 불기소처분을 받았는데 보험금을 주지 않으니 억울합니다. 이 경우에 저는 보험회사에게 보험금을 청구할 수 없는 건가요?

A. 상법 제659조 제1항에서는 "보험사고가 보험계약자 또는 피보험자나 보험수익자의 고의 또는 중대한 과실로 인하여 생긴 때에는 보험자는 보험금액을 지급할 책임이 없다."고 규정하고 있고, 도로교통법 제44조 제1항에서는 "누구든지 술에 취한 상태에서 자동차등(「건설기계관리법」 제26조제1항 단서에 따른 건설기계 외의 건설기계를 포함한다. 이하 이 조, 제45조, 제47조, 제93조제1항제1호부터 제4호까지 및 제148조의2에서 같다)을 운전하여서는 아니 된다."고 규정하고 있는바, 음주운전을 보험계약상 면책약관으로 규정할 수 있습니다.

■ 음주운전을 한 피보험자의 자기부담금 특약의 해석은 어떻게 해야 하나요?

Q. 저는 주부로서 친족피보험 특약이 있는 자동차종합보험에 가입된 남편명의의 차를 운전하고 있습니다. 그러나 회식에 참석하고 귀가하다 그만 음주운전으로 인하여 사고가 발생하고 말았습니다. 찾아보니 약관에 음주운전으로 인한 사고로 인한 보험금 지급에는 피보험자의 자기부담금 조항이 있는 것을 알게 되었습니다. 기명피보험자는 남편이고 저는 기명피보험자가 아닌데 자기 부담금을 보험사 약관에 따라 지급해야 하나요?

A. 대법원 2013.03.14. 선고 2012다90603 판결에 따르면, 자동차종합보험의 약관 중 '피보험자가 음주운전 또는 무면허운전을 하는 동안의 사고로 인하여 보험회사가 보험금을 지급하게 되는 경우 피보험자는 약관에 정한 금액을 자기부담금으로 부담하여야 한다'는 내용의 자기부담금 조항에서 정한 '피보험자'가 기명피보험자에 한정되는지가 문제된 사안에서, 특별한 사정이 없는 한 위 약관조항에서 말하는 '피보험자'는 자동차손해배상 보장법(이하 '법'이라 한다) 제29조 제1항에서 정한 '법률상 손해배상책임이 있는 자'와 동일한 의미라고 보아야 한다고 판시하였습니다. 즉, '법률상 손해배상책임이 있는 자'에는 기명피보험자 뿐만 아니라,그로부터 사용승낙을 받은 친족피보험자 등도 포함되기 때문에 자기부담금 조항에서 정한 '피보험자'는 기명피보험자로 한정하여 해석할 것은 아니라고 볼 것입니다.

따라서, 귀하의 경우 기명피보험자는 남편이지만, 운행자로부터 승낙을 받은 친족피보험자에 귀하도 해당하게 되므로, 마땅히 법률상 손해배상책임이 있는 자로서 자기부담금 특약의 지급책임이 있는 것으로 해석될 것입니다.

■ 음주운전 차량에 함께 타고 가다 사고가 발생한 경우, 동승자가 보험사에 손해배상액 전부를 청구할 수 있을까?

Q. 송씨는 2011년 1월 28일 오전 5시경 혈중알콜농도 0.072%의 술에 취한 방 모씨가 모는 메가트럭에 함께 타고 가다가 방씨의 졸음운전으로 트럭이 경주시 양남면의 편도 1차로 도로를 벗어나 도로 가장자리의 가로수를 들이받는 사고로 코뼈가 부러지는 등 상해를 입었다. 방씨는 사고 당일 오전 2시경까지 원고와 함께 술을 마시고 2시간 가량 잠을 잔 후 운전했으며, 사고 당시 원고도 조수석에서 잠을 자고 있었다. 이에 송씨가 트럭의 보험자에게 손해배상금 전액을 청구할 수 있을까?

A. 술에 취한 운전자가 모는 승용차에 함께 타고 가다가 사고가 나 다친 동승자는 70%밖에 손해배상을 받을 수 없다는 판결이 나왔다. 음주운전을 제지하지 않은 데 대한 잘못을 30% 인정, 그만큼 배상액을 깎은 것이다. 울산지법 민사2부(재판장 문춘언 부장판사)는 9월 4일 송 모(43)씨가 운전자가 가입한 전국화물자동차운송사업연합회를 상대로 낸 손해배상청구소송의 항소심(2013나1150)에서 이같이 판시, "피고는 원고에게 9200여만원만 지급하라"고 원고 일부 승소 판결했다. 재판부는 "원고로서는 방씨가 새벽까지 원고와 함께 술을 마시고 피곤한 상태에 있다는 사정을 충분히 인식하면서도 제지하지 않고 트럭에 동승한 잘못이 있고, 위와 같은 원고의 과실도 손해의 발생 및 확대에 한 원인이 되었다"고 과실상계 이유를 설명했다.

따라서 송씨는 손해배상금 전액을 청구할 수는 없을 것입니다.

■ 회사 회식 후 음주운전을 하다가 사망한 경우 업무상 재해성에 해당하는지요?

Q. 甲은 회사의 영업부장으로 근무하던 중 동료 직원들과 함께 음주를 곁들인 회식을 한 후 승용차를 운전하여 회사의 기숙사로 돌아가던 중 도로 중앙분리대를 들이 받는 교통사고를 일으켜 사망하였습니다. 甲의 유족은 유족보상 및 장의비 등을 받을 수 있나요?

A. 이와 관련하여 대법원 판례는 "위 회식이 위 망인이 수행하는 업무의 범위에 속한다고 하더라도 이 사건 사고는 그 업무수행의 자연적인 경과에 의하여 유발된 것이 아니라 위 망인 자신이 만취한 상태에서 운전하면서 도로 중앙분리대를 들이받음으로써 발생하였다고 할 것이고, 이러한 경우에는 비록 기상 악화로 인한 시야장애가 개입하였다고 하더라도 그것이 사고 발생의 압도적인 원인이어서 음주운전이 별다른 의미를 가지지 아니한다는 등의 다른 특별한 사정이 없는 한 이 사건 사고와 같은 교통사고가 그 업무 수행에 수반되는 일반적인 위험의 범위 내에 있는 것이라고 할 수 없다. 기록에 의하면 이 사건 사고는 오히려 주로 위 망인의 만취운전으로 인하여 발생한 것으로 보이므로, 위 망인의 업무수행과 이 사건 사고로 인한 그의 사망 사이에는 상당인과관계가 없다고 할 것이고, 그렇다면 위 망인의 사망은 업무상 재해에 해당하지 않는다."고 판시한 바 있습니다(대법원 2009.4.9. 선고 2009두508 판결).
따라서 위 판례에 의하면 망인의 사고는 안타깝지만 업무상 재해성을 인정받을 수 없을 것으로 판단됩니다.

※관련판례

근로복지공단이, 출장 중 교통사고로 사망한 갑의 아내 을에게 요양급여 등을 지급하였다가 갑의 음주운전 사실을 확인한 후 요양급여 등 지급결정을 취소하고 이미 지급된 보험급여를 부당이득금으로 징수하는 처분을 한 사안에서, 위 사고는 망인의 음주운전이 주된 원인으로서 망인의 업무와 사고 발생 사이에는 상당인과관계가 있다고 볼 수 없어 망인의 사망은 업무상 재해에 해당하지 않으므로 요양급여 등 지급결정은 하자 있는 위법한 처분인 점 등을 고려하면, 요양급여 등 지급결정은 취소해야 할 공익상의 필요가 중대하여 을 등 유족이 입을 불이익을 정당화할 만큼 강하지만, 위 사고는 망인이 사업주의 지시에 따라 출장을 다녀오다가 발생하였고, 사고 발생에 망인의 음주 외에 업무로 인한 과로, 과로로 인한 피로 등이 경합하여 발생한 점 등을 고려하면, 이미 지급한 보험급여를 부당이득금으로 징수하는 처분은 공익상의 필요가 을 등이 입게 된 기득권과 신뢰보호 및 법률생활 안정의 침해 등 불이익을 정당화할 만큼 강한 경우에 해당하지 않는다고 본 원심판단을 정당하다고 한 사례.(대법원 2014.7.24. 선고 2013두27159 판결)

부록 : 관련법령

- 자동차손해배상 보장법

자동차손해배상 보장법

[시행 2020.10.8] [법률 제17236호, 2020.4.7, 일부개정]

제1장 총 칙

제1조(목적) 이 법은 자동차의 운행으로 사람이 사망 또는 부상하거나 재물이 멸실 또는 훼손된 경우에 손해배상을 보장하는 제도를 확립하여 피해자를 보호하고, 자동차사고로 인한 사회적 손실을 방지함으로써 자동차운송의 건전한 발전을 촉진함을 목적으로 한다. <개정 2013.8.6.>

제2조(정의) 이 법에서 사용하는 용어의 뜻은 다음과 같다. <개정 2009.2.6., 2013.8.6., 2016.3.22., 2020.4.7.>

1. "자동차"란 「자동차관리법」의 적용을 받는 자동차와 「건설기계관리법」의 적용을 받는 건설기계 중 대통령령으로 정하는 것을 말한다.

1의2. "자율주행자동차"란 「자동차관리법」 제2조제1호의3에 따른 자율주행자동차를 말한다.

2. "운행"이란 사람 또는 물건의 운송 여부와 관계없이 자동차를 그 용법에 따라 사용하거나 관리하는 것을 말한다.

3. "자동차보유자"란 자동차의 소유자나 자동차를 사용할 권리가 있는 자로서 자기를 위하여 자동차를 운행하는 자를 말한다.

4. "운전자"란 다른 사람을 위하여 자동차를 운전하거나 운전을 보조하는 일에 종사하는 자를 말한다.

5. "책임보험"이란 자동차보유자와 「보험업법」에 따라 허가를 받아 보험업을 영위하는 자(이하 "보험회사"라 한다)가 자동차의 운행으로 다른 사람이 사망하거나 부상한 경우 이 법에 따른 손해배상책임을 보장하는 내용을 약정하는 보험을 말한다.

6. "책임공제(責任共濟)"란 사업용 자동차의 보유자와 「여객자동차 운수사업법」, 「화물자동차 운수사업법」, 「건설기계관리법」에 따라 공제사업을 하는 자(이하 "공제사업자"라 한다)가 자동차의 운행으로 다른 사람이 사망하거나 부상한 경우 이 법에 따른 손해배상책임을 보장하는 내용을 약정하는 공제를 말한다.

7. "자동차보험진료수가(診療酬價)"란 자동차의 운행으로 사고를 당한 자(이하 "교통사고환자"라 한다)가 「의료법」에 따른 의료기관(이하 "의료기관"이라 한다)에서 진료를 받음으로써 발생하는 비용으로서 다음 각 목의 어느 하나의 경우에 적용되는 금액을 말한다.

   가. 보험회사(공제사업자를 포함한다. 이하 "보험회사등"이라 한다)의 보험금(공제금을 포함한다. 이하 "보험금등"이라 한다)으로 해당 비용을 지급하는 경우

   나. 제30조에 따른 자동차손해배상 보장사업의 보상금으로 해당 비용을 지급하는 경우

   다. 교통사고환자에 대한 배상(제30조에 따른 보상을 포함한다)이 종결된 후 해당 교통사고로 발생한 치료비를 교통사고환자가 의료기관에 지급하는 경우

8. "자동차사고 피해지원사업"이란 자동차사고로 인한 피해를 구제하거나 예방하기 위한 사업을 말하며, 다음 각 목과 같이 구분한다.

   가. 자동차손해배상 보장사업: 제30조에 따라 국토교통부장관이 자동차사고 피해를 보상하는 사업

   나. 자동차사고 피해예방사업: 제30조의2에 따라 국토교통부장관이 자동차사고 피해예방을 지원하는 사업

   다. 자동차사고 피해자 가족 등 지원사업: 제30조제2항에 따라 국토교통부장관이 자동차사고 피해자 및 가족을 지원하는 사업

   라. 자동차사고 후유장애인 재활지원사업: 제31조에 따라 국토교통부장관이 자동차사고 후유장애인 등의 재활을 지원하는 사업

9. "자율주행자동차사고"란 자율주행자동차의 운행 중에 그 운행과

관련하여 발생한 자동차사고를 말한다.

제3조(자동차손해배상책임) 자기를 위하여 자동차를 운행하는 자는 그 운행으로 다른 사람을 사망하게 하거나 부상하게 한 경우에는 그 손해를 배상할 책임을 진다. 다만, 다음 각 호의 어느 하나에 해당하면 그러하지 아니하다.

1. 승객이 아닌 자가 사망하거나 부상한 경우에 자기와 운전자가 자동차의 운행에 주의를 게을리 하지 아니하였고, 피해자 또는 자기 및 운전자 외의 제3자에게 고의 또는 과실이 있으며, 자동차의 구조상의 결함이나 기능상의 장해가 없었다는 것을 증명한 경우

2. 승객이 고의나 자살행위로 사망하거나 부상한 경우

제4조(「민법」의 적용) 자기를 위하여 자동차를 운행하는 자의 손해배상책임에 대하여는 제3조에 따른 경우 외에는 「민법」에 따른다.

제2장 손해배상을 위한 보험 가입 등

제5조(보험 등의 가입 의무) ① 자동차보유자는 자동차의 운행으로 다른 사람이 사망하거나 부상한 경우에 피해자(피해자가 사망한 경우에는 손해배상을 받을 권리를 가진 자를 말한다. 이하 같다)에게 대통령령으로 정하는 금액을 지급할 책임을 지는 책임보험이나 책임공제(이하 "책임보험등"이라 한다)에 가입하여야 한다.

② 자동차보유자는 책임보험등에 가입하는 것 외에 자동차의 운행으로 다른 사람의 재물이 멸실되거나 훼손된 경우에 피해자에게 대통령령으로 정하는 금액을 지급할 책임을 지는 「보험업법」에 따른 보험이나 「여객자동차 운수사업법」, 「화물자동차 운수사업법」 및 「건설기계관리법」에 따른 공제에 가입하여야 한다.

③ 다음 각 호의 어느 하나에 해당하는 자는 책임보험등에 가입하는 것 외에 자동차 운행으로 인하여 다른 사람이 사망하거나 부상한 경우에 피해자에게 책임보험등의 배상책임한도를 초과하여 대통령령으로 정하는 금액을 지급할 책임을 지는 「보험업법」에 따른

보험이나 「여객자동차 운수사업법」, 「화물자동차 운수사업법」 및 「건설기계관리법」에 따른 공제에 가입하여야 한다.

1. 「여객자동차 운수사업법」 제4조제1항에 따라 면허를 받거나 등록한 여객자동차 운송사업자

2. 「여객자동차 운수사업법」 제28조제1항에 따라 등록한 자동차 대여사업자

3. 「화물자동차 운수사업법」 제3조 및 제29조에 따라 허가를 받은 화물자동차 운송사업자 및 화물자동차 운송가맹사업자

4. 「건설기계관리법」 제21조제1항에 따라 등록한 건설기계 대여업자

④ 제1항 및 제2항은 대통령령으로 정하는 자동차와 도로(「도로교통법」 제2조제1호에 따른 도로를 말한다. 이하 같다)가 아닌 장소에서만 운행하는 자동차에 대하여는 적용하지 아니한다.

⑤ 제1항의 책임보험등과 제2항 및 제3항의 보험 또는 공제에는 각 자동차별로 가입하여야 한다.

제5조의2(보험 등의 가입 의무 면제) ① 자동차보유자는 보유한 자동차(제5조제3항 각 호의 자가 면허 등을 받은 사업에 사용하는 자동차는 제외한다)를 해외체류 등으로 6개월 이상 2년 이하의 범위에서 장기간 운행할 수 없는 경우로서 대통령령으로 정하는 경우에는 그 자동차의 등록업무를 관할하는 특별시장·광역시장·도지사·특별자치도지사(자동차의 등록업무가 시장·군수·구청장에게 위임된 경우에는 시장·군수·구청장을 말한다. 이하 "시·도지사"라 한다)의 승인을 받아 그 운행중지기간에 한정하여 제5조제1항 및 제2항에 따른 보험 또는 공제에의 가입 의무를 면제받을 수 있다. 이 경우 자동차보유자는 해당 자동차등록증 및 자동차등록번호판을 시·도지사에게 보관하여야 한다. <개정 2020.6.9.>

② 제1항에 따라 보험 또는 공제에의 가입 의무를 면제받은 자는 면제기간 중에는 해당 자동차를 도로에서 운행하여서는 아니 된다.

③ 제1항에 따른 보험 또는 공제의 가입 의무를 면제받을 수 있

는 승인 기준 및 신청 절차 등 필요한 사항은 국토교통부령으로 정한다. <개정 2013.3.23.>

[본조신설 2012.2.22.]

제6조(의무보험 미가입자에 대한 조치 등) ① 보험회사등은 자기와 제5조제1항부터 제3항까지의 규정에 따라 자동차보유자가 가입하여야 하는 보험 또는 공제(이하 "의무보험"이라 한다)의 계약을 체결하고 있는 자동차보유자에게 그 계약 종료일의 75일 전부터 30일 전까지의 기간 및 30일 전부터 10일 전까지의 기간에 각각 그 계약이 끝난다는 사실을 알려야 한다. 다만, 보험회사등은 보험기간이 1개월 이내인 계약인 경우와 자동차보유자가 자기와 다시 계약을 체결하거나 다른 보험회사등과 새로운 계약을 체결한 사실을 안 경우에는 통지를 생략할 수 있다. <개정 2009.2.6.>

② 보험회사등은 의무보험에 가입하여야 할 자가 다음 각 호의 어느 하나에 해당하면 그 사실을 국토교통부령으로 정하는 기간 내에 특별자치도지사·시장·군수 또는 구청장(자치구의 구청장을 말하며, 이하 "시장·군수·구청장"이라 한다)에게 알려야 한다. <개정 2013.3.23.>

1. 자기와 의무보험 계약을 체결한 경우

2. 자기와 의무보험 계약을 체결한 후 계약 기간이 끝나기 전에 그 계약을 해지한 경우

3. 자기와 의무보험 계약을 체결한 자가 그 계약 기간이 끝난 후 자기와 다시 계약을 체결하지 아니한 경우

③ 제2항에 따른 통지를 받은 시장·군수·구청장은 의무보험에 가입하지 아니한 자동차보유자에게 지체 없이 10일 이상 15일 이하의 기간을 정하여 의무보험에 가입하고 그 사실을 증명할 수 있는 서류를 제출할 것을 명하여야 한다.

④ 시장·군수·구청장은 의무보험에 가입되지 아니한 자동차의 등록번호판(이륜자동차 번호판 및 건설기계의 등록번호표를 포함한다. 이하 같다)을 영치할 수 있다.

⑤ 시장·군수·구청장은 제4항에 따라 의무보험에 가입되지 아니한 자동차의 등록번호판을 영치하기 위하여 필요하면 경찰서장에게 협조를 요청할 수 있다. 이 경우 협조를 요청받은 경찰서장은 특별한 사유가 없으면 이에 따라야 한다.

⑥ 시장·군수·구청장은 제4항에 따라 의무보험에 가입되지 아니한 자동차의 등록번호판을 영치하면「자동차관리법」이나「건설기계관리법」에 따라 그 자동차의 등록업무를 관할하는 시·도지사와 그 자동차보유자에게 그 사실을 통보하여야 한다.
<개정 2012.2.22.>

⑦ 제1항과 제2항에 따른 통지의 방법과 절차에 관하여 필요한 사항, 제4항에 따른 자동차 등록번호판의 영치 및 영치 해제의 방법·절차 등에 관하여 필요한 사항은 국토교통부령으로 정한다.
<개정 2013.3.23.>

제7조(의무보험 가입관리전산망의 구성·운영 등) ① 국토교통부장관은 의무보험에 가입하지 아니한 자동차보유자를 효율적으로 관리하기 위하여「자동차관리법」제69조제1항에 따른 전산정보처리조직과「보험업법」제176조에 따른 보험요율산출기관(이하 "보험요율산출기관"이라 한다)이 관리·운영하는 전산정보처리조직을 연계하여 의무보험 가입관리전산망(이하 "가입관리전산망"이라 한다)을 구성하여 운영할 수 있다. <개정 2013.3.23.>

② 국토교통부장관은 지방자치단체의 장, 보험회사 및 보험 관련 단체의 장에게 가입관리전산망을 구성·운영하기 위하여 대통령령으로 정하는 정보의 제공을 요청할 수 있다. 이 경우 관련 정보의 제공을 요청받은 자는 특별한 사유가 없으면 요청에 따라야 한다.
<개정 2009.2.6., 2013.3.23.>

③ 삭제 <2009.2.6.>

④ 가입관리전산망의 운영에 필요한 사항은 대통령령으로 정한다.

제8조(운행의 금지) 의무보험에 가입되어 있지 아니한 자동차는 도로에서 운행하여서는 아니 된다. 다만, 제5조제4항에 따라 대통령

령으로 정하는 자동차는 운행할 수 있다.

제9조(의무보험의 가입증명서 발급 청구) 의무보험에 가입한 자와 그 의무보험 계약의 피보험자(이하 "보험가입자등"이라 한다) 및 이해관계인은 권리의무 또는 사실관계를 증명하기 위하여 필요하면 보험회사등에게 의무보험에 가입한 사실을 증명하는 서류의 발급을 청구할 수 있다.

제10조(보험금등의 청구) ① 보험가입자등에게 제3조에 따른 손해배상책임이 발생하면 그 피해자는 대통령령으로 정하는 바에 따라 보험회사등에게 「상법」 제724조제2항에 따라 보험금등을 자기에게 직접 지급할 것을 청구할 수 있다. 이 경우 피해자는 자동차보험진료수가에 해당하는 금액은 진료한 의료기관에 직접 지급하여 줄 것을 청구할 수 있다.

② 보험가입자등은 보험회사등이 보험금등을 지급하기 전에 피해자에게 손해에 대한 배상금을 지급한 경우에는 보험회사등에게 보험금등의 보상한도에서 그가 피해자에게 지급한 금액의 지급을 청구할 수 있다.

제11조(피해자에 대한 가불금) ① 보험가입자등이 자동차의 운행으로 다른 사람을 사망하게 하거나 부상하게 한 경우에는 피해자는 대통령령으로 정하는 바에 따라 보험회사등에게 자동차보험진료수가에 대하여는 그 전액을, 그 외의 보험금등에 대하여는 대통령령으로 정한 금액을 제10조에 따른 보험금등을 지급하기 위한 가불금(假拂金)으로 지급할 것을 청구할 수 있다.

② 보험회사등은 제1항에 따른 청구를 받으면 국토교통부령으로 정하는 기간에 그 청구받은 가불금을 지급하여야 한다. <개정 2013.3.23.>

③ 보험회사등은 제2항에 따라 지급한 가불금이 지급하여야 할 보험금등을 초과하면 가불금을 지급받은 자에게 그 초과액의 반환을 청구할 수 있다.

④ 보험회사등은 제2항에 따라 가불금을 지급한 후 보험가입자등

에게 손해배상책임이 없는 것으로 밝혀진 경우에는 가불금을 지급받은 자에게 그 지급액의 반환을 청구할 수 있다. <개정 2020.6.9.>

⑤ 보험회사등은 제3항 및 제4항에 따른 반환 청구에도 불구하고 가불금을 반환받지 못하는 경우로서 대통령령으로 정하는 요건을 갖추면 반환받지 못한 가불금의 보상을 정부에 청구할 수 있다. <개정 2009.2.6., 2016.12.20.>

제12조(자동차보험진료수가의 청구 및 지급) ① 보험회사등은 보험가입자등 또는 제10조제1항 후단에 따른 피해자가 청구하거나 그 밖의 원인으로 교통사고환자가 발생한 것을 안 경우에는 지체 없이 그 교통사고환자를 진료하는 의료기관에 해당 진료에 따른 자동차보험진료수가의 지급 의사 유무와 지급 한도를 알려야 한다. <개정 2009.2.6.>

② 제1항에 따라 보험회사등으로부터 자동차보험진료수가의 지급 의사와 지급 한도를 통지받은 의료기관은 그 보험회사등에게 제15조에 따라 국토교통부장관이 고시한 기준에 따라 자동차보험진료수가를 청구할 수 있다. <개정 2013.3.23.>

③ 의료기관이 제2항에 따라 보험회사등에게 자동차보험진료수가를 청구하는 경우에는 「의료법」 제22조에 따른 진료기록부의 진료기록에 따라 청구하여야 한다.

④ 제2항에 따라 의료기관이 자동차보험진료수가를 청구하면 보험회사등은 30일 이내에 그 청구액을 지급하여야 한다. 다만, 보험회사등이 제12조의2제1항에 따라 위탁한 경우 전문심사기관이 심사결과를 통지한 날부터 14일 이내에 심사결과에 따라 자동차보험진료수가를 지급하여야 한다. <개정 2015. 6. 22.>

⑤ 의료기관은 제2항에 따라 보험회사등에게 자동차보험진료수가를 청구할 수 있는 경우에는 교통사고환자(환자의 보호자를 포함한다)에게 이에 해당하는 진료비를 청구하여서는 아니 된다. 다만, 다음 각 호의 어느 하나에 해당하는 경우에는 해당 진료비를 청구할 수 있다. <개정 2013.3.23.>

1. 보험회사등이 지급 의사가 없다는 사실을 알리거나 지급 의사를 철회한 경우

2. 보험회사등이 보상하여야 할 대상이 아닌 비용의 경우

3. 제1항에 따라 보험회사등이 알린 지급 한도를 초과한 진료비의 경우

4. 제10조제1항 또는 제11조제1항에 따라 피해자가 보험회사등에게 자동차보험진료수가를 자기에게 직접 지급할 것을 청구한 경우

5. 그 밖에 국토교통부령으로 정하는 사유에 해당하는 경우

제12조의2(업무의 위탁) ① 보험회사등은 제12조제4항에 따라 의료기관이 청구하는 자동차보험진료수가의 심사·조정 업무 등을 대통령령으로 정하는 전문심사기관(이하 "전문심사기관"이라 한다)에 위탁할 수 있다.

② 전문심사기관은 제1항에 따라 의료기관이 청구한 자동차보험진료수가가 제15조에 따른 자동차보험진료수가에 관한 기준에 적합한지를 심사한다.

③ 삭제 <2015.6.22.>

④ 제1항에 따라 전문심사기관에 위탁한 경우 청구, 심사, 이의제기 등의 방법 및 절차 등은 국토교통부령으로 정한다.
<개정 2013.3.23., 2015.6.22.>

[본조신설 2012.2.22.]

제13조(입원환자의 관리 등) ① 제12조제2항에 따라 보험회사등에 자동차보험진료수가를 청구할 수 있는 의료기관은 교통사고로 입원한 환자(이하 "입원환자"라 한다)의 외출이나 외박에 관한 사항을 기록·관리하여야 한다.

② 입원환자는 외출하거나 외박하려면 의료기관의 허락을 받아야 한다.

③ 제12조제1항에 따라 자동차보험진료수가의 지급 의사 유무 및 지급 한도를 통지한 보험회사등은 입원환자의 외출이나 외박에 관

한 기록의 열람을 청구할 수 있다. 이 경우 의료기관은 정당한 사유가 없으면 청구에 따라야 한다.

제13조의2(교통사고환자의 퇴원·전원 지시) ① 의료기관은 입원 중인 교통사고환자가 수술·처치 등의 진료를 받은 후 상태가 호전되어 더 이상 입원진료가 필요하지 아니한 경우에는 그 환자에게 퇴원하도록 지시할 수 있고, 생활근거지에서 진료할 필요가 있는 경우 등 대통령령으로 정하는 경우에는 대통령령으로 정하는 다른 의료기관으로 전원(轉院)하도록 지시할 수 있다. 이 경우 의료기관은 해당 환자와 제12조제1항에 따라 자동차보험진료수가의 지급 의사를 통지한 해당 보험회사등에게 그 사유와 일자를 지체 없이 통보하여야 한다.

② 제1항에 따라 교통사고환자에게 다른 의료기관으로 전원하도록 지시한 의료기관이 다른 의료기관이나 담당의사로부터 진료기록, 임상소견서 및 치료경위서의 열람이나 송부 등 진료에 관한 정보의 제공을 요청받으면 지체 없이 이에 따라야 한다.

[본조신설 2009.2.6.]

제14조(진료기록의 열람 등) ① 보험회사등은 의료기관으로부터 제12조제2항에 따라 자동차보험진료수가를 청구받으면 그 의료기관에 대하여 관계 진료기록의 열람을 청구할 수 있다.
<개정 2012.2.22.>

② 제12조의2에 따라 심사 등을 위탁받은 전문심사기관은 심사 등에 필요한 자료를 의료기관에 요청할 수 있다.
<신설 2012.2.22.>

③ 제1항 또는 제2항의 경우 의료기관은 정당한 사유가 없으면 이에 따라야 한다. <신설 2012.2.22., 2020.6.9.>

④ 보험회사등은 보험금 지급 청구를 받은 경우 대통령령으로 정하는 바에 따라 경찰청 등 교통사고 조사기관에 대하여 교통사고 관련 조사기록의 열람을 청구할 수 있다. 이 경우 경찰청 등 교통사고 조사기관은 특별한 사정이 없으면 열람하게 하여야 한다.

<신설 2012.2.22., 2020.6.9.>

⑤ 국토교통부장관은 보험회사등이 의무보험의 보험료(공제계약의 경우에는 공제분담금을 말한다) 산출 및 보험금등의 지급업무에 활용하기 위하여 필요한 경우 음주운전 등 교통법규 위반 또는 운전면허(「건설기계관리법」 제26조제1항 본문에 따른 건설기계조종사면허를 포함한다. 이하 같다)의 효력에 관한 개인정보를 제공하여 줄 것을 보유기관의 장에게 요청할 수 있다. 이 경우 제공 요청을 받은 보유기관의 장은 특별한 사정이 없으면 이에 따라야 한다. <신설 2019.11.26.>

⑥ 국토교통부장관은 제5항에 따른 교통법규 위반 또는 운전면허의 효력에 관한 개인정보를 제39조의3에 따른 자동차손해배상진흥원을 통하여 보험회사등에게 제공할 수 있다. 이 경우 그 개인정보 제공의 범위·절차 및 방법에 관한 사항은 대통령령으로 정한다. <신설 2019.11.26.>

⑦ 자동차손해배상진흥원은 제5항 및 제6항에 따라 보험회사등이 의무보험의 보험료 산출 및 보험금등의 지급 업무에 활용하기 위하여 필요한 경우 외에는 제6항에 따라 제공받아 보유하는 개인정보를 타인에게 제공할 수 없다. <신설 2019.11.26.>

⑧ 보험회사등, 전문심사기관 및 자동차손해배상진흥원에 종사하거나 종사한 자는 제1항부터 제4항까지에 따른 진료기록 또는 교통사고 관련 조사기록의 열람으로 알게 된 다른 사람의 비밀이나 제6항에 따라 제공받은 개인정보를 누설하여서는 아니 된다. <개정 2012.2.22., 2019.11.26.>

제14조의2(책임보험등의 보상한도를 초과하는 경우에의 준용) 자동차보유자가 책임보험등의 보상한도를 초과하는 손해를 보상하는 보험 또는 공제에 가입한 경우 피해자가 책임보험등의 보상한도 및 이를 초과하는 손해를 보상하는 보험 또는 공제의 보상한도의 범위에서 자동차보험진료수가를 청구할 경우에도 제10조부터 제13조까지, 제13조의2 및 제14조를 준용한다.

제3장 자동차보험진료수가 기준 및 분쟁 조정

제15조(자동차보험진료수가 등) ① 국토교통부장관은 교통사고환자에 대한 적절한 진료를 보장하고 보험회사등, 의료기관 및 교통사고환자 간의 진료비에 관한 분쟁을 방지하기 위하여 자동차보험진료수가에 관한 기준(이하 "자동차보험진료수가기준"이라 한다)을 정하여 고시할 수 있다. <개정 2009.2.6., 2013.3.23.>

② 자동차보험진료수가기준에는 자동차보험진료수가의 인정범위 · 청구절차 및 지급절차, 그 밖에 국토교통부령으로 정하는 사항이 포함되어야 한다. <개정 2013.3.23.>

③ 국토교통부장관은 자동차보험진료수가기준을 정하거나 변경하는 경우 제17조에 따른 자동차보험진료수가분쟁심의회의 의견을 들을 수 있다. <개정 2012.2.22., 2013.3.23.>

제15조의2(자동차보험정비협의회) ① 보험회사등과 자동차정비업자는 자동차보험 정비요금에 대한 분쟁의 예방 · 조정 및 상호 간의 협력을 위하여 다음 각 호의 사항을 협의하는 자동차보험정비협의회(이하 "협의회"라 한다)를 구성하여야 한다.

1. 정비요금(표준 작업시간과 공임 등을 포함한다)의 산정에 관한 사항

2. 제1호에 따른 정비요금의 조사 · 연구 및 연구결과의 갱신 등에 관한 사항

3. 그 밖에 보험회사등과 자동차정비업자의 상호 협력을 위하여 필요한 사항

② 협의회는 위원장 1명을 포함한 다음 각 호의 위원으로 구성하며, 위원은 국토교통부령으로 정하는 바에 따라 국토교통부장관이 위촉한다.

1. 보험업계를 대표하는 위원 5명

2. 정비업계를 대표하는 위원 5명

3. 공익을 대표하는 위원 5명

③ 협의회의 위원장은 제2항제3호에 해당하는 위원 중에서 위원 과반수의 동의로 선출한다.

④ 협의회 위원의 임기는 3년으로 한다. 다만, 위원의 사임 등으로 인하여 새로 위촉된 위원의 임기는 전임위원의 남은 임기로 한다.

⑤ 협의회는 제1항 각 호의 사항을 협의하기 위하여 매년 1회 이상 회의를 개최하여야 한다.

⑥ 제1항제1호에 따른 정비요금의 산정에 관한 사항은 보험회사등과 자동차정비업자 간의 정비요금에 대한 계약을 체결하는 데 참고자료로 사용할 수 있다.

⑦ 제1항부터 제6항까지에서 규정한 사항 외에 협의회의 구성·운영 및 조사·연구 등에 필요한 사항은 대통령령으로 정한다.

[본조신설 2020.4.7.]

제16조 삭제 <2020.4.7.>

제17조(자동차보험진료수가분쟁심의회) ① 보험회사등과 의료기관은 서로 협의하여 자동차보험진료수가와 관련된 분쟁의 예방 및 신속한 해결을 위한 다음 각 호의 업무를 수행하기 위하여 자동차보험진료수가분쟁심의회(이하 "심의회"라 한다)를 구성하여야 한다.

1. 자동차보험진료수가에 관한 분쟁의 심사·조정

2. 자동차보험진료수가기준 조정에 대한 건의

3. 제1호 및 제2호의 업무와 관련된 조사·연구

② 심의회는 위원장을 포함한 18명의 위원으로 구성한다.

③ 위원은 국토교통부장관이 위촉하되, 6명은 보험회사등의 단체가 추천한 자 중에서, 6명은 의료사업자단체가 추천한 자 중에서, 6명은 대통령령으로 정하는 요건을 갖춘 자 중에서 각각 위촉한다. 이 중 대통령령으로 정하는 요건을 갖추어 국토교통부장관이

위촉한 위원은 보험회사등 및 의료기관의 자문위원 등 심의회 업무의 공정성을 해칠 수 있는 직을 겸하여서는 아니 된다. <개정 2012.2.22., 2013.3.23.>

④ 위원장은 위원 중에서 호선한다.

⑤ 위원의 임기는 2년으로 하되, 연임할 수 있다. 다만, 보궐위원의 임기는 전임자의 남은 임기로 한다.

⑥ 심의회의 구성·운영 등에 필요한 세부사항은 대통령령으로 정한다.

제18조(운영비용) 심의회의 운영을 위하여 필요한 운영비용은 보험회사등과 의료기관이 부담한다.

제19조(자동차보험진료수가의 심사 청구 등) ① 보험회사등과 의료기관은 제12조의2제2항에 따른 심사결과에 이의가 있는 때에는 이의제기 결과를 통보받은 날부터 30일 이내에 심의회에 그 심사를 청구할 수 있다. <개정 2013.8.6., 2020.6.9.>

② 삭제 <2013.8.6.>

③ 제12조의2제1항에 따른 전문심사기관의 심사결과를 통지받은 보험회사등 및 의료기관은 제1항의 기간에 심사를 청구하지 아니하면 그 기간이 끝나는 날에 의료기관이 지급 청구한 내용 또는 심사결과에 합의한 것으로 본다. <개정 2013.8.6.>

④ 삭제 <2013.8.6.>

⑤ 삭제 <2013.8.6.>

⑥ 제1항에 따른 심사 청구의 대상 및 절차 등은 대통령령으로 정한다. <신설 2013.8.6.>

제20조(심사·결정 절차 등) ① 심의회는 제19조제1항에 따른 심사청구가 있으면 자동차보험진료수가기준에 따라 이를 심사·결정하여야 한다. 다만, 그 심사 청구 사건이 자동차보험진료수가기준에 따라 심사·결정할 수 없는 경우에는 당사자에게 합의를 권고할 수 있다.

② 심의회의 심사·결정 절차 등에 필요한 사항은 심의회가 정하여 국토교통부장관의 승인을 받아야 한다. <개정 2013.3.23.>

제21조(심사와 결정의 효력 등) ① 심의회는 제19조제1항의 심사 청구에 대하여 결정한 때에는 지체 없이 그 결과를 당사자에게 알려야 한다.

② 제1항에 따라 통지를 받은 당사자가 심의회의 결정 내용을 받아들인 경우에는 그 수락 의사를 표시한 날에, 통지를 받은 날부터 30일 이내에 소(訴)를 제기하지 아니한 경우에는 그 30일이 지난 날의 다음 날에 당사자 간에 결정내용과 같은 내용의 합의가 성립된 것으로 본다. 이 경우 당사자는 합의가 성립된 것으로 보는 날부터 7일 이내에 심의회의 결정 내용에 따라 상호 정산하여야 한다. <개정 2015.6.22.>

제22조(심의회의 권한) 심의회는 제20조제1항에 따른 심사·결정을 위하여 필요하다고 인정하면 보험회사등·의료기관·보험사업자단체 또는 의료사업자단체에 필요한 서류를 제출하게 하거나 의견을 진술 또는 보고하게 하거나 관계 전문가에게 진단 또는 검안 등을 하게 할 수 있다.

제22조의2(자료의 제공) 심의회는 제20조제1항에 따른 심사·결정을 위하여 전문심사기관에 필요한 자료 및 의견서를 제출하게 할 수 있다. 이 경우 요청을 받은 전문심사기관은 특별한 사유가 없으면 이에 협조하여야 한다.

[본조신설 2016.3.22.]

제23조(위법 사실의 통보 등) 심의회는 심사 청구 사건의 심사나 그 밖의 업무를 처리할 때 당사자 또는 관계인이 법령을 위반한 사실이 확인되면 관계 기관에 이를 통보하여야 한다.

제23조의2(심의회 운영에 대한 점검) ① 국토교통부장관은 필요한 경우 심의회의 운영 및 심사기준의 운용과 관련한 자료를 제출받아 이를 점검할 수 있다. <개정 2013. 3. 23.>

② 심의회는 제1항에 따라 자료의 제출 또는 보고를 요구받은 때

에는 특별한 사유가 없으면 그 요구를 따라야 한다.
<개정 2020.6.9.>

[본조신설 2012.2.22.]

제4장 책임보험등 사업

제24조(계약의 체결 의무) ① 보험회사등은 자동차보유자가 제5조 제1항부터 제3항까지의 규정에 따른 보험 또는 공제에 가입하려 는 때에는 대통령령으로 정하는 사유가 있는 경우 외에는 계약의 체결을 거부할 수 없다.

② 자동차보유자가 교통사고를 발생시킬 개연성이 높은 경우 등 국토교통부령으로 정하는 사유에 해당하면 제1항에도 불구하고 다 수의 보험회사가 공동으로 제5조제1항부터 제3항까지의 규정에 따른 보험 또는 공제의 계약을 체결할 수 있다. 이 경우 보험회사 는 자동차보유자에게 공동계약체결의 절차 및 보험료에 대한 안내 를 하여야 한다. <개정 2013.3.23.>

제25조(보험 계약의 해제 등) 보험가입자와 보험회사등은 다음 각 호의 어느 하나에 해당하는 경우 외에는 의무보험의 계약을 해제 하거나 해지하여서는 아니 된다. <개정 2013.3.23., 2017.11.28.>

1. 「자동차관리법」 제13조 또는 「건설기계관리법」 제6조에 따라 자동차의 말소등록(抹消登錄)을 한 경우

2. 「자동차관리법」 제58조제5항제1호에 따라 자동차해체재활용업 자가 해당 자동차·자동차등록증·등록번호판 및 봉인을 인수하고 그 사실을 증명하는 서류를 발급한 경우

3. 「건설기계관리법」 제25조의2에 따라 건설기계해체재활용업자가 해당 건설기계와 등록번호표를 인수하고 그 사실을 증명하는 서류 를 발급한 경우

4. 해당 자동차가 제5조제4항의 자동차로 된 경우

5. 해당 자동차가 다른 의무보험에 이중으로 가입되어 하나의 가입 계약을 해제하거나 해지하려는 경우

6. 해당 자동차를 양도한 경우

7. 천재지변·교통사고·화재·도난, 그 밖의 사유로 자동차를 더 이상 운행할 수 없게 된 사실을 증명한 경우

8. 그 밖에 국토교통부령으로 정하는 경우

제26조(의무보험 계약의 승계) ① 의무보험에 가입된 자동차가 양도된 경우에 그 자동차의 양도일(양수인이 매매대금을 지급하고 현실적으로 자동차의 점유를 이전받은 날을 말한다)부터 「자동차관리법」 제12조에 따른 자동차소유권 이전등록 신청기간이 끝나는 날(자동차소유권 이전등록 신청기간이 끝나기 전에 양수인이 새로운 책임보험등의 계약을 체결한 경우에는 그 계약 체결일)까지의 기간은 「상법」 제726조의4에도 불구하고 자동차의 양수인이 의무보험의 계약에 관한 양도인의 권리의무를 승계한다.

② 제1항의 경우 양도인은 양수인에게 그 승계기간에 해당하는 의무보험의 보험료(공제계약의 경우에는 공제분담금을 말한다. 이하 같다)의 반환을 청구할 수 있다.

③ 제2항에 따라 양수인이 의무보험의 승계기간에 해당하는 보험료를 양도인에게 반환한 경우에는 그 금액의 범위에서 양수인은 보험회사등에게 보험료의 지급의무를 지지 아니한다.

제27조(의무보험 사업의 구분경리) 보험회사등은 의무보험에 따른 사업에 대하여는 다른 보험사업·공제사업이나 그 밖의 다른 사업과 구분하여 경리하여야 한다.

제28조(사전협의) 금융위원회는 「보험업법」 제4조제1항제2호다목에 따른 자동차보험의 보험약관(책임보험이 포함되는 경우에 한정한다)을 작성하거나 변경하려는 경우에는 국토교통부장관과 미리 협의하여야 한다.

[전문개정 2015.6.22.]

제29조(보험금등의 지급 등) ① 다음 각 호의 어느 하나에 해당하는 사유로 다른 사람이 사망 또는 부상하거나 다른 사람의 재물이 멸실되거나 훼손되어 보험회사등이 피해자에게 보험금등을 지급한 경우에는 보험회사등은 법률상 손해배상책임이 있는 자에게 국토교통부령으로 정하는 금액을 구상(求償)할 수 있다.
<개정 2013.3.23., 2017.11.28.>

1. 「도로교통법」에 따른 운전면허 또는 「건설기계관리법」에 따른 건설기계조종사면허 등 자동차를 운행할 수 있는 자격을 갖추지 아니한 상태(자격의 효력이 정지된 경우를 포함한다)에서 자동차를 운행하다가 일으킨 사고

2. 「도로교통법」 제44조제1항을 위반하여 술에 취한 상태에서 자동차를 운행하다가 일으킨 사고

3. 「도로교통법」 제54조제1항에 따른 조치를 하지 아니한 사고 (「도로교통법」 제156조제10호에 해당하는 경우는 제외한다)

② 제5조제1항에 따른 책임보험등의 보험금등을 변경하는 것을 내용으로 하는 대통령령을 개정할 때 그 변경 내용이 보험가입자등에게 유리하게 되는 경우에는 그 변경 전에 체결된 계약 내용에도 불구하고 보험회사등에게 변경된 보험금등을 지급하도록 하는 다음 각 호의 사항을 규정할 수 있다.

1. 종전의 계약을 새로운 계약으로 갱신하지 아니하더라도 이미 계약된 종전의 보험금등을 변경된 보험금등으로 볼 수 있도록 하는 사항

2. 그 밖에 보험금등의 변경에 필요한 사항이나 변경된 보험금등의 지급에 필요한 사항

제29조의2(자율주행자동차사고 보험금등의 지급 등) 자율주행자동차의 결함으로 인하여 발생한 자율주행자동차사고로 다른 사람이 사망 또는 부상하거나 다른 사람의 재물이 멸실 또는 훼손되어 보험회사등이 피해자에게 보험금등을 지급한 경우에는 보험회사등은 법률상 손해배상책임이 있는 자에게 그 금액을 구상할 수 있

다. [본조신설 2020.4.7.]

제5장 자동차사고 피해지원사업
<개정 2013.8.6.>

제30조(자동차손해배상 보장사업) ① 정부는 다음 각 호의 어느 하나에 해당하는 경우에는 피해자의 청구에 따라 책임보험의 보험금 한도에서 그가 입은 피해를 보상한다. 다만, 정부는 피해자가 청구하지 아니한 경우에도 직권으로 조사하여 책임보험의 보험금 한도에서 그가 입은 피해를 보상할 수 있다. <개정 2012. 2. 22.>

1. 자동차보유자를 알 수 없는 자동차의 운행으로 사망하거나 부상한 경우

2. 보험가입자등이 아닌 자가 제3조에 따라 손해배상의 책임을 지게 되는 경우. 다만, 제5조제4항에 따른 자동차의 운행으로 인한 경우는 제외한다.

②정부는 자동차의 운행으로 인한 사망자나 대통령령으로 정하는 중증 후유장애인(重症 後遺障礙人)의 유자녀(幼子女) 및 피부양가족이 경제적으로 어려워 생계가 곤란하거나 학업을 중단하여야 하는 문제 등을 해결하고 중증 후유장애인이 재활할 수 있도록 지원할 수 있다.

③ 국토교통부장관은 제1항 및 제2항에 따른 업무를 수행하기 위하여 다음 각 호의 기관에 대통령령에 따른 정보의 제공을 요청하고 수집ㆍ이용할 수 있으며, 요청받은 기관은 특별한 사유가 없으면 관련 정보를 제공하여야 한다. <신설 2012.2.22., 2013.3.23., 2016.3.22.>

1. 경찰청장

2. 특별시장ㆍ광역시장ㆍ도지사ㆍ특별자치도지사ㆍ시장ㆍ군수ㆍ구청장

3. 보험요율산출기관

④ 정부는 제11조제5항에 따른 보험회사등의 청구에 따라 보상을 실시한다. <개정 2012.2.22.>

⑤ 제1항·제2항 및 제4항에 따른 정부의 보상 또는 지원의 대상·기준·금액·방법 및 절차 등에 필요한 사항은 대통령령으로 정한다. <개정 2012.2.22.>

⑥ 제1항·제2항 및 제4항에 따른 정부의 보상사업(이하 "자동차손해배상 보장사업"이라 한다)에 관한 업무는 국토교통부장관이 행한다. <개정 2012.2.22., 2013.3.23.>

제30조의2(자동차사고 피해예방사업) ① 국토교통부장관은 자동차사고로 인한 피해 등을 예방하기 위하여 다음 각 호의 사업을 수행할 수 있다.

1. 자동차사고 피해예방을 위한 교육 및 홍보 또는 이와 관련한 시설 및 장비의 지원

2. 자동차사고 피해예방을 위한 기기 및 장비 등의 개발·보급

3. 그 밖에 자동차사고 피해예방을 위한 연구·개발 등 대통령령으로 정하는 사항

② 제1항에 따른 자동차사고 피해예방사업의 기준·금액·방법 및 절차 등에 관하여 필요한 사항은 대통령령으로 정한다.

[본조신설 2013.8.6.]

제31조(후유장애인 등의 재활 지원) ① 국토교통부장관은 자동차사고 부상자나 부상으로 인한 후유장애인의 재활을 지원하기 위한 의료재활시설 및 직업재활시설(이하 "재활시설"이라 한다)을 설치하여 그 재활에 필요한 다음 각 호의 사업(이하 "재활사업"이라 한다)을 수행할 수 있다. <개정 2013.3.23., 2016.3.22.>

1. 의료재활사업 및 그에 딸린 사업으로서 대통령령으로 정하는 사업

2. 직업재활사업(직업재활상담을 포함한다) 및 그에 딸린 사업으로서 대통령령으로 정하는 사업

② 삭제 <2016.12.20.>

③ 재활시설의 용도로 건설되거나 조성되는 건축물, 토지, 그 밖의 시설물 등은 국가에 귀속된다.

④ 국토교통부장관이 재활시설을 설치하는 경우에는 그 규모와 설계 등에 관한 중요 사항에 대하여 자동차사고 후유장애인단체의 의견을 들어야 한다. <개정 2013.3.23.>

[제목개정 2016.3.22.]

제32조(재활시설운영자의 지정) ① 국토교통부장관은 다음 각 호의 구분에 따라 그 요건을 갖춘 자 중 국토교통부장관의 지정을 받은 자에게 재활시설이나 재활사업의 관리·운영을 위탁할 수 있다. <개정 2009.5.27., 2013.3.23., 2015.6.22.>

1. 의료재활시설 및 제31조제1항제1호에 따른 재활사업: 「의료법」 제33조에 따라 의료기관의 개설허가를 받고 재활 관련 진료과목을 개설한 자로서 같은 법 제3조제3항에 따른 종합병원을 운영하고 있는 자

2. 직업재활시설 및 제31조제1항제2호에 따른 재활사업: 다음 각 목의 어느 하나에 해당하는 자

가. 자동차사고 후유장애인단체 중에서 「민법」 제32조에 따라 국토교통부장관의 허가를 받은 법인으로서 대통령령으로 정하는 요건을 갖춘 법인

나. 자동차사고 후유장애인단체 중에서 「협동조합 기본법」에 따라 설립된 사회적협동조합으로서 대통령령으로 정하는 요건을 갖춘 법인

② 제1항에 따라 지정을 받으려는 자는 대통령령으로 정하는 바에 따라 국토교통부장관에게 신청하여야 한다.
<개정 2009.5.27., 2013.3.23.>

③ 제1항에 따라 지정을 받은 자로서 재활시설이나 재활사업의 관리·운영을 위탁받은 자(이하 "재활시설운영자"라 한다)는 재활시

설이나 재활사업의 관리·운영에 관한 업무를 수행할 때에는 별도의 회계를 설치하고 다른 사업과 구분하여 경리하여야 한다. <개정 2009.5.27.>

④ 재활시설운영자의 지정 절차 및 그에 대한 감독 등에 관해 필요한 사항은 대통령령으로 정한다.

제33조(재활시설운영자의 지정 취소) ① 국토교통부장관은 재활시설운영자가 다음 각 호의 어느 하나에 해당하면 그 지정을 취소할 수 있다. 다만, 제1호 또는 제2호에 해당하면 그 지정을 취소하여야 한다. <개정 2013.3.23.>

1. 거짓이나 그 밖의 부정한 방법으로 지정을 받은 경우

2. 제32조제1항 각 호의 요건에 맞지 아니하게 된 경우

3. 제32조제3항을 위반하여 다른 사업과 구분하여 경리하지 아니한 경우

4. 정당한 사유 없이 제43조제4항에 따른 시정명령을 3회 이상 이행하지 아니한 경우

5. 법인의 해산 등 사정의 변경으로 재활시설이나 재활사업의 관리·운영에 관한 업무를 계속 수행하는 것이 불가능하게 된 경우

② 국토교통부장관은 제1항에 따라 재활시설운영자의 지정을 취소한 경우로서 다음 각 호에 모두 해당하는 경우에는 새로운 재활시설운영자가 지정될 때까지 그 기간 및 관리·운영조건을 정하여 지정이 취소된 자에게 재활시설이나 재활사업의 관리·운영업무를 계속하게 할 수 있다. 이 경우 지정이 취소된 자는 그 계속하는 업무의 범위에서 재활시설운영자로 본다. <개정 2013.3.23.>

1. 지정취소일부터 새로운 재활시설운영자를 정할 수 없는 경우

2. 계속하여 재활시설이나 재활사업의 관리·운영이 필요한 경우

③ 제1항에 따라 지정이 취소된 자는 그 지정이 취소된 날(제2항에 따라 업무를 계속한 경우에는 그 계속된 업무가 끝난 날을 말한다)부터 2년 이내에는 재활시설운영자로 다시 지정받을 수 없다.

제34조(재활시설운영심의위원회) ① 재활시설의 설치 및 재활사업의 운영 등에 관한 다음 각 호의 사항을 심의하기 위하여 국토교통부장관 소속으로 재활시설운영심의위원회(이하 "심의위원회"라 한다)를 둔다. <개정 2013.3.23.>

1. 재활시설의 설치와 관리에 관한 사항

2. 재활사업의 운영에 관한 사항

3. 재활시설운영자의 지정과 지정 취소에 관한 사항

4. 재활시설운영자의 사업계획과 예산에 관한 사항

5. 그 밖에 재활시설과 재활사업의 관리·운영에 관한 사항으로서 대통령령으로 정하는 사항

② 심의위원회의 구성·운영 등에 대하여 필요한 사항은 대통령령으로 정한다.

제35조(준용) ① 제30조제1항에 따른 피해자의 보상금 청구에 관하여는 제10조부터 제13조까지, 제13조의2 및 제14조를 준용한다. 이 경우 "보험회사등"은 "자동차손해배상 보장사업을 하는 자"로, "보험금등"은 "보상금"으로 본다. <개정 2009.2.6.>

② 제30조제1항에 따른 보상금 중 피해자의 진료수가에 대한 심사청구 등에 관하여는 제19조 및 제20조를 준용한다. 이 경우 "보험회사등"은 "자동차손해배상 보장사업을 하는 자"로 본다.

제36조(다른 법률에 따른 배상 등과의 조정) ① 정부는 피해자가 「국가배상법」, 「산업재해보상보험법」, 그 밖에 대통령령으로 정하는 법률에 따라 제30조제1항의 손해에 대하여 배상 또는 보상을 받으면 그가 배상 또는 보상받는 금액의 범위에서 제30조제1항에 따른 보상 책임을 지지 아니한다.

② 정부는 피해자가 제3조의 손해배상책임이 있는 자로부터 제30조제1항의 손해에 대하여 배상을 받으면 그가 배상받는 금액의 범위에서 제30조제1항에 따른 보상 책임을 지지 아니한다.

③ 정부는 제30조제2항에 따라 지원받을 자가 다른 법률에 따라

같은 사유로 지원을 받으면 그 지원을 받는 범위에서 제30조제2항에 따른 지원을 하지 아니할 수 있다.

제37조(자동차사고 피해지원사업 분담금) ① 제5조제1항에 따라 책임보험등에 가입하여야 하는 자와 제5조제4항에 따른 자동차 중 대통령령으로 정하는 자동차보유자는 자동차사고 피해지원사업 및 관련 사업을 위한 분담금을 국토교통부장관에게 내야 한다. <개정 2013.8.6., 2016.12.20.>

② 제1항에 따라 분담금을 내야 할 자 중 제5조제1항에 따라 책임보험등에 가입하여야 하는 자의 분담금은 책임보험등의 계약을 체결하는 보험회사등이 해당 납부 의무자와 계약을 체결할 때에 징수하여 정부에 내야 한다.

③ 국토교통부장관은 제30조제1항제1호 및 제2호의 경우에 해당하는 사고를 일으킨 자에게는 제1항에 따른 분담금의 3배의 범위에서 대통령령으로 정하는 바에 따라 분담금을 추가로 징수할 수 있다. <신설 2016.3.22., 2020.6.9.>

④ 제1항에 따른 분담금의 금액과 납부 방법 및 관리 등에 필요한 사항은 대통령령으로 정한다. <개정 2016.12.20.>

[제목개정 2013.8.6.]

제38조(분담금의 체납처분) ① 국토교통부장관은 제37조에 따른 분담금을 납부기간에 내지 아니한 자에 대하여는 10일 이상의 기간을 정하여 분담금을 낼 것을 독촉하여야 한다. <개정 2013.3.23.>

② 국토교통부장관은 제1항에 따라 분담금 납부를 독촉받은 자가 그 기한까지 분담금을 내지 아니하면 국세 체납처분의 예에 따라 징수한다. <개정 2013.3.23.>

제39조(청구권 등의 대위) ① 정부는 제30조제1항에 따라 피해를 보상한 경우에는 그 보상금액의 한도에서 제3조에 따른 손해배상 책임이 있는 자에 대한 피해자의 손해배상 청구권을 대위행사(代位行使)할 수 있다.

② 정부는 제30조제4항에 따라 보험회사등에게 보상을 한 경우에

는 제11조제3항 및 제4항에 따른 가불금을 지급받은 자에 대한 보험회사등의 반환청구권을 대위행사할 수 있다. <개정 2012.2.22.>

③ 정부는 다음 각 호의 어느 하나에 해당하는 때에는 제39조의2에 따른 자동차손해배상보장사업 채권정리위원회의 의결에 따라 제1항 및 제2항에 따른 청구권의 대위행사를 중지할 수 있으며, 구상금 또는 미반환가불금 등의 채권을 결손처분할 수 있다. <신설 2009.2.6.>

1. 해당 권리에 대한 소멸시효가 완성된 때

2. 그 밖에 채권을 회수할 가능성이 없다고 인정되는 경우로서 대통령령으로 정하는 경우

제39조의2(자동차손해배상보장사업 채권정리위원회) ① 제39조제1항 및 제2항에 따른 채권의 결손처분과 관련된 사항을 의결하기 위하여 국토교통부장관 소속으로 자동차손해배상보장사업 채권정리위원회(이하 "채권정리위원회"라 한다)를 둔다. <개정 2013.3.23.>

② 채권정리위원회의 구성·운영 등에 필요한 사항은 대통령령으로 정한다.

[본조신설 2009.2.6.]

제6장 자동차손해배상진흥원
<신설 2015.6.22.>

제39조의3(자동차손해배상진흥원의 설립) ① 국토교통부장관은 자동차손해배상 보장사업의 체계적인 지원 및 공제사업자에 대한 검사 업무 등을 수행하기 위하여 자동차손해배상진흥원을 설립할 수 있다.

② 자동차손해배상진흥원은 법인으로 한다.

③ 자동차손해배상진흥원은 주된 사무소의 소재지에서 설립등기를 함으로써 성립한다.

④ 자동차손해배상진흥원의 정관에는 다음 각 호의 사항이 포함되

어야 한다.

1. 목적

2. 명칭

3. 사무소에 관한 사항

4. 임직원에 관한 사항

5. 업무와 그 집행에 관한 사항

6. 예산과 회계에 관한 사항

7. 이사회에 관한 사항

8. 정관의 변경에 관한 사항

⑤ 자동차손해배상진흥원은 정관을 작성하고 변경할 때에는 국토교통부장관의 승인을 받아야 한다.

[본조신설 2015.6.22.]

제39조의4(업무 등) ① 자동차손해배상진흥원은 다음 각 호의 업무를 수행한다.

1. 제2항의 검사 대상 기관의 업무 및 재산 상황 검사

2. 자동차손해배상 및 보상 정책의 수립·추진 지원

3. 자동차손해배상 및 보상 정책 관련 연구

4. 그 밖에 국토교통부령으로 정하는 업무

② 자동차손해배상진흥원의 검사를 받는 기관은 다음 각 호와 같다.

1. 「여객자동차 운수사업법」에 따른 인가를 받아 공제사업을 하는 기관

2. 「화물자동차 운수사업법」에 따른 인가를 받아 공제사업을 하는 기관

3. 그 밖에 국토교통부령으로 정하는 기관

[본조신설 2015.6.22.]

제39조의5(임원 등) ① 자동차손해배상진흥원에 원장 1명, 이사장 1명을 포함한 8명 이내의 이사, 감사 1명을 둔다.

② 원장은 자동차손해배상진흥원을 대표하고, 그 업무를 총괄하며, 제5항에 따른 이사회에서 추천을 받아 국토교통부장관이 임명한다.

③ 감사는 자동차손해배상진흥원의 업무와 회계를 감사하며, 국토교통부장관이 임명한다.

④ 원장 외의 임원은 비상근으로 한다.

⑤ 자동차손해배상진흥원은 제39조의4제1항의 업무에 관한 사항을 심의·의결하기 위하여 이사회를 둘 수 있다.

⑥ 이사회는 원장, 이사장, 이사로 구성하되, 그 수는 9명 이내로 한다.

⑦ 이사회의 구성과 운영에 관하여 필요한 사항은 국토교통부령으로 정한다.

[본조신설 2015.6.22.]

제39조의6(유사명칭의 사용 금지) 이 법에 따른 자동차손해배상진흥원이 아닌 자는 자동차손해배상진흥원 또는 이와 유사한 명칭을 사용할 수 없다.

[본조신설 2015.6.22.]

제39조의7(재원) ① 자동차손해배상진흥원은 제39조의4제2항 각 호의 기관으로부터 같은 조 제1항제1호의 검사 업무에 따른 소요비용을 받을 수 있다.

② 자동차손해배상진흥원은 제39조의4제2항 각 호의 기관으로부터 검사 업무 이외에 필요한 운영비용을 받을 수 있다.

③ 자동차손해배상진흥원은 다음 각 호의 재원으로 그 경비를 충당한다.

1. 제1항에 따른 수입금

2. 제2항에 따른 수입금

3. 그 밖의 수입금

④ 제3항에 따른 수입금의 한도 및 관리 등에 필요한 사항은 대통령령으로 정한다.

[본조신설 2015.6.22.]

제39조의8(자료의 제출요구 등) ① 원장은 업무 수행에 필요하다

고 인정할 때에는 제39조의4제2항 각 호의 기관에 대하여 업무 또는 재산에 관한 자료의 제출요구, 검사 및 질문 등을 할 수 있다.

② 제1항에 따라 검사 또는 질문을 하는 자는 그 권한을 표시하는 증표를 지니고 이를 관계인에게 내보여야 한다.

③ 원장은 제1항에 따른 업무 등으로 인한 검사결과를 국토교통부장관에게 지체 없이 보고하여야 한다.

[본조신설 2015.6.22.]

제39조의9 삭제 <2020.4.7.>

제39조의10(예산과 결산) ① 자동차손해배상진흥원의 예산은 국토교통부장관의 승인을 받아야 한다.

② 자동차손해배상진흥원의 회계연도는 정부의 회계연도에 따른다.

③ 자동차손해배상진흥원은 회계연도 개시 60일 전까지 국토교통부장관에게 예산서를 제출하여야 한다.

④ 원장은 회계연도 종료 후 2개월 이내에 해당 연도의 결산서를 국토교통부장관에게 제출하여야 한다.

[본조신설 2015. 6. 22.]

제6장의2 자동차사고 피해지원기금
<신설 2016.12.20.>

제39조의11(자동차사고 피해지원기금의 설치) 국토교통부장관은 자동차사고 피해지원사업 및 관련 사업에 필요한 재원을 확보하기 위하여 자동차사고 피해지원기금(이하 "기금"이라 한다)을 설치한다.

[본조신설 2016.12.20.]

제39조의12(기금의 조성 및 용도) ① 기금은 다음 각 호의 재원으로 조성한다.

1. 제37조에 따른 분담금

2. 기금의 운용으로 생기는 수익금

② 기금은 다음 각 호의 어느 하나에 해당하는 용도에 사용한다. <개정 2020.6.9.>

1. 제7조제1항에 따른 가입관리전산망의 구성·운영

2. 제30조제1항에 따른 보상

3. 제30조제2항에 따른 지원

4. 제30조제4항에 따른 미반환 가불금의 보상

5. 제30조의2제1항에 따른 자동차사고 피해예방사업

6. 제31조제1항에 따른 재활시설의 설치

7. 제32조제1항에 따른 재활시설 및 재활사업의 관리·운영

8. 제39조제1항 및 제2항에 따른 청구권의 대위행사

9. 제39조의2제1항에 따른 채권정리위원회의 운영

10. 제39조의3제1항에 따른 자동차손해배상진흥원의 운영 및 지원

11. 제43조의2에 따른 포상금의 지급

12. 자동차사고 피해지원사업과 관련된 연구·조사

13. 자동차사고 피해지원사업과 관련된 전문인력 양성을 위한 국내외 교육훈련

14. 분담금의 수납·관리 등 기금의 조성 및 기금 운용을 위하여 필요한 경비

[본조신설 2016.12.20.]

제39조의13(기금의 관리·운용) ① 기금은 국토교통부장관이 관리·운용한다.

② 기금의 관리·운용에 관한 국토교통부장관의 사무는 대통령령으로 정하는 바에 따라 그 일부를 제39조의3에 따라 설립된 자동차손해배상진흥원, 보험회사등 또는 보험 관련 단체에 위탁할 수 있다.

③ 제1항 및 제2항에서 규정한 사항 외에 기금의 관리 및 운용에 필요한 사항은 대통령령으로 정한다.

[본조신설 2016.12.20.]

제6장의3 자율주행자동차사고조사위원회

<신설 2020.4.7.>

제39조의14(자율주행자동차사고조사위원회의 설치 등) ① 제39조의17제1항에 따른 자율주행정보 기록장치(이하 "자율주행정보 기록장치"라 한다)에 기록된 자율주행정보 기록의 수집·분석을 통하여 사고원인을 규명하고, 자율주행자동차사고 관련 정보를 제공하기 위하여 국토교통부에 자율주행자동차사고조사위원회(이하 "사고조사위원회"라 한다)를 둘 수 있다.

② 사고조사위원회의 구성 및 운영에 필요한 사항은 대통령령으로 정한다.

[본조신설 2020.4.7.]

제39조의15(사고조사위원회의 업무 등) ① 사고조사위원회는 다음 각 호의 업무를 수행한다.

1. 자율주행자동차사고 조사

2. 그 밖에 자율주행자동차사고 조사에 필요한 업무로서 대통령령으로 정하는 업무

② 사고조사위원회는 제1항의 업무를 수행하기 위하여 사고가 발생한 자율주행자동차에 부착된 자율주행정보 기록장치를 확보하고 기록된 정보를 수집·이용 및 제공할 수 있다.

③ 사고조사위원회는 제1항의 업무를 수행하기 위하여 사고가 발생한 자율주행자동차의 보유자, 운전자, 피해자, 사고 목격자 및 해당 자율주행자동차를 제작·조립 또는 수입한 자(판매를 위탁받은 자를 포함한다. 이하 "제작자등"이라 한다) 등 그 밖에 해당 사고와 관련된 자에게 필요한 사항을 통보하거나 관계 서류를 제출하게 할 수 있다. 이 경우 관계 서류의 제출을 요청받은 자는 정당한 사유가 없으면 요청에 따라야 한다.

④ 제2항에 따른 정보의 수집·이용 및 제공은 「개인정보 보호법」 및 「위치정보의 보호 및 이용 등에 관한 법률」에 따라야 한다.

⑤ 사고조사위원회의 업무를 수행하거나 수행하였던 자는 그 직무상 알게 된 비밀을 누설해서는 아니 된다.

⑥ 사고조사위원회가 자율주행자동차사고의 조사를 위하여 수집한 정보는 사고가 발생한 날부터 3년간 보관한다.

[본조신설 2020.4.7.]

제39조의16(관계 행정기관 등의 협조) 사고조사위원회는 신속하고 정확한 조사를 수행하기 위하여 관계 행정기관의 장, 관계 지방자치단체의 장, 그 밖의 단체의 장(이하 "관계기관의 장"이라 한다)에게 해당 자율주행자동차사고와 관련된 자료·정보의 제공 등 그 밖의 필요한 협조를 요청할 수 있다. 이 경우 관계기관의 장은 정당한 사유가 없으면 이에 따라야 한다.

[본조신설 2020.4.7.]

제39조의17(이해관계자의 의무 등) ① 자율주행자동차의 제작자등은 제작·조립·수입·판매하고자 하는 자율주행자동차에 대통령령으로 정하는 자율주행과 관련된 정보를 기록할 수 있는 자율주행정보 기록장치를 부착하여야 한다.

② 자율주행자동차사고의 통보를 받거나 인지한 보험회사등은 사고조사위원회에 사고 사실을 지체 없이 알려야 한다.

③ 자율주행자동차의 보유자는 자율주행정보 기록장치에 기록된 내용을 1년의 범위에서 대통령령으로 정하는 기간 동안 보관하여야 한다. 이 경우 자율주행정보 기록장치 또는 자율주행정보 기록장치에 기록된 내용을 훼손해서는 아니 된다.

④ 자율주행자동차사고로 인한 피해자, 해당 자율주행자동차의 제작자등 또는 자율주행자동차사고로 인하여 피해자에게 보험금등을 지급한 보험회사등은 대통령령으로 정하는 바에 따라 사고조사위원회에 대하여 사고조사위원회가 확보한 자율주행정보 기록장치에 기록된 내용 및 분석·조사 결과의 열람 및 제공을 요구할 수 있다.

⑤ 제4항에 따른 열람 및 제공에 드는 비용은 청구인이 부담하여야

한다.

[본조신설 2020.4.7.]

제7장 보칙

<개정 2015.6.22.>

제40조(압류 등의 금지) 제10조제1항, 제11조제1항 또는 제30조제1항에 따른 청구권은 압류하거나 양도할 수 없다.

제41조(시효) 제10조, 제11조제1항, 제29조제1항 또는 제30조제1항에 따른 청구권은 3년간 행사하지 아니하면 시효로 소멸한다.
<개정 2009.2.6.>

제42조(의무보험 미가입자에 대한 등록 등 처분의 금지) ① 제5조제1항부터 제3항까지의 규정에 따라 의무보험 가입이 의무화된 자동차가 다음 각 호의 어느 하나에 해당하는 경우에는 관할 관청(해당 업무를 위탁받은 자를 포함한다. 이하 같다)은 그 자동차가 의무보험에 가입하였는지를 확인하여 의무보험에 가입된 경우에만 등록·허가·검사·해제를 하거나 신고를 받아야 한다.

1. 「자동차관리법」 제8조, 제12조, 제27조, 제43조제1항제2호, 제43조의2제1항, 제48조제1항부터 제3항까지 또는 「건설기계관리법」 제3조 및 제13조제1항제2호에 따라 등록·허가·검사의 신청 또는 신고가 있는 경우

2. 「자동차관리법」 제37조제3항 또는 「지방세법」 제131조에 따라 영치(領置)된 자동차등록번호판을 해제하는 경우

② 제1항제1호를 적용하는 경우 「자동차관리법」 제8조에 따라 자동차를 신규로 등록할 때에는 해당 자동차가 같은 법 제27조에 따른 임시운행허가 기간이 만료된 이후에 발생한 손해배상책임을 보장하는 의무보험에 가입된 경우에만 의무보험에 가입된 것으로 본다.

③ 제1항 및 제2항에 따른 의무보험 가입의 확인 방법 및 절차 등에 관하여 필요한 사항은 국토교통부령으로 정한다. <개정 2013.3.23.>

제43조(검사·질문 등) ① 국토교통부장관은 필요하다고 인정하면 소속 공무원에게 재활시설, 자동차보험진료수가를 청구하는 의료기관 또는 제45조제1항부터 제6항까지의 규정에 따라 권한을 위탁받은 자의 사무소 등에 출입하여 다음 각 호의 행위를 하게 할 수 있다. 다만, 자동차보험진료수가를 청구한 의료기관에 대하여는 제1호 및 제3호의 행위에 한정한다. <개정 2009.5.27., 2013.3.23., 2013.8.6., 2020.4.7., 2020.6.9.>

1. 이 법에 규정된 업무의 처리 상황에 관한 장부 등 서류의 검사

2. 그 업무·회계 및 재산에 관한 사항을 보고받는 행위

3. 관계인에 대한 질문

② 국토교통부장관은 이 법에 규정된 보험사업에 관한 업무의 처리 상황을 파악하거나 자동차손해배상 보장사업을 효율적으로 운영하기 위하여 필요하면 관계 중앙행정기관, 지방자치단체, 금융감독원 등에 필요한 자료의 제출을 요청할 수 있다. 이 경우 자료 제출을 요청받은 중앙행정기관, 지방자치단체, 금융감독원 등은 정당한 사유가 없으면 요청에 따라야 한다. <개정 2013.3.23.>

③ 제1항에 따라 검사 또는 질문을 하는 공무원은 그 권한을 표시하는 증표를 지니고 이를 관계인에게 내보여야 한다.

④ 국토교통부장관은 제1항에 따라 검사를 하거나 보고를 받은 결과 법령을 위반한 사실이나 부당한 사실이 있으면 재활시설운영자나 권한을 위탁받은 자에게 시정하도록 명할 수 있다. <개정 2013.3.23.>

제43조의2(포상금) ① 국토교통부장관은 자동차보유자를 알 수 없는 자동차의 운행으로 다른 사람을 사망하게 하거나 부상하게 한 자동차 또는 운전자를 목격하고 대통령령으로 정하는 관계 행정기관이나 수사기관에 신고 또는 고발한 사람에 대하여 그 신고되거나 고발된 운전자가 검거될 경우 1백만원의 범위에서 포상금을 지급할 수 있다. <개정 2013.3.23.>

② 제1항의 포상금은 같은 항에 따라 신고되거나 고발된 운전자가

검거됨으로써 제30조제1항제1호에 따라 지급하여야 할 보상금이 절약된 금액의 범위에서 지급할 수 있다. <개정 2016. 12. 20.>

③ 제1항에 따른 포상금 지급의 대상·기준·금액·방법 및 절차 등은 대통령령으로 정한다.

[본조신설 2012.2.22.]

제43조의3(보험료 할인의 권고) ① 국토교통부장관은 자동차사고의 예방에 효과적인 자동차 운행 안전장치를 장착한 자동차의 보험료 할인을 확대하도록 보험회사등에 권고할 수 있다.

② 제1항에 따른 자동차 운행 안전장치의 종류에 대해서는 대통령령으로 정한다.

[본조신설 2016.3.22.]

제44조(권한의 위임) 국토교통부장관은 이 법에 따른 권한의 일부를 대통령령으로 정하는 바에 따라 특별시장·광역시장·도지사·특별자치도지사·시장·군수 또는 구청장에게 위임할 수 있다. <개정 2013.3.23.>

제45조(권한의 위탁 등) ① 국토교통부장관은 대통령령으로 정하는 바에 따라 다음 각 호의 업무를 보험회사등, 보험 관련 단체 또는 자동차손해배상진흥원에 위탁할 수 있다. 이 경우 금융위원회와 협의하여야 한다. <개정 2012.2.22., 2013.3.23., 2016.12.20., 2019.11.26.>

1. 제30조제1항에 따른 보상에 관한 업무

2. 제35조에 따라 자동차손해배상 보장사업을 하는 자를 보험회사등으로 보게 됨으로써 자동차손해배상 보장사업을 하는 자가 가지는 권리와 의무의 이행을 위한 업무

3. 제37조에 따른 분담금의 수납·관리에 관한 업무

4. 제39조제1항에 따른 손해배상 청구권의 대위행사에 관한 업무

5. 채권정리위원회의 안건심의에 필요한 전문적인 자료의 조사·검증 등의 업무

6. 제43조의2제1항에 따른 포상금의 지급에 관한 업무

② 국토교통부장관은 대통령령으로 정하는 바에 따라 제30조제2항에 따른 지원에 관한 업무 및 재활시설의 설치에 관한 업무를 「한국교통안전공단법」에 따라 설립된 한국교통안전공단에 위탁할 수 있다. <개정 2013.3.23., 2017.10.24.>

③ 국토교통부장관은 제7조에 따른 가입관리전산망의 구성·운영에 관한 업무를 보험요율산출기관에 위탁할 수 있다. <개정 2013.3.23.>

④ 국토교통부장관은 제30조제4항에 따른 보상 업무와 제39조제2항에 따른 반환 청구에 관한 업무를 보험 관련 단체 또는 특별법에 따라 설립된 특수법인에 위탁할 수 있다. <개정 2012.2.22., 2013.3.23.>

⑤ 국토교통부장관은 제30조의2제1항에 따른 자동차사고 피해예방 사업에 관한 업무를 「한국교통안전공단법」에 따라 설립된 한국교통안전공단 및 보험 관련 단체에 위탁할 수 있다. <신설 2013.8.6., 2017.10.24.>

⑥ 국토교통부장관은 제39조의14에 따른 사고조사위원회의 운영 및 사무처리에 관한 사무의 일부를 대통령령으로 정하는 바에 따라 「공공기관의 운영에 관한 법률」에 따른 공공기관에 위탁할 수 있다. <신설 2020. 4. 7.>

⑦ 국토교통부장관은 제1항 또는 제2항에 따라 권한을 위탁받은 자에게 그가 지급할 보상금 또는 지원금에 충당하기 위하여 예산의 범위에서 보조금을 지급할 수 있다. <개정 2013.8.6., 2020.4.7.>

⑧ 제1항부터 제6항까지의 규정에 따라 권한을 위탁받은 자는 「형법」 제129조부터 제132조까지의 규정을 적용할 때에는 공무원으로 본다. <신설 2009.2.6., 2013.8.6., 2020.4.7.>

⑨ 삭제 <2016.12.20.>

제45조의2(정보의 제공 및 관리) ① 제45조제3항에 따라 업무를 위탁받은 보험요율산출기관은 같은 조 제1항에 따라 업무를 위탁받은 자의 요청이 있는 경우 제공할 정보의 내용 등 대통령령으로 정하는 범위에서 가입관리전산망에서 관리되는 정보를 제공할 수 있다.

② 제1항에 따라 정보를 제공하는 경우 제45조제3항에 따라 업무를 위탁받은 보험요율산출기관은 정보제공 대상자, 제공한 정보의 내용, 정보를 요청한 자, 제공 목적을 기록한 자료를 3년간 보관하여야 한다.

[본조신설 2009.2.6.]

제45조의3(정보 이용자의 의무) 제45조제3항에 따라 업무를 위탁받은 보험요율산출기관과 제45조의2제1항에 따라 정보를 제공받은 자는 그 직무상 알게 된 정보를 누설하거나 다른 사람의 이용에 제공하는 등 부당한 목적을 위하여 사용하여서는 아니 된다.

[본조신설 2009.2.6.]

제45조의4(벌칙 적용에서 공무원 의제) 다음 각 호의 어느 하나에 해당하는 사람은 「형법」 제129조부터 제132조까지의 규정을 적용할 때에는 공무원으로 본다.

1. 제34조제1항에 따른 심의위원회의 위원 중 공무원이 아닌 위원

2. 자동차손해배상진흥원의 임직원

[본조신설 2020.4.7.]

제8장 벌칙
<개정 2015.6.22.>

제46조(벌칙) ① 다음 각 호의 어느 하나에 해당하는 자는 3년 이하의 징역 또는 3천만원 이하의 벌금에 처한다. 다만, 제1호에 해당하는 자에 대하여는 비밀누설로 피해를 받은 자의 고소가 있어야 공소를 제기할 수 있다.
<개정 2009.2.6., 2012.2.22., 2015.1.6., 2019.11.26., 2020.4.7.>

1. 제14조제8항을 위반하여 진료기록 또는 교통사고 관련 조사기록의 열람으로 알게 된 다른 사람의 비밀이나 제공받은 개인정보를 누설한 자

2. 제27조를 위반하여 의무보험 사업을 구분 경리하지 아니한 보험

회사등

3. 제32조제3항을 위반하여 다른 사업과 구분하여 경리하지 아니한 재활시설운영자

3의2. 제39조의15제5항을 위반하여 직무상 알게 된 비밀을 누설한 자

4. 제45조의3을 위반하여 정보를 누설하거나 다른 사람의 이용에 제공한 자

② 다음 각 호의 어느 하나에 해당하는 자는 1년 이하의 징역 또는 1천만원 이하의 벌금에 처한다. <개정 2012.2.22., 2015.1.6.>

1. 제5조의2제2항을 위반하여 가입 의무 면제기간 중에 자동차를 운행한 자동차보유자

2. 제8조 본문을 위반하여 의무보험에 가입되어 있지 아니한 자동차를 운행한 자동차보유자

③ 제12조제3항을 위반하여 진료기록부의 진료기록과 다르게 자동차보험진료수가를 청구하거나 이를 청구할 목적으로 거짓의 진료기록을 작성한 의료기관에 대하여는 5천만원 이하의 벌금에 처한다.

제47조(양벌규정) 법인의 대표자나 법인 또는 개인의 대리인, 사용인, 그 밖의 종업원이 그 법인 또는 개인의 업무에 관하여 제46조의 위반행위를 하면 그 행위자를 벌하는 외에 그 법인 또는 개인에게도 해당 조문의 벌금형을 과(科)한다. 다만, 법인 또는 개인이 그 위반행위를 방지하기 위하여 해당 업무에 관하여 상당한 주의와 감독을 게을리하지 아니한 경우에는 그러하지 아니하다.

[전문개정 2009.2.6.]

제48조(과태료) ① 삭제 <2013.8.6.>

② 다음 각 호의 어느 하나에 해당하는 자에게는 2천만원 이하의 과태료를 부과한다. <개정 2020.4.7.>

1. 제11조제2항을 위반하여 피해자가 청구한 가불금의 지급을 거부한 보험회사등

2. 제12조제5항을 위반하여 자동차보험진료수가를 교통사고환자(환

자의 보호자를 포함한다)에게 청구한 의료기관의 개설자

3. 제24조제1항을 위반하여 제5조제1항부터 제3항까지의 규정에 따른 보험 또는 공제에 가입하려는 자와의 계약 체결을 거부한 보험회사등

4. 제25조를 위반하여 의무보험의 계약을 해제하거나 해지한 보험회사등

5. 제39조의15제3항을 위반하여 정당한 사유 없이 사고조사위원회의 요청에 따르지 아니한 자

6. 제39조의17제1항을 위반하여 자율주행정보 기록장치를 부착하지 아니한 자율주행자동차를 제작·조립·수입·판매한 자

7. 제39조의17제3항을 위반하여 자율주행정보 기록장치에 기록된 내용을 정하여진 기간 동안 보관하지 아니하거나 훼손한 자

③ 다음 각 호의 어느 하나에 해당하는 자에게는 300만원 이하의 과태료를 부과한다. <개정 2009.5.27.>

1. 제5조제1항부터 제3항까지의 규정에 따른 의무보험에 가입하지 아니한 자

2. 제6조제1항 또는 제2항을 위반하여 통지를 하지 아니한 보험회사등

3. 제13조제1항을 위반하여 입원환자의 외출이나 외박에 관한 사항을 기록·관리하지 아니하거나 거짓으로 기록·관리한 의료기관의 개설자

3의2. 제13조제3항을 위반하여 기록의 열람 청구에 따르지 아니한 자

3의3. 제43조제1항에 따른 검사·보고요구·질문에 정당한 사유 없이 따르지 아니하거나 이를 방해 또는 기피한 자

4. 제43조제4항에 따른 시정명령을 이행하지 아니한 자

④ 제39조의6을 위반하여 자동차손해배상진흥원 또는 이와 유사한 명칭을 사용한 자에게는 500만원 이하의 과태료를 부과한다. <신설 2015.6.22.>

⑤ 제2항(제5호부터 제7호까지는 제외한다) 및 제3항에 따른 과태료

는 대통령령으로 정하는 바에 따라 시장·군수·구청장이, 제2항제5호부터 제7호까지 및 제4항에 따른 과태료는 국토교통부장관이 각각 부과·징수한다. <신설 2009.2.6., 2015.6.22., 2020.4.7.>

제49조 삭제 <2009.2.6.>

제9장 범칙행위에 관한 처리의 특례
<개정 2015.6.22.>

제50조(통칙) ① 이 장에서 "범칙행위"란 제46조제2항의 죄에 해당하는 위반행위(의무보험에 가입되어 있지 아니한 자동차를 운행하다가 교통사고를 일으킨 경우는 제외한다)를 뜻하며, 그 구체적인 범위는 대통령령으로 정한다. <개정 2012.2.22.>

② 이 장에서 "범칙자"란 범칙행위를 한 자로서 다음 각 호의 어느 하나에 해당하지 아니하는 자를 뜻한다.

1. 범칙행위를 상습적으로 하는 자

2. 죄를 범한 동기·수단 및 결과 등을 헤아려 통고처분을 하는 것이 상당하지 아니하다고 인정되는 자

③ 이 장에서 "범칙금"이란 범칙자가 제51조에 따른 통고처분에 의하여 국고 또는 특별자치도·시·군 또는 구(자치구를 말한다)의 금고에 내야 할 금전을 뜻한다. <개정 2012.2.22.>

④ 국토교통부장관은 사법경찰관이 범칙행위에 대한 수사를 원활히 수행할 수 있도록 대통령령으로 정하는 범위에서 가입관리전산망에서 관리하는 정보를 경찰청장에게 제공할 수 있다.
<개정 2012.2.22., 2013.3.23.>

제51조(통고처분) ① 시장·군수·구청장 또는 경찰서장은 범칙자로 인정되는 자에게는 그 이유를 분명하게 밝힌 범칙금 납부통고서로 범칙금을 낼 것을 통고할 수 있다. 다만, 다음 각 호의 어느 하나에 해당하는 자에게는 그러하지 아니하다. <개정 2012.2.22.>

1. 성명이나 주소가 확실하지 아니한 자

2. 범칙금 납부통고서를 받기를 거부한 자

② 제1항에 따라 통고할 범칙금의 액수는 차종과 위반 정도에 따라 제46조제2항에 따른 벌금액의 범위에서 대통령령으로 정한다.

제52조(범칙금의 납부) ① 제51조에 따라 범칙금 납부통고서를 받은 자는 범칙금 납부통고서를 받은 날부터 10일 이내에 시장·군수·구청장 또는 경찰서장이 지정하는 수납기관에 범칙금을 내야 한다. 다만, 천재지변이나 그 밖의 부득이한 사유로 그 기간에 범칙금을 낼 수 없을 때에는 그 사유가 없어진 날부터 5일 이내에 내야 한다. <개정 2012.2.22.>

② 제1항에 따른 범칙금 납부통고서에 불복하는 자는 그 납부기간에 시장·군수·구청장 또는 경찰서장에게 이의를 제기할 수 있다. <개정 2012.2.22.>

제53조(통고처분의 효과) ① 제51조제1항에 따라 범칙금을 낸 자는 그 범칙행위에 대하여 다시 벌 받지 아니한다.

② 특별사법경찰관리(「사법경찰관리의 직무를 수행할 자와 그 직무 범위에 관한 법률」 제5조제35호에 따라 지명받은 공무원을 말한다) 또는 사법경찰관은 다음 각 호의 어느 하나에 해당하는 경우에는 지체 없이 관할 지방검찰청 또는 지방검찰청 지청에 사건을 송치하여야 한다. <개정 2012.2.22.>

1. 제50조제2항 각 호의 어느 하나에 해당하는 경우
2. 제51조제1항 각 호의 어느 하나에 해당하는 경우
3. 제52조제1항에 따른 납부기간에 범칙금을 내지 아니한 경우
4. 제52조제2항에 따라 이의를 제기한 경우

부 칙

<제17453호, 2020.6.9.>

이 법은 공포한 날부터 시행한다. <단서 생략>

자동차사고로 인한 손해배상 　　정가 24,000원

2021年　3月　05日　인쇄
2021年　3月　10日　발행
　편　저 : 대한법률편찬연구회
　발행인 : 김　현　호
　발행처 : 법문 북스
　공급처 : 법률미디어

152-050
서울 구로구 경인로 54길4
TEL : 2636-2911~2, FAX : 2636-3012
등록 : 1979년 8월 27일 제5-22호
Home : www.lawb.co.kr

생활환경이 급속하게 변하면서 현대사회에는 자동차가 없어서는 안 되는 생활필수품이 되었습니다.
이에 따라 여러 가지 유형의 자동차 사고가 하루에도 수많이 일어나고 있습니다.
자동차사고는 사고 직후 당황하여 피해를 보거나, 가해자로 몰리는 경우가 발생할 수 있습니다.
자동차사고를 당했을 경우 손해배상을 청구하는 복잡한 처리문제들을 도로교통법과 자동차손해배상법
그리고 교통사고처리특례법에 근거해 교통사고 분야에 맞게 정리하고,
손해배상을 청구할 수 있는 것이 중요합니다. 이 책은 대법원의 판례와 법제처의 생활법령,
대한법률구조공단의 상담사례와 서식 등을 참고하여 이러한 자동차사고의 어려움 중에 있는 분들에게
도움이 될 수 있게끔 정리하였습니다.

9 788975 359262

ISBN 978-89-7535-926-2

24,000